칼 로저스 상담의 원리와 실제

진정한 사람되기

Carl R. Rogers 저
주은선 역

On Becoming a Person

— A Therapist's View of Psychotherapy

Carl R. Rogers

학지사

On Becoming A Person

by Carl R. Rogers

상담과 심리치료, 이제는 기본에 충실하자!

이 책은 칼 로저스의 『On Becoming a Person—A Therapist's View of Psychotherapy』를 번역한 것이다. 이 책은 1961년도에 발간된 것으로 출판 역사상 드물게 수백만 부가 팔려 상담 및 심리치료 전문가뿐만 아니라 일반인에게도 로저스를 각인시켰고, 로저스의 인간(사람)—중심 상담을 이해하기 위한 필독서라고 할 수 있다. 최근 한국에서는 상담과 심리치료 분야에 관심을 갖고 공부하는 사람들이 증가했지만 당장 사용할 수 있는 기술이나 기법, 방법들만이 지나칠 정도로 난무하고 있는 실정이다. 이에 이 책 『칼 로저스 상담의 원리와 실제—진정한 사람되기』는 상담자의 기본 자질과 내담자를 어떻게 볼 것인가를 깊이 있게 다루는 이 분야의 전문가라면 반드시 읽어야 할 기본 서적이라 할 수 있다.

역자가 로저스의 사람—중심 상담에 관심을 가진 것은 1990~1997년 미국 시카고 대학교에서 수학하며 상담 및 심리치료로 박사학위를 취득한 것이 계기가 되었다. 임상심리전문가 자격증을 취득하기 위해서는 일정 시간의 임상훈련과 슈퍼비전이 필요한데 비록 역자가 공부할 시점에는 안타깝게도 로저스는 이미 세상을 떠났지만—로저스는 1945년부터 12년 동안 시카고 대학교에 재직하였다.—역사적으로 사람—중심 상담의 분위기가 조성되어 있었다. 역자는 젠들린Gendlin 교수(포커싱Focusing치료 기법의 창시자) 등 로저스의 동료 연구자들에게 수업을 받았고, 시카고 상담 및 심리치료센터Chicago Counseling & Psychotherapy Center(CCPC: 생전에 로저스가 애정을 갖고 상담을 했던 대학상담부설기관이 전신이다)에서 전통적이고 집중적인 방식으로 사람-중심 상담을 훈련받고 치료자로서 일했다. CCPC는 로저스의 이론과 사상, 영혼까지 이어가기를 희망하는 치료자들이 모여서 비영리기관으로 운영하고 내담자에게는 슬라이딩 상담료sliding fee를 적용하여 시카고 전역에서 지역 주민을 위해 봉사하는 기관으로 사랑을 받는 곳이다. 총 3개의 센터가 있는데, 하나는 시카고 대학교 캠퍼스 안에 있는 하이드파크센터Hyde Park center, 또 하나는 시카고 시내 중심부에 있는 다운타운센터Downtown center, 마지막으로 외곽지역에 있는 에반스톤센터Evanstone center가 있다. 역자는 주로 하이드파크센터와 다운타운센터에서 일했는데, 하이드파크센터에서는 내담자들이 주로 학생과 주변 빈민가에 거주하고 있는 흑인이나 멕시칸계 아동들이어서 개인이나 가족, 아동상담을 했고, 다운타운센터에서는 주로 직장인들의 개인상담이나 부부상담을 했다. 시카고는 워낙 다양한 사람이 모여 사는 도시이기 때문에 여러 유형의 상담으로 접근할 수 있는 풍부한 경험을 하기에 더할 나위 없이 좋은 곳이었다. 역자는 어렸을 때 미국에서 성장한 경험으로 언어나 문화 차이는 비교적 심하게 느끼지 않았지만 외국인 상담자가 이렇게 다양한 내담자를 여러 유형으로 상담하며 긍정적인 결과(비록 실패 사례들도 가끔 있지만)를 경험한 것은 무엇보다 그 접근법이 '사람-중심 상담' 이어서가 아닌가 싶다. 내담자들은 상담이 끝날 무렵, 무엇보다 자신의 문제를 잘 알게 되었고, 받아들였으며, 자기 자신은 물론 상담자와 함께 편안해지고 많이 성장해 있었다. 이는 마치 마술과도 같은 과정으로 저절로 일어난 듯했다. 완전하게 공감해 주려고 노력하고, 내담자의 세계에서 함께하며, 나 자신이 있는 그대로의 모습으로 존재하고, 내담자를 또한 그렇게 조건 없이 받아들이니 내담자들은 결국 자신과 함께 평화로울 수 있는 사람들로 성장해 있었다. 이것이 로저스가 말하는 '진정한 사람되기becoming a person' 인 듯하다.

1997년 한국에 돌아온 역자는 대학에 재직하며 상담 및 심리치료 분야에서 활동하면서 굉장한 문화적 충격을 느꼈다. 우선, 이 분야에 종사하는 전문가들에 대한 회의였다. 전문가들의 대다수가 로저스에 대해 알고, 사람-중심 이론을 좋아하고, 심지어는 사람-중심으로 상담한다고 하는데 진정으로 사람-중심 상담을 하는 사람들은 몇 명 없었다. 로저스의 사람-중심 상담을 제대로 공부하고 상담자 중심이 아닌 내담자 중심으로 상담을 하는 사람을 찾기가 매우 힘들었다. 자신들은 로저리안이라고 하면서 "근데, 그 내담자 그게 문제란 말이야. 내 말을 안 들어." "이 내담자를 위해서는 엄마의 뜻을 따르는 것이 제일 좋을 텐데." 등등 내담자를 배제한 상담을 하는 것을 보고 놀라지 않을 수 없었다. 그리고 사람-중심 상담을 누구나 쉽게 할 수 있는 것으로 아는 것에 더욱더 놀라지 않을 수 없었다. 역자의 경우는 충실히 내담자 중심으로 상담을 할 때면, 내담자의 눈빛, 손짓, 용어 하나에도 온 힘을 기울여 이해하고 함께하는 것이 너무나 힘든 일이다. 그런데 왜 사람-중심 상담을 누구나 쉽게 할 수 있다는 생각이 한국 상담 분야에서 팽배할까? 추측해 보건대, 제대로 된 사람-중심 상담 교육을 받지 못했고, 이전에 제대로 된 자료나 교재가 없었기 때문인 듯하다. 그저 개론 정도의 수준으로 가볍고 쉽게 접하고, 심적으로 내담자를 위한다는 의미로 다들 사람-중심 상담을 한다고 외치는 것이 아닌가 싶다. 그러나 다른 이론도 접하고 공부하고 상담에 활용하지만 내가 아는 한 사람-중심 상담만큼 힘든 이론과 실제도 없다. 사람-중심 상담에서 강조하고 추구하고자 하는 것은 상담에서 너무나 필요한 기본적인 것들이고, 그래서 기본이 힘들다는 것이다. 이 책은 로저스의 사람-중심 상담의 기본이 되는 내용으로 가득한 것으로서 역자가 오랜 기간 붙잡아 번역하고 공부했지만 능력 부족 때문인지 읽을수록 어려운 책이다. 지금 이 상태로는 많이 미흡함에도 불구하고 빨리 세상에 나와 빛을 보아야 하지 않을까 하는 조급한 마음에 출간을 하게 되었다.

역자가 요즘 특히 많이 고민하고 도전받는 과제는 "사람-중심 상담을 한국 문화에 어떻게 적용할 것인가?" 하는 것이다. 빨리 답을 달라고 외치는 내담자, 체면과 허례의식으로 진정한 자기됨이 존중받지 못하는 문화, 자기 이전에 누구의 남편이나 아내, 아빠나 엄마, 딸 또는 아들의 역할이 더 요구되는 사회, 그러기에 더욱더 사람-중심 상담이 필요하고, 이 때문에 개인이 어떻게 하면 더 건강해질 수 있을까를 생각하게 되었다. 역자는 미국에서의 사람-중심 상담 훈련 과정과 내용, 경험과 함께 한국에서의 적용에 관한 내용을 다음 저서에 담을 예정이다. 그전까지 이 책이 사람-중심 상담에 조금이라도 관심이 있는 분들께 도움이 되었으면 하는 소박한 바람이 있다. 역자는 사람-중심 상담에 커다란 믿음을 가지고 있다. 특히, 얼마 전에 태어난 역자의 딸, 아들 쌍둥이인 아림, 호림을 키우며, 이 둘이 얼마나 다른지, 그리고 얼마나 자연스럽게 온전한 인간됨의 길을 가는지, 성장해 가는 아이들을 지켜보며 더욱더 로저스의 이론에 감탄을 금치 못한다. 내 자신이 어제와 다른 오늘, 또 매 순간을 충실히 살아가는 삶의 철학을 갖게 한 사람-중심 상담과의 만남에 감사하고, 많은 스승 중에 특히 CCPC에서 역자를 열정적으로 지도해 주신 워너Dr. Margaret Warner 교수님, 나와 함께 변화하고 성장한 내담자들과 학생들, 특히 조수아 님에게 감사드린다. 역자에게 이 책을 번역하도록 동기를 부여해 준 한국로저스상담학회 여러분, 특히 숭실대학교의 오제은 교수님께 감사드린다. 이 책이 나오기까지 몇 년 동안 인내심 있게 기다려 주신 학지사의 김진환 사장님과 김순호 님께 진심으로 감사드린다. 마지막으로 역자가 '온전한 인간됨'으로 가는 길을 끊임없는 지원과 사랑으로 지켜봐 주시는 아버지 주삼환 교수님과 어머니 지미자 여사를 비롯한 가족들에게 깊은 감사를 드린다.

2009년 4월

주은선

이 책을 읽는 사람들에게

내가 33년 동안 심리치료(개인상담)를 해 왔다는 것은 나 스스로에게도 놀라운 일이다. 이는 한 세기의 삼분의 일을 다양한 사람을 도와주는 데 보낸 것이다. 아이들과 청소년, 성인의 교육적 · 직업적 · 개인적 · 결혼문제 등을 '정상', '신경증적', '정신병적' 등의 이유로 자발적 또는 의뢰되어 찾아온 사람들을 만나 왔으며, 이들의 문제는 사소한 문제에서부터 희망 하나 없이 끔찍한 문제까지 매우 다양하다. 나는 이렇게 많고 다양한 사람을 개인적으로 친밀하게 알게 된 것을 대단한 특권이라고 여긴다.

나는 임상적 경험과 연구를 하면서 많은 책과 논문을 발표했다. 이 책에 있는 글들은 1951년부터 1961년에 쓴 것인데, 이 글들을 책으로 묶게 된 데에는 이유가 있다.

우선, 이 책 대부분의 글은 오늘날과 같은 복잡한 현대사회에서 개인적으로 어떻게 살아가는가와 관련이 있다. 그렇다고 이 책이 조언을 담고 있거나 '자기계발서'와 같은 전문서적은 아니다. 그러나 이 글을 접했던 사람들은 내용이 도전적이고 풍부하다는 이야기를 해 왔다. 그들은 이 글의 내용이 그들 스스로가 자기 자신을 찾아가고 이에 따른 결정을 내리는 데 조금은 안정감을 주었다고 고백한다. 그런 이유로 나는 더 많은 사람이 이 책을 읽었으면 한다.

이 책은 좀 특별한 의미가 있다. 이전의 책들이 전문 심리학자들을 대상으로 썼다면 이 책은 좀 더 대중을 위한 것이기 때문이다. 나는 상담과 심리치료에 관심이 없는 사람들도 이 책을 통해 스스로의 삶에 도움을 받기를 희망한다. 또한 책에 있는 많은 내담자의 인용과 사례를 보면서 상담을 받을 생각조차 못했던 사람들이 자신들의 어려움을 이해하기 위해 용기와 자신감을 갖기를 희망하고 또 그렇게 되기를 믿는다. 이를 통해서 자신의 상상력과 감정으로 타인과 부딪히며 살아가는 것이 좀 더 수월해지기를 바란다.

이 책을 내는 또 다른 이유는 나의 상담과 심리치료, 대인관계에 대한 관점을 접한 사람들의 요구에 의한 것이다. 그들은 최근의 나의 생각과 작업을 패키지 형태로 쉽게 소지하고 싶어 했다. 그들은 손쉽게 얻을 수 없는 미발표물들에 대해 궁금해했고, 학술지에서 힘들게 내 논문을 찾기보다는 한 묶음으로 보기를 희망하였다. 이러한 요구는 사실 저자라면 누구나 기뻐할 일이다. 내가 선별한 글들을 그들이 좋아하기만을 바랄 뿐이다. 이 책은 심리학자, 정신과 의사, 교사, 교육자, 학교상담자, 종교 관계자, 사회복지사, 언어치료사, 산업현장의 리더, 노사문제 전문가, 정치과학자 등, 내가 펼치는 내용이 자신들의 일에 연관이 있는 어느 누구라도 대상이 된다. 진정한 의미로 난 그들에게 이 책을 바친다.

또 다른 개인적인 이유는, 내가 말하는 것에 적합한 대상을 찾는 것과 관련이 있다. 이 문제는 10여 년 이상 지목되어 왔다. 단지 일부 심리학자들을 대상으로 말하고 있다는 것을 안다. 나는 이들 대부분이 자극반응, 학습이론, 조작적 조건 형성과 같은 용어에 관심이 있고, 개인을 대상으로만 보며, 나의 이야기에 당황스러워하거나 짜증낸다는 것을 안다. 또한 나는 일부 정신과 의사들을 대상으로 이야기하고 있었다. 그들 대부분이 심리치료에 대한 진실은 프로이트를 통해 오래전에 들어 왔고 새로운 가능성에는 관심이 없으며, 이 분야의 연구를 반대해 왔다. 나는 또한 자신들을 상담자라고 부르는 다양한 사람의 일부에게 말을 해 왔다. 이들은 주로 예측할 수 있는 검사와 도구, 가이던스 방법에 대해 관심을 갖고 있다.

그래서 이러한 종류의 논문을 발표하는 데 어느 분야의 전문 잡지에도 발표하는 것이 만족스럽지 못했다. 여러 종류의 학술지에 내보았지만 미발표되기가 십상이었다. 이는 내가 누구를 대상으로 이야기를 해야 하는지 불확실하다는 것을 의미하기도 한다.

이 시기 동안 소규모의 아주 전문적인 학술지에서 내 논문을 발표하기를 원했고, 나중에 또 다른 곳에 발표해도 좋다는 승낙하에 발표하기 시작했다. 이 책의 대부분의 글은 이처럼 미발표되거나, 규모가 작거나 전문적이면서 색다른 학술지에 발표된 것이다.

따라서 좀 더 대중에게 다가가기 위해 책으로 엮게 되었고, 독자들은 나의 분야와는 거리가 먼 철학, 정치학 등 다양한 분야에 속할 것이라 생각된다. 그러나 독자들의 공통점은 있다고 여겨진다. 이 책의 글들은 심리학, 정신의학, 철학, 다른 분야 등에 영향을 끼칠 수 있는 경향의 내용들이다. 이러한 경향을 꼬리표처럼 이름을 붙이기는 싫지만, '현상학적', '실존적', '사람 중심적'과 같은 형용사, '자아실현', '되어 가는 과정', '성장' 등의 개념, 고든 올포트Gordon Allport, 에이브러햄 매슬로Abraham Maslow, 롤로 메이Rollo May와 같은 개인들을 결합시켜 설명할 수 있겠다. 이 책이 의미 있게 다가오는 집단에는 다양한 분야의 사람들로 다양한 관심사가 있을 것이다. 그러나 현대사회에서 무시하거나 무력화하는 사람에 대한 관심, 사람들의 성장에 관해 공통점을 갖고 있을 것이다.

마지막으로 이 책을 발간하는 데에는 개인적으로 의미 있는 이유가 있다. 이는 우리 시대에 인간관계에서의 긴장을 다루는 기본 지식과 적합한 기술에 대한 필요성 때문이다. 나는 우리가 인간관계와 집단 간의 분쟁에 잘 대처하지 않으면 인간의 무한한 우주는 물론 원자 구성 입자의 무한한 과학의 발전이 우리를 파괴로 이끌 수 있다고 본다. 나는 이 분야에서 이루어 놓은 지식에 매우 겸허함을 느낀다. 언젠가는 우리가 인간관계에 대한 적합한 이해를 위해 로켓 두 대의 값어치를 투자하기 바란다. 그러나 우리가 알고 있는 지식이 너무나 인정받지 못하고, 유용하게 쓰이지 못하는 것이 안타까울 뿐이다. 이 책을 통해 우리는 현존하고 있는 인종 간, 산업장면과 국제적 긴장을 조금이다도 줄일 수 있다고 본다. 이러한 학습이 예방 차원에서 활용된다면 미래에 긴장이 나타나도 건설적으로 대처할 수 있는 성숙하고 비방어적이며 이해적인 사람들로 성장하는 데 도움이 될 수 있을 것이다. 만약 인간관계 영역에서 사용되지 않은 지식을 많은 사람에게 명확하게 전달할 수 있으면 그것으로써 나는 보람을 느낀다.

이 책을 발간하는 이유와 더불어 이 책의 본질에 대해서도 몇 가지 이야기하겠다. 이 책의 글들은 최근 10년 동안 내가 관심을 갖고 있던 것들이다. 이 글들은 여러 다른 목적으로 다양한 청중, 또는 내 자신의 만족을 위해 썼다. 각 장에 있는 개관의 노트는 쉽게 이해할 수 있는 맥락을 제공하기 위해서다. 굉장히 개인적인 내용에서부터 커다란 사회문제까지 통일된 방향으로 글을 정리했다. 편집하는 과정에서 중복은 피하려고 했지만 같은 개념을 다른 방법으로 표현한 것도 있다. 이러한 '주제의 변주'는 음악에서 멜로디의 의미를 강조하기 위한 것과 비슷한 목적이라 여기기를 바란다. 각 장의 글들은 그 자체로 독립적인 글로서 각기 따로 읽어도 상관없다.

이 책의 목적은 나의 어느 부분, 나의 경험을 여러 사람과 공유하는 데 있다고 담백하게 말할 수 있겠다. 현대사회의 정글 속에서, 잘 알려지지 않은 개인적 관계에 대한 나의 경험을 밝힌 것으로 내가 보아 온 것이고 믿게 된 것이다. 나의 믿음을 확신하고 검증한 것들이 여기에 있다. 내가 당면한 어려운 문제와 의문, 우려와 불확실성들이 여기에 있다. 이러한 것들을 여러분과 공유하면서 이러한 것들이 여러분에게 호소할 수 있게 되기를 바란다.

1961년 4월

위스콘신 대학교 심리학 정신의학과

칼 로저스

차 례

제1부

개인적인 이야기

나는 개인적인 경험과 배움에 근거하여 한 사람으로서 이야기한다.

1

"이것이 나다."

전문가로서의 사고와 개인적 철학의 정립에 관하여

이 장은 나의 개인적인 내용의 강연 두 개를 엮은 것이다. 5년 전에 브랜다이스Brandise 대학의 졸업반 학생들의 강의 요청을 받았는데, 연설 주제가 심리치료에 대한 내용이 아니고 나 자신에 관한 것이었다. '내가 가지고 있는 생각들은 어떻게 만들어진 것일까?' '지금의 나의 모습은 어떻게 만들어진 것인가?' 그들이 요청한 연설 주제는 사고를 자극하는 매우 흥미로운 주제로 여겨졌고, 나는 학생들의 요구에 맞추기 위해 연설 준비에 노력을 기울였다. 지난해 위스콘신Wisconsin 대학 학생회에서도 이와 비슷한 요청이 있었다. 일련의 강의 시리즈를 마감하면서 이들은 나에게 개인적인 내용의 강의를 원했고, 아마 어디에도 적혀 있지는 않지만 마지막 강의는 개인적인 내용이어도 되겠다는 생각을 했나 보다. (우리 교육제도의 희한한 점 중 하나는 아주 극단적인 순간이어야만 교수가 개인적인 점을 드러낼 것이라고 가정하는 것이다.) 이 위스콘신 강연은 나의 개인적인 배움과 철학적인 주제 등이 점점 더 의미 있게 다가왔기에 브랜다이스 강연보다 좀 더 개인적인 것을 드러낼 수 있었다. 여기에서는 이 두 강연에 대한 이야기로서 원래 의도대로 격식을 차리지 않고 편하게 이야기하고자 한다.

나는 이 두 강연을 준비하면서 사람들이 자신들에게 이야기를 하거나 가르치는 사람의 인간적인 측면에 대한 궁금증에 얼마나 목말라하는지 알 수 있었다. 따라서 나의 개인적인 내용이 담긴 장으로 이 책을 시작함으로써 여러분에게 조금이라도 나를 더 알리고, 앞으로 이어지는 내용의 맥락과 의미를 이해할 수 있기를 기대한다.

“이것이 나다.”라는 주제로 강연을 부탁받은 것으로 나는 알고 있다. 이러한 요청에 여러 가지 생각이 들지만, 한 가지 분명하게 여러분에게 말하고 싶은 것은 그 어떠한 그룹이라도 나를 개인적으로 알고 싶어 한다는 것은 나로서는 매우 영광이고 아주 기분 좋은 일이라는 것이다. 확실한 것은 이러한 주제가 매우 독특하며 도전적인 요청이지만 내가 할 수 있는 한 최대한 솔직한 답을 주고자 한다.

자, 나는 누구인가? 나는 심리학자이고 수년 간 심리치료에 종사해 왔다. 그렇다면 이것은 무엇을 의미하는가? 내가 이제까지 한 일을 나열하며 여러분을 지루하게 할 생각은 없지만 나의 『내담자 중심 치료』 서문의 몇 문단을 인용해서 적어도 이것이 나에게 주관적으로 무슨 의미인지를 알리고자 한다. 이 책에서 나는 독자들에게 책의 주관적인 측면의 느낌을 전달하고자 다음과 같이 썼다. “이 책은 무엇에 관한 것인가?” 책의 의도는 어느 정도 생동감 있는 경험을 전달하는 것이다. 이 책은 각 심리치료자들의 상담실을 가득 채우고 있는 고통과 희망, 불안감과 만족감에 관한 것이다. 각 치료자들이 내담자와 맺고 있는 독특한 관계에 관한 것이고, 또한 이 모든 관계에서 공통적으로 발견할 수 있는 것에 대한 내용이다. 이 책은 우리 모두에게 해당되는 매우 개인적인 경험에 관한 것이다. 내 상담실 책상 모퉁이에 앉아 자신이 되고자 고군분투했지만 진짜 자신이 되는 것을 끔찍이도 무서워하는—자신이 겪은 것을 그대로 인정하고자 노력하고 그 경험을 자기 것으로 하고자 하지만 그런 일이 정작 이루어진다면 두려워하는—내담자에 관한 것이다.

"이 책은 내가 할 수 있는 최대한 그런 발버둥에 깊고 민감하게 동참하며 내담자를 마주하는 내 자신에 관한 것이다. 그 내담자의 경험을 그가 겪은 그대로를, 그리고 그에게 그 경험의 의미와 감정, 기호와 특질이 어떠했는가를 수용하도록 노력하는 나에 관한 것이다. 내담자를 이해하는 데 인간이기에 오류를 범하는 나 자신에 대해 슬퍼하고, 내담자에게 보이는 그대로 그의 인생을 보도록 하는 데 실패한 경우, 그리고 그 실패가 마치 복잡하고 섬세한 성장의 거미줄에 떨어지는 무거운 물체처럼 느껴지는 나에 관한 것이다.

새로운 인격의 산파 역할을 하는 특권을 즐기는 나—자아, 인간의 등장을 경이롭게 함께하며, 내가 중요하면서도 촉진적 역할을 담당한 탄생의 과정을 지켜보는 나—에 관한 것이다. 전체적으로 마치 이 우주 전체에 깊숙이 뿌리박혀 있는 듯한, 분명히 존재하는 영향력 있고 정돈된 강한 힘이 있는데 이에 놀라워하는 나와 내담자, 모두에 대한 것이다. 이 책은 맹목적인 파워와 엄청난 파괴력을 가진, 하지만 이에 못지않게 성장의 기회만 주어진다면 성장을 향한 힘을 동반한 치료 과정에서 적나라하게 드러나는 삶에 관한 것이다."

아마 이 정도면 내가 하는 일과 이에 대해 내가 어떻게 느끼는지에 대한 윤곽이 설명되었다고 생각한다. 이제 여러분은 내가 어쩌다 이 직업에 종사하게 되었고, 이 과정에서 내가 내린 결정과 선택, 의식과 무의식의 부분에 대해 궁금해할 것이다. 그렇다면 내 자서전에서 나의 직업과 관련된 가장 흥미 있는 사건들을 중심으로 여러분에게 이야기해 보겠다.

어린 시절

나는 가족의 유대를 강조하고 매우 엄하면서 타협의 여지라고는 없는 종교적이고 윤리적인, 그리고 성실함을 숭배하는 가정에서 성장했다. 6남매 중의 넷째였는데, 부모님은 우리에게 항상 많은 관심을 갖고 돌봐 주시는 분들이었으며, 또한 다양한 방식으로 드러나지 않게 애정을 가지고 우리의 행동을 강

1. "이것이 나다."

하게 통제하려고 했다.

우리 집에서는 절대 술이나 춤, 카드놀이, 연극이나 사교적인 활동이 허용되지 않았고, 엄청난 노동만이 강조되는 분위기였기에, 알게 모르게 우리 형제들이나 부모님 모두 우리 가족이 다른 가족과 다르다는 것을 인정하고 있었다. 나의 자녀에게 탄산음료에 약간의 죄스러운 향이 있다는 것을 설득하기는 어렵지만, 고백하자면 내가 처음으로 탄산음료를 들이켰을 때는 마치 부정한 일을 저지르는 느낌이었다. 가족끼리는 잘 어울렸지만 우리는 다른 사람들과는 섞이지 못했다. 나는 고독한 소년이었고 미친 듯이 책만 읽었으며 고등학교 시절을 통틀어 고작 두 번의 데이트밖에 못했다.

내가 열두 살 때 우리 부모님은 농장을 구입했고 그곳에 정착했다. 여기에는 두 가지 이유가 있는데, 그 첫째는 나의 아버지는 매우 성공한 사업가로서 농장 일을 취미로 여기셨다. 내가 보기에는 둘째 이유가 더 중요한 것 같은데, 부모님은 사춘기로 접어든 자녀를 도시 근교의 많은 '유혹'에서 멀리 떼어 놓고자 하신 것 같다.

여기서 나는 장차 내 연구에 중요한 관련이 있는 두 가지 관심을 발전시키게 된다. 밤에 날아다니는 나방에 크게 매료되었고(그 당시에는 진 스트라톤-포터 Gene Stratton-Porter의 책이 대유행이었다), 우리 집 숲에 살고 있는 멋진 루나Luna, 폴리페무스Polyphemus, 세크로피아Cecropia 종의 나방들에 관해서는 대가가 되었다. 나방들을 잡아서 모충을 키우고 긴 겨울 동안 고치를 보관하여 열심히 나방을 번식시키는 일을 했는데, 이 과정에서 자연을 관찰하고자 하는 과학자의 희열과 좌절을 겪기도 했다.

아버지는 새로운 농장을 최대한 과학적으로 운영하고자 했기에 그에 관한 책을 많이 구입했다. 또한 아들들이 독립적으로 성공해 벤처 사업가가 되기를 희망하였기에 우리는 닭도 키우고 갓 태어난 양, 돼지, 송아지까지 키웠다. 이 과정에서 나는 과학적인 농학도가 되었고, 최근에 들어서야 알게 되었지만 과학에 대한 근본적인 감이 그때 얻어진 것 같다. 그 누구도 열네 살짜리에게 모리슨Morison의 『사양학Feeds & Feeding』 책이 맞지 않다고 말하지 않았기 때문에 몇 백 페이지를 읽으며, 가축들에게 무엇을 먹이는 것이 육질과 우유에 어떻게 영향을 주는가를 알기 위해 통제집단을 실험집단과 맞게 설계하는 법, 무선적 설계로 조건을 일관성 있게 주는 법에 관한 실험을 진행하는 법을 배우게 되었다. 하나의 가정을 입증하는 과정이 얼마나 어려운가도 배울 수 있었다. 나는 실용적인 노력을 요하는 분야에서 과학적인 방법에 대한 지식과 시각을 갖게 되었다.

대학과 대학원 과정

나는 위스콘신에 있는 대학에서 농학을 전공했다. 가장 기억에 남는 것은 사실을 배우고 사용하는 것에 대한 한 농업경제학 교수의 열정적인 강의다. 그는 백과사전적인 지식은 쓸데없다는 것을 강조했고, 쓸 수도 없는 군수품 수레가 되지 말고 차라리 소총이라도 돼라(한국식으로는 '구슬이 서 말이어도 꿰어야 보배' –역자 주)고 우리에게 명령했다.

학부 첫 두 해에 나는 학생 주최의 한 감동적인 종교학회에 참석한 뒤 전공을 과학적 농학에서 신학으로 바꾸었다. 이것은 별로 큰 변화라고는 할 수 없다! 농학에서 사학으로 바꾸고 이것이 미래를 위해 더 나은 선택이라고 믿었기 때문이다.

대학교 2학년 시절에 국제세계학생기독교연합회의 국제학회에 참석하기 위해 선발된 열두 명 중의 한 명으로 중국을 가게 되었다. 이것은 나에게 가장 중요한 경험이었다. 그때는 제1차세계대전이 끝난 지 4년 정도 지난 1922년이었다. 나는 프랑스인과 독일인들을 개인적으로 보면 매우 괜찮은 사람들일지라도 서로가 얼마나 지독히 싫어하는지 목격할 수 있었다. 매우 진실되고 솔직한 사람들이 얼마나 다양한 종교적 교리를 신봉할 수 있는지 깨닫게 되었는데, 그것은 나의 사고를 억지로라도 확장시킨 결과였다. 개인적으로 아주 큰 사건은 처음으로 부모님의 종교적 사고로부터 해방되었으며, 내가 그것을 더 이상 추종할 수 없다는 것을 깨닫게 된 점이다. 이런 사고의 독립은 부모님과의 관계를 매우 고통스럽고 힘들게 했지만, 돌이켜 보면 어느 때보다도 내가 독립적인 사람이 되었던 것 같다. 물론, 그 당시 나의 태도에는 많은 반항과 배반이 있었지만 동양을 여행하던 그 6개월 동안 중요한 분리가 이루어졌으며, 그때부터 가족의 영향력에서 멀리 벗어나 생각할 수 있었던 것 같다.

앞으로 이야기할 내용은 개인적 성장에 관한 것보다는 전문적 발달에 관한 것이지만 나의 개인적 삶에 큰 영향을 미친 한 가지 사건을 이야기하고자 한다. 중국 여행을 갈 즈음에 어린 시절부터 오랫동안 알아 온 한 여인과 사랑에 빠졌다. 비록, 부모님이 내켜하지는 않았지만 우리는 대학을 졸업하자마자 결혼을 했고 함께 대학원에 진학하기로 했다. 솔직히 객관적으로 이야기한다는 것이 쉬운 일은 아니지만 아내의 끊임없는 사랑과 동료애는 나의 인생에서 가장 중요하고 삶을 풍요롭게 한 요인이라고 말할 수 있다.

나는 종교적인 사역을 준비하기 위해 그 당시(1924) 미국에서 가장 진보적인 유니온 신학대학Union Theological Seminary에서 신학공부를 시작했다. 그곳에서의 2년간은 결코 후회한 적이 없으며, 탐구의 자유와 진리를 추구하는 것에 헌신적인 신념을 갖고 있는 A. C. 맥지퍼트McGiffert 같은 유명한 학자 및 교수들과 지낼 수 있었다.

지금은 대학과 대학원의 규범이나 경직성에 대해 어느 정도 알고 있지만 유니온의 한 사건으로 진정 놀라운 경험을 하게 되었다. 우리 학생들 몇 명은 스스로 질문과 의문 등을 계속해서 탐구하기보다는 일방적으로 주어지는 것 같다고 느꼈다. 그래서 대학 당국에 교수 없이 우리 자신의 질문들로 구성된 교과과정으로 이루어진 세미나를 학점으로 인정해 달라는 탄원을 제기했다. 처음에 대학은 좀 당황해했지만 곧 우리의 신청을 받아 주었다. 한 가지 조건은 젊은 강사가 수업시간에 앉아 있되 우리가 원하는 경우에만 참여하는 것이었다.

그 세미나가 대단히 만족스럽고 명료했다는 것은 굳이 설명하지 않아도 될 것이다. 그 세미나는 나만의 인생철학에 좀 더 가깝게 다가가도록 만들어 주었다. 그 그룹 멤버의 대부분은 선정한 질문을 끊임없이 탐구하다가 신학에서 좀 벗어난 여러 생각을 하게 되었다. 나도 그중의 하나였다. 나는 인생의 의미와 개인을 위해 개인의 삶을 어떻게 건설적으로 꾸려 나갈까에 항상 관심이 있었으나, 특정 종교 교리를 따르면서 이에 관한 일을 할 수는 없었다. 나의 믿음은 너무나 많이 바뀌었고 계속해서 바뀔 것이었다. 단지 직업을 유지하기 위해 신념을 갖는 척하는 것은 나에게 너무나 끔찍한 일이었다. 나는 제한 없이 생각의 자유가 확보될 수 있는 분야에서 일을 하고 싶었다.

심리학자가 되다

그럼 어떤 분야가 있을까? 나는 유니온에서 그 당시 막 등장한 심리학과 정신과학에 관한 강의에 매료되었다. 골드윈 왓슨Goldwin Watson, 해리스 엘리엇Harris Elliott, 메리언 켄워시Marian Kenworthy와 같은 인물들은 나의 관심을 더 불타오르게 했다. 나는 유니온 신학교 길 건너에 있는 콜롬비아 대학교 교육대학원에서 강의를 더 듣게 되었다. 훌륭한 선생이기도 한 윌리엄 H. 킬패트릭William H. Kilpatrick 교수로부터 교육철학을 들었다. 이후 레타 홀링월스Leta Hollingwirth라는 민감하고 실리적인 교수 밑에서 아이들을 임상장면에서 만나기 시작했다. 아이들을 상담하는 일에 관심을 갖기 시작하면서 별 큰 적응의 문제없이 자연스럽게 내 자신을 아동상담 분야에서 임상심리학자로 여기게 되었다. 뚜렷한 의식적 선택을 했다기보다는 나에게 관심이 있는 활동을 하다 보니 그 쪽으로 흘러가게 된 것이다.

사범대학에 있을 때, 나는 연방기금에서 후원하는 새로운 아동지도 연구소에 지원해서 회원 자격과 인턴 자격을 받았다. 초기에 그곳에 있었던 것은 행운이었다. 이 기구가 처음에는 혼란상태에 있었지만, 이것은 내가 원하는 대로 할 수 있다는 것을 의미하기도 한다. 나는 데이비드 레비David Levy와 로슨 로리Lawson Lowrey 등의 교수들이 가진 프로이트의 역동적 관점을 흡수했으며, 그 관점이 당시 사범대학에서 유행하던 준엄하고 과학적이고 냉정하며 객관적이

1. “이것이 나다.”

고 통계적인 관점과 크게 충돌한다는 것을 알았다. 돌이켜 볼 때, 내 안에 있는 갈등을 해결하는 것은 가장 가치 있는 학습 경험이었다고 생각된다. 그 당시 나는 전혀 다른 두 세계에서 기능하고 있다고 느꼈으며 '그 둘은 결코 합치점을 찾을 수 없는 것처럼 보였다.'

인턴 기간이 끝날 무렵, 아직 박사과정이 끝나지는 않았지만 가족을 부양하기 위해 직업을 구하는 것이 대단히 중요한 일이었다. 자리가 충분하지 않았기에 내가 자리를 구했을 때 느꼈던 안도감과 흥분은 말로 표현할 수가 없다. 뉴욕 로체스터에 있는 아동학대방지협의의 아동연구 부서에 심리학자로 고용되었는데, 그 부서에는 3명의 심리학자가 있었고 당시 연봉은 2,900달러였다.

그 자리에 대한 제안을 받고는 깜짝 놀라면서도 즐거운 마음으로 수락했던 것 같다. 그렇게 기뻐했던 이유는 원하던 일을 할 기회를 얻었기 때문이었다. 어떤 기준으로 보아도 그 자리는 직업상 거의 막다른 길이었고, 고립이 되어 다른 직장으로 옮길 기회가 거의 없으며, 연봉 또한 그 당시 기준으로 보아도 넉넉하지 못했다. 하지만 나는 전혀 그런 생각을 하지 않았다. 만일 내게 가장 하고 싶은 일을 할 기회가 주어지기만 한다면 다른 모든 것이 저절로 이루어질 것이라는 느낌이 늘 있었기 때문이다.

로체스터에서의 기간

로체스터에서 보낸 12년간은 참으로 소중한 시간이었다. 그 기간 중 적어도 첫 8년은 정부와 기관에 의해 의뢰된, 비행을 저지르고 별 혜택을 받지 못하는 청소년들을 진단하고 계획을 세웠으며 대부분의 시간을 '치료면담'을 하면서 실제로 심리치료를 하는 데 깊이 빠져 들어갔다. 그 시기는 비교적 직업적으로 고립되었던 때였으며, 내 유일한 관심사는 내담자를 어떻게 하면 더 잘 치료하는가뿐이었다. 우리는 성공뿐만 아니라 실패도 받아들여야 했고, 그 과정에서 배우게 되었다. 이 아동들과 부모들을 대하는 유일한 기준은 '효과가 있는가?'였다. 날마다 치료 경험에서 벗어나 점차 내 자신의 견해를 견고히 하였다.

비록, 작은 것이지만 당시 나에게는 세 가지 중요한 예가 있었다. 그것들은 모두 권위나 물질, 나 자신에 대한 각성에 관한 예들이라는 것이 놀랍다.

수련을 받는 동안, 비행이 성적 갈등에 근거하며, 그 갈등이 밝혀지면 비행이 사라진다고 하는 윌리엄 힐리Willian Healey 박사의 저술에 매료되어 있었다. 로체스터 시절 초기에 설명할 수 없는 방화 충동을 가진 한 청소년 방화범을 치료하면서 고전을 면치 못했던 적이 있었다. 매일 소년원에서 그를 면담하면서 점차 자위에 대한 그의 성적 충동의 열망을 찾아낼 수 있게 되었고, 결국 그 사례는 해결되었다. 그러나 보호관찰하에 있을 때, 그는 또다시 같은 문제로 어려움에 처하게 되었다.

그때 느꼈던 충격을 나는 기억한다. 힐리 박사가 틀렸을지도 모른다. 어쩌면 나는 힐리 박사가 미처 알지 못한 것을 배운 것일지도 모른다. 어쨌든 이 사건은 권위 있는 가르침에도 잘못이 있을 수 있고, 아직도 발견해야 할 새로운 많은 지식이 있다는 가능성을 깨닫게 했다.

두 번째의 순진하기 짝이 없는 발견은 또 다른 종류의 것이었다. 로체스터에 온 지 얼마 되지 않아 나는 면담에 관한 토론 그룹을 이끌게 되었다. 그때 부모 면담에 관한 대략의 지침이 기록되어 있는 한 책을 발견했는데, 그 책의 상담자는 빈틈이 없고 통찰력 있고 예리하여 문제의 핵심을 빨리 파악하면서 면담을 이끌었다. 나는 이 책을 좋은 면담 기법의 예로 사용할 수 있어서 기뻐했다.

몇 년 뒤, 유사한 과제가 주어졌고, 나는 이 탁월한 자료를 떠올렸다. 다시 그 자료를 찾아내어 읽고는 소스라치게 놀랐다. 왜냐하면 예전에 그토록 탁월하다고 생각했던 것을 다시 보니 상담자는 그녀의 죄책감에서 짜어 짜낸 무의식적인 동기에 대한 판결을 내리는 영리하고 합법적인 질문을 부모에게 하는 것이었다. 이제 나는 내 경험을 통해 그러한 면담이 부모나 아동에게 어떤 지속적인 도움이 되지 못한다는 것을 알았다. 강제적이거나 억지스러운 임상적 관계의 접근에서 내가 멀어지고 있다는 것을 깨닫게 되었는데, 이는 철학적인 이유 때문이 아니라 그러한 접근들이 표면적인 효과에 불과하다는 것을 인식하였기 때문이다.

세 번째 사건은 몇 년 뒤에 일어났다. 나는 내담자가 받아들일 수 있도록 부드럽게 하고자 노력하면서 좀 더 민감하고 인내심 있게 내담자의 행동을 해석하는 것을 배웠다. 당시 난폭한 아들을 둔, 대단히 이지적인 한 어머니를 상담하고 있을 때였다. 문제는 분명히 아이가 어렸을 때 그녀가 아들을 거부한 데에 있었지만, 여러 차례 면담을 한 뒤에도 그녀가 사실을 알아차리도록 도울 수 없었다. 나는 그녀가 제시한 증거를 토대로 부드럽게 상담하면서 그녀가 자신의 패턴을 볼 수 있도록 도우려 했다. 그러나 효과가 없었다. 결국 나는 포기했다. 나는 그녀에게 우리가 노력은 했지만 실패했고, 이제는 면담을 그만두는 것이 좋겠다고 말했다. 그녀도 동의했고 우리는 면담을 종결했다. 그러고는 악수를 나누고 그녀가 상담실 출입구로 걸어 나갔다. 그때 그녀가 돌아서서 물었다. "여기서 성인 상담도 하시나요?" 그렇다고 말하자 그녀는 "그러면 내가 도움을 받고 싶어요."라고 말했다. 그녀는 막 일어났던 의자로 다시 돌아와 전에 이야기했던 단순한 내용의 '사례'와는 전혀 다른, 그녀의 결혼생활에 대한 절망, 남편과의 고통스러운 관계, 실패감과 혼란 등의 내용을 쏟아내기 시작했다. 진정한 치료는 그때부터 시작되었으며, 결국 그것은 대단히 성공적이었다.

이 사건은 물론 나중에 더 절실히 깨달았지만, 무엇이 상처를 주는지, 어떤 방향으로 가야 할지, 어떤 문제가 중요한지, 어떤 경험이 깊이 뿌리박혀 있는지를 아는 사람은 바로 내담자라는 사실을 경험하는 데 도움이 되었던 많은 사건 중에 하나였다. 나는 내 자신의 영리함과 학식을 드러내고자 하는 욕구를 없앨 수 있다면 치료 과정의 변화에 대해서 내담자에게 더 잘 의지할 수 있을 것이라는 생각이 들기 시작했다.

심리학자 혹은?

이 기간 동안 나는 '내가 심리학자인가?' 라는 의문을 가지고 있었다. 로체스터 대학은 내가 하고 있는 일이 심리학이 아니라는 것을 분명하게 해 주었고, 심리학과에서 내가 가르치는 것에 그들도 흥미가 없었다. 미국심리학회에서는 내가 하고 있는 일과 아무 관계가 없어 보이는 쥐들의 학습 과정과 실험실 실습에 대한 논문들로 가득 차 있는 것을 발견했다. 반대로 임상사회사업가들은 내가 원하는 것을 하는 것처럼 보였고, 사회사업 쪽에 더 적극적이 되어서 지방 사무국에서 국립 사무국으로 옮기게 되었다. 그런 뒤에 미국응용심리학회가 결성되어서야 비로소 심리학자로서 적극적으로 활동을 하였다.

대학의 사회학과에서 문제아를 어떻게 이해하고 다룰 것인가에 관한 강의를 시작했다. 교육학과에서는 이것을 교과과정으로 분류시켰다. 내가 로체스터 대학을 떠나기 전, 심리학과도 마침내 그것을 교과과정에 포함시키도록 허가를 요청했고, 그 계기로 결국 나를 심리학자로 받아들였다. 이러한 경험들을 이야기하면서 나는 내가 어떤 그룹과 함께하는지 아닌지에 별 상관없이, 얼마나 완고하게 내 길을 고집했는가를 깨닫게 되었다.

시간관계상 로체스터 대학에서 독립된 하나의 가이던스센터Guidance Center를 세웠던 일과 그곳에 소속되어 있던 정신과 의사들과의 갈등에 대해서는 언급하지 않겠다. 이것들은 대부분 내 아이디어를 발전시키는 데 도움이 되지 않은 행정적인 갈등들이었다.

나의 자녀

아들과 딸이 유아기를 지나 아동기에 접어드는 과정을 통해서 직업적으로 배울 수 있었던 것보다 인간과 인간발달, 그들의 관계에 대해 훨씬 더 많은 것을 배울 수 있었던 것이 이 로체스터에서의 기간들이었다. 아이들의 유아 시절에는 내가 별로 좋은 부모였다고 여겨지지 않으나 다행히 나의 아내는 좋은 어머니였고, 세월이 지나면서 나도 차츰 좋아지고 더 잘 이해하는 부모가 되었

1. "이것이 나다."

다. 이 기간과 그 후는 물론, 두 명의 아이들과 함께 겪은 아동기의 기쁨과 고통, 사춘기 시절의 자기주장과 어려움, 성인 시절을 지나 그들이 가족을 이루는 동안 가질 수 있었던 관계는 더할 나위 없이 소중한 특권이었다. 나와 아내는 우리의 성장한 자녀, 그리고 그들의 배우자와 함께 깊이 의사소통할 수 있고, 또 그들이 우리와 그렇게 할 수 있었다는 사실을 가장 만족스러운 성취 중 하나로 생각한다.

오하이오 주에서의 기간

1940년 나는 오하이오 주립대학에 자리를 잡게 된다. 그 학교에서 나를 초빙한 이유는 휴가 중 시간을 짜내서 썼던 『문제아의 임상적 치료Clinical Treatment of the Problem Child』라는 책 때문이었을 것이다. 놀랍게도 기대하지 않았는데 그들은 내게 전임교수를 제의했고, 나는 진심으로 이 수준에서 학문적 세계를 접하기 시작한 것이 바람직한 일이었다고 생각한다. 내가 교수직에서 한 단계, 한 단계 승진하는 경쟁적인 과정을 거치지 않고 살아온 것에 참으로 감사하는데, 그런 과정을 거치면서 배우는 것은 오로지 몸을 사리는 것밖에 없기 때문이다.

나의 경험을 통해 나만의 독특한 견해를 발전시켰다는 것을 깨닫기 시작한 것은 오하이오 주립대학에서 대학원생들에게 치료와 상담에 대해 내가 배운 것을 가르치고자 하면서부터다. 그러한 아이디어를 명료화하고 1940년 12월에 미네소타 대학에서 논문을 발표하자 그 반응은 대단히 강력했다. 새로운 아이디어가 내게는 잠재력을 갖고 매우 반짝이며 빛나는 것으로 보일 수 있지만, 다른 사람에게는 대단히 위협적일 수 있다는 사실도 처음으로 경험했다. 그리고 찬반 토론으로 거센 비판을 받으면서 몹시 당황하게 되었고, 내 자신에 대해 의문과 의심도 갖게 되었다. 그럼에도 불구하고 내가 무언가 공헌하고 있다고 느끼면서 내가 느낀 것이 좀 더 효과적인 치료가 될 수 있다는 것을 설명하는 『상담과 심리치료Counseling and Psychotherapy』의 원고를 썼다.

여기서 다시 한 번 내가 얼마나 '현실적'이지 못한가를 깨달으며 작은 즐거움도 느꼈다. 원고를 넘겼을 때 출판업자는 그것이 흥미롭고 새롭기는 하지만, 어떤 강좌에서 그 책을 사용할지는 의심스러워했다. 나는 단지 내가 가르치는 강의와 또 다른 대학에서 하고 있는 두 강좌에서만 사용한다고 대답했다. 출판업자는 내가 이미 강좌에 맞게 나와 있는 교재를 쓰지 않은 것이 중대한 실수라고 했다. 그는 손해를 보지 않을 정도인 2,000부를 팔 수 있을지 의심스러워했다. 내가 그것을 다른 출판사에 넘기겠다고 말하고 나서야 그는 도박하는 심정으로 출판을 하기로 결정을 했다. 그 책은 70,000부가 판매되었고, 지금도 꾸준히 판매되고 있다. 그와 나, 둘 중 누가 더 놀랐는지는 모르겠다.

최근 이야기

지금까지의 내 직업적 삶—오하이오 주립대학에서의 5년, 시카고 대학에서의 12년, 위스콘신 대학에서의 4년—이 이미 글에 의해 상세히 기록되어 있다고 믿는다. 이제는 내게 중요한 두세 가지를 아주 간단히 강조하고자 한다.

나는 환자들과 점점 폭넓게, 점점 더 깊은 치료적 관계를 가지면서 살아가는 것을 배우게 되었다. 이것은 대단히 보람 있는 일이었다. 그러나 몹시 혼란스러운 사람이 자신의 욕구 충족을 위해 실제보다 더 많은 것을 요구하는 것처럼 보일 때, 때때로 두렵기도 했다. 확실히 치료를 한다는 것은 치료자 쪽의 끊임없는 개인적 성장을 요구하는 것이며, 이것은 결국 보람이 있는 일임에도 불구하고 때로는 고통스럽기도 하다.

또한 꾸준히 연구하는 것이 얼마나 중요한지에 대해서도 말하고 싶다. 치료는 내가 주관적이 될 수도 있는 경험이다. 연구는 이 풍부하고 주관적인 경험을 나 스스로 속이고 있는 것은 아닌지 결정하기 위해 모든 과학적 방법을 적용하면서 멀리 떨어져서 객관성을 가지고 바라보는 것이다. 중력의 법칙이나 열역학 법칙처럼 인간의 진보와 인간 이해에 중요한 성격과 행동의 법칙을 발견할 수 있을 것이라는 확신이 내 속에서 자라고 있다.

지난 20년 동안 싸움을 걸어오는 데 어느 정도 익숙해지고 있지만, 내 생각에 대한 반응들은 계속 나를 놀라게 하고 있다. 내 관점에서 볼 때, 나는 언제나 내 생각들을 독자나 학생들이 받아들이거나 거절하도록 조심스럽게 제안해 왔다고 본다. 그러나 다른 시간, 다른 장소에서는 심리학자들, 상담자들, 교육자들이 내 견해에 대해 크게 화를 내고 경멸하고 비판을 해 왔다. 이 분야에서 이러한 격정이 수그러들면서 최근에는 정신과 의사들 사이에서 비판이 생겨나고 있는데, 그들 중 어떤 이들은 내가 일하는 방식이 그들이 가장 소중하게 여기고 의심의 여지가 없었던 원리 중 많은 것을 깊이 위협한다고 느끼고 있었다. 그리고 아마도 이러한 비난의 모진 바람 못지않게, 스스로 새로운 견해를 습득해서 저마다 싸우기 위해 나온 개인들에 의해 자행된, 나와 내 일에 대해 정확하거나 부정확한 이해의 무기를 사용하면서 무비판적이고 의문의 여지가 없는 '제자들'에 의해 행해진 손상도 만만치 않을 것이다. 때때로 '친구들'로부터 상처를 더 많이 받는지 아니면 적으로부터 상처를 더 많이 받는지 알 수 없음을 발견한다.

아마도 부분적으로는 싸우는 것이 힘들어서, 나는 혼자 떠나 있는 것에 높은 가치를 부여하게 된 것 같다. 일에서 가장 결실이 풍부했던 때는 다른 직업적인 기대나 일상의 요구에 대해 완전히 사람들이 생각하는 것에서 내가 하고 있는 일에 대한 시각을 얻을 수 있었던 때인 것 같다. 아내와 나는 내가 심리학자인지 아무도 모르는 멕시코와 카리브해에서 고립된 은신처를 발견했다. 그곳에서는 그림을 그리고, 수영하고, 잠수하고, 풍경사진을 촬영하는 것이 주된 활동이었다. 비록, 그곳에서 하루에 2시간 내지 4시간 정도밖에 직업과 관련된 일을 하지 않았지만, 지난 몇 년간 이루었던 것보다 가장 많은 발전을 했다. 나는 혼자 있을 수 있는 특권을 소중하게 생각한다.

몇 가지 중요한 교훈

대략적으로 내 직업적 생활의 외적인 부분들에 대해 말했다. 그러나 이제 나는 당신을 내면으로 인도해서 어려움에 처해 있는 사람들과 가깝게 일하면서 보낸 수많은 시간을 통해 내가 배운 것들을 이야기하고자 한다.

이 교훈들은 나에게 의미가 있었다는 사실을 분명히 해 두고 싶다. 그것들이 당신에게도 유효할지는 모르겠다. 그것들을 다른 누구를 위해 지침으로 제시하고 싶은 마음은 없다. 그러나 어떤 사람이 그의 마음속의 방향에 대해 기꺼이 이야기해 줄 때, 이것이 만일 내 방향성과 다르다는 것을 깨달을 때만 내게 소중한 것이 되어 왔다. 그런 생각에서 다음과 같은 깨달음을 이야기하고자 하는 것이다. 각 경우에 그것들을 의식적으로 깨닫고 난 다음에는 곧 그것들이 내 행동과 내적 확신의 일부분이 되었다고 믿는다. 물론, 단편적인 깨달음이며 불완전하지만 말할 수 있는 것은 그것들이 나에게는 소중하게 다가왔다는 것이다. 나는 계속적으로 배우고 있으며, 또다시 배우고 있다. 나는 그렇게 행동하는 데 실패하더라도 끊임없이 노력하고 있다. 하지만 빈번히 이 깨달음을 적용해야 하는 새로운 상황을 보는 것을 실패하곤 한다.

그것들은 고정된 것이 아니다. 계속해서 변화하고 있다. 어떤 것들은 점점 더 중요해지며, 어떤 것들은 이전보다는 내게 덜 중요하지만, 내게 모두 소중한 것들이다.

나는 각 깨달음을 개인적 의미를 가지고 있는 하나의 구 또는 문장으로 소개하려고 한다. 그러고 나서 그것들을 조금 상세히 설명할 것이다. 서로 간에 별로 구성 관계는 없지만 처음 깨달음은 대개 다른 것들과 연관이 있다. 다음은 내 개인적인 확신과 가치 있는 것들을 소개한 것이다.

몇 가지 중요한 깨달음에 대한 이야기를 부정적인 것부터 시작해야 할 것 같다. 첫째로 사람들과의 관계에서 솔직하지 않은 행동은 결국 도움이 되지 못한다

1. “이것이 나다.”

는 것을 알았다. 실제로는 내가 화가 나 있고 비판적일 때 침착하고 유쾌하게 행동하는 것은 도움이 되지 않는다. 답을 알지 못하면서 아는 척하는 것은 도움이 되지 않는다. 적개심이 불타면서 사랑하고 있는 척하는 것은 도움이 되지 않는다. 두렵고 불확실하면서 확신이 있는 척 행동하는 것은 도움이 되지 않는다. 내가 아프다고 느끼면서 건강한 것처럼 행동하는 것도 도움이 되지 않는다. 심지어 아주 간단한 것에서도 이러한 것들이 타당성이 있다는 것을 발견했다.

여기서 말하고 있는 것은 다른 사람들과의 관계에서 가면을 쓰고자 하는 것, 즉 마음속으로는 전혀 다른 것을 경험하고 있으면서 겉으로는 그와 다르게 행동하는 것은 도움이 되거나 효과적이지 못하다는 것이다. 그것은 내가 믿기로는, 다른 사람들과 건설적인 관계를 형성하고자 하는 노력에 도움이 되지 못한다는 것이다. 진실이라고 배웠던 것에서 적절하게 도움을 받지 못했다는 것을 분명히 하고 싶다. 사실상, 내가 개인적 관계들이나 다른 사람들을 돕고자 할 때 겪은 대부분의 실수는 방어적인 이유에서 내 감정과는 반대로 행동했던 것 때문에 생긴 것이었다.

둘째, 스스로에 대해서 좀 더 깊이 수용하고 있는 그대로의 내 자신이 될 수 있을 때, 더 효율적으로 남을 도울 수 있다는 것을 알았다. 오랜 세월 동안 나는 좀 더 충분히 나 자신에 대해서 듣는 것을 배우고 있다고 느낀다. 그래서 어떤 순간이든 내가 느끼고 있는 것을 이전보다 더 충분히 알고 있다고 생각한다. 내가 화가 났다든지, 누군가에게 거부감을 가지고 있다거나 혹은 대단히 따뜻한 마음과 사랑을 느끼고 있는지, 진행되고 있는 것에 대해 지루해하고 흥미를 못 느끼고 있는 것인지, 누군가를 이해하려고 열심인지, 아니면 관계 맺는 것에 대해 불안하고 두려운지를 잘 알 수가 있다. 이 모든 다양한 태도는 내가 내 속에서 들을 수 있다고 생각하는 감정들이다. 이렇게 되는 방법 중 하나가 스스로 좀 더 나답게 되었다고 느끼는 것이다. 나는 스스로를 확실히 불완전한 사람이고, 항상 내가 하고 싶은 대로 기능할 수는 없는 사람이라는 것을 수용하는 것이 더 쉬워졌다.

이 같은 생각은 대단히 이상하게 보일 것이다. 그것이 내게 가치 있는 것은 스스로를 있는 그대로 수용할 때 내가 변화한다고 하는 진기한 역설 때문이다. 나는 이것을 내 자신의 경험에서뿐만 아니라 내담자에게 배웠다고 믿는다. 즉, 우리가 완전히 우리 자신을 수용할 때까지는 변화될 수 없고 우리 자신에게서 벗어날 수 없다는 것을 배웠다. 변화는 거의 알지 못하는 가운데 다가오는 듯하다.

내 자신이 되는 것의 다른 결과는 관계가 진실해진다는 것이다. 진실한 관계는 생명력이 있고 의미 있는 활기참을 가지고 있다. 만일 내가 이 내담자 또는 이 학생에 대해 화가 나 있거나 지루하다는 사실을 받아들일 수 있다면, 반응 가운데 그의 감정도 훨씬 더 잘 받아들일 수 있게 된다. 또한 변화된 경험과 그때 그와 나 속에 일어날 수 있음직한 변화된 감정을 수용할 수 있게 된다. 진정한 관계는 정지되기보다는 변화하는 경향이 있다.

그래서 나는 내 태도 가운데 내 자신 그대로가 되는 것이 효과적이라는 것을 알았다. 즉, 언제 내가 인내심과 참을성이 한계에 이르는지를 알고, 그것을 사실로 받아들이고, 언제 사람들을 틀에 집어넣으려고 하고 조정하려 드는지를 알고, 그것을 내 안에 있는 사실로 받아들이는 것이다. 따뜻함, 관심, 허용, 친절, 이해, 이것들 또한 나의 실제 한 부분이고, 이러한 감정을 받아들이기를 원한다. 이 모든 태도는 사실상 내 자신의 일부로서 내가 받아들일 수 있을 때 비로소 다른 사람들과의 관계가 있는 그대로의 관계가 되며, 그럴 때 가장 빠르게 성장하고 변할 수 있게 된다.

이제 나에게 가장 중요한 핵심적인 깨달음에 대해 이야기하고자 한다. 그것은 다른 사람을 이해하려고 노력하는 것은 엄청난 가치가 있다는 것이다. 내가 한 말이 이상하게 들릴 것이다. 자기가 다른 사람을 이해하려고 노력하는 것이 필요한 일인가? 나는 그렇다고 생각한다. 우리가 다른 사람의 말을 들을 때 우

1. "이것이 나다."

리의 첫 번째 반응은 그것을 이해하기보다는 즉각적으로 평가하고 판단하는 것이다. 누군가 어떤 감정이나 태도 또는 신념을 표현할 때 우리는 즉각적으로 "그것은 옳아." 또는 "그것은 어리석어." "그것은 비정상이야." "그것은 비합리적이야." "그것은 틀렸어." "그것은 좋지 않아."라고 느끼는 경향이 있다. 대개 그가 하고 있는 이야기가 그에게 어떤 의미인지를 우리는 바로 이해하지 못한다. 그것은 이해한다는 것이 모험이기 때문이라고 생각한다. 만일, 다른 사람을 진정으로 이해한다면, 이해하기 때문에 내가 변화할지도 모르는 것이다. 그리고 우리 모두는 변화하기를 두려워한다. 그러므로 내가 말한 바와 같이, 나 자신이 한 사람을 이해하고, 그의 틀 속에 완전히 공감하여 들어가도록 허용하는 것은 쉬운 일이 아니며, 또한 흔치 않은 일이다.

이해한다는 것은 이중적으로 풍요롭게 되는 것이다. 내가 고통 속에 있는 내담자를 치료할 때에, 정신병 환자의 기괴한 세계를 이해하고, 삶이 너무나 견디기 어려운 비극이라고 느끼는 사람을 이해하고, 자신이 무가치하고 열등한 사람이라고 느끼는 사람을 이해하는 것은 어떤 면에서 스스로를 변화시키고, 나를 다르게 만들고, 더 반응적인 사람으로 만드는 방법임을 이러한 경험을 통해 배웠다. 훨씬 더 중요한 사실은 내가 이 사람들을 이해하는 것이 그들을 변화시킨다는 것이다. 그것은 그들이 자신의 용기 있고, 친절하고, 사랑스럽고, 감수성 있는 부분만 받아들이는 것이 아니라 자신의 두려움, 기괴한 생각, 비극적인 느낌, 실망을 받아들이도록 해 주는 것이다. 사람이 이러한 감정들을 온전히 이해하게 될 때 비로소 그들 속에 있는 감정을 받아들이는 것이 가능하다는 것은 내 경험일 뿐만 아니라 그들의 경험이기도 하다. 그후에 그들은 감정뿐만 아니라 자기 자신이 변화하는 것을 발견하게 된다. 문자 그대로 누군가가 자기 머릿속에 갈고리를 집어넣었다고 느끼는 여자를 이해한다거나, 아무도 자기만큼 외롭고 고립된 사람은 없을 거라고 느끼는 남자를 이해하는 것은 소중하다는 것을 알았다. 여기서 더 중요한 것은 이해받는다는 것이 그들에게 매우 긍정적인 가치를 지닌다는 점이다.

여기에 중요한 또 다른 깨달음이 있다. 나는 다른 사람이 자신의 감정, 개인적인 지각의 세계를 터놓고 이야기하도록 하는 것이 나를 풍부하게 하는 것이라는 것을 발견했다. 이해한다는 것은 보상이 따르는 것이기 때문에, 나는 다른 사람과 나 사이의 장벽을 허물어 그들이 원한다면 좀 더 충분히 드러내도록 하고 싶다.

치료적 관계에서 내담자가 자신을 표현하는 것을 좀 더 쉽게 만들어 줄 수 있도록 하는 데에는 여러 가지 방법이 있다. 태도를 통해 의사소통을 좀 더 가능하게 할 수 있는 안정감을 만들어 낼 수 있다. 그를 그가 보는 대로 보고, 그러한 지각과 감정을 가지고 있는 그를 수용하는 감수성 있는 태도도 도움이 된다.

그러나 교수로서 다른 사람들이 나와 자신을 나눌 수 있도록 통로를 개방할 수 있을 때, 내가 풍요로워진다는 것을 발견하였다. 항상 성공적인 것은 아니지만, 나는 감정을 표현하고, 사람들 서로의 의견이, 또는 교수와의 의견이 다를 수 있다는 것을 깨닫는 강의실 분위기를 만들려고 노력한다. 또한 종종 학생들에게 '강의 반응 설문조사'를 하는데 그들은 내 강의에 대해서 개별적으로 개인적인 반응을 표현한다. 그들은 강의 방식과 그들의 요구가 충족되었는지에 관해 교수에 대한 그들의 느낌을 표현할 수 있으며, 강의와 관련된 개인적 어려움을 표현할 수 있다. 이러한 반응을 적은 설문지는 학점과는 전혀 관계가 없다. 때때로 똑같은 강의가 정반대의 경험을 나타내기도 한다. 어떤 학생은 말하기를, "이 강의의 분위기에 대해 엄청난 감정의 격변을 느낍니다." 또 다른 외국 학생은, "강의가 최고로 효과적이고 과학적인 학습법을 따르고 있습니다. 그렇지만 우리처럼 아주 오랫동안 권위적인 방법으로 교육을 받아 온 사람에게는 새로운 방법을 이해하기 어렵습니다. 우리 같은 사람들은 교수에게 강의를 듣고, 시험을 대비해서 수동적으로 필기를 하고, 교수가 내준 독서 숙제를 암기하도록 길들여져 있습니다. 비록, 자신의 습관이 쓸모없고 좋지 않은 것일지라도, 사람이 자기 버릇을 고치는 데는 많은 시간이 걸린다는 것은 말할 필요가 없습니다."라고 말한다. 이 날카롭고 서로 다른 감정을 들어 보는

1. "이것이 나다."

것은 자신을 위해 대단히 가치 있는 일이라고 생각한다.

이 같은 일은 내가 관리자나 혹은 지도자로 있는 그룹 안에서도 벌어진다. 나는 사람들이 그들의 감정을 자유롭게 표현할 수 있도록 해서 자기방어의 정도를 낮추기를 바란다. 이것은 가장 흥분되는 일이었으며, 관리가 어떻게 되어야 할지에 대해 전혀 새로운 견해를 갖게 되었다. 그러나 그것에 대해 여기서 더 이야기하지는 않겠다.

상담을 하면서 또 다른 아주 중요한 깨달음에 다가가게 되었다. 이 깨달음은 매우 믿을 만한 것이라고 말할 수 있다. **그것은 또 다른 사람을 수용하는 것은 대단히 보람 있는 일이라는 것의 발견이다.**

나는 다른 사람과 그의 감정을 수용한다는 것이 생각처럼 쉬운 일은 아니라는 것을 발견했다. 진정으로 다른 사람이 나에게 적개심을 느끼도록 허용할 수 있는가? 그의 분노를 실제적이고 합리적인 그의 한 부분으로 받아들일 수 있는가? 삶과 문제를 나와는 매우 다르게 보는 그를 받아들일 수 있는가? 나에 대해 대단히 긍정적이고, 나를 존경하고 나를 닮기를 원할 때 그를 받아들일 수 있는가? 이 모든 것이 수용에 포함되는 것이며, 그것은 결코 쉽지 않다. 우리 문화에서 '모든 다른 이들은 내가 느끼고 생각하고 믿는 것과 똑같이 느끼고 생각하고 믿어야 한다.'는 생각이 점점 증가되는 것이 일반적 추세인 듯하다. 우리 자녀나 부모 또는 배우자가 우리와 어떤 문제에 대해 느끼고 있는 것이 다를 수 있다는 것을 허용하는 것이 상당히 어렵다는 것을 안다. 우리는 내담자나 학생이 우리와 다르게 혹은 나름대로 그들의 경험을 활용하는 것을 허용하지 않는다. 국가적인 차원에서 다른 나라가 우리와 다르게 생각하거나 느끼는 것을 허용하지 않는다. 그러나 개인의 분리성, 각 개인이 자신의 경험을 나름대로 활용하고, 그 속에 있는 자신의 의미를 발견하는 것이 삶의 가장 귀중한 잠재력이라고 느끼기 시작했다. 사람들은 모두 아주 실제적인 의미에서 스스로에게 하나의 섬이다. 만일 그가 무엇보다도 자기 자신이 되고자 하고 자기 자신이 되는 것을 허용했다면 그는 다른 섬에 도달하기 위해 단지 다리를 건설할 수 있을 뿐이다. 그래서 다른 사람을 수용할 때, 이것은 그가 실제적이고 중요한 일부분으로서 그의 감정들과 태도, 신념들을 수용하는 것을 의미하며, 그리고 그것은 인간이 되는 것을 돕는 일이다. 나는 그 안에 엄청난 가치가 있다고 본다.

내가 다음에 말하고자 하는 깨달음은 의사소통을 하는 것이 어려울 수 있다는 것이다. 나와 다른 사람 안에 있는 실제의 자아를 개방하면 할수록 나는 '고쳐봐야겠다.'는 마음이 없어진다는 것이다. 내면의 소리를 듣고 내 안에서 진행되고 있는 것을 경험하면서, 다른 사람들의 이야기를 듣고자 하는 태도가 점점 더 확대되고, 삶의 복잡한 과정에 대해 점점 더 많이 존중하게 된다. 그래서 나는 고정된 틀을 만들고, 그 틀 속에 사람을 집어넣고, 목표를 세우고, 조정하고, 내가 원하는 방향으로 그들을 밀어 넣고자 하는 경향이 줄어들게 된다. 단지 내 자신이 되는 것과 다른 사람이 그 자신이 되는 것에 훨씬 더 만족한다. 이것은 동양적인 사고로서 이상하게 보인다는 것을 너무 잘 알고 있다. 우리가 사람들에게 무언가를 하지 않는다면 삶이 어떻게 될 것인가? 만일 사람들을 우리의 목적대로 틀에 넣지 않는다면 삶이 어떻게 될 것인가? 우리가 생각하기에 그들이 배워야 한다고 생각하는 것들을 그들에게 가르치지 않는다면 삶이 어떻게 될 것인가? 그들에게 우리가 느끼고 생각하는 대로 강요하지 않는다면 삶은 어떻게 될 것인가? 내가 표현하고 있는 이런 비활동적인 생각을 사람들이 어떻게 받아들일 수 있다는 것인가? 이러한 나의 태도는 여러분 중 많은 사람이 받아들이기 어려울 것이라고 본다.

그러나 내 경험의 역설적인 면이 바로 이 복잡한 삶 가운데서 내가 단지 나 자신이 되면 될수록 더욱더 내 자신과 다른 사람들 속에 있는 실제를 기꺼이 이해하고 수용하며, 그리고 더 많은 변화가 일어난다는 것이다. 우리 모두가 기꺼이 있는 그대로의 자신이 되고자 한다면 자신의 변화를 발견할 뿐만 아니라 자신과 관계를 맺고 있는 다른 사람들도 변화하는 것을 발견할 수 있다. 적어도 이것은 나의 경험 중 매우 분명한 부분이고 개인적, 직업적 삶에서 배운 심오한 것 중 하나다.

이제는 관계와 덜 관련된, 나의 행동과 가치관에 대한 좀 다른 깨달음에 대해 이야기하겠다. 이 중 첫 번째 것은 매우 간단한 것으로, 나는 내 경험을 신뢰할 수 있다는 것이다.

깨닫는 데 오랜 시간이 걸렸고, 지금도 여전히 배우고 있는 기본적인 것 중의 하나는 행동하면서 그것이 가치가 있거나 할 만하다고 느껴진다면, 그것은 충분히 가치가 있다는 것이다. 다르게 표현해 보면, 상황에 대한 나의 모든 유기체적 지각sensing이 지성intellect보다 더 믿을 만하다는 것을 알았다.

내 모든 직업 생활에서 나는 다른 사람들이 생각하기에는 어리석은 방향으로 갔고, 내 스스로도 많은 의심을 가지고 있었다. 그러나 비록 그 당시에는 내가 자주 외롭거나 어리석다고 느꼈을지라도, '옳다고 느껴지는' 방향으로 움직인 것을 결코 후회해 본 적이 없다.

내가 비지성적인 내적 감각들을 신뢰하였을 때, 그렇게 한 것이 지혜로운 일이었다는 것을 차츰 알게 되었다. 사실상, 그것이 옳거나 진실이라고 느껴서 비전통적인 길을 따랐을 때 5년 내지 10년이 지나지 않아서 많은 동료가 나와 합류했기 때문에 더 이상 외로워할 필요가 없었다.

점차 나의 전반적인 반응을 더 깊이 신뢰하게 되면서, 그것들을 내가 사고하는 것에 대한 안내로써 사용할 수 있다는 것을 알았다. 때때로 느낌으로는 중요하다고 보면서도 생각으로는 막연하게 떠오르는 것을 좀 더 존중하게 되었다. 이러한 분명하지 않은 생각이나 예감이 나를 중요한 영역으로 인도해 준다고 생각했다. 그것이 내 경험의 총체를 신뢰하는 것이라고 생각하며, 어렴풋이 느껴지는 것이 지성보다 더 현명하다는 것을 배웠다. 물론, 그것이 틀릴 수도 있지만, 내 의식적인 마음(지성)만으로 생각하는 것보다는 덜 틀리기 쉽다는 것을 믿는다. 예술가인 막스 베버의 '창작 행위를 할 때, 나는 주로 내가 아직 알지 못하고 내가 아직 행하지 않은 것에 의존한다.'는 말은 나의 태도를 잘 드러내고 있다.

이것과 아주 가깝게 연관된 깨달음으로 **다른 사람의 평가는 내 지침이 될 수 없다는 것을 말할 수 있다.** 다른 사람들의 판단은 귀 기울여 들어야 하고, 그것을 고려해야 하지만, 그것이 결코 내 지침이 될 수는 없다. 이것을 배우는 것은 어려운 일이었다. 초기에 나보다 훨씬 더 능력 있고 학식 있는 심리학자로 보이는 학문적으로 사려 깊은 한 심리학자가 내가 심리치료에 관심을 보이는 것이 잘못되었다고 말했을 때, 내가 얼마나 동요되었는지 모른다. 어느 곳에서도 심리학자로서 내가 그것을 실습해 볼 기회조차 가지려고 하지 않았다.

그 후에 때때로 내가 다른 사람들 눈에는 사기꾼, 자격증 없이 의료 행위를 하는 사람, 대단히 피상적이고 위험한 치료를 하는 사람, 권력을 추구하는 사람, 신비주의자 등등으로 비추어졌다는 것을 알고 충격을 받았었다. 그리고 나는 마찬가지로 극단의 찬사에도 혼란스러워 했다. 그러나 단지 한 사람만은 (적어도 내 생애 동안, 그리고 아마도 영원히) 내가 정직하고 온전히 개방적으로 하는지, 또는 거짓되고 방어적이고 불합리하게 하는지에 대해 알 수 있다고 느꼈기 때문에 큰 신경을 쓰지 않게 되었는데, 그 한 사람은 바로 나 자신이었다. 내가 하고 있는 일에 대해 모든 종류의 증거를 얻을 수 있다는 것은 기쁜 일이었다. 비판(우호적인 것과 적대적인 것)과 찬사(진실한 것과 아첨하는 것 모두)는 그러한 증거 중 일부로서 이 증거를 평가하고 그 의미와 가치를 결정하는 것은 다른 사람에게 떠넘길 수 없는 과제였다.

같은 맥락에서 볼 때, 아마도 다음의 깨달음은 당신에게 전혀 놀라운 것이 아닐 것이다. **나에게 경험은 가장 강력한 권위를 가지고 있다.** 정당성에 대한 시금석은 내 자신의 경험이다. 그 누구의 생각이나 나의 생각조차도 나의 경험

만큼 권위를 갖고 있지 않다. 내가 다시 돌아가고 최종적으로 돌아가야 하는 것은 경험이며, 내 안에서 만들어지는 과정으로서 진리에 더 가깝게 접근하는 것 또한 경험이다.

성경도, 선지자도, 프로이트도, 연구조사도, 하느님이나 인간의 계시도 내 자신의 직접적인 경험보다 우선하지 않는다. 의미론자의 용어를 사용하자면, 경험이 더 중요한 것이 되면서 내 경험은 더 권위적인 것으로 되었다. 만일 내가 심리치료 이론에 관해서 읽는다면, 만일 내가 내담자를 치료한 것에 근거해서 심리치료 이론을 이야기한다면, 그리고 내가 내담자를 직접 심리치료한다면, 이것들의 권위 정도는 내가 열거한 경험들의 순서에 따라 높아질 것이다.

내 경험들은 그것이 잘못이 없기 때문에 권위가 있는 것이 아니다. 권위의 기초가 될 수 있는 것은 새로운 중요한 방법으로 언제든지 점검할 수 있기 때문이다. 이렇게 잦은 실수나 잘못된 경험은 언제든지 수정될 수 있다.

이제 또 다른 개인적인 깨달음을 이야기하겠다. 나는 경험 가운데서 질서를 발견하는 것을 즐긴다. 커다란 경험의 덩어리 속에서 의미나 질서 또는 법칙을 찾는 것은 불가피하다. 무엇인가를 추구하는 것이 대단히 만족스럽다는 것을 발견하고, 중요한 공식을 만들기도 하는 것은 바로 이런 나의 호기심 때문이다. 그것이 나로 하여금 임상가가 아동들에게 한 치료 속에서 법칙을 찾도록 했고, 그 속에서 『문제아의 임상적 치료』가 만들어지기도 했다. 그것이 나로 하여금 심리치료에서 효과가 있다고 보이는 일반적인 원칙을 공식화하게 했고, 몇 권의 책과 논문을 쓰게 하였다. 또한 나의 호기심은 내 경험에서 부딪히는 다양한 형태의 법칙을 연구하도록 했고, 경험한 것들의 규칙을 집대성하는 이론을 만들도록 부추겼으며, 이 규칙을 앞으로 더 검증되어야 할 새롭고 미개발된 영역으로 전가시킬 수 있게 하였다.

이와 같이 나는 과학적 연구와 이론 수립의 과정을 의미 있는 경험 안에서 내적 질서를 추구하는 것에 이르게 했다. 연구는 주관적 경험의 현상에서 뜻을 찾고 정리하는 끊임없이 훈련된 노력이다. 세계를 질서가 있는 것으로 지각한다는 것이 만족스럽고, 자연 가운데 나타나는 질서를 이해할 때 보람된 결과가 나오기 때문에 그것은 정당화될 수 있다.

그래서 내가 연구에 몰두하고 이론을 세우는 것이 질서와 의미를 인식하고자 하는 욕구와 내 안에 있는 주관적인 욕구를 만족시키려 한다는 것을 인식하게 되었다. 때때로 다른 사람들을 만족시키고, 반대하는 이들과 회의론자를 확신시키고, 전문적으로 앞서 가고, 명성을 얻고, 다른 불미스러운 이유 때문에 연구를 수행하기도 한다. 나의 이러한 판단과 잘못된 활동은 결국 과학적 활동을 추구하는 데는 유일하게 건전한 한 가지 이유밖에 없다는 것을 더 깊이 깨닫게 해 주었다. 과학적 활동을 하는, 유일하게 건전한 한 가지 이유는 내 안에 있는 의미에 대한 욕구를 만족시키는 것이다.

깨닫는 데 많은 대가를 치른 것이 있는데, 그것은 **사실facts은 친절하다는 것이다.**

사실을 직시해야 한다고 하면서 대부분의 심리치료자, 특히 정신분석가가 그들의 치료에 대해 과학적으로 연구하거나, 혹은 다른 사람들이 연구하는 것을 계속적으로 거부해 왔다는 것은 대단히 흥미로운 일이다. 나도 그것을 느끼기 때문에 이러한 반응을 이해할 수 있다. 특히, 초기 연구에서 결과가 어떻게 나올지 기다리면서 느꼈던 불안을 잘 기억하고 있다. 가설이 틀렸다는 것이 입증된다면? 우리의 견해가 틀렸다면? 우리의 의견이 옳지 않다면? 그 당시를 돌이켜 볼 때, 사실이라는 것을 재앙을 갖고 있는 잠재적인 적으로 간주하였던 것 같다. 사실이 항상 도움이 된다는 것을 아마도 천천히 깨닫기 시작한 것 같다. 어떤 영역이든지 사람이 얻을 수 있는 모든 증거는 진실에 훨씬 더 가깝게 가도록 한다. 그리고 진실에 가까워지는 것은 결코 해롭거나 위험하거나 불만족스러운 것이 아니다. 그런 반면에 나는 아직도 내 사고를 재조정하기를 싫어하고 이전의 지각하고 개념화하던 방식을 포기하지 않으려 하지만, 좀 더 깊은 수준에서 상당한 정도의 고통스러운 재조직이야말로 바로 학습이며, 고통스럽지만 그것이 삶을 바라보는 좀 더 정확한 방법이기 때문에 언제나 더 만족스럽도록 인도한다는 것을 깨닫게 되었다. 그리하여 현재 사고와 이론에서 가장 관심이 가는 영역 중 하나는 내가 좋아는 하지만 증거에 의해 지지받지 못하는 개념들에 관한 부분이다. 이러한 문제들을 어떻게든 해결하고자 노력한다면, 나는 진실에 훨씬 더 근접하는 것을 찾을 것이고, 사실들과 친구가 될 수 있을 것을 확신한다.

지금 소개하고자 하는 깨달음은 가장 가치가 있는 것으로서 그것은 내가 다른 사람들과 동족임을 깊이 느끼게 해 주었다. 그것은 바로 가장 개인적인 것이 가장 일반적인 것이라는 개념이다. 나는 학생들이나 교수들과 이야기하면서, 또는 글을 쓰면서, 지극히 개인적으로 자신을 표현했고, 너무나 독특했기 때문에 아마 아무도 이해할 수 없을 것이라고 느꼈다. 이것에 대한 두 가지 예는 『내담자-중심 치료Client-Centered Therapy』의 서문과(출판업자는 이것을 가장 부적절하다고 여겼었다), 『사람이냐 과학이냐Persons or Science』에 대한 논문이었다. 이 글들에서 내가 보기에 가장 사적이고 개인적이고, 그래서 남들이 보기에 가장 이해할 수 없는 것으로 보이는 감정들이 많은 사람의 공감을 얻었다는 것이다. 그것은 아마도 우리 각자 안에 있는 가장 개인적이고 독특한 것을 표현하거나 서로 공유하게 된다면 다른 사람들에게 가장 깊이 이야기를 할 수 있는 요소가 된다는 증거였다. 이것은 내가 예술가와 시인들에 대해서 자기 안에 있는 독특함을 용감하게 표현하는 사람으로 이해하는 데 도움이 되었다.

이제껏 말한 모든 것의 기초가 되는 깊은 깨달음이 하나 있다. 그것은 25년 이상 고통받는 사람들을 도우려고 애쓰면서 깨닫게 된 것이다. 그것을 간단하게 표현하면 나의 경험상 사람들은 근본적으로 긍정적인 방향성을 가지고 있다는 것이다. 나는 치료 과정에서 사람들과 깊이 접촉하면서, 심지어 고통이 가장 심하고, 행동이 가장 반사회적이고, 감정 상태가 가장 비정상적일지라도 그것이 진리라는 것을 발견했다. 내가 민감하게 그들이 표현하는 감정을 이해하고, 그들을 올바른 사람으로서 수용해 줄 때, 그들은 어떤 방향으로 움직이는 경향이 있다는 것을 발견했다. 그들이 움직이는 방향을 내가 믿기에 가장 정확하게 표현해 주는 말은 '긍정적', '건설적', '자아실현을 위해 움직이는', '성숙을 향해 성장하는', '사회화를 향해 성장하는' 등의 단어다. 사람이 온전히 이해받고 수용되면 될수록, 더욱더 그는 인생을 대하던 자기의 거짓된 태도를 버리게 되고, 점점 더 앞으로 나아가는 경향이 있다는 것을 느끼게 되었다.

나는 이 점에 대해 오해가 없었으면 한다. 내가 인간 본성에 대해 지나치게 낙천적인 견해를 가지고 있는 것은 아니다. 인간은 방어적이고 내적인 두려움 때문에 믿을 수 없을 만큼 잔인하고, 무시무시하게 파괴적이고, 미성숙하고, 퇴행적이고, 반사회적이고, 상처를 입는 방식으로 행동할 수 있다는 것을 잘 안다. 그러나 가장 신선하고 기운을 돋우는 경험의 대부분은 이러한 사람들을 치료하면서 우리 모두에게서와 마찬가지로 그들 속에서도 가장 깊은 수준에 존재하는 긍정적인 방향으로 가고자 하는 강력한 경향성을 발견하는 것이다.

이제까지의 긴 목록을 이 정도에서 마치고 마지막 한 가지 깨달음으로 끝내고자 한다. 인생은 최선의 상태로, 아무것도 고정되지 않은, 흘러가고 변화하는 과정이라는 것이다. 인생이 가장 풍요롭고 가장 가치 있을 때는 흘러가는 과정이라는 것을 내담자와 나 자신 안에서 발견할 수 있다. 이것을 경험하는 것은 황홀하기도 하고 조금은 두렵기도 하다. 내 경험의 흐름이 앞에 보이고 단지 희미하게 알고 있을 뿐인 목표를 향해 나를 움직여 가도록 허락할 때, 나는 최선의 상태에 있다는 것을 알 수 있다. 이와 같이 내 경험의 복잡한 흐름과 함께 표류하고, 늘 변화하는 복잡성을 이해하려고 애쓸 때에, 고정된 것은 없다는 것이 자명한 사실이다. 이와 같이 과정 가운데 있을 수 있을 때, 닫힌 신념체계는 있을 수 없으며, 고수해야 할 불변의 원리란 있을 수 없다. 인생은 내 경험에 대한 변화하는 이해와 해석에 의해 인도된다. 인생은 언제나 되어지는 과정in process of becoming 속에 있는 것이다.

이제 왜 내가 다른 사람들에게 가지거나 주장하도록 격려하거나 권유할 철학이나 신념 또는 일련의 원리가 없는지 알게 되었을 것이다. 단지 내 경험의 현재 의미에 대한 해석을 가진 채 살려고 노력할 수 있으며, 그리고 다른 사람들에게 그들 자신의 내적 자유를 개발하도록 허락하고 자유를 주어서 그들의 경험에 대해 그들 자신 스스로 의미 있는 해석을 하도록 할 수 있을 뿐이다.

만일 진리와 같은 것이 있다면, 이 자유로운 개인의 추구 과정은 그것을 향해 집중되어야 한다고 나는 믿는다. 그리고 한계는 있었지만 이 또한 내가 경험하였던 것이다.

제2부

어떻게 하면 도움을 줄 수 있을까

나는 많은 건설적인 잠재력을 가진 것으로 보이는 개인과 함께 작업하는 방법을 발견했다.

2

인간 성장을 촉진하는 것과 관련된 몇몇 가설

제2부를 구성하는 세 개의 장은 1954~1960년까지 6년 동안 만들었다. 흥미롭게도 각 장은 오하이오 주 오벌린Oberlin, 미주리 주 세인트 루이스St. Louis, 그리고 캘리포니아 주 파사데나Pasadena와 같은 미국의 큰 주에서 내담자들의 진술에 관한 이야기로 만들었다. 이 기간은 또한 많은 축적된 연구들을 포함한 기간들이어서, 첫 번째 논문에서 잠정적으로 진술된 것들이 점차 세 번째에서 좀 더 견고하게 되었다.

다음은 1954년에 오벌린 대학에서 이야기했던 것을 바탕으로 작성했는데, 나의 책 『상담과 심리치료Counseling and Psychotherapy』(1942), 『내담자-중심 치료Client-Centered Therapy』(1951)에서 장황하게 진술했던 심리치료에 대한 기본 원칙을 가능한 한 짧게 압축하려고 노력했다. 나는 촉진적 관계와 성과를 변화가 일어나는 과정에 대한 구차한 설명이나 코멘트 없이 담백하게 제시하고자 한다.

혼돈스러워하고, 갈등을 겪고 있어 도움을 구하고 기대하는 사람을 대하는 것은 항상 큰 도전으로 다가온다. 그 사람을 도와줄 만큼의 지식, 원천, 심리학적 강인함, 기술을 가지고 있는가? 그 사람을 도와줄 무엇인가를 내가 가지고 있는가?

25년이 넘게 이와 같은 도전에 맞부딪혀 보려고 노력했었다. 그때 나는 전문적인 배경의 모든 기본 요소를 이끌어 내야 했다. 처음으로 배웠던 콜롬비아 대학교 교육대학원에서의 성격 측정의 엄격한 방법, 인턴으로 일했던 아동상담센터에서의 정신분석적 통찰과 방법, 내 자신과 가장 관련이 깊은 임상심리학 분야에서 개발을 계속하는 것, 오토 랭크Otto Rank와 잠시 일한 것, 임상사회사업의 방법 언급하기에 너무나 많은 다른 원천들. 그러나 무엇보다 중요한 것은 나의 경험을 통해 지속적으로 배우는 것과 상담센터의 동료들과 함께 고통에 놓인 사람들과 작업하는 효과적인 방법을 발견해 내려고 지속적으로 노력하는 것이었다. 점차적으로 나는 그 경험에서 생겨난 작업 방법을 발전시켰고, 그것들은 추후의 경험과 연구에 의해 검증되고 다듬어지고 수정되었다.

일반적 가설

내 안에서 일어난 변화를 설명하는 한 가지 간단한 방법은 초기 전문가 시절에 스스로에게 내가 '어떻게 사람을 다루고, 치료하고, 또는 변화시킬 수 있을까?' 에 대한 질문을 했던 것이 이제는 '어떻게 내가 이 사람이 자기 자신의 인간적인 성장을 위해 사용할 수 있는 관계를 제공할 수 있을까?' 로 바뀌었다는 것이다.

이렇게 질문을 달리한 것처럼 이제까지 내가 배운 것들은 단지 문제가 있는 내담자와의 작업뿐 아니라 모든 인간관계에 적용할 수 있다고 깨달았다. 그렇기 때문에 나에게 의미가 있었던 배움이 여러분에게도 의미가 있을 수 있다고 느끼는데, 그 이유는 우리 모두는 인간관계 안에서 얽혀 있기 때문이다.

이제 부정적인 배움에 대해 이야기를 시작하고자 한다. 나는 고통스러워하는 사람을 어떤 지적인 혹은 다른 어떤 훈련 과정으로는 도움을 줄 수 없다는 것을 점점 깨닫게 되었다. 지식이나 훈련, 가르침으로 이루어진 그 어떠한 접근도 쓸모가 없었다. 이러한 접근은 너무도 쉽게 할 수 있고 직접적이어서 나 또한 과거에 많이 시도하였던 방법이다. 한 사람이 자신을 앞으로 이끌어 줄 수 있는 단계를 만들고, 더 만족스러운 삶을 살아가기 위한 지식을 자기 자신에게 말해 주는 것은 가능하다. 그러나 그와 같은 방법은 나의 경험에 비추어 보면 무익하고, 중요하지 않은 하찮은 것이었다. 그들이 이 과정을 통해 얻을 수 있는 것은 단지 곧 사라질 일시적인 변화이고 자신이 더욱더 부적합하다고 깨닫게 되는 것이다.

이렇게 지식을 통한 그 어떠한 접근 방법도 실패한다는 것은 나로 하여금 변화는 관계상의 경험을 통해서 나타난다는 인식을 갖도록 해 주었다. 그래서 나는 경험과 연구를 통해 확고해진 도움관계에 관한 핵심 가설을 간단하고 편하게 설명하고자 한다.

그것은 다음과 같이 한 문장으로 요약, 진술할 수 있다.

만약 내가 그 어떠한 유형의 관계를 제공할 수 있다면, 그 사람은 그 관계 안에서 성장을 위한 능력을 발견할 것이며, 그리고 변화와 함께 개인은 성장할 것이다.

관 계

이런 문장은 무슨 의미를 가지고 있는가? 이 문장을 세 개의 주요 구절(phrase)로 분리해서 이것이 나에게 어떤 의미가 있는지 살펴볼 것이다. 내가 제공하고 싶은 이 특정 관계의 유형은 무엇인가?

관계에서 더 진솔해질수록 더욱더 도움이 된다는 것을 발견했다. 더 깊은 혹은 무의식적인 수준의 또 다른 태도를 사실상 가지고 있으면서도 다른 한편으로는 외관상으로 보이는 것만을 의미하기보다는 가능한 한 내 자신의 감정을 있는 그대로 인식할 필요가 있다는 것이다. 진솔해진다는 것은 내 안에 존재하는 다양한 감정과 태도를 말과 행동으로 기꺼이 그렇게 되기를 바라고 표현하는 것을 의미한다. 이렇게 해야 관계가 진실성을 가질 수 있고, 이 진실은 그 무엇보다 중요하다. 이것은 내 안에 있는 진정한 진실을 제공함에 따라 또 다른 사람이 성공적으로 그 안에서 진실을 발견할 수 있게 되는 것이다. 내가 만족스러워하지 않거나 혹은 좋은 관계를 위한 건설적인 태도가 아니라고 느낄 때도 모두 사실이라는 것을 알 수 있었다. 이렇게 보면, '진실'이라고 하는 것은 매우 중요하다.

두 번째 조건을 살펴보면, 내가 좀 더 이들 개인의 성향을 수용하면 할수록 더욱더 그가 사용할 수 있는 관계를 창조해 나갈 수 있다는 것을 발견했다. 수용한다는 것은 그의 조건, 행동, 감정과 상관없이 무조건적 가치의 사람으로서 따뜻하게 존중하는 것을 의미한다. 이것은 그를 독립적인 인간으로 존중해 주는 것을 의미하며, 그 자신만의 방법으로 자신의 감정을 기꺼이 소유하는 것을 의미한다. 이것은 순간의 그의 태도를 받아들이고 존중하는 것을 의미하는데, 그것이 부정적이든지 긍정적이든지, 또는 그들이 과거에 유지해 왔던 정반대의 태도를 가지고 있든지 상관없다. 이렇게 한 개인의 변화무쌍하고 다양한 측면을 받아들이는 것은 그로 하여금 따뜻하고 안전한 관계를 가지도록 해 주며, 한 인간으로서 누군가가 좋아해 주고 존중해 준다는 안정감이 도움 관계에서 매우 중요한 요소로 작용한다.

나는 또한 관계를 중요시 여기는데, 그 관계는 내담자가 그 순간에 보였던 느낌과 대화 각각에 민감하게 공감해 줌으로써 이해하고자 하는 계속적인 욕구를 느끼는 정도까지 이른다. 수용은 이해와 관련되지 않으면 큰 의미를 갖지 못한다. 이것은 단지 내가 당신이 두려워하는 것, 약한 것, 예민한 것, 혹은 기괴한 것과 같은 감정과 사고를 이해하고 있는 것과 같다. 또한 당신이 그들을 보듯이 보고, 당신이 그들을 받아들이는 것처럼 받아들이고, 당신이 정말 모든 숨겨진 구석을 자유롭게 탐험하고 있는 것을 느끼고, 당신의 내면에 갈라진 틈을 보고, 종종 숨겨진 체험을 느끼는 것이다. 이 자유가 관계의 중요한 전제조건이다. 가능한 한 빠르게 체험한 사람은 이 위험한 탐색에 용감하게 탑승함으로써 의식적인 것과 무의식적인 수준 양쪽 모두를 자유롭게 탐험할 수 있게 된다. 또한 어떤 도덕적인 혹은 진단적인 평가에서도 완전히 자유로울 수 있는데, 내가 믿기로는 이러한 모든 평가가 항상 위협적일 수 있기 때문이다.

그러므로 내가 도움이 되는 관계라고 발견한 것은 내 자신이 투명하게 나타나는 나의 진실된 감정이 분명히 드러나는 것으로 특징지을 수 있다. 자기 스스로의 권리에서 가치와 함께 분리된 인간으로서 다른 사람을 수용하고, 그의 눈을 통해 그의 사적인 세계를 바라볼 수 있게 해 주는 더 깊이 있는 공감적 이해를 하는 것을 특징으로 하고 있다. 이런 조건이 성취될 때, 스스로 떠맡은 두려운 탐색을 따라가면서 나는 내담자의 친구가 될 수 있었다.

항상 다른 사람과 이러한 종류의 관계를 형성할 수 있는 것은 결코 아니다. 때때로 스스로 이것을 성취했다고 여겨도 아마도 그에게 제공된 것을 인식하기에는 부족할 수 있다. 그러나 나는 내가 설명했었던 태도를 나 자신이 유지할 때, 그리고 또 다른 사람이 이와 같은 태도에 대한 어느 정도의 경험이 있을 때, 나는 변화와 건설적인 인간적 성장이 '변함 없이invariably' 이루어지게 될 것이라고 믿고 있다. 오랫동안, 그리고 조심스럽게 생각한 끝에 '변함 없이'라는 말을 포함시켰다.

변화하려는 동기

관계에 대해서는 이 정도로 하겠다. 나의 가설 중 두 번째 구절은 개인이 그 자신 안의 성장을 위해 이런 관계를 이용할 수 있는 능력이 있다는 것이다. 이 구절이 나에게 어떠한 의미가 있는지 설명하고자 한다. 나의 경험은 점점 개인이 그 자신 안에 능력과 경향성이 있다는 결론으로 이끌었는데, 만약 잠재되어 있어 드러나지 않아도, 점차 성숙을 향해 앞으로 나아가고 있다는 것이다. 적절한 심리적 풍토에서 이런 경향성이 드러나고, 이것을 통해서 잠재적이기보다는 실제적이 된다. 이것은 그에게 고통과 불만족을 주었던 그 자신과 그 자신의 삶을 보는 관점을 이해하는 개인의 능력에 대한 증거다. 또한 그의 위협적인 속성 때문에 숨겨 놓았던 스스로의 경험과 그의 의식 수준 밑으로 탐색하는 것을 이해하는 것도 가능하다. 이것은 그 자체로 더 성숙한 방법으로 그의 성격과 그의 관계를 재구성하려는 경향성임을 보여 준다. 어떤 사람은 더 성장하려는 경향성, 자기실현화를 위한 동기, 앞으로 나아가려는 경향성이라고 부르기도 하지만 무엇이든 그것은 삶의 주요 동기이고, 마지막 분석에서 모든 심리치료가 따르는 경향성이다. 이것은 모든 유기체와 인간 삶 속의 분명한 욕구다. 좀 더 마음을 확장하고, 연장하며, 자율적으로 만들고, 발달시키며, 성숙하게 하는 경향성—표현하고 활동적인 모든 유기체의 능력—이라 할 수 있다. 이와 같은 활동을 하게 되면 유기체나 자기는 향상하게 된다. 이런 경향성은 아마도 몇 겹의 층으로 형성된 심리적 방어기제 아래에 깊게 묻혀 있을 수 있고, 존재를 부정하는 정교한 허울 뒤에 숨어 있을 수 있다. 그러나 이것은 나의 신념이지만, 모든 개인에게 분명히 존재하는 것이며, 단지 적절한 조건하에 표출되고 표현될 수 있기를 기다릴 뿐이다.

결 과

이제까지 나는 건설적으로 성격을 변화시키는 데 기본이 되는 관계에 대해 설명하고자 했다. 이러한 관계를 만드는 능력에 대해 언어로 기술한 것이다. 나의 일반적인 진술의 세 번째 구절은 변화와 함께 개인적 성장이 일어난다는 것이다. 이와 같은 관계 속에서 개인은 의식적인 부분과 성격의 심층에 있는 것을 재구조화할 수 있다는 것이 나의 가설인데, 이는 삶 속에서 더 만족스러운 방법은 물론이고 더욱 건설적으로, 더욱 지적으로, 더욱 사회화된 방법으로 대처할 수 있게 하는 것이다.

여기에서 나는 의문에서 벗어날 수 있고 축적되어 지속적으로 증가되고 있는 확고한 연구 지식을 이야기해 보겠다. 우리는 비록 제한된 기간이라 하더라도 이러한 관계 속에서 살아가는 개인에게 변화가 일어나지 않았던 통제 그룹에 비해 성격과 태도, 행동의 유의미하고 심오한 변화가 있다는 것을 알 수 있다. 그와 같은 관계 속에서 개인은 더욱 원만하고 효율적으로 되어 간다. 그러한 사람은 일반적으로 신경증적 혹은 정신병적이라고 불리는 특성을 거의 보이지 않고 건강하게 잘 기능하는 인간의 특성을 갖게 된다. 그는 자신을 보는 관점을 달리하게 되고, 그 관점은 실제적으로 변화된다. 자신이 되고 싶은 인간상과 비슷하게 되는 것이다. 그는 스스로를 더욱 가치 있게 평가하고 더욱 자신감이 높아지며 자기 지향적인 사람이 되어 간다. 자신을 더욱 잘 이해하게 되고, 자신의 경험을 부인하거나 억압하는 것이 줄어들면서 경험에 더욱더 개방적으로 된다. 다른 사람들을 향한 태도에도 더욱 개방적으로 되고 다른 사람들도 그와 같은 관점으로 보게 된다.

그의 행동에서도 비슷한 변화를 보여 준다. 스트레스에 대해 덜 좌절하며, 스트레스로부터 더욱 빠르게 회복할 수 있게 된다. 일상생활에서 더욱 성숙함이 나타나는데, 이것은 그의 친구들에 의해 관찰되는 부분이다. 그는 덜 방어적이며, 더욱더 적응적인 사람이 되고, 더욱더 창조적으로 상황에 직면하게 된다.

이것은 심리학적 분위기가 내가 기술했던 관계에 근접하고 있다는 점과 함께 현재 우리가 상담 인터뷰를 끝낸 개인을 통해 알게 된 변화다. 각각의 진술은 객관적인 증거를 바탕으로 하고 있다. 더욱더 많은 연구를 수행할 필요가 있지만, 이러한 관계가 성격의 변화를 이끌어 낸다는 효율성에 대해서는 더 이상 의심할 여지가 없다.

인간관계에 대한 폭넓은 가설

이러한 연구 결과가 나에게 흥미로운 점은 그들이 심리치료의 한 형태에 대한 효능감의 증거를 주고 있다는 단순한 사실만은 아니다. 비록, 연구 발견이 중요한 수단이 된다 할지라도 말이다. 흥미로운 점은 이러한 발견이 모든 인간관계와 관련된 폭넓은 가설을 정당화하고 있다는 사실이다. 이것은 치료적 관계가 대인관계에 대한 하나의 예가 되고, 동일한 적법성이 모든 관계에서 적용된다고 가정할 수 있는 이유로 보인다. 만약 부모가 우리가 기술하였던 그와 같은 심리학적인 분위기 속에서 아이를 양육한다면, 그리고 아이가 더욱 더 자기 지향적이고, 사회화되며, 성숙하게 된다면, 이것은 합당한 가설이 될 수 있는 것이다. 더욱 확장시켜서 교사가 교실에서 그와 같은 관계를 만든다면, 학생은 불안해하거나 타인을 지향하기보다는 스스로 습득해 가는 학습자, 독창적인 사람, 자기 훈련을 해 나갈 수 있는 사람이 될 수 있다. 만약, 행정가 혹은 군인, 기업의 책임자가 조직을 그와 같은 분위기 속에서 만든다면, 부하 직원들은 더욱 책임감 있고, 창조적이고, 보다 새로운 문제에 잘 적응하고, 기본적으로 잘 협동할 수 있을 것이다. 이것은 내가 볼 때 가능한 일인데, 우리는 인간관계의 새로운 장의 출현을 보았다. 그에 대한 근거는 아마도 만약 특정 태도의 조건이 존재한다면, 그때 특정하게 정의할 수 있는 변화가 나타날 것이라고 우리는 명확하게 말할 것이다.

결 론

개인적인 진술로 다시 돌아가서 결론을 맺어 보자. 나는 걱정이 많고, 불행하며, 부적응적인 개인을 돕기 위해 노력하는 과정에서 배웠던 것을 여러분과 함께 나누려고 했다. 그리고 나에게 점점 의미 있게 다가오는 가설을 세우게 되었다. 이는 단지 고통 속에 있는 내담자들과 나와의 관계뿐만 아니라 모든 인간관계를 포함하는 것이다. 우리가 가지고 있는 연구 지식이 이 가설을 뒷받침하고 있음을 지적하였지만, 사실 너무나 많은 연구 조사가 아직도 필요하다. 나는 지금 이런 일반적인 가설을 세우기 위한 조건들을 진술하여 그 결과 또한 상세하게 나누고 싶다.

> 만약 내가 나의 편에서 특유의 관계를 창조해 낼 수 있다면:
> 있는 그대로 투명하게, 진실한 나의 감정을 느끼면서

독립적인 하나의 사람으로서 다른 사람을 따뜻하게 받아들이고, 소중하게 여기면서

그렇게 하면 관계 속에 있는 타인은:

앞서 그가 억압했던 자신에 대한 관점을 이해하고 경험할 수 있게 될 것이다.

그 자신이 좀 더 통합되고, 더욱더 효율적으로 기능하는 사람이 될 것이다.

그가 원하는 이상적인 사람과 더욱 비슷해질 것이다.

더욱더 자기 지향적이고 자신감이 높아질 것이다.

한 사람으로서 더욱 독창적이고, 자기 표현적인 사람이 될 것이다.

다른 사람을 이해하고, 수용할 수 있는 폭이 넓어질 것이다.

삶의 여러 다양한 문제를 더욱 적절하게, 그리고 편안하게 대처할 수 있게 될 것이다.

나와 내담자, 학생 그룹 혹은 직원들, 가족 혹은 아이들과의 관계에 대해 이야기할 때 앞에서 진술한 것이 다 해당된다고 믿는다. 이는 창의적이고, 적응적이며, 자율적인 사람들의 출현을 가능하게 하는 일반적인 가설이라고 볼 수 있다.

3

도움관계의 특징

어떤 사람은 강박이라고 할 수도 있지만 치료적 관계는 단지 일반적인 대인관계의 특별한 한 사례이고 같은 원칙이 모든 관계를 지배한다는 강한 확신을 오랫동안 가져왔다. 이것은 1958년 세인트 루이스에서 열린 미국진로직업지도학회American Personnel and Guidance Association 총회에서 강연하였던 주제다.

이 논문에서 확실한 것은 최근 몇 년 동안 나의 경험에 매우 중요한 부분을 차지하고 있는 객관성과 주관성의 양분성이다. 나는 아주 객관적이거나 아주 주관적인 논문을 쓰는 것이 힘들다는 것을 알게 되었다. 비록, 이 둘을 잘 조화시킬 수는 없더라도 이 두 세계를 가깝게 나란히 놓고자 한다.

심리치료에 대한 나의 관심은 모든 도움관계에 흥미를 가지게 했다. 도움관계란 적어도 당사자 중의 한 사람이 성장이나 발달, 성숙, 기능을 향상시키고 삶에 대처할 수 있도록 증진시키는 관계를 의미한다. 그 상대방은 한 개인이 될 수도 있고 그룹이 될 수도 있다. 달리 말하면 도움관계는 참여자 중 한 사람 또는 두 당사자가 자신이 가진 잠재된 내적 자원을 더욱 귀중히 여기고 표현하고 더 기능적으로 사용할 수 있도록 만드는 것이라고 설명할 수 있겠다.

이제 이러한 정의가 성장을 촉진하는 모든 관계를 포괄하고 있다는 것이 명백해졌을 것이다. 여기에는 어머니와 아이, 아버지와 아이 사이의 관계가 확실히 포함될 것이다. 의사와 환자의 관계도 여기에 포함될 것이다. 비록, 어떤 교사들은 학생의 성장을 촉진할 의도가 없을지라도, 교사와 학생 간의 관계도 여기에 해당될 것이다. 교육적인 상담이든 직업상담이든 또는 개인상담이든 간에 거의 모든 상담자와 내담자의 관계도 포함한다. 마지막으로 언급한 부분은 넓은 범위에서 심리치료자와 병원에 입원한 정신병자, 치료자와 불안하거나 신경증적인 개인, 그 수가 증가 추세에 있는 자신의 기능을 증가시키거나 개인적인 성장 촉진을 위해 치료에 임하고 있는 소위 '정상인' 등이 치료자와 맺는 관계를 포함하고 있다.

이들은 주로 일대일 관계다. 그러나 우리는 역시 도움관계가 의도된 많은 수의 개인-집단의 상호 작용을 생각해야 한다. 비록, 어떤 관리자들은 이런 목적을 가지고 있지 않다 하더라도 그들의 직원과의 관계가 성장을 증진하는 관계라고 볼 수 있을 것이다. 집단치료 리더와 그의 집단 구성원 사이의 상호 작용도 여기에 속한다. 공동체의 고문과 공동체 집단 사이의 관계도 마찬가지다. 산업 컨설턴트와 경영 그룹 사이의 상호 작용 역시 도움관계로 의도되고 증가하고 있다. 이렇게 열거한 것은 우리와 다른 사람들이 속해 있는 많은 관계가 성장과 성숙, 적절한 기능을 촉진하는 목적을 가지고 있다는 사실을 말해 주는 것이다.

질 문

성장을 촉진하고 도움을 주는 관계의 특징은 무엇인가? 이와 정반대 측면에서, 비록 진심으로 성장과 발전을 돕는 의도를 가졌음에도 불구하고 도움이 안 되는 관계의 특징은 어떻게 구별할 것인가? 이러한 궁금증에 대해, 특히 첫 번째 것에 대해 내가 탐색한 것들 중 몇 가지를 이야기하고, 현재 이러한 질문들에 대한 나의 생각을 말해 보도록 하겠다.

연구를 통해 얻은 답

이러한 질문에 대해 객관적인 답을 주는 어떠한 연구가 있었는지를 먼저 물어보아야 할 것이다. 아직 이 분야에 대한 연구는 많지 않지만 소개되어 있는 연구들은 매우 고무적이고 시사적이다. 이 모든 연구를 다 보고할 수는 없지만 진행되어 온 연구들을 어느 정도 광범위한 샘플로 제시하고 그에 따른 결과를 간단히 말하도록 하겠다. 이렇게 할 경우 연구를 지나치게 단순화할 수도 있고 내가 언급한 연구에 대해 충분한 공정성을 주지 못하는 단점이 있지만, 실제적인 진전이 이루어지고 있고 여러분이 아직 그렇게 하지 않았다면 스스로 이러한 연구를 점검해 보는 기회를 갖기 바란다.

태도에 관한 연구

연구의 대부분은 성장을 증진시키거나 억제하는 관계를 만드는 조력자의 태도에 중점을 두고 설명하고 있다. 다음의 몇 가지를 살펴보자.

몇 년 전에 볼드윈Baldwin과 동료들[(1)]이 펠스 연구소Fels Institute에서 진행한 부모-자녀 관계 연구를 살펴보면 매우 흥미로운 결과가 나타나 있다. 아이들을 대하는 다양한 부모의 태도 중 '수용적-민주적'인 태도 집단이 성장을 가장 많이 촉진시키는 것을 볼 수 있었다. 따뜻하고 평등적인 태도의 부모를 둔 아이들은 지적 발달이 가속화되고(IQ의 증가), 그렇지 않은 가정의 아이들에 비해 덜 격분하고, 더욱 창조적이며, 정서적으로 안정되고, 자신의 감정을 통제할 수 있었다. 비록, 처음에는 사회적인 발달이 다소 느렸지만, 시간이 지나

취학 연령이 되면서 인기가 있고 친절하며 공격적이지 않은 리더가 되었다.

부모의 태도가 '적극적-거부' 유형으로 분류된 아이들은 지적인 성장이 약간 느렸고, 상대적으로 그들이 가진 능력을 잘 활용하지 못했으며, 창의성이 부족해 보였다. 정서적으로 불안정하고 반항적이며 공격적이고 걸핏하면 싸우려 하였다. 다른 태도의 유형을 가진 부모의 아이들은 양 극단에 해당되는 다양한 행동을 보이는 경향이 있었다.

아이들의 발달과 관련된 이러한 결과들은 그리 놀라운 것이 아니다. 나는 이러한 결과가 다른 관계에도 해당된다고 본다. 부모들처럼 상담자나 의사 또는 관리자가 따뜻하고 감성적이며 표현적이고 자신과 타인을 존중하며 소유욕 없는 보살핌을 보이는 것은 아마도 자아실현을 더욱 촉진시킬 것이다.

이제 다른 분야의 꼼꼼히 진행된 연구 하나를 살펴보자. 화이트혼Whitehorn과 베츠Betz[2, 18]는 정신과 병동에서 정신분열 환자를 치료하는 젊은 레지던트의 업무 성취도를 조사했다. 그들은 특별히 환자에게 현저하게 도움을 준 일곱 명의 의사와 가장 작은 향상을 보인 환자를 다룬 일곱 명의 의사를 선택하여 연구했다. 각 집단은 약 50명의 환자를 다루었다. 연구자들은 무엇이 A집단(성공적 집단)과 B집단의 차이를 가져오는지 밝혀내기 위해 가능한 모든 증거를 조사하였다. 여기서 몇 개의 유의미한 차이가 발견되었다. A집단의 의사들은 과거의 사례나 해석적인 진단이 아닌 환자가 가진 다양한 행동의 개인적 의미로 정신분열증을 대하는 경향이 있었다. 또한 증상을 줄이거나 질병을 치료하는 것보다는 환자 개개인의 성격에 맞추어 일하는 경향이 있었다. 도움을 주는 의사들은 일상적인 상호 작용에서 주로 개인 대 개인의 관계를 통해 활발하게 개인적으로 참여하는 것으로 나타났다. 그들은 '수동적인 허용'이라고 분류할 수 있는 절차들을 거의 사용하지 않았다. 심지어 해석이나 지시 또는 조언, 환자의 실제적 보살핌의 강조와 같은 절차를 거의 사용하지 않았다. 마침내 그들은 B집단보다 환자가 의사에게 더 큰 신뢰와 확신을 갖는 관계로 만들었다.

비록, 연구자들은 이러한 결과가 오직 정신분열 환자들을 다루는 것에만 국한되어 있다고 조심스럽게 강조하지만 나는 이에 동의하고 싶지 않다. 어떤 부류의 도움관계든지 거의 모든 연구에서 비슷한 결과를 얻었을 것이라 생각한다.

또 한 가지 흥미로운 연구는 도움을 받는 사람이 도움관계를 어떻게 보는가에 초점을 둔 것이다. 하이네Heine[11]는 각각 정신분석치료, 내담자-중심, 그리고 아들러 식의 치료법으로 심리치료를 받은 사람들을 연구하였다. 치료의 종류와 상관없이 이들은 스스로 비슷한 변화가 있었다고 보고했다. 하지만 여기서 관심을 가져야 할 것은 그들이 관계를 어떻게 보는가 하는 것이다. 무엇 때문에 변화가 일어났는지 물었을 때, 그들은 치료 유형에 따라 약간 다른 설명들로 표현했다. 그러나 도움을 주었다고 생각하는 주요 요소에 대한 동의가 상당히 더 의미가 있다. 그 관계에서 이러한 태도의 요소들이 그들 자신에게서 일어난 변화, 즉 치료자에게 신뢰를 느끼고, 치료자로부터 이해받고 있다고 느끼며, 스스로 선택하고 결정했다는 독립심을 느낀 것들을 설명한다고 지적했다. 치료자가 제공한 절차 중에 가장 도움이 되었다고 느낀 것은 내담자로 하여금 막막하고 망설이는 감정을 명확하게 터놓을 수 있게 도와준 것이었다.

치료자의 치료 유형과 상관없이 관계에서 도움이 되지 않는 요소들이 무엇인지에 대한 내담자들의 생각 역시 비슷했다. 관심이 부족하고 관계가 멀거나 거리가 있고, 동정심이 지나친 치료자들의 태도는 도움을 주지 못했다. 치료 과정에서는 결정을 할 때 치료자들이 직접적이고 구체적인 조언을 해 주거나 현재의 문제보다는 과거를 강조할 때 도움이 되지 못한다는 것을 발견했다. 제안을 조심스럽게 하는 것은 크게 관련이 없었다.

자주 인용되는 피들러Fidler의 연구[7]에 따르면 각기 다른 치료 유형을 갖고 있지만 숙련된 치료자들은 유사한 관계를 형성한다는 것을 발견했다. 비숙련자들이 관계를 형성하는 것과는 분명히 차이가 있었고, 이들 관계의 특징을 구성하는 요소들은 잘 알려지지 않았다. 이러한 요소들은 내담자의 의미와 감정을 이해하는 능력, 내담자의 태도에 민감한 것, 감정적 과다몰입이 없는 따뜻한 관심이다.

퀸Quinn의 연구[14]는 내담자의 의미와 감정을 이해하는 데 필요한 것이 무엇인가를 제시해 주었다. 그의 연구는 내담자의 의미를 '이해'한다는 것이 본질적으로 이해하고자 하는 열망의 태도라는 것으로서 매우 놀라운 일이었다. 퀸은 평정자들에게 인터뷰에서 녹음된 치료자의 진술만을 제시하였다. 평정자들은 치료자가 무엇에 대해 반응을 했고 내담자들이 치료자의 반응에 어떻게 대했는지 알지 못했다. 그러나 맥락이 제공된 상태에서 듣는 것 못지않게 이 자료만으로도 이해의 정도를 평가할 수 있었다. 이는 치료자의 이해하고자 하는 태도가 중요하다는 결정적 증거라고 볼 수 있다.

관계의 정서적인 질과 관련된 측면에서, 시먼Seeman[16]에 의하면 심리치료의 성공은 내담자와 상담자 상호 간에 서로 좋아하고 존중하는 마음이 생겨나고 강해지는 것과 매우 밀접한 관련이 있다는 것을 발견했다.

디테스Dittes[4]의 흥미로운 연구는 이러한 관계가 얼마나 섬세한지를 지적한다. 정신적, 정서적 자극에 대한 신체의 정신 전기 반사를 측정하는 심리적 도구를 사용할 때, 디테스는 불안하거나 위협을 느끼거나 경계하는 내담자의 반응을 측정한 편차와 치료자의 따뜻한 호응과 관대함의 정도에 따른 평정자의 평가를 서로 연관시켰다. 치료자의 태도가 약간 적게 호응을 하는 쪽으로 변할 때마다 GSR(Galvanic Skin Response, 전기피부반응) 편차의 증가가 현저하게 나타났다. 관계에서 분명하게 호응이 적을 때 유기체는 생리적인 수준에서조차 위협에 대항하여 조직화한다.

이러한 다양한 연구 결과를 굳이 통합하지 않아도 몇 가지 두드러지게 나타나는 것에 주목할 필요가 있다. 하나는 치료자의 태도와 감정이 이론적 접근보다 중요하다는 사실이다. 치료자의 절차와 기술은 그들의 태도보다 중요하지 않다. 내담자들 간의 차이는 내담자가 치료자의 태도와 절차를 어떻게 지각하는가에 달려 있다는 것을 주목할 필요가 있고, 이러한 지각은 결정적으로 작용한다.

'조작된' 관계

여기서 소개하는 연구는 지금까지와는 전혀 다른 종류로서 이것들 중 일부는 여러분이 다소 싫어할지 모른다. 그러나 이것은 촉진적 관계의 본질을 담고 있다. 이러한 연구들은 우리에게 조작된 관계가 무엇인지를 생각하게 한다.

버플랑크Verplanck[17]와 그린스푼Greenspoon[8] 외 연구자들은 관계 내에서 언어적 행동의 조작적 조건이 가능하다는 것을 보여 주었다. 간단히 이야기하면 어떠한 종류의 단어나 진술 다음에 실험자가 '음' 또는 '좋아요' 라고 말하거나 고개를 끄덕이면 이것은 강화된 것이기 때문에 그런 단어들의 사용이 증가되는 경향을 보인다는 것이다. 이러한 절차를 사용함으로써 복수명사나 적대적 단어들, 주장이 있는 진술들과 같은 다양한 종류의 언어 증가를 야기시킬 수 있다는 것을 보여 주었다. 사람들은 이런 강화 요인의 영향을 받고 있는지 전혀 모른다. 여기에 내포되어 있는 것은 이러한 선택적 강화에 의해 관계 속에서 상대방에게 의도한 대로 어떠한 단어나 진술을 하게 할 수 있다는 것이다.

스키너Skinner가 만든 조작적 조건원리를 한층 끌어올린 린슬리Lindsley[12]에 의하면 만성정신분열자들은 기계를 통해 '도움관계'에 놓일 수 있다는 것을 보여 주었다. 기계는 자동판매기 같았고, 행동 유형에 따라 다양한 보상을 줄 수 있었다. 처음에 이것은 단순히 환자가 레버를 누르면 보상으로 사탕, 담배 또는 사진 등을 주었다. 하지만 레버를 많이 당기게 되면 시각적으로 분리된 울타리에 싸여 있는 배고픈 새끼 고양이에게 우유를 주는 것도 가능하다. 이 경우 만족을 주는 것은 이타적인 행동이다. 옆방에 있는 다른 환자에게 이와 비슷한 사회적인 또는 이타적인 행동을 보여 주는 것이 목적이다. 이러한 행동의 한계는 실험자의 기계적인 독창성 정도에 달려 있다.

린슬리는 몇몇 환자가 현저한 임상적 향상을 보였다고 보고했다. 나는 개인적으로 악화된 만성상태에서 자유로운 특권이 주어진 환자에 대한 설명이 인상적이었는데, 이러한 변화는 확실히 기계와의 상호 작용과 관계가 있었다. 그런 후 치료자는 치료적 소거를 연구하고자 했는데, 이는 레버를 수천 번 눌

러도 어떠한 보상을 주지 않는 것이었다. 환자는 점점 악화되었고 불안해졌으며 좀처럼 말도 하지 않고 그의 특권은 취소되었다. 이 애처로운 사건은 만약 관계가 도움이 되려면 기계와의 관계에서조차 믿음이 중요하다는 것을 보여 주는 것이다.

조작된 관계의 또 다른 흥미로운 연구로는 할로Harlow와 그의 동료들(10)의 원숭이 연구가 있다. 태어난 직후 바로 어미 원숭이와 떨어뜨려 놓은 아기 원숭이에게 두 가지 물체를 주었다. 하나는 '단단한 어머니'로 부를 수 있는 것으로 철사 투망을 한 기울어진 원기둥에 고무 젖꼭지를 달아 아기 원숭이가 먹도록 했다. 또 다른 하나는 '부드러운 어머니'로 고무와 한쪽 면이 고리 모양의 보풀로 된 부드러운 천으로 감싼 원기둥이다. 아기 원숭이는 단단한 어머니에게서만 음식을 먹을 수 있음에도 불구하고 점점 더 부드러운 어머니를 좋아하는 듯하였다. 비디오를 통해 보면 부드러운 어머니와 놀고, 이것을 더 좋아하며, 다른 물체가 다가왔을 때 이것에 달라붙어 안전을 찾고, 불안을 주는 세계로 모험을 할 때 안전을 주는 근거지로 사용하는 등 이 물체와 관계를 맺는 것이 명확했다. 이것은 직접적인 음식의 보상이 아무리 많아도 아기 원숭이가 필요로 하고 원하는 어떠한 지각된 특성을 대신할 수는 없다는 것이다.

두 가지 최근 연구

최근의 두 가지 연구를 살피면서 다소 방대하고 복잡한 연구들을 마무리해 보자. 첫째는 엔드스Ends와 페이지Page(5)가 수행한 실험이다. 주립병원에서 60일 동안 입원해 온 매우 상습적인 알코올 중독자에게 세 가지 다른 집단 치료 방법으로 치료가 시도되었다. 그들이 가장 효과적으로 믿었던 방법은 두 가지 학습이론의 요소에 기초한 치료다. 내담자-중심 접근은 두 번째로 효과적일 것으로 기대하였으며, 정신분석에 기초한 치료가 가장 효과가 적을 것으로 기대했다. 결과는 학습이론에 기초한 접근들이 치료에 유용하지도 않을 뿐더러 다소 해롭다는 것을 보여 준다. 그 결과는 치료를 하지 않은 통제집단보다 나빴다. 정신분석에 기초한 치료는 몇 가지 긍정적인 향상을 보였고, 내담자-중심 집단치료는 가장 효과적이고 긍정적인 변화를 가져왔다. 추후연구에 따르면 1년 내지 1년 반 뒤의 결과에서 내담자-중심 접근이 지속적으로 가장 큰 향상을 보였으며, 다음으로는 정신분석적 접근, 통제집단 순이었고, 학습이론적 접근은 가장 작은 향상을 보였다.

특별히 가장 작은 효과로 판명된 방법에 접근하여 이 연구를 고민하고 있을 때, 나는 학습이론에 기초를 둔 치료에 대한 기술[13]에서 단서를 찾았다고 본다. 본질적으로 이것은 ① 부적합한 것으로 판명된 행동을 지적하고 꼬리표를 붙이는 것, ② 내담자의 이런 행동의 숨은 이유를 객관적으로 조사하는 것, 그리고 ③ 재교육을 통해 더 효과적인 문제 해결의 습관을 만드는 것으로 구성된다. 하지만 이런 상호 작용의 모든 목표는 비인간적이며 개인적인 감정이 개입되지 않은 객관적인 것이다. '치료자는 가능한 한 그의 성격을 그의 투영시키지 말아야 한다. 치료자는 환자에게 자신의 개인적인 성격적 특징으로 깊은 인상을 주어서는 안 된다.' 이것은 이 같은 접근의 실패 이유로 가장 큰 단서가 된다. 나는 다른 연구 조사들에 비추어 사실을 설명해 보려고 한다. 자기 자신을 인간적으로 억누르고 다른 사람을 어떠한 대상으로 대하는 것은 도움을 줄 가능성이 높지 않은 것이다.

내가 보고하려는 마지막 연구는 할키데스Halkides[9]에 의해 이제 막 완성되어 가고 있다. 그녀는 치료상의 변화를 위해 필수적이고 충분한 조건에 대해 자신이 가진 이론적인 공식에서 시작했다.[15] 그녀는 내담자의 구조적인 성격 변화의 정도와 네 가지 상담자 변인인 ① 상담자로부터 표명된 내담자에 대한 감정이입적 이해의 정도, ② 상담자로부터 내담자에게 표명된 긍정적인 정서의 태도(무조건적인 긍정적 존중), ③ 상담자의 말들과 그의 내부 감정과 조화되는 진실한 정도, 그리고 ④ 상담자의 반응이 내담자의 표현과 정서적인 표현의 강도가 조화되는 정도 사이에 중요한 관계가 있을 것이라는 가설을 세웠다.

이와 같은 가설에 대한 연구를 위해 그녀는 처음으로 복합적이고 객관적인 기준에 의해 '가장 성공적인' 열 개의 사례 그룹과 '가장 성공적이지 못한' 열개의 사례 그룹을 선정하였다. 각각의 사례들에서 초기의 상담과 말기의 상담을 녹취한 다음 무작위로 각 인터뷰에서 내담자-상담자의 상호 작용으로 결합된(내담자가 말하고 상담자가 반응한) 것 아홉 개를 뽑았다. 그녀는 이렇게 해서 아홉 개의 초기 상호 작용과 말기 상호 작용을 각 사례에서 얻었다. 이것은 성공적이지 못한 사례의 초기 상담 다음에 성공적인 사례의 말기 상담으로 단위가 이루어질 수 있는 등의 무작위 순서로 놓인 몇 백 개의 결합이 나왔다. 세 명의 평정자들은 누구의 사례인지, 그들의 성공 정도, 어떠한 결합이 준 출처인지 등을 알지 못하게 하고 이 자료를 네 번 들었다. 그들은 결합 단위를 첫 번째는 공감 정도, 두 번째는 내담자를 향한 상담자의 긍정적 태도, 세 번째는 상담자의 적합성이나 자질, 그리고 네 번째는 상담자의 반응이 내담자가 표현한 감정적인 강도와 조화되는 정도에 따라 7점 척도로 평가하였다.

이 연구는 모두가 대담한 모험으로 생각했다. 상호 작용의 결합 한 가지를 듣고 판단하는 것으로 과연 내가 언급한 민감한 특성을 평정하는 신뢰할 만한 평가를 만들 수 있을까? 그리고 상당히 신뢰할 만한 결과를 얻을 수 있더라도, 과연 각 사례의 열여덟 명의 상담자-내담자의 상호 교환—각 사례에서 발생한 수백 개 혹은 수천 개의 이러한 상호 교환 중 하나의 표본—이 치료 성과와 관계가 있는가? 확률은 매우 낮아 보였다.

연구 결과는 놀라웠다. 마지막 변수를 제외하고 대부분의 평정자 간 상관이 .8 또는 .9로 매우 높은 신뢰를 보였다. 감정이입적 이해의 정도는 .001 유의도 수준에서 더 성공적인 사례들과 상관이 높았다. 무조건적 긍정적 존중의 정도도 마찬가지로 .001 유의도 수준에서 더 성공적인 사례들과 상관이 높았다. 상담자들의 솔직성 또는 진솔성—그의 언어가 감정과 조화되는 정도—의 평가에서도 역시 .001 유의도 수준에서 성공적인 사례와 상관이 높았다. 단지 정서적 표현의 적합성 정도의 연구에서만 분명하지 않은 결과가 나왔다.

이러한 변인의 높은 평가가 초기 상담의 결합보다 말기 상담의 결합과 더 유의하게 상관이 있지 않았다는 것 역시 흥미로웠다. 이는 상담자의 태도가 인터뷰 내내 상당히 일정했다는 것을 의미한다. 만약 상담자가 공감적이면 그는 처음부터 끝까지 그러한 경향을 보였다. 만약 진실성이 부족하다면 초기 상담과 말기 상담 모두에서 그런 경향을 보였다.

모든 연구가 그렇듯이 이 연구도 한계를 가지고 있다. 그것은 심리치료라는 특정 종류의 도움관계와 관련이 있다. 이 연구는 중요하다고 여겨지는 네 가지 변인만 알아보았다. 아마도 많은 다른 변인이 있을 것이다. 그럼에도 불구하고 이 연구는 도움관계 연구에 큰 발전을 가져왔다. 연구 결과를 가능한 한 쉽게 설명해 보면, 상담자와 내담자의 상호 작용의 질은 상담자 행동의 아주 작은 표본만으로도 평가할 수 있다는 것이다. 또한 상담자가 진솔하고 투명하여 언어와 감정이 일치한다면, 상담자가 내담자를 무조건적으로 존중한다면, 내담자에게 그런 것처럼 내담자의 핵심 감정을 상담자가 이해할 수 있다면 아마도 효율적인 도움관계가 존재한다는 것을 나타내고 있다.

몇 가지 코멘트

이러한 연구들은 도움관계의 본질을 연구하는 데 희망을 준다. 문제의 다양한 측면을 연구해 오면서 다양한 이론적 맥락으로 접근하였고, 매우 다른 방법을 사용하였기 때문에 서로 비교할 수는 없다. 하지만 안심하고 말할 수 있는 몇몇 진술은 있다. 이는 도움이 되는 관계는 그렇지 못한 관계와는 확실히 다른 특징을 갖고 있다는 것이다. 이러한 다른 특징들은 한편으로는 도움을 주는 사람의 태도와 관계가 있고, 다른 한편으로는 도움을 받는 사람의 지각에 달려 있다. 그러나 이러한 연구들은 더 나아가 도움관계가 무엇인지, 또 이것이 어떻게 만들어지는지에 대한 최종적인 답을 제시하지 못했다는 공통점이 있다.

어떻게 도움관계를 만들 수 있을까

인간관계 분야에서 일하는 우리는 이러한 연구 지식을 어떻게 사용할까를 항상 생각한다. 이러한 연구 결과를 노예처럼 따를 수 없고, 연구들이 중요하다고 하는 개인의 특성을 무시할 수는 없다. 우리가 가진 경험에 근거하여 더 많은 개인적인 관계 안에서 시험하고 사용하기 위해 새롭고 발전된 개인적 전제를 만드는 데 이러한 연구를 사용해야 한다.

그래서 어떻게 결과를 사용해야 하는지 말하는 것보다 이러한 연구와 나의 임상적 경험을 통해 생겨난 의문점들, 즉 학생이든, 직원이든, 가족이든, 내담자든 도움관계이기를 희망하는 관계의 형성자들에게 다소 시험적이고 변화하는 가설들에 대한 의문점을 말해 주고 싶다. 그러한 의문과 고찰의 흔적은 다음과 같다.

❶ 나는 다른 사람에게 얼마나 깊게 믿을 만하다거나 의지할 만하다거나 언행이 일치한다고 지각될 수 있을까? 연구와 경험 둘 다 이것은 매우 중요하다고 지적하며 수년간에 걸쳐 나는 이 문제에 대해 더 심오하고 더 확실한 답을 찾으려고 노력했다. 만약 내가 모든 외부적인 신뢰조건을 만족시키고—약속을 지키고 상담의 비밀보장을 존중하고—상담 중 일관되게 처신했다면 그때 이 조건이 달성된 것이라 느끼곤 했다. 그러나 경험적으로는, 예를 들어 실제로는 불쾌하거나 회의적이거나 또는 수용적이지 않은 감정을 느꼈는데도 시종일관 수용적인 행동을 하는 것은 확실히 오랜 기간 동안 상대에게 일관적이지 않거나 믿음직스럽지 않게 인식된다는 것을 깨닫게 되었다. 믿을 만하다는 것은 내가 엄격하게 일관적이 되는 것이 아니라 의지할 만큼 진실하다는 것이다. 진실성이라는 용어는 내가 하고 싶어 하는 방법을 설명하는 말 중 하나다. 이것은 내가 경험하는 느낌이나 태도가 무엇이든지 그런 태도에 대한 나의 인식과 잘 맞아떨어져야 한다는 것을 의미한다. 진실할 때, 그 순간에 한결같고 통합된 사람이 되고, 따라서 내 안에 깊이 존재하는 무엇이든지 될 수가 있으

며, 이는 다른 사람들도 믿을 만한 사실로 여기는 것이다.

❷ 매우 밀접하게 관련된 질문이 하나 있다. 나의 존재가 명확하게 전달될 수 있을 정도로 나는 충분히 표현적일 수 있는가 하는 것이다. 도움관계를 만들 때 겪는 실패의 대부분은 이런 두 가지 의문에서 불충분한 해답을 따랐기 때문이다. 다른 사람에 대해 귀찮은 마음을 가지고 있었지만 그것을 깨닫지 못했을 때 의사소통은 모순된 의도를 갖게 된다. 나의 말은 하나의 의도를 전달하고 있지만 역시 미묘한 방법으로 내가 느끼는 귀찮은 감정이 전달될 수밖에 없다. 이는 다른 사람들을 혼란스럽게 만들고 다른 사람들이 나를 믿을 수 없게 만든다. 부모 또는 치료자, 교사, 관리자로서 내 안의 감정을 느끼는데 방어적이 되어 내 안에 어떠한 일이 일어나고 있는지 듣지 못한다면 결국 실패하는 것이다. 도움관계를 맺고자 하는 사람들을 위한 가장 기초적 학습은 투명하게 진실된 것이 안전하다는 것이다. 만약 주어진 관계에서 내가 적절히 진술하고 나에게, 또 상대방에게 관계에 관한 감정을 숨기지 않는다면 그 관계는 확실히 도움이 되는 관계라고 볼 수 있다.

좀 낯선 방법이기는 하지만 만약 자신과 스스로 도움관계를 형성할 수 있다면—만약 민감하게 나의 모든 감정을 수용할 수 있도록 깨어 있을 수 있다면— 그때 내가 다른 사람과 도움관계를 형성할 가능성이 높다는 것이다.

이런 의미에서 내가 어떤 존재든 기꺼이 받아들이고 다른 사람들에게까지 보여 줄 수 있다는 것은 내가 아는 한 가장 어려운 과제고, 사실 나도 완전히 이루어 낸 적이 없다. 하지만 나의 과제임을 깨달은 것은 매우 보람 있는 일이었다. 이는 개인 간의 관계에서 혼란스럽고 구조적으로 반복되는 개인 간 관계의 잘못이 무엇인지를 찾을 수 있도록 도움을 주었기 때문이다. 나와 관계된 사람들의 개인적인 성장을 촉진하려면 스스로 성장하지 않으면 안 되고, 종종 고통스러울지라도 역시 나를 더욱더 가치 있게 만든다는 것을 알게 되었다.

❸ 세 번째 의문은 과연 내가 다른 사람에 대해 긍정적인 태도—따뜻함, 보살핌, 좋아함, 관심, 존중하는 태도—를 경험할 수 있을까 하는 것이었다. 이것은 쉽지 않다. 나뿐만 아니라 다른 사람들도 긍정적인 감정에 어느 정도의 두려움이 있다는 것을 보았다. 만약, 우리가 긍정적인 감정을 경험하도록 자유롭게 내버려 둔다면 덫에 걸릴 수 있다는 두려움이 있다. 우리에게 더 요구할 수 있고, 우리의 신뢰에 실망할 수 있으며 그 결과를 두려워한다. 그러므로 이에 반응하여 우리는 다른 사람들과 우리 사이에 거리감—무관심, '전문가적인' 태도, 개인의 감정을 섞지 않는 관계—을 둔다.

❹ 경험을 통해 배운 중요한 문제는 내가 진정으로 다른 사람과 분리될 수 있는가 하는 것이다. 나의 감정과 요구는 물론 다른 사람의 것도 확고히 존중할 수 있는가? 다른 사람의 감정과 분리하여 내 자신의 감정을 소유하고 필요하면 표현할 수 있는가? 진정으로 충분히 다른 사람의 우울로부터 침울해하지 않고, 공포로부터 겁먹지 않으며 의존성에 말려들지 않을 수 있는가? 다른 사람의 분노에 의해 파괴되지 않고, 의존에 대한 요구를 대신 받지 않고, 사랑에 사로잡히지 않고, 나의 모든 권리와 감정을 분리시켜 존재할 수 있을 만큼 나는 충분히 강한가? 내가 분리되어 존재하는 사람의 힘을 자유롭게 느낄 수 있을 때, 나 자신을 잃는다는 두려움 없이 더욱더 깊게 다른 사람을 이해하고 수용할 수 있다.

❺ 앞의 의문과 밀접하게 관련된 것으로서 나는 다른 사람을 분리시킬 수 있을 만큼 스스로 확고한가라는 문제가 있다. 정직하거나 위선적이거나 유아적이거나 어른스럽거나 절망적이거나 자신만만하거나 상관없이 다른 사람을 허용할 수 있는가? 그대로 존재할 수 있도록 자유를 줄 수 있는가? 아니면 다른 사람이 나의 충고를 따르거나 때로 나를 의지하거나 나를 닮아야 한다고 느끼는가? 이와 관련하여서는 파슨Farson[(6)]의 흥미로운 연구가 있다. 덜 적응적이

고 능력이 부족한 상담자일수록 자신을 귀감으로 삼고 내담자들에게 자신과 비슷하게 되도록 권유하는 경향이 있다는 것을 알아냈다. 반면, 잘 적응하고 유능한 상담자일수록 치료자와 분리되어 내담자 자신만의 성격을 형성할 수 있도록 자유를 주고 내담자를 방해하지 않으며, 상호 작용하는 것을 볼 수 있었다. 나는 내가 부모든 관리자든 상담자든 간에 후자이기를 바란다.

❻ 스스로에게 묻는 또 다른 질문 중 하나는 내가 다른 사람의 감정에 완전히 공감하여 그가 보는 것처럼 볼 수 있는가 하는 것이다. 다른 사람의 세계에 완벽하게 들어가서 평가나 심판하고자 하는 욕구를 버릴 수 있는가? 아주 민감하게 그 안에 들어가 다른 사람에게 가치 있는 의미를 유린하지 않고 그것들과 자유롭게 움직일 수 있겠는가? 명확한 경험의 의미뿐 아니라 어렴풋이 또는 혼란스럽게 생각하는 내포된 의미들까지도 완벽하게 감각적으로 분별할 수 있겠는가? 이러한 이해를 어떠한 한계 없이 확장시킬 수 있겠는가? 한 내담자가 다음과 같은 이야기를 했다. "나는 그때 나의 일부분이라도 이해하는 사람이 언젠가는 나를 다시 이해하지 못할 것이라는 생각을 하지 못했다. 내가 힘들게 찾고자 하는 사람은 나를 이해하는 사람이었다."

내가 속한 집단의 직원이나 학급의 학생들보다 개인 내담자들에게 더 쉽게 이런 종류의 이해를 느끼고 쉽게 상호 작용할 수 있다는 것을 발견하였다. 학생들을 직접 지도하거나 직원들의 잘못된 생각을 지적하고자 하는 강한 유혹이 있다. 그러나 나 스스로가 이러한 상황을 이해하고자 허용하면 서토에게 보람이 있다. 그리고 내담자의 경우, 비록 내가 내담자에게는 명확하지 않고 혼란스러운 경험 속에서 명료한 의미를 볼 수 있고 공식화시킬 수 있다면 큰 도움이 되겠지만, 아주 작은 감정이입적 이해—내담자의 혼돈스러운 의미의 복잡성을 알아내고자 하는 실수나 불안전한 시도—조차도 도움을 줄 수 있다는 것이다.

❼ 아직 남아 있는 또 다른 의문은 다른 사람이 나에게 보여 준 다양한 면을 수용할 수 있는가 하는 것이다. 나는 다른 사람을 있는 그대로 받아들일 수 있는가? 이런 태도를 가지고 의사소통할 수 있는가? 또는 다른 사람의 감정과 침묵의 일면만을 받아들이고, 다른 면에는 솔직히 실망스러워하는 식의 조건적으로 받아들이는 것이 아닌가? 나의 태도가 조건적이었을 때, 그런 면들을 완전히 받아들일 수 없는 상황에서 다른 사람이 변하거나 성장하지 못하는 경험을 했다. 그리고 내가 왜 모든 면에서 다른 사람을 받아들일 수 없었는지 알아내려고 노력했는데, 늦었지만 나중에 내 자신이 다른 사람의 감정 중 어떠한 면을 두려워했고 위협을 느꼈기 때문이라는 것을 알았다. 만약 내가 도움을 주려면 나 자신이 더욱 성장해야만 하고 나 스스로 이런 면을 받아들여야만 한다.

❽ 관계에서 상대방이 나의 행동을 위협으로 느끼지 않을 만큼 충분히 민감하게 행동할 수 있겠는가 하는 의문은 아주 실질적인 논쟁을 일으킨다. 심리치료 시 수반되는 생리적 변화에 대해 우리가 시작하고 있는 연구는 심리적 수준에서 사람이 어떻게 쉽게 위협을 느끼는지 연구한 디테스의 연구를 뒷받침한다. 정서적 자극에 대한 신체의 전기적 변화의 반응—피부 전도력 측정—은 치료자가 내담자의 감정보다 좀 더 강하게 반응하는 특정 단어의 반응에서 급격히 내려간다. 그리고 '매우 화가 난 것 같군요.'와 같은 말에서는 바늘이 종이를 벗어날 정도로 진동한다. 이러한 작은 위협조차 피하고자 하는 희망은 내담자에 대한 신경과민증 때문이 아니다. 단순하게 만약 내가 가능한 한 외부의 위협으로부터 내담자를 완전히 자유롭게 할 수 있다면, 그때 내담자는 자신의 내부에서 자신을 위협하고 있는 것을 찾아내서 그 감정과 혼란을 경험하고 다룰 수 있다는 경험적 확신 때문이다.

❾ 앞선 의문에서 가장 중요한 것은 과연 내가 외부 평가의 위협으로부터 내

담자를 자유롭게 할 수 있는가 하는 것이다. 대부분의 삶—집, 학교, 직장—에서 우리는 외부의 판단에 의해 스스로에게 상을 주고 벌을 준다. '아주 좋아' 또는 '그건 잘못됐어', 'A학점이야' 또는 '낙제했어' 등의 이런 판단은 유년부터 노년이 될 때까지 우리 삶의 일부분이 된다. 나는 학교와 직업 등의 제도와 조직이 어떤 사회적인 유용성을 가지고 있다고 본다. 다른 사람들과 마찬가지로 나도 역시 스스로를 평가한다. 하지만 나의 경험에 비추어 보면 그것은 개인적인 성장을 만들지 못하며, 따라서 도움관계의 한 부분임을 인정할 수 없게 된다. 신기하게도 긍정적인 평가는 장기적으로 부정적인 것과 같은 위협이 된다. 왜냐하면 누군가에게 좋은 사람이라고 말하는 것 역시 당신이 그가 나쁜 사람이라고 말할 권리를 가지고 있다는 것을 내포하기 때문이다. 그래서 더욱더 판단과 평가에서 자유로운 관계를 유지할 수 있고, 다른 사람에게 평가의 중심, 즉 책임의 소재가 자신 속에 있다는 것을 인식할 수 있게 하는 것이라고 느끼게 되었다. 다른 사람의 경험의 의미와 가치는 그 자신에 의해 최후로 분석되며, 외부의 정의가 바꾸지 못한다. 그래서 나는 나의 모든 감정에서조차 상대방을 판단하지 않는 방향으로 일하고 싶다. 이렇게 함으로써 나는 스스로 책임 있는 사람이 되도록 그를 자유롭게 할 수 있다고 믿는다.

⑩ 마지막 의문은 내가 성장하고 있는 과정의 누군가를 만날 수 있는가, 또는 내가 다른 사람의 과거와 나의 과거에 속박될 것인가 하는 것이다. 만약 우연히 누군가와 만났을 때, 그를 미성숙한 아이, 무지한 학생, 신경증적 성격 또는 정신병자처럼 다룬다면 내가 가진 개념은 관계 안에서 그를 한정시켜 버린다. 예루살렘 대학의 실존주의 철학자인 마틴 부버Martin Buber의 '타인을 인정하기'라는 구절은 나에게 의미를 준다. 그는 "인정은 다른 사람의 모든 가능성을 받아들이는 것을 의미한다. 나는 인간은 만들어지도록 창조되어 왔다는 것을 다른 사람을 통해 인식했으며, 알 수 있다. 내가 현재 성장할 수 있고 진화될 수 있다는 가능성을 다른 사람에게서 확인했다."라고 말했다. 만약 내가

다른 사람을 이미 과거부터 모양지어진, 어떤 고정되고 이미 진단되고 분류된 것으로 받아들인다면, 한정된 가설을 인정하고 있는 것이 된다. 만약 내가 성장하고 있는 과정의 누군가를 받아들이면 그때 나는 그의 가능성을 인정하거나 실제로 만들 수 있는 것이다.

버플랑크, 린슬리, 스키너의 조작적 조건 형성과 철학자 또는 신비주의자라고도 불리는 부버와는 서로 공유하는 점이 있다. 최소한 그들은 원리를 함께 하였다. 만약 다른 사람에게 어떤 유형의 단어나 의견을 강화하는 오직 한 가지 기회로써 관계를 본다면 나는 그를 기본적으로 기계적이고 조작할 수 있는 어떠한 대상으로 인정하려는 경향이 있다. 만약 잠재력으로 본다면 그는 가설을 지지하는 방식으로 행동하려는 경향을 보일 것이다. 반대로, 만약 그가 가지고 있는 모든 존재하는 잠재력을 강화시키는 기회로서 관계를 본다면, 그때 그는 이 가설을 지지하는 방식으로 행동하려는 경향을 보일 것이다. 부버의 말처럼 그때 그를 내적 발달의 창조적 능력이 있는 살아 있는 사람으로 인정하는 것이다. 개인적으로 나는 두 번째 가설을 좋아한다.

결 론

이 논문의 앞부분에서는 관계의 지식에 기여한 연구에 대해 리뷰를 해 보았다. 그 지식들을 염두에 두고 내가 한 인간으로서 관계에 들어갈 때, 내면의 주관적인 관점을 통해 떠오르는 여러 질문을 풀어냈다. 만약 내가 제기한 질문에 스스로 긍정적으로 답할 수 있다면 자신이 속한 어떠한 관계도 도움관계가 되고 성장을 가져올 것이다. 하지만 나는 질문의 대부분에 긍정적인 답을 할 수 없다. 오직 긍정적인 답을 향해 일할 뿐이다.

최상의 도움관계는 심리적으로 성숙한 사람을 통해 창조되는 관계가 아닐까 하는 의구심이 들었다. 달리 말하자면 나와는 분리된 다른 사람들의 성장을 촉진시키는 관계를 얼마나 만들 수 있는가 하는 것은 나 스스로 이루어 낸 성장에 대한 하나의 측정이 된다는 것이다. 어떤 측면에서는 좀 불안한 생각일지 모르지만 한편으로 희망적이고 도전적인 것이기도 하다. 이는 내가 도움관계를 만드는 것에 관심이 있다면 상담과 심리치료가 앞으로 성장의 방향으로 나의 가능성을 확대시키고 발전시키는 매력적인 평생 직업이 될 것이라는 것을 알려 준다.

내가 애써서 완성한 논문이 여러분의 관심과 일에 별로 관계가 없을 수도 있다. 만약 그렇다면 매우 유감스럽다. 그러나 적어도 인간관계 분야에서 일하고 있고, 그 분야의 기본적인 규칙을 이해하려고 노력하는 우리 모두가 오늘날의 세계에서 중대한 기획을 하는 데 관련되어 있다는 사실에 조금이나마 위안을 삼는다. 만약 우리가 관리자나 교사, 교육상담자, 직업상담사, 치료자처럼 우리의 임무를 이해하기 위해 신중하게 노력하고 있다면 우리가 이 행성의 미래를 결정할 그때 그 문제를 고민하고 있는 것이다. 왜냐하면 미래는 물리학자에게 달려 있는 것이 아니라 도움관계를 만들기 위해 노력하고 있는, 또한 인간 사이의 상호 작용을 다루고 이해하려고 노력하는 우리 모두에게 달려 있다. 그러므로 나 스스로에게 청했던 이 의문들이 당신이 관계 안에서 성장을 촉진하려고 나름대로 노력하는 것과 같은 이해와 조망을 얻는 데 사용되기를 바란다.

참고문헌

1. Baldwin, A. L., J. Kalhorn, and F. H. Breese. Patterns of parent behavior. *Psychol. Monogr.*, 1945, *58*, No. 268, 1-75.

2. Betz, B. J., and J. C. Whitehorn. The relationship of the therapist to the outcome of therapy in schizophrenia. *Psychiat. Research Reports #5. Research techniques in schizophrenia.* Washington, D.C., American Psychiatric Association, 1956, 89-117.

3. Buber, M., and C. Rogers. Transcription of dialogue held April 18, 1957, Ann Arbor, Mich. Unpublished manuscript.

4. Dittes, J. E. Galvanic skin response as a measure of patient's reaction to therapist's permissiveness. *J. Abnorm. & Soc. Psychol.*, 1957, *55*, 295–303.

5. Ends, E. J., and C. W. Page. A study of three types of group psychotherapy with hospitalized male inebriates. *Quar. J. Stud. Alcohol*, 1957, *18*, 263–277.

6. Farson, R. E. Introjection in the psychotherapeutic relationship. Unpublished doctoral dissertation, University of Chicago, 1955.

7. Fiedler, F. E. Quantitative studies on the role of therapists feelings toward their patients. In Mowrer, O. H. (Ed.), *Psychotherapy: theory and research.* New York: Ronald Press, 1953, Chap. 12.

8. Greenspoon, J. The reinforcing effect of two spoken sounds on the frequency of two responses. *Amer. J. Psychol.*, 1955, *68*, 409–416.

9. Halkides, G. An experimental study of four conditions necessary for therapeutic change. Unpublished doctoral dissertation, University of Chicago, 1958.

10. Harlow, H. F. The nature of love. *Amer. Psychol.*, 1958, *13*, 673–685.

11. Heine, R. W. A comparison of patients' reports on psychotherapeutic experience with psychoanalytic, nondirective, and Adlerian therapists. Unpublished doctoral dissertation, University of Chicago, 1950.

12. Lindsley, O. R. Operant conditioning methods applied to research in chronic schizophrenia. *Psychiat. Research Reports #5. Research techniques in schizophrenia.* Washington, D.C.: American Psychiatric Association, 1956, 118–153.

13. Page, C. W., and E. J. Ends. A review and synthesis of the literature suggesting a psychotherapeutic technique based on tow-factor learning theory. Unpublished manuscript, loaned to the writer.

14. Quinn, R. D. Psychotherapists' expressions as an index to the quality of early

therapeutic relationships. Unpublished doctoral dissertation, University of Chicago, 1950.

15. Rogers, C. R. The necessary and sufficient conditions of psychotherapeutic personality change. *J. Consult. Psychol.*, 1957, *21*, 95–103.

16. Seeman, J. Counselor judgments of therapeutic process and outcome. In Rogers, C. R., and R. F. Dymond, (Eds.). *Psychotherapy and personality change*. University of Chicago Press, 1954, Chap. 7.

17. Verplanck, W. S. The control of the content of conversation: reinforcement of statements of opinion. *J. Abnorm. & Soc. Psychol.*, 1955, *51*, 668–676.

18. Whitehorn, J. C., and B. J. Betz. A study of psychotherapeutic relationships between physicians and schizophrenic patients. *Amer. J. Psychiat.*, 1954, *111*, 321–331.

4

우리가 심리치료에 대해 아는 것

객관적, 주관적 관점에서

1960년 봄에 나는 캘리포니아 공대의 교양 프로그램 대부분을 준비하는 Cal Tech YMCA가 후원하는 〈미국의 리더들〉이라는 프로그램에 초청되어 캘리포니아 공대를 방문했었다. 나흘 일정 중 하루는 교수와 직원들의 공개 토론에 초대되었다. 그때 이 공계 학자들에게 그들이 이해할 수 있는 방식으로 심리치료에 대해 간절히 말하고 싶었다. 그리고 치료에 대한 연구 결과를 개략적으로 전달할 수 있을지도 모른다고 생각했다. 한편으로는 개인의 주관적인 관계가 적어도 동등하게 치료상 변화의 필수적인 부분이라는 것이 명확히 전달되기를 바랐다. 여기서는 이 두 가지 측면을 전달하고자 한다. 논문을 다소 손보긴 했지만 원래 내가 캘리포니아 공대에서 청중에게 발표한 것이다.

나의 발표를 잘 받아들인 것 같아 기뻤지만 그보다도 그 시간 이후로 치료받은 다수의 경험자들이 원고를 읽고 치료에서 내담자의 내적 경험에 대한 설명(논문 후반부)에 대해 매우 열중하는 것이 더욱 기뻤다. 내담자에게 치료가 어떻게 느껴지고 받아들여지는가에 관심이 많았기 때문에 더욱 만족스러웠는지도 모른다.

심리치료 분야에서 지난 10년간은 내담자의 성격과 행동에 대한 치료 결과들을 측정하는 데 상당한 진전이 있었다. 지난 2~3년간은 심리적 성숙으로 개인의 성장을 촉진시키는 치료상 관계에서 기본적인 요소들이 무엇인가를 밝혀내는 데 추가적인 노력을 기울였다. 달리 말하면 개인의 성장을 증진하는 관계의 구성 요소를 찾는 데 진전이 있어 왔다는 것이다.

심리치료가 발달이나 성장을 위한 동기를 제공하지는 않는다. 이것은 마치 최소한의 만족스러운 조건만 주어지면 인간이 성장하려는 경향을 발견할 수 있듯이 유기체의 본성인 듯하다. 하지만 이러한 경향이 차단되었을 때, 치료는 심리적인 발달이나 성숙의 방향으로 유기체의 경향을 방출하고 촉진하는 부분에 매우 중요한 역할을 한다.

객관적인 지식

우리가 아는 심리적인 성장을 촉진하는 조건이 무엇인지, 그리고 심리적인 성장과 과정의 특징이 무엇인지에 대해 간략히 말하고자 한다. 내가 '안다'는 것을 개괄해서 말하고자 할 때, 이것은 우리가 객관적으로 가진 경험적 증거에 대한 나의 진술에 한계가 있다는 것을 의미한다. 예를 들어, 심리적인 성장의 조건에 대해 이야기해 보자. 하나 또는 더 많은 연구에서 밝혀졌듯이 조건이 없거나 매우 부족한 상황에서는 일어나지 않았던 것이, 조건이 주어졌을 때에는 변화가 일어난 것을 발견한 것을 알 수 있다. 한 연구자의 말처럼 우리는 개인적인 성장의 방향으로 개인의 성격과 행동 변화를 촉진시키는 근본적인 변화의 산출 요인을 찾는 데 진전이 있었다. 모든 과학적 지식처럼 이 지식

또한 불확실하고 불완전하지만 이는 분명히 변경되고, 부분적으로 반박될 것이며, 미래의 매우 공들인 연구들이 불완전한 지식을 보충할 것이다. 그럼에도 불구하고 우리가 일반적으로 가지고 있는 작지만 확고하게 자리 잡은 지식에 대해서는 미안해할 필요가 없다.

나는 우리가 매우 간단한 방식과 일상적으로 말하는 것에서 얻은 지식을 전해 주고 싶다. 심리치료자가 바로 자기 자신으로 존재할 때, 내담자와의 관계에서 진실되고 '체면'이나 허울이 없을 때, 마치 흘러가듯이 그 당시의 느낌과 태도를 개방적으로 받아들일 때 내담자의 개인적인 변화가 촉진되었다. 우리는 이러한 조건을 설명하기 위해 '일치성'이라는 말을 만들어 냈다. 이로써 치료자가 경험하고 있는 감정은 그에게 유용하게 되고, 인식될 수 있고, 감정을 살릴 수 있고, 또한 전달될 수 있다. 누구도 이러한 상황을 완벽하게 성취할 수는 없지만 치료자가 자신 안에 어떠한 일이 일어나는가를 수용적인 자세로 듣고 두려움 없이 자신의 감정의 복잡성 그 자체가 된다면 그의 일치성은 높아진다.

평범한 예를 들자면, 우리 각자는 다양한 방법으로 이 같은 특성을 감지한다. 라디오와 TV 광고를 보고 불쾌감을 느끼는 이유는 모델이 스스로 그렇게 느끼지 않으면서 마치 그런 듯이 꾸며 말하는 것이 목소리에서 명확히 드러나기 때문이다. 불일치의 한 예라고 할 수 있다. 한편으로 우리는 예의를 차리거나 전문적인 입장을 내세우지 않고 자기 자신이 되는, 본모습 그대로인 사람들을 믿는다. 성공적인 치료와 관련이 있는 것은 일치성의 질이라는 것을 연구를 통해 알 수 있다. 관계에서 치료자가 더욱더 진솔하고 일치성이 있다면 내담자의 성격 변화를 일으킬 확률이 높다.

이제 두 번째 조건을 보자. 치료자가 내담자 안에 있는 따뜻하고 긍정적이며 수용적인 태도를 경험한다면 변화를 촉진할 수 있다. 그때 그 안에서 느끼고 있는 감정—공포, 혼란, 고통, 자긍심, 화남, 증오, 사랑, 용기 또는 위압감—이 무엇이든 치료자가 기꺼이 하는 성실한 태도를 말하며, 치료자가 소유욕 없이 내담자를 위해 돌보는 것을 의미한다. 내담자를 조건에 의한 것보다 전체로 존중하는 것으로서 내담자의 행동에 따라 받아들임과 비난을 선택하는 것이 아니라는 뜻이다. 이는 주저함이나 평가가 없는, 외향적이고 긍정적인 감정으로서 무조건적 긍정적 수용이다. 연구에 의하면 치료자가 이러한 태도를 경험할수록 치료자 효과가 있다고 한다.

세 번째 조건은 감정이입적 이해다. 치료자가 매 순간 경험하는 감정과 개인적인 의미를 감지할 때, 그가 마치 내담자인 듯 '내부'로부터 지각할 수 있을 때, 그리고 그가 내담자에게 이해한 것을 성공적으로 전달할 수 있을 때 세 번째 조건은 완수된다.

이 같은 이해는 사실 매우 드물고 쉽게 행해지는 것이 아니다. 대신에 우리는 흔히 "나는 당신이 무엇이 잘못됐다는 것을 이해한다." "나는 당신을 그렇게 행동하게 만든 것이 무엇인지 이해한다." 또는 "나는 당신과 같은 어려움을 겪었고 아주 다르게 처신했어요." 등의 이해를 주고받는다. 이것은 외부의 평가적인 이해일 뿐이고, 누군가가 나를 분석하거나 판단하지 않고 내가 그것을 어떻게 느끼고 보는지 이해할 때에야 발달하고 성장할 수 있다. 그리고 연구는 이러한 일반적인 관찰을 확인시켜 준다. 치료자가 감정이입의 과정 안에서 상담자 자신의 정체성을 떠나 내담자가 지각하고 느끼는 내적 세계의 경험을 순간순간 잡아낼 수 있을 때, 그때 변화가 일어나기 쉽다.

다양한 내담자의 연구는 치료자 안에서 이 세 가지 조건이 일어날 때, 그리고 내담자로부터 어느 정도 지각될 때 치료상의 변화가 결과로 나타나며, 내담자는 고통스럽게 자신을 발견하면서 확실히 배우고 성장하며, 그와 치료자 모두 성공적인 치료라고 여긴다. 치료자의 기계적인 지식이나 기술보다 이러한 태도가 근본적인 치료상의 변화를 초래한다는 것이 연구 결과를 통해 잘 알 수 있다.

변화의 역동성

'그런데 이러한 조건을 갖고 있는 치료자와 어느 정도의 시간 동안 관계를 맺으며 함께하면 나아지는 건가요? 어떻게 이런 일이 일어날 수 있지요?' 라는 질문을 할 수 있다. 이 질문에 대한 답을 간단히 해 보겠다.

내가 설명한 치료적 관계의 유형을 한동안 경험한 내담자의 반응은 치료자의 태도에 상대적으로 반응한 것이라 볼 수 있다. 우선, 자신의 감정을 수용적으로 듣는 누군가를 발견한 후에는 서서히 자기 자신에게 귀 기울여 들을 수 있게 된다. 이는 자기 자신과 의사소통을 할 수 있게 되는 것으로 자신이 화가 났는지, 두려운지, 용기가 생기는지를 알아차리게 된다. 자기 안의 감정에 점점 개방적으로 될수록 자신이 부정하고 억압했던 감정에 귀를 기울일 수 있게 된다. 자기 안에 존재했지만 숨어 있었던 너무나 끔찍하고, 혼란스럽고, 비정상적이거나 창피스러운 감정들을 들을 수 있게 된다.

자기 자신에게 귀 기울이는 것을 배우는 과정에서 자신을 수용할 수 있게 된다. 점점 더 감추어진 것들과 자신의 두려운 면을 표현할 때, 치료자가 그와 그의 감정에 나타낸 일관되고 무조건적인 긍정적 존중을 발견하게 된다. 서서히 그는 자신을 향하는 태도를 가지는 방향으로 움직이고, 자신을 받아들이고, 그 결과 성장의 과정으로 나아갈 준비를 갖추게 된다.

그리고 마침내 감정들을 더 정확하게 듣게 되고, 자신에 대해 덜 평가적이고 더 수용적이 되면, 더 높은 일치성을 갖게 된다. 그가 사용했던 숨겨진 허울을 없애는 것이 가능하고, 그의 방어적인 행동이 사라질 수 있으며, 더욱 솔직하게 진정한 그 자신이 될 수 있음을 발견한다. 이러한 변화가 일어날 때, 방어적이지 않고 더욱더 마음을 열어 자기 인식과 자기 수용을 할수록, 그는 마침내 인간 유기체에 맞는 자연스러운 방향으로 자유롭게 변화하고 성장할 수 있다.

과 정

지금까지의 과정을 경험적 연구가 낳은 각각의 사실적인 진술로 설명해 보도록 하겠다. 우리는 내담자가 다수의 연속적인 과정 각각에서 변화를 보여 준 것을 알고 있다. 연속적인 과정 중 어디에서 시작하든지 그는 더 상위의 목표지점으로 움직인다.

감정과 개인적인 의미에서 살펴보면, 인식하지 못하고, 소유하지 못하며, 표현하지 못하는 상태에서 벗어나게 된다. 그 당시 변화하는 감정들을 알아차리고 수용적으로 경험하는 흐름에 따르고 정확하게 표현하는 방향으로 움직이게 된다.

과정은 그가 경험하는 방식에서의 변화를 포함한다. 처음에 그는 자신이 경험하는 것에서 멀리 있다. 한 예로, 자신과 감정을 추상적으로 이야기하고 실제로 자신 안에 어떠한 일이 일어나는지 의문을 가지며 합리화하는 사람이다. 그 거리감으로부터 그는 자신의 경험 안에서 개방적으로 지내며 경험의 즉시성 방향으로 움직이고 현재의 의미를 발견할 때 이에 의지하게 된다.

과정은 경험의 인지적 지도를 느슨하게 한다. 경험을 고정된 방식으로 해석해서 외부적 사실로 받아들이는 것으로부터, 내담자는 매번 새로운 경험을 할 때마다 경험의 의미를 느슨하게 해석하는 쪽으로 변한다.

일반적인 증거에 의하면 과정은 고정되고, 감정과 경험에서 멀어지고, 자아개념의 경직성, 사람과 멀어짐, 기능의 비인간화에서 멀어지는 것을 보여 준다. 이는 감정과 경험의 유동성, 변화성, 즉시성과 수용, 구성의 임시성, 자신의 변화하는 경험에서 변화하는 자아 발견, 관계의 진솔성과 친밀함, 기능의 통일과 통합성을 향해 움직인다.

우리는 계속적으로 나타나는 변화로부터 과정을 배우고 있기에 이처럼 매우 간략한 요약이 우리가 제시한 결과들이 얼마나 훌륭한가를 충분히 전달한다고는 믿지 않는다.

치료의 결과

상대적으로 지속적인 변화가 일어나는 치료 결과에 대해 살펴보자. 다른 것과 마찬가지로 연구 증거에서 나온 진술들만 이야기하겠다. 내담자는 자신의 자아 개념을 변화시키고 재구성한다. 그는 자기 자신이 수용하기 힘들고, 존중받을 가치가 없으며, 타인의 기준에 의해 살아야 하는 것에서 멀어지게 된다. 그는 가치 있는 사람으로 자기주도적인 자기 경험을 바탕으로 기준과 가치를 정립하고 더 긍정적인 태도를 갖게 된다. 한 연구에 따르면 치료 초기에는 4:1로 자아에 대해 부정적이었으나 5회 치료의 마지막에는 긍정적인 자기 태도가 부정적인 것의 두 배가 되었다. 이렇게 그는 덜 방어적이고 자기 자신과 타인의 경험에 더 개방적으로 변했다. 그는 인식하는 데 더욱 현실적이고 분별력이 생기게 된다. 로르샤흐Rorschach 검사든지, TAT, 상담자의 평가 또는 다른 어떤 지수로 측정을 받아도 심리적인 적응력이 향상된다. 그는 성취할 만큼의 자기 자신을 변화시키기 위한 목표를 세운다. 초기에 있었던 자기 자신과 자신이 원하는 자신과의 괴리는 점점 줄어든다. 생리적인 긴장, 심리적인 불안, 걱정 등 모든 종류의 긴장이 줄어든다. 타인을 더욱 현실적이고 수용적으로 인식한다. 자신의 행동이 더욱 성숙해지고 있다고 평하고, 더 중요한 것은 그를 잘 알고 있는 사람들이 그를 더욱더 성숙하게 행동한다고 보는 것이다.

이러한 변화는 치료 중에 일어나기도 하지만 신중히 진행된 추후 연구에 의하면 치료 종결 후 6~18개월까지 지속된다고 보고 있다.

아마도 내가 제시한 사실을 보면 왜 우리가 대인관계의 미묘한 분야에서 진술된 공식을 세울 수 있게 되었는가를 명확히 알게 될 것이다. 모든 연구 결과를 종합해 보면 다음과 같은 가설적인 공식을 제시할 수 있다.

내담자가 치료자를 진실하고, 솔직하고, 감정이입적이고, 무조건적 존중을 갖고 있는 것으로 인식할수록 내담자는 정지되고 고정되며 무감각하고 비인간적인 기능에서 멀어진다. 그리고 더 유동적이고 변화하며, 변화무쌍한 개인적 감정의 경험을 수용하는 방향으로 나아간다. 이러한 변화의 결과는 심리적 건강과 성숙, 자신과 타인은 물론 주변환경과 더욱 실제적인 관계를 맺는 방향으로 성격과 행동이 변화되는 것이다.

주관적인 내용

지금까지 나는 이미 알고 있는 것을 강조하며, 구체적인 말로 설명할 수 있는 공식 상태로 상담과 심리치료에 대해 객관적으로 설명해 보았다. 그러나 이제는 객관적인 사실에서 벗어나 치료자와 내담자 안에서 주관적으로 일어나는 내부로 접근을 시도해 보겠다. 그 이유는 치료라는 것이 상당히 개인적이고 주관적인 경험이기 때문이다. 이 경험은 외부에서 보았을 때, 가지고 있는 객관적인 특성과는 매우 다르게 보인다.

치료자의 경험

치료자에게 관계를 맺는다는 것은 새로운 모험이다. 그는 다음과 같이 느낄 수 있다.

'여기 나의 내담자가 있다. 나는 그를 조금 두려워하고, 내가 내 안의 깊이를 두려워하듯 그의 내면의 깊이를 두려워한다. 그러나 그가 말을 할수록 나는 그를 존중한다고 느끼며 나와의 유사성을 느끼기 시작한다. 나는 그의 세계가 얼마나 불안을 주는지, 그가 그것을 지키기 위해 얼마나 철저히 노력하는지 안다. 나는 그의 감정들을 느끼고 싶고 내가 이해하는 그의 감정들을 그에게 알려 주고 싶다. 나는 그의 답답하고 억압된 작은 세계 안에서 함께하고 어느 정도 두려워하지 않고 볼 수 있다는 것을 그에게 알리고 싶다. 아마도 나는 그를 위해 좀 더 안전한 세계를 만들 수 있을 것이다. 나는 그와의 관계에서 발생하는 감정을 최대한 명료하고 투명하게 하고 싶다. 그가 이 감정들을 되새기고 확인하며 인식할 수 있는 현실로 여길 수 있기 때문이다. 그가 자연스럽게 그 안에서 흐르게 내버려 두지 못한 묻힌 두려움, 증오, 사랑의 내면에 들어가는 두려운 여행을 함께할 것이다. 이것은 나에게는 물론 그에게도 매우 인간적이고 예측불허의 여행이며, 나의 두려움조차 모른 채, 그가 깨달은 감정들로부터 나 자신 안으로 움츠려들 수 있다. 할 수 있는 한 최대로 그를 도와야 한다. 그는 가끔 자신이 가지고 있는 두려움 때문에 치료자인 나를 돌보지 않는, 거부하는 침입자 또는 이해를 하지 못하는 사람으로 여길지 모른다. 그의 이러한 감정들을 충분히 이해하지만 결국에는 나의 진실한 감정이 그에게 명확하게 전달되어 그가 놓칠 수 없기를 희망한다. 무엇보다도 나는 그가 진정한 한 인간으로서 나와 만나기를 원한다. 나의 감정이 '치료적으로 도움이 되는지'에 관해서는 걱정할 필요가 없다. 만일 그 사람과의 관계 속에서 나의 존재와 내가 느끼는 것이 명료하다면, 나의 존재와 내가 느끼는 것은 치료에 기본 요소로 충분하다.'

내담자의 경험

내담자의 경우, 훨씬 더 복잡한 연속적인 과정으로 변화가 일어나는데, 이는 조심스럽게 제시할 수밖에 없다. 그의 감정들은 다음과 같은 양식으로 변화를 일으킬 것이다.

"나는 그가 두려워요. 나는 도움을 원하지만 그를 믿을 수 있을지 모르겠어요. 그는 나도 모르는 나—두렵고, 나쁜 부분들—에 대해 알지도 몰라요. 나를 비판적으로 볼 거예요. 나는 내가 진짜 걱정하는 것이 무언지는 이야기할 수 없지만 걱정과 관련된 과거 경험은 어느 정도 이야기할 수 있을 거예요. 그는 그것들을 이해하는 것 같으니 나에 대해 약간만 보여 주어야겠어요.

그런데 이제 나의 나쁜 면을 보여 주었으니 나를 경멸할 거예요. 나는 확신해요. 그런데 이상하게 증거는 별로 없네요. 내가 그에게 말한 게 그렇게 나쁘지만은 않은가 봐요. 그것이 나의 한 부분이라는 것에 부끄러워할 필요가 없나요? 더 이상 그가 나를 경멸한다고 느끼지 않아요. 나는 더 깊이 내 자신을 탐구하고 싶고, 나 자신을 더 표현하고 싶어요. 이제는 그가 나의 동반자처럼 느껴지면서 나를 이해하는 것 같아요.

그런데 다시 두려워져요. 이번에는 굉장히 두려워요. 알 수 없는 나 자신의 마음속을 탐구하는 것이 내가 이전에 경험해 보지 못한 감정을 느끼게 할 거라고는 알지 못했어요. 이상한 것은 한편으로는 이러한 감정들이 그렇게 새로운 것은 아니라는 거지요. 항상 그곳에 있었던 것 같은 느낌이에요. 그런데 그 감정들은 너무나 나쁘고 나를 괴롭히는 것들이어서 내 안에서 흘러다니도록 내버려 두지 않았어요. 내 세상이 산산이 무너지는 것같이 난 몹시 흔들리고 있어요. 전에는 확고하고 단단했었는데, 이제는 느슨하고 연약해졌어요. 전에 두려워하던 감정들을 다시 느낀다는 것은 유쾌한 일이 아니네요. 이게 다 치료자 때문이에요. 하지만 이상하게도 그를 보고 싶고, 그와 함께 있는 것이 편안하네요.

내가 누군지 더 이상 모르겠어요. 하지만 가끔 내가 무언가를 느끼면 당시에는 확고하고 진정으로 여겨져요. 내 안에 있는 이중성—행동과 느낌이 다른 것—때문에 힘들어요. 한편으로는 이렇게 생각하고 다른 한편으로는 다르게 느끼지요. 매우 당황스러워요. 또 가끔은 내가 누군지 알아내려고 노력하는 것이 모험적이고 유쾌하기도 해요. 때때로 그것이 어떤 의미든 간에 나라는 인간이 가치 있는 존재라고 느껴져요.

그 당시에 느끼는 것을 함께 나누는 것이 종종 고통스럽지만 점차 만족하고 있어요. 나 자신에게 귀를 기울이려고 노력하고 내 안에서 무엇이 일어나는지 듣는 것은 정말 도움이 되네요. 이제 내 안에서 무엇이 일어나는지 더 이상 두렵지 않아요. 이제는 상당히 믿을 수 있어요. 내가 무엇을 느끼는지 내 자신의 깊은 내면을 파헤치는 데 치료자와 시간을 보내요. 두려운 일이지만 나는 알고 싶어요. 치료자를 믿는 것이 도움이 돼요. 나는 상처받기 쉽고 벗겨진 느낌이지만 치료자가 나에게 상처 주고자 하는 것이 아니라는 것을 알고 나를 보살펴 준다고 믿어요. 내 자신을 더 깊은 곳까지 가도록 내버려 두고 나에게 무슨 일이 일어나는지 알고 그 의미를 안다면, 내 자신이 누구인지를 알고 무엇을 해야 하는지 알 수 있을 거예요. 나는 그와 함께 이 사실을 느끼곤 해요.

지금은 언제, 어느 때든지 그에 대한 느낌을 말할 수 있는데, 전에는 이것이 관계를 파괴하는 것 같아 두려웠어요. 이제는 관계가 더 깊어지는 것 같아요. 내가 나의 감정을 다른 사람들과도 그렇게 나눌 수 있을까요? 아마 그렇게 해도 크게 위험하지는 않겠지요?

나는 모험적으로 내 삶의 흐름 위에서 그냥 내 자신이 되어 떠다니는 느낌이 들어요. 때로는 좌절하고 상처받지만 그런 경험들이 치명적이지 않다는 것을 배우고 있어요. 내가 누군지 정확히는 알지 못하지만 주어진 순간에 나의 반응을 느낄 수 있고, 이는 순간순간 나의 행동의 바탕이 되는 데 유용해요. 아마도 이게 내 자신이 된다는 의미인 것 같아요. 그런데 물론 이렇게 할 수 있는 것은 치료자와의 관계가 편안해서죠. 아니면 다른 사람과의 관계에서 이렇게 내 자신이 될 수 있을까요? 궁금해요. 궁금하네요. 아마 그렇게 할 수 있겠지요?"

여기 제시한 것이 쉽게 일어나는 것은 아니다. 아마 몇 년이 걸릴 수도 있다. 이유가 무엇인지는 몰라도 전혀 일어나지 않을 수도 있다. 그러나 이것은 심리치료에서 치료자와 내담자에게 일어나는 내부의 사실적인 과정을 보여주고 있다.

제3부

사람이 되어 가는 과정

나는 개인이 성장하는 과정과 치료법의 관계에서 변화를 관찰했다.

5

치료에서 명백히 드러난 방향

제2부에서는 내담자의 변화 과정을 간략히 설명하기도 했지만 변화를 가능하게 만드는 관계에 초점을 두었다. 이번 장부터 내담자 자신의 변화 경험의 본질을 구체적으로 다루고자 한다.

이 내용은 개인적으로 내가 좋아하는 부분이다. 이것은 1951~1952년에 쓴 것인데, 그 당시 나는 치료의 핵심적인 현상을 스스로 느끼고 표현하고자 노력하는 시기였기 때문이다. 『내담자-중심 치료』가 출판되었지만 2년 전에 쓴 치료의 과정에 대한 부분이 마음에 들지 않았다. 치료 과정에서 사람에게 어떠한 일이 일어나는지 소통하기 위한 역동적인 방법을 찾고자 했다.

나에게 매우 의미있었던 한 사례를 소개하고자 한다. 연구 관점에서 나는 이 사례를 공부했고 내가 발견한 치료 과정의 가설적인 관점을 표현하는 데 기초로 사용했었다. 나는 성공적인 치료에서 내담자가 자기 자신에 대한 진정한 애정을 갖게 된다는 것을 지적하는 데 자신이 없었고, 인간 본성의 핵심은 본질적으로 긍정적이라는 가설을 내세우는 데 확신이 없었다. 당시에는 이 두 관점이 나의 경험에 의해 상당한 지지를 받는다는 것을 예견할 수 없었다.

내담자-중심 관점에서 알게 된 심리치료 과정은 개인마다 독특하고 역동적인 경험이지만 절차와 순서는 매우 보편적이다. 이 과정의 여러 가지 필연성에 감동을 받게 되면서 이와 관련된 질문에 짜증이 나기 시작했다. "그것이 신경강박증을 치료할 수 있을까요?" "그것이 기본적인 정신병리 상태를 없앨 수 있다고 주장하는 것은 아니지요?" "그것이 부부문제를 다루는 데 적합한가요?" "그것이 말더듬이와 동성애자를 다루는 데 적합한가요?" "치료는 영구적인가요?" 이 같은 질문은 틀린 말은 아니지만 마치 감마광선이 동상을 치료하는 데 적합한가를 묻는 것과 같다. 내가 보기에는 심리치료가 무엇인지 또는 어떤 것을 성취할 수 있는지 깊이 있게 알고자 한다면 잘못된 질문이라고 생각한다. 이 장에서는 심리치료라고 부르는 이 멋지고 타당한 과정에 관해 적합한 질문과 답을 해보겠다.

나의 질문을 이렇게 소개해 보도록 하자. 우연이든, 통찰력 있는 지식이든, 과학적 지식이든, 인간관계에서의 기교든, 또는 이 모든 것의 복합체든 우리는 내담자 간의 공통성으로서 연계적이고 정돈된 사건의 핵심 설명이 가능한 과정을 어떻게 끌어낼 것인가를 배웠다. 최소한 이러한 과정을 진행시킬 태도의 조건에 대해 알고 있다. 만약 치료자가 자기 스스로 내담자를 있는 그대로 깊이 존중하고 충분히 수용하는 태도를 갖고 있다면, 내담자가 자기 자신과 상황을 대할 잠재력에 대해서도 이와 흡사한 태도를 갖고 있다면, 만약 이러한 태도가 따뜻함으로 가득 차고 사람의 핵심에 대해 호감 또는 애정의 가장 심오한 종류로 변형된다면, 그리고 의사소통이 잘 되어 자신이 경험한 감정을 치료자가 이해하고 그 이해를 바탕으로 치료자가 충분히 수용하는 것을 내담자가 지각한다면 우리는 이미 과정이 시작되었다고 볼 수 있다. 그렇다면 이 과정이 우리가 염두에 두고 있는 목적을 만족시킨다고 주장하기보다는

(목표가 얼마나 훌륭한지 상관없이) 과학이 진정으로 발전할 수 있는 질문을 해보자. '이 과정의 본질은 무엇인가, 그 속성은 어떠한 것인가, 어떠한 방향들이 요구되는가, 이 과정의 진정한 본질은 무엇인가?' 벤자민 플랭클린이 연줄에 있는 열쇠에서 불꽃이 일어나는 것을 보고 즉시 실용적으로 사용한 것은 아니다. 그 대신, 그 현상을 가능하게 한 기본적인 과정을 조사하기 시작했다. 비록, 앞에 제시된 많은 답이 실수투성이였지만 적합한 질문을 했기 때문에 그의 조사는 성공적이었다. 그러므로 나는 심리치료에도 같은 질문을 하고 열린 마음으로 대해야 한다고 항변하고 싶다. 우리는 임상적 필요성이나 미리 가지고 있는 도그마나 다른 분야로부터의 증거에 맞추기 위해서 과정을 포장하려고 하기보다는 치료에 기초가 되는 기본 과정을 설명하고, 연구하고, 이해해야 한다. 그것이 무엇인지, 그 자체를 인내심 있게 조사해야 한다.

나는 최근에 내담자-중심 치료를 설명하는 시도를 했다.(3) 그 설명을 여기서 다시 하지는 않겠지만 임상적 연구 증거에 의하면 어떠한 지속적인 특성이 있다는 것이 밝혀졌다. 치료가 진행될수록 통찰적 진술, 보고된 행동의 성숙성, 긍정적 태도의 증가, 자아의 수용, 이전에 거부하던 경험을 자아 구조에 통합하여 평가의 중심을 외부에서 내부의 자아로 돌림, 치료적 관계의 변화, 성격 구조와 행동, 신체적 상황의 특징적 변화 등이 그 예다. 비록, 이 중 몇몇 설명들은 틀릴 수도 있지만 이들은 임상적 경험과 녹음된 축어록 사례들, 또 이 분야의 40개 이상된 연구들에서 드러난 것처럼 내담자-중심 치료 과정을 이해하려는 시도들이다.

이 논문의 목표는 자료 이상으로 확장하여, 관심을 덜 받은 치료에서의 특정 경향을 알아내는 것이다. 최근에서야 명료하게 구별하고 유의미한 학습을 대변하며, 아직까지는 연구가 되어 있지 않은 치료적 과정에 내재된 방향과 목표 지점을 설명하고자 한다. 의미를 좀 더 명확하게 전달하기 위해 인터뷰 녹음 사례를 보여 주도록 하겠다. 다른 치료 이론마다 치료의 과정과 방향, 목표가 다를 수 있으므로 내담자-중심 치료 과정에만 국한하여 설명하겠다.

잠재적 자아 경험

모든 사례에서 분명히 나타나는 치료 과정의 한 부분은 경험의 인식, 또는 '경험을 경험하기'라고 할 수 있다. 정확한 용어라고 하기에는 부족하지만 여기서는 '자아를 경험하기'라고 했다. 내담자-중심 치료자와 함께 안전한 관계에서 자아를 손상하는 실질적인 또는 내포된 위협 없이, 내담자는 자신의 감각과 본능적인 기제에 의해 이해하고 느껴지는 대로 경험의 다양한 측면을 점검할 수 있고, 이미 존재하는 자아 개념에 맞추기 위해 경험을 왜곡하지 않는다. 이 경험들 중 많은 부분이 자아 개념과 극단적으로 반대되고 흔히 충분히 경험되지는 못하지만 안전한 관계에서는 왜곡 없이 인식 안으로 스며드는 것이 허용된다. 그래서 그들은 흔히 스키마적인 패턴으로 진행되는데 "나는 이러저러하지만 내가 생각해 온 나와는 맞지 않는 감정을 경험하고 있어요.", "나는 부모님을 사랑하지만 가끔 그들에게 놀라울 정도의 씁쓸함을 경험하고 있어." "난 쓸모없다고 여겨지지만 가끔은 그 누구보다 나은 사람이라고 느껴요." 그러므로 표현의 시작은 "나의 경험과 다른 자아가 나다." 그 후에는 가설적인 패턴으로 변화되는데, "아마도 나는 많은 다른 자아로 이루어져 있구나, 또는 내가 상상한 것 이상으로 내 자아는 많은 모순을 가지고 있나 보다." 그런 다음에는 다음과 같은 패턴으로 변화된다. " 나는 내가 경험한 것이 될 수가 없다고 확신했다.—너무나 모순이기 때문에—그러나 이제는 내가 나의 경험의 전부가 될 수 있다고 믿기 시작했다."

아마도 치료의 이러한 측면의 본질은 오크Oak 여사의 두 가지 녹취 사례를 보면 어느 정도 알 수 있을 것이다. 오크 여사는 30대 후반의 가정주부로, 치료를 받으러 왔을 때 결혼생활과 가족문제로 힘들어했었다. 다른 많은 내담자와는 달리 그녀는 자기 안에서 일어나고 있는 과정에 예리하고 즉흥적인 관심을 보였고, 녹음된 인터뷰는 그녀 자신이 기준으로 삼는 것에서부터 어떠한 일이 발생하는지에 대해 그녀가 지각하고 있는 것까지 많은 자료를 담고 있다. 그녀는 많은 내담자가 말로 표현하지 못하는 것을 표현하였다. 이 장의 많은 녹취 부분은 그녀의 사례다.

5회기의 앞 부분은 우리가 논의하고 있던 경험의 인식에 대해 설명하고 있다.

내담자: 모든 게 애매모호해요. 그런데 이 모든 과정이 마치 조각퍼즐 맞추기 같아요. 각각의 조각은 별로 의미가 없는데, 이를 하나하나 살펴보는 과정이에요. 패턴은 생각도 못하고 그냥 만지작거리고만 있어요. 계속 그런 생각만 들어요. 그런데 흥미로운 것은 난 조각퍼즐 맞추기를 싫어한다는 거예요. 굉장히 짜증이 나요. 나는 그저 작은 조각을 들고 (그녀는 이야기하는 중에 계속 제스처를 사용했다), 아무 의미는 없지만 패턴이 없는 채로 만지다 보면 아마 어딘가에 맞추어지겠지 하는 느낌은 들어요.

치료자: 그 과정은 여러 조각들이 윤곽이 잡히는 느낌은 약간 들지만 '이건 어떤 느낌인가? 촉감은 어떠한가?' 에 관심이 집중된 상태군요.

내담자: 네, 맞아요. 어떠한 물체처럼 만져지는 느낌. 음…….

치료자: 손을 사용하지 않고서는 설명할 수 없군요. 정말 마치 감각적인 어떠한 감이…….

내담자: 맞아요. 그리고 목표점이 있는 것 같고, 내 자신과 이렇게 가까워진 적이 없어요.

치료자: 마치 자신을 멀찌감치 떨어져서 보지만 자신과 가깝게 느껴지기도 하고요.

내담자: 오랫동안 처음으로 내 문제를 생각하지 않게 되었어요. 실제로 그 작업을 하지 않고 있어요.

치료자: 내가 받은 인상은, 당신은 앉아서 '나의 문제'를 해결하는 것은 아니군요.

내담자: 네, 맞아요. 아마도 이 조각들을 맞추려는 게 아니라 전체적인 그림

을 보는 거예요. 아마도 난 느끼는 과정을 즐기고 있는 것 같아요. 아니면 난 무언가를 배우고 있는 것 같아요.

치료자: 윤곽을 보려고 하는 것이 아니라 그냥 그것이 되는 느낌을 가져 본다거나 그 조각들과 친해지는 것이라고 할 수 있겠군요.

내담자: 바로 그거예요. 촉각으로 전해지는 감각은 매우 흥미로워요. 물론 항상 좋은 것만은 아니지만요.

치료자: 매우 다른 종류의 경험이군요.

내담자: 네, 정말로요.

이 녹취 부분은 다루어야 할 자료를 자아의 한 부분으로 여기거나 의식 안에 있는 다른 것과 연결하지 않고 자연스럽게 인식할 수 있도록 하고 있다. 그것을 최대한 정확하게 표현하면, 자아와 연관이 있다는 생각 없이 그 순간 경험의 다양한 범위에 대한 인식이다. 그 후에는 경험한 것이 자아의 한 부분으로 인식되는 것이다. 앞의 제목을 '잠재적 자아의 경험'이라고 한 것도 이런 이유 때문이다.

경험의 새롭고 드문 형태로서 말로 표현하는 데 혼돈스러울 수 있으나 6회기 인터뷰에서 보면 정서적으로 분명한 부분이 드러난다.

내담자: 이 상담 회기 중에 내가 생각한 것은, 음…… 내가 노래를 하고 있다는 거예요. 좀 애매모호하지요. 노래를 실제로 한다기보다는 음악이 없는 노래죠. 마치 시를 읊조리 듯이. 난 그 아이디어를 좋아해요. 특별히 어디에서 나왔다기보다는 그냥 떠올랐어요. 그리고 또 다른 종류의 느낌이 들었어요. 상담이라는 것이 이런 건가라고 스스로에게 자문해요. 나는 그냥 말만 늘어놓고 그 말에 중독이 되는 것은 아닐까? 그리고 내가 당신의 시간만 빼앗는 건 아닌지. 그러고 나서는 의심이 들고요. 또 실질적인 생각의 논리 전개를 모르겠어요. 이 생각에 깜짝 놀랐죠. 중

압감은 느끼지도 않고 의문을 품지도 않고, 걱정을 하거나 그렇다고 크게 흥미를 보이지도 않고 시각장애자가 점자법을 배우는 것처럼요. 나도 잘 모르겠어요. 모든 게 뒤죽박죽, 이게 내가 경험하고 있는 거예요.

치료자: 어디 봅시다. 내가 당신의 감정의 순서를 알아낼 수 있는지 보죠. 처음에는 좀 긍정적이라고 할 수 있는데, 마치 시를 창조해 내듯이 음악이 없는 노래는 꽤 창의적이고, 그 다음에는 회의가 드는군요. '그냥 말만 하는 것이 아닐까. 그 말에 이끌려, 그냥 모든 게 정말 다 실없는 소리는 아닌지.'라는 생각이 들고, 그러고 나서는 완전히 다른 새로운 종류의 경험인데, 마치 시각장애자가 손끝으로 점자법을 익히는 것과 같은, 그런 느낌이군요.

내담자: 음, 음…… (멈춤)…… 그리고 가끔은 우리가 이 특정한 상황에 들어갈 수 있다는 것에 대해 생각을 해 봐요. 그리고 어떻게 해서 여기에 왔는지, 진실같지 않고 마치 거짓같아요. 그러고 나서는 억지로 하지 않았는데 단어가 넘쳐 들어와요. 그 다음 의심이 슬그머니 끼어들고…… 어떠한 형태인가 하면 음악을 만드는 것과 같은…… 아마도 억지로 하지 않기 때문에 오늘은 내가 의문투성이일 거예요. 진정으로 내가 느끼는 것이 무엇인지 체계화해야 한다는 거예요. 더 열심히 해야죠.

치료자: 뭔가 억지로 해야 하지 않는가 하는…… 그런데 해결된, 그런 심오한 질문과 같은 건가요?

내담자: 그러나 나는 이 다른 그것을 좋아해요. 모르겠지만 통쾌한 느낌이라고 할까? 전에는 전혀 느껴 보지 못한 그걸 좋아해요. 어쩌면 이렇게 하는 것일지도 몰라요. 그냥 오늘은 모를 뿐이에요.

여기에 "나는 여기 와서 문제를 해결하려 했는데 지금 나는 내 자신을 경험하는 스스로를 발견하고 있어요." 그리고 이 내담자의 경우 이 변화는 잘못되었다는 지적인 형성과 '느낌은 좋은' 사실의 정서적 존중이 동반된다.

치료 과정의 근본적인 방향 중 하나로서 이러한 경험을 자아와 연관시키려는 시도를 하지 않은 채 유기체의 실질적인 감각과 본능적인 반응에 의해 경험을 자유롭게 하는 것으로 이 부분의 설명을 마치려고 한다. 이 자료는 자아에 속하지도, 구성될 수도 없다는 확신에 의한 것이다. 이 과정의 끝은 내담자가 다양하고 드러난 모순과 함께 경험이 자기 자신이 될 수 있다는 발견과 맞지 않는 요인들은 부정하고 자신의 경험에 바탕을 둔 자아의 형성을 강요하기보다는 자신의 경험에 바탕을 둔 자신을 형성하는 것이다.

호의적인 관계의 충분한 경험

우리가 최근에 발견한 치료 요인 중 하나는 내담자가 긍정적 감정을 두려워하지 않고 충분히 자유롭게 수용하는 학습이다. 이것은 모든 사례에서 일어나지는 않고, 장기적 사례의 경우에 더 많이 일어난다. 이는 매우 심오한 경험으로 치료 과정에서 중요한 방향이라기보다는 모든 사례 가운데 비언어적인 수준에서 일어나는 것이 아닌가 하는 의문을 갖게 한다. 이 현상을 논의하기 전에 오크 여사의 경험을 인용해 보도록 한다. 그녀는 29회기와 30회기 중간에 갑작스럽게 경험했고, 인터뷰 끝 무렵에는 이에 대한 이야기만 했다. 그녀는 치료자를 수용하는 것으로 30회기를 시작했다.

내담자: 나는 굉장한 발견을 했어요. (웃음) 당신이 나를 진정으로 위한다는 것을 알았어요. (둘다 웃음) 어떤 느낌이냐하면, '한번 당신이 하도록 내버려 두자.' 그런거요. 내가 시험을 본다면 정답을 적었을 텐데. ……그런데 갑자기, 내담자-상담자 유형과 같은, 진정으로 어떤 일이 일어나는지 당신이 관심을 갖는다는 거지요. 그건 뜻밖이었어요. 아니 그거로는 설명이 안 되네요. 그것은 안도와 같은 것에 좀 더 가깝겠네요. 그냥 놓아 두는 것, 그러나 (멈춤) 긴장 없이 정리되는 듯한, 이게 말이 되는지 모르지만…… 나도 모르겠어요.

치료자: 내가 듣기로는 아주 새로운 생각은 아니지만 내가 당신을 진정으로 위한다는 새로운 경험이군요. 그리고 나머지 내용은 내가 당신을 위할 수 있도록 당신이 허용하는 것과 같은 거군요.

내담자: 네.

상담자와 그의 따뜻한 관심을 그녀의 삶에 수용했다는 것은 의심할 여지없이 치료의 가장 핵심이라고 볼 수 있다. 치료의 마지막 단계에서 그녀는 이 경험이 가장 굉장한 것이라고 말하고 있다. 이것은 무슨 뜻인가?

이 현상은 확실히 전이나 역전이가 아니다. 정신분석 훈련을 받은 몇몇 노련한 심리학자들은 다른 사례에서도 관계가 형성되는 것을 관찰할 기회가 있었다. 그들은 이 현상을 전이나 역전이로 설명하는 것에 반대했다. 전이나 역전이는 일방적이고 상황의 현실에 적합하지 않은 것을 특징으로 하는 현상인데 반해 이것은 상호적이고 적합하기 때문이다.

물론, 이러한 현상이 우리의 경험에 더 자주 일어나는 것은 치료자가 내담자에 대한 긍정적(또는 부정적) 감정을 두려워하지 않는다는 것이다. 치료가 진행되면서 내담자에 대한 치료자의 수용과 존중의 감정은 자기 자신이 되려고 하는 용기와 애쓰는 흔적을 보면서 접근하고자 하는 경외로움으로 바뀌는 경향이 있다. 내 생각에는 치료자의 내부에 우리가 동포애라고 부를 만한 내재된 공통점이 있는 것 같다. 그 결과 내담자를 향해 따뜻하고 긍정적이고 애정어린 반응을 보이는 것이다. 이 사례와 같이 타인의 긍정적인 감정을 받아들이는 것을 힘들어하는 내담자의 경우 문제가 된다. 그러나 일단 받아들이게 되면 내담자는 안도하고 타인의 호감에서 나오는 따뜻함을 경험하고 삶을 살아가는 데 긴장과 두려움을 줄여 나갈 수 있다.

그러나 내담자의 생각을 앞서 갈 필요는 없다. 그녀에게 일어나는 경험의 다른 측면을 점검해 보도록 하자. 인터뷰 초기에 그녀는 인류를 사랑하지 않고, 비록 다른 사람들이 그녀가 잘못되었다고 하더라도, 모호하고 고집스럽게 자신이 옳다는 감정을 느꼈다고 했다. 그녀는 이 경험이 타인에 대한 자신의 태도를 어떻게 명료하게 했는지 다시 설명하고 있다.

내담자: 그 다음으로 느껴지는 것은 이런 거예요. 정확히 왜인지는 모르지만 "난 인류를 사랑하지 않아."라고 말할 때 얻는 그 보살핌과 같이 난 항상 그렇게 생각해 왔거든요. 그래서 내 말은 그게 좋다는 거예요. 그리고 내 자신 안에서 명확해졌어요. 이 상황과 어떻게 연관이 있는지는 나도 모르겠어요. 그런데 내가 발견한 것은, 나는 사랑하지는 않지만 매우 위한다는 거지요.

치료자: 음, 알겠어요.

내담자: ……이렇게 말하는 게 더 낫겠네요. 나는 무슨 일이 일어나는지 관심이 아주 많다는 거지요. 그런데 관심이라는 것은 이해라는 틀 안에 있고, 속지 않거나 내가 부당하다고 느끼지 않는 것 등이라고 봐요. 나에게는 그래요. 사랑에는 뭔가 최종적이라는 요소가 있어요. '그렇게 한다면 그 정도면 됐어.'와 같은거요.

치료자: '끝이구나'라는 느낌이요?

내담자: 네. 내가 말하는 이 관심이라는 것은 그리 좋은 용어 같지는 않아요. 이를 설명하려면 아마 달리 표현해야 할 것 같아요. 그게 비인간적이라고 말하는 것은 맞지 않아요. 왜냐하면 비인간적인 것은 아니기 때문이죠. 내가 느끼기에 그것은 어떠한 전체의 한 부분 같아요. 그러나 어찌되었든 멈추지 않네요. 인류를 사랑하고, 사람을 사랑하고, 동시에 사람들을 신경증에 걸릴 수 있게 하고, 아프게 할 수 있고, 그런데 내가 느끼는 것은 이에 대한 저항이에요.

치료자: 당신은 신경증을 더 만드는 것, 또는 그런 인류사의 부분을 피하고 싶고, 이해하고 싶을 만큼 위하는군요.

내담자: 네, 그리고 그건 ……(멈춤)…… 네, 그것과 비슷해요. 다른 것에 대해

어떻게 느끼는지 다시 되돌아가 봐야겠어요. 그건, 내가 마치 경매대에 불려와 있는 듯한 느낌. 어느 것도 결정적이지는 않아요. ……가끔 나를 괴롭히는 것은 내 스스로에게 "난 인류를 사랑하지 않아."라고 말해야 하는 것에는 긍정적인 면도 있다는 거지요. 내가 아마 맞을 거예요. 그리고 내가 좀 빗나갔는지 모르지만 나에게 이런 느낌은 치료적 가치가 어떻게 진행이 되는지와 관련이 있다는 거지요. 이제는 어떻게 연결을 시켜야 할지 모르겠어요. 그러나 이게 최대한 내 자신을 설명할 수 있는 거예요. 아마 배우는 과정이라고 할까요. 내가 인식하고 있는 것은, 맞아요. 당신은 주어진 상황에서 나에 대해 진정으로 관심을 갖는다는 거예요. 간단하죠. 그리고 전에는 이것을 알지 못했어요. 나는 이 문을 닫고 나가며, 치료자가 감정을 느끼며 '그래요.' 라고 치료에 대해 이야기해도 나는 역동적인 경험을 못했다는 거예요.

이 부분에서 비록 그녀는 자신의 감정을 설명하려고 노력하지만 그녀가 말하고자 하는 것은 내담자에 대한 치료자 태도의 특징이라고 볼 수 있다. 최상의 태도는 우리가 사랑이라고 부르는 경험의 대부분이 결여된 상응물이라고 할 수 있다. 그것은 한 개인이 다른 개인에 향하는 단순한 인간의 감정이고 이는 성적인 감정이나 부모와 같은 감정보다 앞선다. 치료자의 자아 확장 목표를 위해서 내담자의 성장을 방해하지 않고 그를 이용하지 않으며 적절히 돌봐 주는 것이다. 당신의 만족은 그가 자기 나름대로 성장할 수 있도록 자유롭게 하는 데 있다.

내담자는 과거에 타인의 도움이나 긍정적인 감정을 수용하는 것이 얼마나 어려웠는지, 그리고 그런 태도가 어떻게 변화되고 있는지 설명하고 있다.

내담자: 내가 느끼기에는…… 자신이 해야 한다는 거예요. 그런데 다른 사람과 같이할 수 있어야 한다는 거죠. (그녀는 자신이 다른 사람들로부터 따

뜻함과 친절함을 무수히 받았다고 말했다.) 내가 비참해질까 봐 두려웠던 것 같아요. (그녀는 상담 자체와 상담에 대한 자신의 감정을 다시 이야기했다.) 내 안에서 미친 듯이 날뛰는 이것, 그건 마치 가끔 내가 말로 표현하려 했는데, 당신이 다시 진술하지 않기를 바라는 감정이며, 반영도 하지 말고, 그건 내 것이라는 느낌을 강하게 받았어요. 물론, 이걸 저항이라고 할 수 있겠죠. 그런데 지금은 별 의미가 없어요. 관계에서 특정한 이것은 가끔 매우 강하게 느껴지는데, '이것은 내 것이다.'라는 거지요. 결국은 나 자신에 관한 것이지요.

치료자: 말로 표현하기에는 매우 어려운 경험이지만, 이 관계에서 차이는 '이것은 내 것이다.', '내가 해야 한다.', '난 하고 있다.' 등과 같은 느낌이라는 거군요. 또 다른 느낌은 '당신을 들어오게 할 수 있다.'고요.

내담자: 네, 이제는 그래요. 그것과 비슷해요. 이제 제2막이지요. 아직도 나는 혼자지만 진정한 나는 아닌 것 같고, 그래요.

치료자: 음…… 네, 그런 역설로 요약을 할 수 있겠네요. 그렇지요?

내담자: 네.

치료자: 전체적으로 나의 경험의 모든 부분이 내 것이고, 이는 피할 수도 없고, 꼭 필요한 것이에요. 그런데 이게 전부는 아니라는 거죠. 어쨌든 공유할 수 있고, 다른 관심이 생기면 그건 또 새로운 거죠.

내담자: 네, 그건 마치 그렇게 되어야만 하는 것 같아요. 그렇게 되어야 한다는 거죠. 느낌은 '이것은 좋다.'고요. 그 자체가 표현해 주고, 명확하게 해 줘요. 이러한 보살핌, 비록 당신은 좀 뒤로 물러나 있고 떨어져 있지만 내가 원하면 나와 함께하는 것에 대해 별로 개의치 않는 것 같아요. 나도 잘 모르겠어요. 말은 좀 안 되지만요.

치료자: 단지, 당신이 가지고 있는 이 감정에 대해 진정한 권리가 있다는 느낌이군요.

내담자: 음.

아마도 이 인용 부분은 사회성 과정의 핵심을 나타내는 것이 아닐까? 타인으로부터 긍정적인 감정을 수용하는 것이 괴로운 것이 아니라는 것, 궁극적으로 상처를 가져오는 것이 아니라는 것, 삶을 헤쳐 나가는 데 있어서 함께한다는 것은 '기분 좋은' 느낌이라는 것을 깨닫는 과정으로 개인이 치료를 받든 그렇지 않든 이것은 가장 심오한 학습이라고 볼 수 있다.

이러한 새로운 경험의 비언어적 수준을 오크 여사는 30회기 마지막 부분에서 설명하고 있다.

내담자: 나는 새로운 배울거리를 경험했어요. 나는 내가 알고 있는 것이 별 도움이 되지 않는다고 종종 말했어요. 무슨 말인가 하면 내가 얻은 지식은 도움이 되지 않는다는 거지요. 그러나 배우는 과정은 너무 역동적이었어요. 다시 말하면 모든 것의 부분이지요. 그걸 얻어 낼 수단 있다면, 내 말은 내가 여기에서 경험을 통해 얻은 지식을 어떻게 하면 명료화할 수 있을까 궁리하고 있어요.

치료자: 달리 표현하면 여기서 배운 것은 매우 다른, 깊이도 다르고, 매우 살아 있고, 매우 진실되고. 그리고 당신에게, 또 그 자체로서도 가치가 있고, 그러나 당신이 질문하는 것은, 과연 여기서 배운 심오한 것을 어떻게 명료하고 지적인 그림으로 가질 수 있을까 하는 것이군요.

내담자: 음, 그것과 비슷해요.

무의미한 음절을 기억하는 학습 법칙을 치료에 적용하는 사람이라면 조심스럽게 이 인용 부분을 연구할 수 있을 것이다. 치료에서의 학습은 총체적이고 유기체적이며, 흔히 자아와 별 관련이 없는 사소한 자료를 지적으로 학습하는 따위의 비언어적 유형과 흡사할 수 있다. 그러나 이것은 탈선이다.

핵심 부분만 다시 말하면 다음과 같다. 치료의 심오하고 유의미한 특징 중 하나는 치료자가 내담자에 대해 가지고 있는 긍정적인 감정을 내담자가 자신의 경험으로 충분히 받아들이는 것을 놀라워하지 않는다는 발견이다. 이것이 힘든 이유 중 하나는 '나는 좋아할 만한 가치가 있는 사람이다.' 라는 감정을 동반하기 때문이다. 이는 다음 부분에서 다룰 것이다. 지금으로서는 치료의 이 측면이 애정적 관계의 자유롭고 충분한 경험이고, 일반적으로 '나는 다른 사람의 보살핌을 허용할 수 있고, 내 안에 그 보살핌을 충분히 수용할 수 있다.' 고 표현할 수 있다. 이는 내가 타인을 깊이 보살펴 줄 수 있다는 인식을 허용하는 것이다.

자기 자신을 좋아하기

내담자-중심 치료에 대한 많은 글과 연구는 치료 방향과 성과의 하나로 자아 수용하기를 강조한다. 우리는 심리치료가 성공적이면 자아에 대한 부정적인 태도는 줄어들고 긍정적인 태도는 증가한다는 사실을 발견했다. 자아 수용이 점차적으로 증가하고 이에 상관하여 타인 수용도 증가하는 것을 연구했는데, 진술과 최근 사례들을 비교해 보면 진실과는 좀 거리가 있었다. 내담자는 자신을 수용할 뿐만 아니라—피할 수 없는 일에 대해 마지못하고 내키지 않는 수용의 의미를 담고 있는 어구—실제적으로 자신을 좋아하게 되었다.

오크 여사는 33회기 인터뷰에서 이 경향을 잘 설명하고 있다. 이것이 치료자가 그녀를 보살펴 준다고 처음으로 인정하고 열흘이 지난 후에 나타난 결과라는 것이 의미 있는 것일까? 이 시점에서 우리의 추측이 무엇이든 간에, 이 부분은 자기 자신으로 존재하는 조용한 기쁨과 사과하는 태도(우리 문화권에서 이런 경험을 할 때 갖는)를 동반한다. 인터뷰가 끝나기 몇 분 전에 시간이 거의 다 된 것을 알면서 그녀는 다음과 같이 말했다.

내담자: 내가 걱정하는 한 가지는, 빨리 이야기할게요. 왜냐하면 다시 이야기 할 수 있으니까요. 종종 내가 이렇게 끝날 수 없다는 느낌, 스스로 꽤 만족하는 느낌이 드는 거예요. 다시 Q 기법*에 대해 이야기하면, 언제

난 여기를 떠나면서 충동적으로 '나는 매력적인 성격의 소유자다.' 라는 첫 카드를 던져 버렸어요. 좀 깜짝 놀랐지만 그렇게 내버려 두었어요. 왜냐하면 그게 정확한 내 느낌이었거든요. 그게 날 좀 걱정을 하게 하긴 했어요. 이제 왜 그런지 알겠어요. 가끔, 대단한 것은 아니고, 약간의 만족스러운 느낌이 들 때—나도 모르지만, 만족스러워요. 깔끔하게 등을 돌리고. 그리고 그게 나를 걱정스럽게 하는 거예요. 그리고 난 궁금하게—여기서 내가 하는 말은 거의 기억을 못해요. 내가 어떻게 설득을 당했는지, 그리고 내가 상처받은 것에 대해—아이에게 '울지다' 라고 말하는 것을 듣는 나의 감정. 내 말은, 난 항상 그것이 옳지 못하다고 생각했어요. 만약 그가 상처받았다면 그냥 울게 내버려 두라는 것. 그러고 나서 이제 내가 가지고 있는 만족스러운 감정을 느끼게 됐어요. 그것과 매우 흡사한 것이 있어요. 우리는 아이들이 스스로에게 만족스러움을 느낄 때 반대하지 않는다는 것이고, 쓸데없는 것은 없다는 것이에요. 그것을 사람들이 느껴야만 하는 게 아닌가 싶어요.

치료자: 당신은 이 감정을 갖는 자신에 대해 좀 의심의 눈으로 바라보았군요. 그러나 더 생각할수록 전체적인 그림의 두 면이 보이는군요. 아이가 울고 싶다면 왜 울면 안 되는가? 그리고 자신이 만족스럽다면 스스로 만족하는 것에 대한 권리가 있지 않는가? 그리고 당신이 경험한 것을 종종 느끼게 되는 자신을 인정하게 된다는 것과 연관이 있는 것 같습니다.

내담자: 네, 네.

---

* 이 부분은 설명이 필요하다. 다른 스태프 중 한 사람이 진행한 연구인데, 치료 중에 몇 차례 내담자에게 자신을 잘 표현하는 내용이 적힌 카드를 고르도록 하였다. 한쪽 편에는 자신과 가장 가까운 모습을 선택하도록 하고, 다른 한쪽 편에는 자신과 다른 모습을 고르도록 하였다. 따라서 첫 카드로 '나는 가장 매력적인 성격의 소유자다.' 를 선택했다면, 이것을 자신의 특성과 가장 가까운 것으로 여긴다는 것이다.

치료자: '나는 정말 귀중하고 흥미로운 사람이다.' 라는 느낌인가요?

내담자: 그것과 비슷해요. 그리고 내 자신에게 말하지요. '우리 사회가 우리를 이래라 저래라 하는 데서 자기 자신을 잃어버렸어요.' 다시 아이들에 대한 나의 감정을 생각해 보았어요. 아마 우리보다 더 귀중하다는 느낌. 아마도 성장하면서 잃어버린 것이 아닌가 싶어요.

치료자: 우리가 잃어버린 지혜를 그들이 갖고 있는 것은 아닌지.

내담자: 맞아요. 이제 시간이 다 된 것 같아요.

여기서 그녀는 다른 내담자와 마찬가지로 자신을 좋아하고, 즐기고, 귀중히 여기게 되는 것에 약간은 조심스레 미안함을 느끼고 있다. 자연스러운 느긋한 기쁨, 소박한 삶의 기쁨, 아마도 양이 목초를 뛰노는 또는 돌고래가 파도 사이를 우아하게 뛰어오르는 것과 비유할 수 있겠다. 오크 여사는 유기체와 유아가 본래 타고난 것, 그리고 우리가 성장 과정에서 왜곡되어 놓쳐 버린 것을 느끼는 것이다.

이 사례의 앞부분에서는 이 감정을 예견할 만한 사건이 있는데, 그것이 근본적이라는 것을 좀 더 분명히 하고 있다. 9회기에 오크 여사는 자기 자신에게만 숨겨 두었던 것을 부끄러워하며 말했었다. 매우 오랫동안 주저한 다음 몇 분이 지난 후에 말을 꺼낸 것을 보면 말하기가 힘들었다는 것이다.

내담자: 이건 좀 우스운 건지 모르겠지만, 이건 아무에게도 이야기 안 했어요. (불안하게 웃음) 그리고 사실은 나에게 좋은 일이지요. 오랜 기간 동안, 오, 아마도 어렸을 때부터, 즉 열일곱 살부터 난 나 자신을 "온전한 정신의 번득임" 이라고 말해 왔어요. 이는 누구에게도 이야기하지 않았어요. (또 다른 수줍은 듯한 웃음) 난 진정으로 정신이 온전한 것 같아요. 그리고 인생에 대해 잘 알고 있어요. 실제로 우리가 이르른 곳에서 얼마나 멀리 왔는지, 그리고 굉장한 걱정과 슬픔, 얼마나 우리가 벗어났는

지에 대해 잘 알고 있어요. 가끔 이 혼돈스러운 세상에서 내 자신을 발견하는 느낌이에요.

치료자: 그동안 덧없고, 빈번하지는 않지만 이 혼돈스러운 세상에서–당신이 제대로 기능하고 있다는 느낌.

내담자: 맞아요. 내 말은 전체적으로 건강한 사람에게서 우리가 얼마나 멀어졌는지를 안다는 말이에요. 물론 사람들은 그렇게 이야기하지 않지만.

치료자: 노래하는 당신에 대해 이야기하는 것이 안전하지 않을 거라는 느낌*

내담자: 그런 사람은 어디 사나요?

치료자: 그런 사람에게는 있을 자리도 없어요.

내담자: 물론, 잠깐만요. 왜 내가 감정에 주로 관심이 있는지. 아마 그래서 그런 것 같아요.

치료자: 당신의 모든 감정과 함께 전체적으로 당신도 존재하기 때문이군요. 맞나요? 감정을 더 인식한다는?

내담자: 맞아요. 감정을 버리는 것이 아니고, 바로 그거예요.

치료자: 당신의 전체는 감정을 한쪽에 두는 것이 아니라 함께 생활하는군요.

내담자: 맞아요. ……(멈춤)…… 아마도 실질적인 관점에서 보면 매일매일 일어나는 문제를 해결해야만 해요. 그런데 나는 일상적인 작은 문제보다 좀 더 크고 훨씬 중요한 것을 해결하려고 해요. 아마 이것이 핵심일 거예요.

치료자: 혹시 이것이 당신이 말하는 의미를 왜곡할지 모르겠는데, 엄격한 잣대로 보면 당신은 구체적인 문제를 해결하기 위해 시간을 보내야 하는데, 오히려 전체로서의 당신을 탐색하고 있다고 여기는 것은 아닌가요. 아마도 매일매일의 일상을 해결하는 것보다 중요한 것인데 말이죠.

---

* 이전 인터뷰에서 내담자의 진술에 대한 치료자의 언급이 치료에서 그녀는 노래를 부르는 것과 같다고 하였다.

내담자: 내 생각에 그게 맞는 것 같아요. 맞아요. 아마 그게 내가 말하려는 의미인 것 같아요.

두 경험을 합리적으로 결합해 보면, 그리고 만약 그것이 전형적이라고 여긴다면, 치료에서, 또 그녀가 살아온 과거의 경험이 그녀 자신을 총체적이고 기능하는 창조물로서 건강하고 만족스러우며 즐겁게 존중하는 것으로 볼 수 있다. 이 경험은 자신의 감정을 거부하지 않고 같이 살아가야 생길 수 있다.

여기에서 치료 과정에 대해 중요하지만 종종 간과하는 진실이 있다. 치료는 사람으로 하여금 충분히, 그리고 깨어 있는 상태에서 감정과 정서를 포함한 모든 반응을 경험하도록 한다. 이것이 일어나면 그 사람은 자신을 긍정적으로 좋아하고 총체적으로 기능하는 한 사람으로 진솔하게 존중할 수 있는데, 이는 치료에서 가장 중요한 목표 중 하나다.

성격의 핵심은 긍정성의 발견

임상 경험에서 얻은 가장 획기적인 개념은 인간 본질의 가장 핵심, 성격의 가장 심층적인 측면, '동물 본능'의 기초가 천성적으로 긍정적이고, 사회성이 있고, 전진하려는 특성을 가지고 있으며, 이성적이고 현실적이라는 인식의 성장이다.

우리 문화권에서 이 관점은 매우 새로운 것이어서 수용하는 게 쉽지 않고, 또한 암시하는 것이 획기적이어서 세밀히 연구하지 않으면 수용될 수 없다. 비록, 이 시험에 통과했다 하더라도 수용하기는 힘들 것이다. 종교, 특히 개신교 전통에 의하면 인간은 기본적으로 사악하고 기적만이 사악한 본질을 부정할 수 있다는 것이다. 심리학에서 프로이트와 그의 추종자들은 만약 사람의 기본적이고 무의식적 본질인 이드id의 표출을 허용한다면 근친상간과 살인, 다른 범죄를 저지를 수 있는 본능이 드러난다는 설득력 있는 논쟁을 펼친다. 이 그룹에 의하면 치료의 문제는 신경증적인 방식보다는 신중하고 건설적인 방식으로 길들지 않은 힘을 점검하는 것이다. 그러나 인간이 타인과 자신에게 비이성적이고 비사회적이며 파괴적이라는 사실은 의문의 여지없이 받아들이고 있는 개념이다. 물론, 종종 이에 이의를 제기하는 목소리도 있다. 매슬로 Maslow(1)는 인간의 동물적 본능에 대해 확고한 사례를 제시하는데, 적대성, 질투 등의 반사회적 감정은 인간의 욕구인 사랑과 안전, 소속감에 대한 기본적인 욕구의 좌절 때문이라고 지적한다. 몽타구Montagu(2) 역시 충돌보다 협력이 인간사의 기본법칙이라는 논지를 편다. 그러나 이러한 외로운 외침들은 잘 들리지 않는다. 일반적으로 전문가는 물론 일반인들의 관점은 인간이 기본적으로 통제받고, 엄호를 받아야 한다고 생각한다.

나의 임상 경험과 연구 경험을 되돌아보면 이 통속적이고 전문적인 개념의 문제점을 알아차리는 데 게을렀던 것 같다. 그 이유는 치료에서 지속적으로 밝혀지지 않은 적대적이고 반사회적인 감정이 있기 때문에 깊으면서도 기본적인 인간의 본성이라고 판단한 것이다. 단지 길들여지지 않고 반사회적인 이러한 감정은 가장 깊지도, 또는 가장 강하지도 않다는 것과 인간 성격의 핵심은 본질적으로 자기 보존적이고 사회적인 유기체 그 자체라는 증거가 서서히 드러나고 있다.

이 논지의 구체적인 의미를 주기 위해 오크 여사의 사례를 들어 보도록 하겠다. 하지만 이 논지는 중요한 것이므로 앞에 제시한 진술에 근거가 될 만한 경험의 종류를 설명하기 위해 녹음된 사례의 긴 인용부를 제시한다. 아마도 이 인용부가 성격의 한 층 한 층을 벗겨서 가장 깊은 요소까지 도달할 수 있게 했다고 볼 수 있다.

8회기에 오크 여사는 방어의 층으로 돌아가 바탕에 깔려 있는 복수에 대한 씁쓸함과 욕망을 발견한다.

내담자: 성적인 문제 말이에요. 내가 서서히 발견하고 있는 것은 이게 굉장히, 아주 큰 문제가 있다는 거예요. 난 너무 씁쓸한 느낌이 들어요. 무척

고통스럽고요. 나는 나 자신으로 돌아가지 않아요. '나는 속았다.'는 느낌이 들어요. (그녀의 목소리는 답답했고 목이 메었다.) 그리고 의식적으로 관심이 없는 것처럼 보이려고 했어요. 그러나 이 연습, 뭐라고 할까, 승화sublimation와 같은 뭔가 수동적인 힘이 있어요. 매우 수동적이면서 동시에 살인적인 유형이에요.

치료자: 그래서 그런 느낌이 있군요. '나는 속았다. 그걸 숨기려 했다.' 관심이 없는 것처럼, 그리고 그 밑에는 잠재적인, 그러나 매우 많이 현존하는 괴로움이 아주 강하게 느껴지고요.

내담자: 그것은 매우 강력하다는 게 느껴져요.

치료자: 거의 압도하는 힘이군요.

내담자: 내가 거의 의식하지 못하는, 거의 그런 일이 없죠. 그걸 설명할 수 있는 유일한 길은 그게 살인적인 것과 같다는 거예요. 그러나 폭력적이지는 않고…… 그건 거의 맞붙으려 하는 느낌이라고나 할까…… 그리고 물론 앙갚음할 생각은 없어요. 그러나 그러고 싶죠. 나는 진짜 그러고 싶어요.

여기까지는 일반적인 설명이 잘 맞는다고 볼 수 있다. 오크 여사는 자기 행동에서 사회적으로 통제된 표면을 볼 수 있었고 그것과 맞서려는 욕망과 미움의 살인적인 감정을 발견할 수 있었다. 이 감정을 치료 후반기까지 탐색했다. 그녀는 31회기에 이 주제를 정하고 진행시키는 데 어려움을 겪는다. 감정적으로 막혀서 그녀 속에서 분출하는 감정을 이해하지 못한다.

내담자: 나에게 어떠한 감정이 있는데, 그건 죄책감은 아니고요. (멈춤. 그녀는 울기 시작한다.) 물론 내가 말하고자 하는 것은, 아직 말로 표현할 수 없어요. (그 다음 감정이 몰려온다.) 그건 그냥 심하게 상처받은 거예요.

치료자: 음. 그건 죄책감은 아닌데 심하게 상처받은 것과 같은 느낌이군요.

내담자: (울먹이며) 그건 당신도 알다시피, 난 내 자신에게 죄책감을 갖고 있었어요. 그런데 나중에 부모들이 자기 아이들에게 "울지 마라."라고 하는 말을 들으면 상처로 느껴지는데, 왜 그들은 울지 말라고 하는 거죠? 아이보다 더 유감스럽게 느낄 만한 사람이 누구일까요? 내가 말하고자 하는 것은 그냥 아이를 울게 내버려 두어야 한다는 거죠. 그리고 아이를 위해 유감을 느끼고, 좀 더 객관적인 관점으로 말이죠. 그건 내가 경험하는 것과 비슷해요. 지금 이 순간. 그리고…….

치료자: 그건 거의 당신이 스스로를 위해 우는 것과 같은 느낌이 드네요.

내담자: 네. 그리고 역시 갈등이 있어요. 우리 문화는 자기 연민을 느끼도록 허용하지 않죠. 그러나 그런 의미를 내포하고 있지는 않아요. 그건 그럴 수도 있다고 봐요.

치료자: 스스로에 대해 유감을 느끼는 것에 문화적 거부가 있는 것 같아요. 그리고 당신이 경험하고 있는 그 감정은 문화적으로 완전히 거부당하고 있는 것과 같지 않고요.

내담자: 물론, 그것을 보고, 난 느꼈어요. 알아요? 난 숨기고 있었어요. (눈물을 흘린다.) 씁쓸한 마음으로 결국 난 숨겨야만 했죠. (울먹이며) 그건 내가 없애고 싶은 거예요. 내가 얼마나 상처받을지 상관없어요.

치료자: (부드럽게 그리고 그녀가 경험하고 있는 상처를 감정이입된 상태로 마주하며) 당신이 느끼는 기본적인 감정은 당신 자신을 향한 진정한 눈물의 감정이군요. 그러나 나타낼 수 없고, 나타내서는 안 되고, 당신은 싫어하지만 씁쓸함으로 덮어 두고, 없애 버리고 싶고, 씁쓸함을 느끼는 대신 당신은 상처를 흡수하고 싶은 마음이군요. (멈춤) 당신이 강하게 주장하는 것은 '난 상처를 받았어요. 그런데 그걸 덮어 두려고 해요.' 군요.

내담자: 난 그걸 알지 못했어요.

치료자: 음. 마치 새로운 발견과 같은 거군요.

내담자: (동시에 말하며) 난 전혀 알지 못했어요. 그러나 당신도 알다시피 그건 신체적인 것과 같아요. 마치 내 자신을 들여다보면, 신경말단들이 뭉뚱그려진 것 같았어요. (울먹인다.)

치료자: 마치 당신의 예민한 신체 부분이 뭉개지거나 상처입은 듯하다는 건가요?

내담자: 네. 그리고 '오, 이런 불쌍한 것'과 같은 느낌이 들어요. ……(멈춤)……

치료자: 어쩔 수 없이 스스로를 상당히 불쌍히 여기는군요.

내담자: 전체적으로 불쌍히 여긴다기보다는 어느 한 부분이에요.

치료자: 그 상처를 보는 것이 유감이군요.

내담자: 네.

치료자: 음. 음.

내담자: 그러고 나면 내가 버리고 싶은 그 씁쓸함, 그건 항상 문제를 일으켜요. 왜냐하면 아주 교묘한 것이거든요. 나를 속이지요. ……(멈춤)……

치료자: 당신한테 이롭지 못한 그 씁쓸함을 버리고자 하는군요.

내담자: (운다. 긴 침묵) 나도 모르겠어요. 그 감정이 정당한 것도 같고, 죄책감이라고 할 수 있는 이것이 어떻게 도움이 될까요? 그냥 흥미로운 이야기 정도라고 말할 수 있나요? 그게 어떻게 좋은 건가요? 내가 보기에 중요한 것은 내가 가지고 있는 감정이 아닌가 싶어요.

치료자: 당신은 어떤 꼬리표나 다른 것들을 좇아갈 수 있지만 전체에서의 핵심이 바로 여기에 가지고 있는 경험의 한 유형이라는 거죠.

내담자: 맞아요. 내가 말하고자 하는 것은 그 감정에 어떤 일이 일어날지 모르겠다는 거예요. 아마 아무것도 일어나지 않겠지요. 모르겠어요. 그러나 내가 이해하고 있는 것이 무엇이 되었든 간에 상처받은 감정의 한 부분이라는 거죠. 그것을 뭐라 부르든 상관없어요. ……(멈춤)…… 그리고 사람들은 상처를 벌려놓은 채 다닐 수 없죠. 다음 과정은 치유의 한

유형이어야 할 것 같아요.

치료자: 만약 당신의 어느 한 부분이 상처를 받았다면 자신을 드러낼 수 없는 것 같군요. 그래서 당신은 어떻게든 상처가 먼저 치우될 수 없는가 의문을 갖는 거고요. ……(멈춤)……

내담자: 당신도 알다시피 그게 우스운 거예요. ……(멈춤)…… 그건 다치 달이 안 되는 얘기 같고, 아니면 나이든 사람이 말하듯 신경증 환자는 자신의 증상을 포기하려 하지 않는거죠. 그러나 그건 사실이 아니에요. 여기서는 해당되지 않아요. 그러나 내가 무엇을 느끼는지 그것이 가르쳐 주기를 바랄 뿐이에요. 이상하게도 상처받는 것이 그리 두렵지 않아요. 지금 발견한건데 그렇게 크게 문제가 되는 것 같지 않아요. 내가 걱정하는 것은 그 씁쓸한 감정이에요. 그게 좌절의 원인이니까요. 난 그게 더 신경이 쓰여요.

치료자: 비록, 당신은 상처가 싫지만 그래도 그건 받아들일 수 있다는 이야기인가요? 그건 참을 수 있는 거죠. 다만, 그 상처를 덮고 있는 그 씁쓸함을 그 순간 참기 힘들다는 거군요.

내담자: 네, 그렇게 말할 수 있을 것 같아요. 처음에는 힘들지만 대처할 수 있다는 거죠. 그래도 그것과는 재미있게 지낼 수 있어요. 그러나 좌절, 다양한 형태로 등장하는 그걸 이제 깨닫기 시작했다는 거예요.

치료자: 그 상처를 당신은 받아들일 수 있다는 거군요. 삶의 다른 면과 같이 그것도 한 부분이라는 것을요. 재미도 경험할 수도 있고요. 그러나 당신의 인생이 좌절과 씁쓸함으로 산만해지는 것은 원하지 않고, 좋아하지도 않고, 이제 그걸 깨닫게 되는군요.

내담자: 네. 그리고 이제는 피할 수 없어요. 당신도 알다시피 난 이제 너무 확실히 깨닫고 있는 거죠. ……(멈춤)…… 나도 모르겠어요. 지금은 다음 단계가 뭔지 모르겠어요. 정말 모르겠어요. ……(멈춤)…… 다행히도 이건 성장의 과정인 것 같아요. 다른 것에 큰 영향을 주는 것 같지도

않고요. 무슨 말인가 하면 난 잘 지내고 있다는 거죠. 내 자신을 즐기면서요.

치료자: 나에게 말하고 싶은 것은 여러 방면으로 당신이 늘 했던 것처럼 잘 지내고 있다는 거군요.

내담자: 맞아요. ……(멈춤)…… 오, 이제 그만 끝내고 가야겠어요.

이 긴 축어록에서 보면 씁쓸함과 증오, 자신을 속였기에 세상에 대항하려는 욕망은 반사회적인 감정이라기보다는 상처를 받은 깊은 경험이라는 것이 분명히 드러난다. 그리고 이 깊은 수준에서 그녀는 살인적인 감정을 행동으로 옮기려고 하는 것은 분명히 아니다. 단지 그것들을 싫어하고 없애 버리려고 하는 것이다.

다음 축어록은 34회기 인터뷰다. 일관성이 좀 떨어지는 자료인데, 깊은 감정을 표현하려고 할 때 흔히 있는 일이다. 그녀는 자신의 깊은 곳까지 다루려고 노력하고 있다. 그녀는 명확히 말하는 것이 어렵다고 진술했다.

내담자: 내가 말을 할 수 있을지 모르겠어요. 한 번 노력해 보죠. 그 어떤 것, 내 말은, 그건 감정인데, 꺼내고 싶은 강한 충동이 있어요. 말이 안 될지도 모르죠. 내 생각에는 조금이라도 꺼낸다면 나에게 도움이 좀 될 것 같아요. 그런데 어떻게 해야 할지 모르겠어요. 나에 대해 이야기하고 싶은 거예요. 그리고 물론 내가 보는, 이제까지 내가 여기 와서 무엇을 하며 시간을 보냈는지에 관한 것이죠. 아니, 아니에요. 이건 순전히 나 자신에 관한 거예요. 나는 내가 말하고자 하는 것을 잘 포착하지 못하고 너무 이상화하는 것 같아서 최근에 어떠한 진술은 말하기를 꺼렸어요. 그리고 "그것보다 더 이기적이에요."라고 말하는 것이 생각났어요. 그러다 어느 순간에 "맞아, 그게 정확히 내가 말하고 싶었던 거야." 라고 깨달았어요. 그런데 이기적이라는 것은 아주 다른 의미가 있어

요. 난 '이기적'이라는 말을 써 왔어요. 그 후 난 이 감정을 갖고 있는데, 전에 표현하지 못한 '이기적'이라는 것, 그건 의미가 없어요. 그것에 대해 이야기를 계속할게요. 어떤 맥박의 한 종류 같아요. 그리고 항상 인식하고 있는 것, 그리고 아직도 그곳에 있어요. 그걸 어떻게든 사용했으면 해요. 이것으로 봉착하게 되네요. 나도 도대체 모르겠어요. 난 어떤 윤곽이 있는 상태로, 어떤 곳, 어떤 낯익은 것을 얻었어요. 마치 벽돌을 하나하나 세는 것과 같이 아는 거죠. 그건 깨달음이 있는 것과 같아요. 내가 말하고자 하는 것은 속지 않는 느낌, 어떤 것에 얽매이지도 않고, 그리고 빈틈 없는 비판적 감각, 그러나 어느 측면에서 원인은 숨겨져 있죠. 일상의 한 부분일 수가 없어요. 그리고 그것 때문에 기분이 상당히 안 좋죠. 그런데 또 그다지 나쁜 것도 아니고요. 이제 알 것 같아요. 그게 나에게 많은 것을 말해 주죠. 그건 완전히 증오가 없는 어떤 거예요. 완전히 사랑도 없고, 완전히 증오도 없는 거요. 때로는 좀 흥분되기도 해요. 아마 나는 내 자신을 고문하는 것을, 또는 전체를 발견하기 위해 어떤 것을 쫓아가는 것을 좋아하는 사람인지도 모르죠. 그리고 난 내 자신에게 "자, 보자. 네가 가지고 있는 것은 꽤 강한 감정이다."라고 말했어요. 일관적이지 않아요. 그런데 가끔 스스로 느낄 수 있어요. 당신도 알다시피, 이상심리에서 이와 같은 것에 대해 말하는 것이 있지요. 당신이 읽는 내용이 자신에게 해당된다고 느끼는 것 말이에요. 그런 것들이 있어요. 박동이나 흥분, 안다는 것처럼요. 그리고 한 가지를 결국 찾아냈는데, 내가 아주 많이 용감하다는 것이지요. 어떻게 말할까요, 승화된 성적 충동이라고 해야 할까요? 그리고 '아, 이제야 알았다.'고 생각했지요. 드디어 해결했구나. 그리고 그것 이상으로는 없구나. 그리고 한동안 내 자신에 만족했어요. 바로 그거예요. 그런데 그건 아니라는 것을 인정해야겠어요. 왜냐하면 그건 내가 성적으로 많이 좌절하기 전부터 오랫동안 나와 함께 있었기 때문이죠. 이제

서서히 보이기 시작했어요. 성적 관계를 수용해야 하는 것이 핵심이라는 것을요. 그것만이 유일하게 가능할 거라는 것, 바로 이것에 있어요. 전부터 있었던 것이 아니고, 다시 말해서 성이 승화되거나 또는 대체된 것이 아니라는 거죠. 아니에요. 이 안에서, 내가 아는 그곳에서 나온 분명히 다른 종류의 성적인 감정이에요. 성과 관련된 모든 것이 벗겨진 채로, 만약 내가 무슨 말을 하는지 안다면 말이에요. 더 이상 쫓는 것도 없고, 추구하는 것도 없고, 싸움도 없고, 어떠한 증오심도 없이요. 내 생각에는 그것으로 점차 접근한 것들 말이에요. 그리고 이 감정은 좀 괴롭긴 해요.

치료자: 당신에게 어떠한 의미인지 좀 포착해 보도록 할게요. 마치 벽돌을 쌓듯 하나하나 경험에 근거하여 자기 자신과 친해지고 어느 면에서는 더 이기적이 되고, 다른 모든 면과 떨어져 자신의 핵심을 발견하고 알아차리게 되는데, 이는 매우 심오하고 감격스러운 깨달음으로 자아의 핵심은 증오 없이, 그러나 군자와 비슷하게 매우 순수하다는 용어를 쓸 수 있겠군요. 당신은 그걸 과소평가하려고 해요. 당신이 말하기를 아마 그건 승화일지도, 또는 이상징후, 이상한 사람일지 모른다는 거죠. 그러나 당신 내면에서는 아니라는 걸 알아요. 이는 강한 성적 표현을 담고 있는 감정일지 몰라도 그것보다 크고 깊이가 있는 것이죠. 그리고 성적 표현의 한 부분일지도 모르는 모든 것을 포함할 수 있죠.

내담자: 아마 그것과 흡사한 것 같네요. 마치 계속해서 깊숙이 들어와 빠지듯이 말이에요.

치료자: 그건 계속 들어가고 있고, 마치 자기 자신 안에서 자신이 빠져드는 것과 같군요.

내담자: 네. 나는 그걸 한 옆으로 둘 수가 없어요. 그냥 그 자체라는 거죠. 내가 말할 수 밖에 없는 매우 중요한 거예요.

치료자: 그것 중에 하나를 골라 내가 잘 이해했는지 한번 보지요. 당신이 표

현하고 있는 것은 당신이 드러내서 포착해야 하는 것이 아니라 사실 감정은 깊이 들어가 포착하고자 하는 거지요.

내담자: 그거예요. 그것에 뭔가가 있어요. 물론 가끔 우리는 그 안으로 들어가야 하지요. 강하게 거절하고, 정당하게 이상적인 것을 거절한다고 표현할 수 있겠네요. 그게 내가 말하고 싶었던 거예요. 하나는 겉으로 드러내는 거고, 나도 모르겠어요. 내 말은 그런 느낌이 있다는 거예요. 나도 어떻게 이야기를 이어 나가야 할지 모르겠어요. 가느다란 단지 깊이 들어가야 한다는 확고한 느낌 같은 것이 있어요.

치료자: 그건 가느다란 이상을 쫓는 것이 아니라 놀라울 정도로 확고한 현실로 들어가는 것…….

내담자: 네.

치료자: 그것보다 더 놀라운 거군요.

내담자: 네, 내 말은 그건 없애 버릴 수 있는 종류의 것이 아니라는 거죠. 그건 그곳에 있어요. 나도 모르겠어요. 당신이 전체를 다 표현하고 나니. 그건 유지되기를…….

이 부분은 너무 혼돈스러워 그녀가 표현한 것을 좀 더 구체적인 주제로 정리해 보도록 하겠다.

- 난 내 자신을 이기적이라고 이야기하겠지만 그 말에 서로운 의미를 포함시키겠다.
- 내 자신의 구조에 대해 좀 더 친숙해졌고 깊이 알 수 있게 되었다.
- 내 자신 속으로 들어갈 때, 완전히 증오가 없는 핵심, 그 어떤 흥분되는 것을 발견했다.
- 그건 일상생활의 한 부분일 수 없다. 그건 비정상적인 것일 수도 있다.
- 처음에 나는 성적 욕구가 승화된 것으로 보았다.

- 그러나 아니다. 그 이상이고 성보다 심오한 것이다.
- 어떤 이는 이상적인 것의 엷은 영역으로 올라가면 이것을 발견할 수 있는 것으로 기대할 것이다.
- 그러나 사실, 내 자신의 깊은 곳으로 들어가면서 발견했다.
- 그건 어떠한 본질적인 실체이고 영원한 것이다.

그녀가 설명하는 것이 신비스러운 경험 같지 않나요? 상담자 반응을 보더라도 그 역시 그렇게 느꼈을 것이다. 거트루드 스타인Gertrude Stein*식의 표현에 유의미한 무엇을 보탤 수 있을까? 작가는 이와 같이 감정적으로 표현하지 않았더라도, 단순히 많은 내담자가 자기 자신에 대해 비슷한 결론을 내렸으리라고 지적했을 것이다. 오크 여사는 35회기에서 편하게 자신의 감정을 명확하고 더 정확하게 진술하고 있다.

내담자: 난 내 자신에 대해 스스로 이야기하고 싶다는 것이 기뻐요. 내 말은, 그건 매우 개인적이고 비밀스럽고 말하지 않는 것들인데 말이에요. 내 감정을 이해할 수 있어요. 오, 이제 약간의 우려도 있지만요. 그건 아마 내가 거부를 하고 있었다는 것, 서구 문명이 상징하고 있는 그 모든 것, 그리고 내가 맞았는지 의문을 갖는 것, 이게 맞는 길인지 아직도 그게 얼마나 정당했는지가 갈등된다는 거죠. 그러고 나서 "아, 그게 내가 느꼈던 거야."라고 느끼지요. 증오가 부족한 거라고 이름을 붙인 것이 아주 진실되다는 거예요. 이것은 내가 믿고 있는 것에까지 영향을 주지요. ……내 생각에 괜찮은 것 같아요. 내 자신에게 이렇게 말하는 것과

* 1874~1946. 미국의 전위 작가. 1908년에 출판된 『미국인의 성공(The making America)』은 일반 독자에게는 너무 복잡하고 모호해서, 스타인은 "장미는 장미이다는 장미는 장미다(A rose is a rose is a rose is a rose)" 같은 시구의 작가로만 알려져 있다. - 역자 주

비슷해요. "음, 처음부터 미신과 터부, 잘못 해석된 교리와 법, 과학, 너의 냉장고, 너의 원자폭탄으로 내 머릿속을 강타했지. 그런데 이제 난 안 살 거야. 안 받을 거야. 넌 성공하지 못한 거야. 이제 순응하지 않겠다는 거지. 그냥 그럴 거야.

치료자: 현재 느끼는 감정은 그 모든 문화적 압력을 인식하고 있었다는 거죠. 항상 인식하고 있지는 않았지만, 그러나 '그런 것들이 내 삶에 너무 많이 존재하고 있어. 그리고 내 자신 안의 깊은 곳으로 들어가 내가 무얼 느끼는지 발견하고자 할거야.' 그리고 그건 현재로서는 자신의 문화와 멀리 떨어지는 느낌이라는 것, 그리고 좀 두렵기도 하지만 근본적으로 느낌은 좋고.

내담자: 네. 이제는 괜찮다는 느낌이 들어요. 그리고 다른 것이 있는데, 막 생기고 있는 감정, 거의 형태를 갖춘, 아주 잘못된 것은 더 이상 찾지 않을 거라는 결론이요. 이제 난 왜 그런지를 모르겠어요. 하지만 이것과 같아요. 이제 나 자신에게 말하죠. 그저 내가 발견한 것은 거의 확실히 두려움을 없앴다는 것, 그리고 난 긍정적이고, 충격을 두려워하지 않는다는 것, 어쩌면 내가 환영했을지도 모르죠. 내 관점에서, 그곳에서 내가 배운 것, 그 다음에 내가 모르는 것을 감안해서 만나야 하는 것일 수도 있지요. 말하자면 난 찾을 수가 없어요. 알겠어요? 이제 미안함을 갖거나 덮어 두지 않겠어요. 이번에는 찾을 수 없다는 단순한 진술이 나빠 보이네요.

치료자: 이것이 당신이 말하는 것을 포착할 수 있을까요? 당신 안으로 들어가면 들어갈수록, 당신이 발견하고 배우면 배울수록, 당신이 찾는 것은 그렇게 무시무시하거나 끔찍한 것은 아니라는 확신이 든다는 거지요. 그들은 매우 다른 특성을 가지고 있지요.

내담자: 네, 아마 그런 것 같아요.

자신의 감정이 문화와 반대된다는 것을 알면서 자신의 핵심은 나쁘거나 끔찍하게 잘못된 것이 아니라 긍정적이라는 것이다. 통제된 표면의 행동 아래에는, 씁쓸함 아래에는, 상처 아래에는 긍정적이고 증오가 없는 자아가 있다는 것이다. 이것이 내담자가 우리에게 오랫동안 알려 주려고 했던 것인데, 이를 너무 늦게 알아차린 것이다.

만약, 미워하지 않음이 중성적인 또는 부정적인 개념이라면, 오크 여사의 설명을 보도록 하자. 39회기 인터뷰에서 그녀는 치료가 끝난다고 느끼자 이 주제로 돌아온다.

내담자: 명확히 설명을 해야 할 것 같아요. 나에게 분명한 것은 증오심 없는 접근 방법에 대한 나의 강한 감정이 중요하다는 거죠. 이제 합리적인 수준으로 끌어올려 놓았으니까 부정적으로 들리지요. 그리고 내 생각에는, 아니 내 감정은, 아니에요. 내 생각과 감정은 이것보다 더 긍정적인 것이고 사랑보다는 쉬운 덜 제한적인 거예요. 그러나 그건 너무나 많은 것, 많은 신념을 거부하는 것처럼 들려요. 아마 그럴지도 모르죠. 나도 모르겠어요. 그러나 나에게 그건 더 긍정적이에요.

치료자: 그게 어떤 사람에게는 더 부정적으로 들릴수 있지만 당신의 경우는 우려 정도군요. 내가 이해하는 바로는 그리 얽매이지도 않고, 소유적이지도 않은 사랑과 같군요. 그건 마치 더 확장될 수 있고, 사용할 수 있는.

내담자: 네.

치료자: 이러한 좁은 의미의 용어보다도요.

내담자: 정말 나에게는 쉬워요. 그렇게 느끼는 것이 더 쉬워요. 나도 모르겠어요. 보상을 해야만 하는, 처벌을 해야만 하는 그런 곳에 당신이 있다는 것을 발견하는 거죠. 그건 큰 의미가 있어요. 자유를 갖는 것 같아요.

치료자: 음, 보상을 하거나 처벌을 해야 할 필요가 없는 곳. 당신에게는 너무

나 많은 자유가 있군요.

내담자: 맞아요. ……(멈춤)…… 지내다가 어떠한 장애가 있을지도 준비가 되어 있어요.

치료자: 당신은 그게 순탄한 길이라고 기대하지 않는군요.

내담자: 네.

이 부분은 내담자가 자기 자신 안으로 더 들어갈수록 두려움이 덜하다는 발견을 축약적으로 나타낸 이야기다. 자신의 끔찍한 부분을 발견할 거라는 것과 달리 그녀는 서서히 타인에게 보상하지도, 또 처벌하지도 않는, 증오가 없는 자아, 사회성을 갖고 있는 자아의 핵심을 발견하게 된다. 충분히 깊이 들어간다면 이러한 경험을 통해 우리 유기체의 본질상, 인간은 긍정적이고 사회적인 동물이라는 것을 일반화할 수 있을까? 우리의 임상적 경험으로 이 같은 제안을 해 본다.

유기체가 된다는 것, 자신의 경험

이 장에서 지속적으로 설명한 것은 심리치료(적어도 내담자-중심 치료)가 자기 기만이나 왜곡 없이, 자신의 유기체가 되는 과정이라는 것이다. 이건 무엇을 의미하는가?

우리가 말하는 것은 경험적 수준의 이야기다. 쉽게 말로 표현이 안 되는 현상, 그리고 만약 언어적 수준에서만 이해된다면 이미 왜곡되었다는 것이다. 아마 우리가 몇 가지 다양한 표현을 사용한다면 이해가 될 수 있을지 모르지만 독자의 경험에서는 희미하게 '오, 이제 나의 경험에 비추어 보니 당신이 무엇을 이야기하는지 알겠어요.'의 감정을 느낄 것이다.

치료는 기본적인 감각과 본능적인 경험으로 돌아가는 것이라고 볼 수 있다. 치료 이전에는 무의식적으로 스스로에게 '다른 사람들은 내가 이 상황에서 이렇게 행동한다면 뭐라고 할까?', '나의 부모나 내가 속해 있는 문화에서는 나에게 어떻게 하라고 할까?', '내가 해야만 하는 것이 뭐라고 생각하나?' 등을 강요할 것이다. 그는 자신의 행동이 강요된 형태로 계속해서 행동하기가 쉽다. 이는 항상 타인의 의견에 맞추어 행동했다는 것과는 다르다. 그는 타인의 기대에 반대하기 위해 노력했을 수 있다. 그럼에도 불구하고 타인의 기대(흔히 자기 것으로 받아들이는 기대)에 미치기 위해 행동한다. 치료 과정에서 자기 인생의 공간을 확장하고 스스로에게 묻는다. '이걸 난 어떻게 경험하는가?', '나에게 무슨 의미인가?', '내가 어떤 식으로 행동하면 나에게 의미 있게 상징화될 것인가?' 그는 현실성이라는 것에 바탕에 두고—어떠한 행동이라도 자신에게 주는 만족과 불만족의 현실적 균형—행동한다.

여러 내담자의 경험을 통해 몇몇 생각을 도식화 형태로 만든다면 아마도 나와 같은 사람에게 구체적이고 임상적인 용어로 생각하기 쉽게 도와줄 것이다. 어떤 내담자의 경우에는 "난 내 부모에게만 사랑을 느껴야 한다고 생각했는데, 난 사랑과 씁쓸한 적개심을 동시에 경험합니다. 아마 사랑과 적개심을 동시에 경험할 수 있는 사람인가 봅니다."라고 말하고 있다. 다른 내담자의 경우, "나는 나만 나쁘고 무가치하다고 느꼈어요. 이제 난 가끔 굉장히 가치가 있는 존재라고 느껴져요. 어떤 경우에는 좀 가치가 덜 하거나 유용하다고 느껴지고요. 아마 난 가치의 여러 수준을 경험할 수 있는 사람인가 봅니다."라고도 한다. "난 아무도 있는 그대로의 나를 사랑하지 않을 거라고 생각했어요. 이제 나는 다른 사람이 나를 애정으로 대하는 것을 경험할 수 있어요. 아마 나는 다른 사람이 사랑할 만한 사람이 될 수 있고, 또 그런 사람인가 봐요." "나 자신을 가치 있게 느끼도록 교육받지 못했어요. 그러나 이제 나를 위해 울 수 있고, 나 자신을 즐길 수도 있어요. 아마 난 즐길 수도, 또 유감을 느낄 수도 있는 풍부한 다양성을 가진 사람인가 봐요." 오크 여사의 예도 들어 보자. "나의 어느 깊은 측면에서 난 나쁘다는 것, 나의 가장 본질적인 요소에는 무시무시하고 끔찍한 것이 있다는 것, 그 나쁨을 경험하는 것은 아니고, 살고자 하는 긍정적 욕망을 느꼈어요. 그리고 살고 싶어요. 이제 나는 진정으로 긍정적일 수 있어요."

이러한 표현의 첫 문장을 가능하게 하는 것은 무엇인가? 그것은 인식의 추가적인 것이다. 치료에서는 평범한 경험을 풍부히, 그리고 왜곡하지 않고—그의 감각과 본능적 반응으로—인식할 수 있다. 인식을 하며 경험의 왜곡을 막거나 적어도 감소시킬 수 있다. 개념적 필터를 통해 세밀히 골라 내는 것이 아니라 자신이 진정으로 무엇을 경험하는지 허용한다. 처음으로 그 사람은 감각과 본능적 반응에 인식의 풍요로운 요소를 포함하여, 인간 유기체의 충분한 잠재적 존재가 된다. 내담자가 흔히 치료에서 말하는 것처럼 사람은 그 사람 자체가 된다. 이것은 인식하고 있는 상태에서 그 자신으로 경험 안에서 개인이 존재한다는 것이다. 달리 말하면 완전하고, 충분히 기능하는 인간 유기체인 것이다.

나는 이미 몇몇 독자들의 반응을 감지할 수 있다. "당신이 말하고자 하는 것이 고작 치료 결과로 인간이 인간 유기체, 인간 동물이 된다는 건가요? 그를 누가 통제하지요? 누가 사회화시키지요? 그렇다고 모든 억압을 버릴 수 있을까요? 당신은 단순히 사람 안에 있는 이드id라는 짐승을 해방시켰나요?" 여기에 가장 적합한 반응은 "치료에서 개인은 인간 유기체가 내포하고 있는 모든 풍부함을 가지게 된다고 볼 수 있다. 그는 현실적으로 자신을 통제할 수 있고, 요구하는 대로 뿌리 깊은 사회성을 갖고 있다. 사람 안에 짐승은 없다. 사람 안에는 사람만이 있을 뿐이다. 그리고 우리는 이를 해방시켰을 뿐이다."

따라서 우리의 관찰이 타당성이 있다면, 심리치료에 대한 기본적인 발견은 '단순히' 사람이라는 것을 두려워할 필요는 없다는 것이다. 동물왕국 전체의 특성인 감각과 본능적인 경험을 포함시킨다면, 인간과 동물이 모두 가지고 있는 자유롭고 왜곡되지 않은 인식의 선물을, 우리는 아름답고 건설적인 현실적 유기체(생명력)를 가지고 있다. 우리는 또 음식과 성의 육체적 욕구와 같이 문화의 요구를 인식하는 유기체를 가지고 있다. 친근한 관계를 원하는 것은 물론, 스스로 과장하고자 하는 욕구를 인식한다. 타인을 향한 섬세하고 민감한 유연함과 공격성에 대한 인식이 가능하다. 인식하고자 하는 인간의 독특한 능력이 자유롭고 충분히 발휘되면, 우리 내부에 두려워해야 하는 동물이 아닌, 통제를 해야 하는 괴물이 아닌, 인식의 모든 요소의 결과인 중추신경의 굉장한 통합 능력, 균형 있고 현실적이고 자기 향상, 타인 향상의 행동을 통해 성취하고자 하는 유기체가 있다는 것을 발견할 것이다. 달리 표현하면 인간이 충분한 인간으로 존재할 수 없다면—경험의 여러 측면을 부정—현재 세계가 보여 주듯이 자신과 자신의 행동을 두려워해야 하는 이유가 생긴다. 그러나 사람이 독특한 인간의 특성인 충분한 사람으로 존재한다면, 완전한 유기체로 경험을 인식하고, 신뢰를 받을 수 있다. 이렇게 되면 자신의 행동이 건설적으로 된다. 이는 항상 인습적이지 않을 것이다. 항상 순응하지 않고, 개인화될 것이고, 또한 사회화될 수도 있다.

결론적 코멘트

나는 앞의 부분을 내가 할 수 있는 한 강하게 진술했는데, 왜냐하면 오랫동안의 경험에 바탕을 둔 강한 신념이기 때문이다. 그러나 신념과 진실은 다르다는 것을 안다. 나의 경험에 동의하라고 강요하지 않겠지만 여기서 제시한 명확한 진술들이 자신의 경험과 일치하는지 고려하기를 바란다.

이 논문의 사변적인 특성에 대해 양해를 구하고 싶다. 고찰해야 할 시기가 있고 증거를 찾기 위해 조사해야 할 시기가 있다. 서서히 이 논문의 고찰과 의견, 임상적 직감들이 최종적인 검사와 함께 조작 가능해지기를 바란다.

참고문헌

1. Maslow, A. H. Our maligned animal nature. *Jour. of Psychol.*, 1949, *28*, 273–278.

2. Montagu, A. *On Being Human*. New York: Henry Schuman, Inc., 1950.

3. Rogers, C. R., *Client-Centered Therapy*. Boston: Houghton Mifflin Co., 1951, Chapter IV, "The Process of Therapy."

6

사람이 된다는 것은 어떤 의미인가

이 장의 내용은 1954년 오베린Oberin 대학교 모임에서 처음 소개된 연설이다. 나는 연구를 계속하면서 치료의 개념을 좀 더 체계적인 형태로 통합하려고 노력했다. 여기서는 그것들을 약간 수정했다.

관례적으로, 나는 치료적 면담에서의 실제 경험과 최대한 비슷하도록 일반화의 근거로 녹화된 면담을 사용하였다.

시카고 대학교의 상담센터에서 근무하는 동안 다양한 개인적 문제를 가진 사람과 함께 작업할 기회가 많았다. 대학생활에서 실패한 학생, 결혼생활에 염증을 느낀 주부, 좌절과 정신병의 기로에 서 있는 사람, 성적인 공상으로 너무 많은 시간을 허비하고 일하는 데 비효율적으로 기능하는 중책을 맡은 전문가, 반에서 상위권에 속하고 똑똑하지만 절망과 무력감에 혼란스러워하는 학생, 자녀의 행동으로 인해 고통받는 부모, 인기 있는 여학생이지만 절망적인 우울이 교차하는 소녀, 삶과 사랑에 실패하고 그것이 좋은 학교 성적으로도 보상되지 않는 여자, 자신에게 대항하는 강력하고 불길한 힘이 있다는 것을 확신하는 남자 등 나는 우리를 찾아오는 이런 다양하고 독특한 문제를 많이 가지고 있는 사람들과 이야기할 수 있었다. 그 문제들은 인생의 경험에서 전 범위에 걸쳐 있었다. 이러한 사례들의 유형을 말하는 것이 상담자로서 만족스럽지 않고, 첫 번째 면담에서 진술된 문제가 두 번째나 세 번째에서 나오지 않을 수도 있고, 열 번째 면담에서는 전혀 색다른 문제이거나 연속일 수도 있다.

하지만 당황스러운 수평적 다발성과 겹겹이 쌓인 수직적 복잡성에도 불구하고 문제는 오직 하나일 것이라고 믿는다. 우리가 함께 노력해서 형성한 치료적 관계 속의 많은 내담자의 경험에 따르면 각각의 문제는 하나의 의문에 봉착한다. 개인이 힘들어하는 문제 상황의 저변인 공부, 배우자, 고용인 또는 통제할 수 없고 괴상한 행동, 공포감 등의 문제 뒤에는 핵심문제가 있다. 개인이 가슴 깊은 곳에서 묻고자 하는 것은 "내가 진짜 누구인가?" 하는 것이다. "어떻게 나의 참된 자아에 도달할 것이며, 내 행동의 근원은 무엇인가? 어떻게 내 자신이 될 수 있을까?" 하는 문제들이다.

되어 가는 과정

가면 뒤로의 회피

개인이 도달하고자 하는 최종 목표이며 알게 모르게 추구하는 것의 끝은, 자기 자신이 되는 것이라고 말할 수 있다. 그만의 독특하고 복합적인 문제들로 고통받는 어떤 사람이 나에게 왔을 때, 내가 가장 시간을 두고 공을 들인 것은 안전하고 자유로울 수 있는 관계를 그와 함께 만드는 것이다. 그가 내적 세계를 느끼는 방법을 이해하고, 그를 그 자체로 받아들이며, 그가 원하는 어떤 방향으로도 생각과 느낌을 움직일 수 있는 자유로운 환경을 만들어 주기 위해서

다. 그는 어떻게 이 자유를 사용할 것인가?

내 경험으로는 그는 점점 자기 자신이 되는 데 사용했다. 점차 그의 삶을 가렸던 거짓된 꾸밈들 또는 가면들, 역할들을 떨쳐 버렸다. 좀 더 기본적이고 진실한 자신을 찾기 위해 노력했다. 처음에는 대부분 가면을 사용했다. 한 젊은 여학생이 상담시간에 자신이 사용해 온 가면에 대해 묘사하면서 자신이 얼마나 불확실한지, 달래고 비위를 맞추는 자신의 특성 앞에서 확신할 수 있는 진짜 자아가 없다고 말했다.

> 나는 일을 해 나가는 기준(방식)에 대해 생각해 봤어요. 어떻게든 요령들을 만들어 갔는데, 습관적으로 내 주변 사람들을 편하게 해 주거나 분위기를 부드럽게 만들려는 것이에요. 마치 물속에 기름을 가라앉히듯 주위를 진정시키죠. 작은 모임에서, 아니면 소규모 파티 등에서요. 나는 모든 것이 잘 되게 하거나 좋은 시간을 보내도록 만들어요. 때때로 즐거워하지 않는 사람을 보면서 그것 때문에 화난 자신에 놀라기도 해요. 다르게 표현하자면 나는 절대로 나 자신을 명확히 표현해 본 적이 없어요. 주변을 너무 편하게만 만들려고 하기 때문이에요. 확신이 생기기 전까지는 내 주장을 하지 않는 거죠. 나는 내 자신에게 솔직하지 못했고, 내가 진짜 원하는 것도 몰라요. 다만, 거짓된 역할을 할 뿐이죠.

여기에서 볼 수 있듯이 그녀가 사용하는 가면은 그녀를 만족하지 못하게 했고, 저 밑에 있는 참된 자아에 어떻게 도달하는지도 모르게 만들었다. 다만, 그런 자아가 존재한다면 말이다.

한 내담자가 자신만의 자아를 발견하려는 시도에서, 흔히 경험의 다양한 측면을 조사하고 탐색하기 위해, 그가 종종 발견하는 내면의 깊은 반발과 직면하기 위해 치료적 관계를 이용한다. 어떤 행동을 하든, 그의 경험을 어떻게 느끼든 그것이 진짜가 아니고, 또한 그의 유기체에 의해 반응한 것도 아니며, 진짜 그는 뒤에 숨어 있다는 것을 배우게 된다. 그는 인생의 많은 부분이 자신의 의지가 아니라고 해야 한다는 지시에 따른 것임을 발견하게 된다. 종종 그 자신은 다른 사람의 명령에 반응하여 존재한다는 것을 깨닫게 되고, 그 자신은 없으며 다른 사람이 그가 어떻게 생각하고, 느끼고, 행동해야 하는지 규정한 대로만 존재한다는 것을 알게 된다.

같은 맥락에서 나는 덴마크의 철학자 키에르케고르Kierkegaard가 몇 백 년 전에 예리한 심리학적 통찰력을 가지고 개인의 모순(딜레마)에 대해 설명해 놓은 것을 보고 놀랐다. 그는 대부분의 절망이 선택하거나 개인의 의지가 아닌 것, 그 자신이 되지 못한 것에 있다고 지적하였다. 그러나 더 깊은 절망은 '다른 사람이 되는 것'을 선택한 것이다. 달리 말하면 '진실로 그 자신이 되고자 하는 것은 실로 절망의 반대편에 있다.'는 것이며, 선택은 사람의 가장 심오한 책임이다. 나는 그의 글들을 읽으면서 혹시 그가 우리의 내담자가 진짜 자신을 찾는 과정의 이야기들—종종 고통스럽지만—을 들은 것이 아닌가 하는 생각이 들었다.

자아를 찾는 탐색은 자신의 가면을 벗어 내는 그들 자신을 발견할 때, 그러나 가면이 거짓이라는 것을 발견할 때 더 어려워진다. 거칠고 때로는 공격적인 느낌 때문에 파고드는 것을 두려워한다. 그들이 실제 자신의 일부라고 생각해 온 가면을 벗어 내는 것은 어려운 일이지만, 생각하고 느끼고 존재하는 자유가 있을 때, 개인은 그 목표를 향해 나아가게 된다. 일련의 심리치료 과정을 마친 어떤 사람의 특정 진술은 이것에 대해 잘 설명하고 있다. 그녀는 자신의 핵심에 도달하는 데 얼마나 많은 어려움을 겪었는지 여러 가지 은유를 통해 말하고 있다.

> 지금 그것을 들여다보니, 방어가 점차 벗겨졌네요. 나는 그것을 쌓아 올렸고, 시도했으며, 같은 것이 남아 있으면 배제해 버렸어요. 그것의 밑바닥에 무엇이 있는지 모르지만 그것을 찾기가 매우 두려웠어요. 그러나 계속 시도

해야만 했죠. 처음엔 내 안에 아무것도 없다고 느꼈어요. 단지, 커다란 텅 빈 공간이었어요. 거기에는 내가 원하고 필요했던 진정한 핵심이 있었죠. (내가 원하고 필요했던 진정한 핵심이 있는 곳은 단지 커다란 텅 빈 공간이었어요.) 그 후 나는 단단한 벽돌 벽에 도달하게 되었는데, 극복하기에는 너무 높았고 통과하기에도 너무 두꺼웠어요. 어느 날, 그것은 단단한 것이 아니라 반투명해졌어요. 다음에는 그 벽이 사라진 것 같았고, 그 너머에는 격렬하게 요동치는 강을 막고 있는 댐이 있었지요. 마치 나는 그 댐을 힘껏 막고 있고, 조그만 구멍이라도 생기면 나와 나에 대한 모든 것이 강에 의해 생겨난 감정들의 폭발로 파괴되어 버릴 것만 같았어요. 마침내 더 이상 견디지 못하고 그것을 놓아 버렸죠. 사실, 내가 했던 모든 것은 완전해지기 위해, 또한 완전한 자기 연민을 위해 굴복하고, 그 후에 혐오, 그 다음에는 사랑이 차지해 버렸어요. 이 경험을 하고는 벽을 훌쩍 뛰어넘었고, 위태롭게 비틀거리긴 하지만 다른 한편으로는 편안함을 느낄 수 있었어요. 나는 내가 무엇을 찾는지 모르고 어디에 있는지 모르지만 항상 살아 있고 앞으로 나아가고 있다고 느껴요.

이 이야기는 사람들이 마치 거짓, 벽, 댐과 같은 느낌에 마주치지만 그것이 유지되는 것이 아니며, 모든 것이 자신만의 세계 안에서 억압된 공격성이라는 느낌에서 벗어날 수 있다는 것을 발견할 수 있게 해 준다. 그렇지만 이는 그 사람이 자신을 찾고자 노력해야만 가능한 일이다. 또한 개인이 자신 안에 있는 진실을 알아내는 방식을 보여 준다. 그 자신이 유기체 수준에서의 느낌을 충분히 경험했을 때 내담자는 자신에 대한 연민, 혐오, 사랑을 경험했고, 그런 뒤에 그는 진짜 자신의 한 부분이 되어 가는 확신을 느끼게 된다.

감정의 경험

나는 감정의 경험에 대해 더 말하고 싶다. 그것은 사실상 자아의 알려지지 않은 부분의 발견이다. 내가 설명하려는 현상은 어느 특정한 방법으로 이해하기 어렵다고 생각되는 것이다. 일상에서 우리의 태도를 충분히 경험하지 못하는 수많은 혹은 하나의 이유가 있는데, 과거에도 그러했고 현재에도 그러한 것은 사회적 상황 때문이다. 자유롭고 충분히 경험한다는 것은 어쩌면 매우 위험한 일인지도 모른다. 그러나 안전하고 자유로운 치료적 관계에서는 충분한 경험을 할 수 있고, 그들의 한계를 뛰어넘을 수 있다. 그들은 내가 '순수한 문화'라고 생각하는 틀 안에서 체험하고, 그 순간에 공포나 분노가 되고, 또는 부드러움 자체가 되거나 혹은 그 무엇이 된다.

이 말의 의미를 잘 전달하고 나타낼 수 있는 내담자의 예를 보자. 치료의 깊은 단계에 와 있는 어떤 젊은 대학원생은 그 자신 안에서 느껴지는 애매모호한 감정 때문에 혼란스러워 하고 있었다. 그는 점차적으로 두려워하는 느낌의 대상을 알게 되었는데, 바로 실패에 대한 두려움, 박사학위를 받지 못할 것에 대한 걱정 등이었다. 그 후 오랜 침묵이 있었다. 여기 실제로 그가 했던 이야기를 실어 본다.

내담자: 나는 그 감정이 흘러나오게 했어요. 하지만 나는 또한 당신과의 관계 안에서 그 감정을 속박했어요. 내가 그것에 대해 느끼는 것은 그것이 사라지는 것에 대한 두려움과 붙잡고 있기에는 너무 힘들다는 것, 이 두 가지 감정이에요. 아니면 혹시 두 개의 나인 것 같아요. 하나는 그것들을 붙잡고 있기를 원하는 위협적인 나이고, 하나는 바로 지금 매우 명확하게 느낄 수 있는 나라고 생각되는 것이죠. 당신도 알다시피 나는 그것을 붙잡고 있으며 동시에 두려움도 느껴요.

치료자: 음…… 그것이 지금 이 순간 당신이 느끼는 것이군요. 계속 느껴왔고, 우리 관계에서도 느끼고 있군요.

내담자: 이 상태로 놔두시면 안 될까요? 왜냐하면 당신도 알다시피 그것이 필요하기 때문이에요. 그것 없이는 외롭고 두려워질 수 있어요.

치료자: 음, 당신은 그것 없이는 두렵기 때문에 그것을 갖고 있게 놔두라는 말이군요. 당신이 그것을 잡고 있게 해라. ……(멈춤)……

내담자: 비슷한데요. 내가 논문이나 박사학위를 가지도록 해 줄 수 없나요? 그것은 작은 세계에서 필요한 것이라고 생각해요.

치료자: 그 두 가지 예 안에서 일종의 간청이군요. 그렇지 않나요? 나는 그것이 끔찍하게 필요하니 가지도록 놔둬라. 나는 그것 없이는 너무 무서우니까……(긴 침묵).

내담자: 나는 느끼고 있어요. 어쨌든 더 나아갈 수 없다는 것을요. 그것은 일종의 간청하는 소년, 하여간 간청하는 행동이 뭐죠? (마치 기도하려는 것처럼 두 손을 함께 붙인다.) 우습지 않아요? 왜냐하면…….

치료자: 간청하려는 듯 손바닥을 붙이고 있군요.

내담자: 네, 바로 그거예요! 당신은 나를 위해 이것을 해 줄 수 없나요? 오, 끔찍하군요! 내가 간청이라니…….

이 글은 감정이 모두 제한적으로 경험된다는 것을 말해 준다. 지금 이 순간에 있는 그는 그 자신을 단지 간청하고 있는 소년에 지나지 않는 것으로 경험하며 간청하고 빌고 의존하는 인간으로 본다. 이 순간에 그는 간청하는 사람 이외에 아무것도 아니다. 확실한 것은 그는 즉시 "내가 간청을?" 이라고 말하며, 이 경험으로부터 꽁무니를 빼고(후퇴하고), 그의 가면 뒤로 숨어 버렸다. 잠시 후에 그는 "내면에서 이런 새로운 뭔가가 올라온다는 것은 놀라운 경험이군요. 매 시간 놀라워요. 그러고 나서 다시 반대하는 감정도 생기네요. 그것은 너무 많은 것을 뒤로 감춰 놓은 것 같아 두려운 느낌 같은 것이죠."라고 말했다. 그는 이것이 부글부글 끓어오르면 그 순간 자신은 의존적이 되어 스스로 놀란다는 것을 깨달았다.

그것은 의존만이 아니라 철저한 틀 안에서 경험하는 것이다. 아픔, 슬픔, 질투, 격렬한 분노, 강한 욕망, 자부심, 신뢰감, 부드러운 감각, 사랑의 표현일 수 있다. 이것은 인간에게 가능한 어떠한 감정들일 수 있다.

내가 이것을 통해 점차적으로 배우게 된 것은 이 순간에 존재하는 사람은 곧 그 자신이 될 수 있다는 것이다. 치료를 통해 개인이 이 틀 안에서 유기체적으로 떠오른 모든 감정을 경험할 때, 그리고 열린 자세로 이 지식(앎) 안에서 그들을 경험할 때 자신 안에 존재하는 모든 풍요로움 속에서 자기 자신을 경험하게 된다. 그는 그 자신이 되는 것이다.

경험에서 자신 발견하기

자신이 되어 가는 것은 무엇을 뜻하는 것인가? 이것은 가장 복잡한 질문이기도 하고 다시 내담자의 진술을 통해 보여 주려는 것이기도 하다. 그녀가 말하길, 얼마나 다양한 면이 그녀의 삶을 망치고 몰락시켰으며 혼란의 감정을 가지게 하는 반면에 한편으로는 안심시켰는지 모른다고 한다. 그녀는 계속해서 말한다.

> 당신도 알다시피 마치 임의의 패턴(방식)을 붙잡고 있는 모든 에너지가 꽤 불필요했던 것처럼 보여요. 또한 낭비되기도 하고요. 당신은 당신 자신이 패턴을 만들어야 한다고 생각해요. 그러나 너무 많은 부분이 있고, 그것을 맞추기란 쉽지 않아요. 때때로 당신은 그것을 잘못된 자리에 놓기도 하고, 맞지 않기도 하고, 또 오래 붙잡고 있는 것보다 지독한 혼란을 겪는 게 더 좋을 정도로 너무 피곤할 때까지 그들을 붙잡고 있는 데 많은 노력을 기울이기도 해요. 그러고 나서 당신은 그 자체로 두었던 엉클어진 부분들이 꽤 자연스럽게 자기 자리로 찾아가고 한 삶의 패턴이 어떤 노력 없이 (저절로) 당신 편에 모두 나타나는 것을 발견하게 돼요. 당신이 할 일은 단지 그것을 발견하는 것이고, 그 과정에서 당신은 당신 자신과 당신의 자리를 발견할 거예요. 자

신의 경험이 주는 그 자체의 의미를 알아야 하죠. 당신은 그것이 의미하는 것을 아는 순간, 전쟁 속에 당신 자신으로 존재하는 거죠.

이 내용은 그녀 자신이 되는 것에 대해 설명하고 있는 것이다. 끊임없이 변화하는 경험의 흐름 속에 존재하는 내면의 요구, 방식을 발견하기 위한 수단들을 거론한다. 그녀의 경험을 가면의 형태로 억누르려고 노력하거나 맞지 않는 형식이나 구조에 넣으려 하지 않고 그녀 자신의 실제 감정과 반응 안에 존재하는 조화와 통합을 발견하는 것이 그녀 자신이 되기 위한 방법이다. 그것은 실제 자아는 강제로 찾아지는 것이 아니라 자신의 경험 속에서 기분 좋게 발견되는 것임을 의미한다.

이 내담자들의 진술을 통해 나는 치료자와의 관계를 촉진하는 따뜻함과 이해 속에서 발생하는 것을 말하고자 노력해 왔다. 그는 점점 고통스럽지만 그 자신을 속여 왔던, 세상 속에 존재한 가면들 뒤에 있는 것을 탐구한다. 깊고 종종 생생하게 내면에 가려져 온 그 자신의 다양한 요소를 경험한다. 그래서 점점 자기 자신이 된다. 다른 사람들과의 일치성의 허울이 아닌, 모든 감정의 냉소적인 거부가 아닌, 지적 합리성의 태도가 아닌, 살아 숨 쉬며 느끼고 변화하는 과정을 경험한다. 한마디로 말하면, 그는 사람이 된다.

서서히 나타나는 사람

어떤 이는 "사람이 되면 그는 어떤 종류의 사람이 되는 겁니까? 그는 겉모습(허울)들을 버렸다고 할 수 있지 않나요? 그 안에 존재하는 사람은 어떤 사람인가요?"라고 물을 수 있다. 한 가지 확실한 것은 저마다 개인은 분리되고 개성 있는 사람이 되려는 경향이 있기 때문에 대답은 쉽지 않다는 것이다. 그렇지만 내가 본 어떤 독특한 경향성에 대해 말하고자 한다. 어떤 사람도 이러한 특성을 완전히 증명할 수 없고, 내가 제시하고자 하는 바에도 완전히 들어맞지 않지만, 살아 있는 많은 내담자와의 치료적 관계에 기초해서 나온 명확한 일반화가 존재한다.

경험에 대한 개방성

먼저 한 개인이 그의 경험에 좀 더 개방적이 되는 과정을 소개하겠다. 개방이라는 것은 나에게 큰 의미를 지니는 말로서 방어의 반대말이다. 심리학적 연구에 의하면 감각들의 흔적이 자아의 모습과 반대된다는 것은 그 흔적이 왜곡되었음을 뜻한다. 다시 말해서, 우리는 감각이 보고하는 모든 것을 볼 순 없지만 우리가 가진 모습에 꼭 맞는 것들이 있다는 것이다.

지금 내가 말하려는 이 안전한 관계 안에서 이러한 방어나 경직됨은 경험에 대한 개방성으로 대치되려는 경향이 있다. 개인은 느낌과 태도들이 내가 말하려고 하는 방식 안에 유기체 수준에서 존재할 때 느낌과 태도를 더 솔직히 자각하게 된다. 또한 선입견으로 인식하는 대신 그 자신의 외부에 존재할 때 좀 더 실제를 깨닫게 된다. 그는 나무들이 모두 초록색은 아니라는 것을 알게 되고, 아버지들이 모두 엄격한 것은 아니며, 또한 여성들이 모두 거절하지는 않으며, 모든 실패의 경험이 나쁜 것만은 아니라는 것을 알게 된다. 예전의 패턴에 맞추어서 상황을 왜곡하는 대신, 새로운 상황의 증거 안에서 조사할 수 있다. 당신이 예상한 것과 같이 경험에 대해 좀 더 개방적이 되는 능력은 새로운 사람들, 새로운 상황들, 새로운 문제들을 더 현실적으로 다룰 수 있도록 해 준다. 이것은 그의 믿음이 경직되어 있지 않고, 애매모호한 것을 허용할 수 있게 되었음을 의미한다. 상황을 강제로 종료시키지 않고도 모순되는 증거를 받아들일 수 있게 된다. 내 안에서, 그리고 상황 속에서 이 순간 존재하는 것에 대한 자각의 개방성은 심리치료에서 빠져나오는 사람을 설명하는 중요한 특성이라고 생각한다.

아마도 이 개념은 녹음된 면담을 통해 더 생생한 의미를 줄 수 있을 것이다. 한 젊은 전문직 남자는 48회기 면담 때 그의 느낌들과 더불어 신체 감각에 대해서도 좀 더 개방적이 되었던 경험에 대해 이야기했다.

내담자: 나는 모든 사람이 느낀 것처럼 변화할 수 있다고 보지 않습니다. 그러나 최근에 확실히 내 신체를 좀 더 소중히 여기고 객관적으로 느끼게 되었습니다. 그것은 내 자신에게 너무 많은 기대를 하지 않는다는 것을 의미하죠. 이것은 어떻게 실행되는지에 대한 것이에요. 과거에 나는 저녁식사 후에 느끼는 피로감과 싸워야 했습니다. 음, 지금 나는 정말 피곤하다는 것을 확실히 느낍니다. 내 자신을 피곤하게 만들어서가 아닙니다. 단지 나는 신체적으로 약할 뿐입니다. 저는 계속해서 제 피곤함을 비판했던 것 같아요.

치료자: 그러니까 당신은 피곤함을 비판하는 대신, 그냥 당신이 피곤하도록 내버려 둔다는 것이군요.

내담자: 네, 나는 내가 피곤해 하도록 만들지 않습니다. 나는 단지 이 피로감과 싸우지 않을 수 있고, 내가 지친다는 실제의 느낌과 함께하게 됩니다. 그래서 피곤해지는 것이 그렇게 두려운 일이 아닌, 매우 의미심장하게 되는 상태에 있는 것 같아요. 또한 내가 왜 그런 식으로 행동하게 되었는지 원인을 찾을 수 있었어요. 나의 아버지가 보는 여러 가지 관점과 방식들이 그랬거든요. 예를 들어, 내가 아팠을 때 그것을 아버지에게 말했는데, 아버지는 명백하게 그것에 대해 무언가를 해 줄 것처럼 하면서도, 또한 "오, 이런 젠장할." 이런 식으로 말하곤 했습니다.

치료자: 신체적으로 아픈 것에 대해 스스로를 꽤 괴롭혔던 거로군요.

내담자: 네, 저희 아버지도 신체적으로 아픈 것에 대해 경시했던 것 같습니다. 지난 여름에 저는 등이 뒤틀리는 골절상을 입었습니다. 처음에는 정말 아팠습니다. 그런데 의사가 보더니 별로 심각한 것은 아니고 제가 너무 심하게 구부리지만 않으면 금방 나을 거라고 하더군요. 그게 몇 달 전 일인데요. 최근에 깨달은 것은 그게 정말 아팠다는 것이고, 지금도 마찬가지예요. 그리고 그것은 제 잘못이 아니란 것이죠.

치료자: 그렇다고 당신이 나쁜 사람은 아니라는 거죠.

내담자: 네. 그리고 제가 실제보다 더 피곤하게 느끼는 것도 계속되는 긴장감 때문인 것 같아서 병원에 예약하고 엑스레이 같은 것을 찍어 보려고요. 당신은 내가 너무 신경을 쓴다거나 객관적으로 이런 쪽에 과민하다고 말할지도 모르지만요. 그리고 이것은 내가 말하려고 하는 정말 깊은(의미심장한) 변화입니다. 내 아내와 두 딸에 관한 것인데요. 뭐 당신이 내 속을 들여다보지 않는 이상 알아차릴 수 없는 거겠지만 더 이상 좋을 수가 없습니다.

정말로 우리 아이들에게 사랑을 느끼고, 또 사랑을 받고 있습니다. 저는 이것을 어떻게 표현해야 좋을지 모르겠어요. 주디와 나, 우리는 서로에 대한 존중감이 많아졌죠. 우리는 이제 알게 되었답니다. 우리가 이 안에 함께한다는 것을요. 우리는 그녀 안에서도 커다란 변화가 있음을 알게 되었습니다. 그 변화는 매우 깊은 것이었죠.

치료자: 당신은 당신 자신의 이야기를 더 정확하게 들을 수 있다는 말을 하고 있는 것 같군요. 만약 당신의 몸이 피곤하다고 말한다면, 당신은 비판하기보다 그것을 듣고 믿는군요. 만약 아프다면, 당신은 그것을 들을 수 있군요. 만약 그 느낌이 정말 당신의 아내와 자녀들을 사랑하고 있다면, 당신은 그것을 느낄 수 있고, 그것은 또한 그들 간의 차이에서도 보이는 것 같아요.

이처럼 짧지만 중요한 상징적 인용구에서 내가 말하고자 하는 경험에 대한 개방성을 볼 수 있다. 그가 자유롭게 고통이나 아픔을 느끼지 못한 것은 아프다는 것을 받아들일 수 없었기 때문이다. 또한 그는 자녀들에 대한 사랑도 느낄 수가 없었는데, 그는 강한 면을 유지해야 했기 때문이다. 그러나 지금의 그는 유기체 내에서의 경험에 대해 개방할 수 있게 되었다. 그는 피곤할 때 피곤할 수 있으며, 그의 신체가 고통스러우면 고통스러움을 느낄 수 있게 되었고, 그의 딸들을 사랑하는 감정을 자유롭게 경험할 수 있게 되었다. 또한 그는 다음 회기 인터뷰에서 그의 딸들에 대한 귀찮음도 느끼고 표현할 수 있게 되었다고 했다. 그는 이제 신체 경험에 대해 닫고 있지 않고 풍부하게 느낄 수 있게 되었다.

자신의 유기체에 대한 믿음

치료를 통해 나타나는 사람의 두 번째 특징은 설명하기 힘들다. 그는 유기체를 믿을 수 있다는 것을 점점 발견하게 되고, 즉각적인 상황에서 가장 만족스러운 행동을 찾게 해 주는 적절한 도구임을 발견하게 된다.

이해하기 쉽게 좀 더 설명을 해 보겠다. 만약 당신에게 있을 수 있는 선택에 당면하여 생각해 본다면 내가 말하고자 하는 바를 이해하기 쉬울 것이다. "휴가 동안 가족과 함께 보내야 하나 아니면 내 시간을 갖는 것이 좋은가?", "세 잔째 칵테일을 마셔야 하는가?", "이 사람이 내 배우자로 적합한가?" 이러한 상황에 대해 생각해 본다면 치료적 과정에 있는 사람에게 무엇이 진실로 보일까? 이 사람의 경험에 대한 개방성의 한계에서 본다면 이 상황에서 가능한 모든 자료를 모으고 그것을 바탕으로 행동할 것이다. 그는 종종 복잡하고 모순되는 이 느낌과 충동에 대해 알고 있다. 그는 경직된 사회적 '법칙'에서부터 친구와 가족의 바람까지 사회적 욕구에 대해 충분히 느낄 수 있다. 그는 과거의 비슷한 상황의 기억을 더듬어 보고 각각의 상황에 알맞은 행동을 결정한다. 그는 이 복잡한 외부적 상황에 대해 정확한 인식을 하고 있다. 그의 유기체가 더 잘 인정할 수 있게 하고, 그의 의식은 각각의 자극, 욕구, 요구와 그것에 관련된 복잡한 가중치와 강도를 고려한다. 가중치를 적용하고 균형에 맞춘 그의 행동이 상황에서 그의 모든 욕구와 즉시적, 장기적 욕구를 근접하게 만족시켜 주는 것임을 발견하게 된다.

인생에서 주어진 선택의 모든 구성 요소의 가중치와 균형의 계산에서 그가 절대로 실패하지 않는다는 것은 아니며, 잘못된 선택은 존재한다. 그러나 그는 경험에 개방적이 되면 점점 불만족스러운 결과를 즉시 알아차리게 되고 잘

못에 즉각적인 수정을 할 수 있다는 것이다.

가중치와 균형 잡는 것을 방해하는 것은, 우리가 경험의 일부가 아닌 것을 넣고 일부인 것은 제외시키기 때문이다. 따라서 한 개인이 "난 술 마시는 것을 조절할 수 있어."라고 고집하는데, 그가 과거 경험에 대해 개방적일 때에 이것은 거의 맞지 않다는 것을 말해 준다. 어떤 젊은 여성이 배우자감의 좋은 면만을 보려고 할 때 경험에 대한 개방성이 있다면 그도 결점을 갖고 있다는 것을 알 수 있을 것이다.

일반적으로 내담자가 경험에 개방적이면, 자신의 유기체를 더 신뢰할 수 있다는 것을 발견하게 되고 자기가 느낀 감정의 반응에 대해 공포감을 덜 갖는다. 신뢰가 점점 자란다면, 그것이 복잡하고 풍부하며, 다양한 종류의 감정과 유기체적 수준에서 존재하는 경향에까지 영향을 미친다. 위험하고 예상하지 못한 충동을 감독하는 경비원이 되기보다는 편안한 사회적 충동과 감정들이 두려움 없이 만족스럽게 자신을 채움을 발견할 수 있다.

평가의 내부 중심

인간이 되어 가는 과정에서의 증거 중 또 다른 경향은 선택이나 결정, 평가적 판단과 관련이 있다. 개인은 점차적으로 자기 내부에 평가하는 중심이 있다는 것을 느끼게 된다. 타인에게 인정 또는 불인정받는 것, 삶의 기준, 결정하고 선택하는 것에 점점 덜 민감하게 된다. "내가 진정으로 나에게 만족하고 살며 나를 진정으로 표현하며 사는가" 하는 질문의 중요성과 자기 자신 안에 선택권이 있다는 것을 인식하는 것이다. 이것이 창의적인 인간에게 가장 중요한 질문이다.

예를 들어 보겠다. 젊은 여자 대학원생과 상담한 내용을 녹음한 것 중 일부분이다. 그녀는 여러 가지 문제로 고통을 받고 있는 상태로 자살을 생각하고 있었다. 상담받는 동안에 그녀가 발견한 감정 하나는 의존에 대한 큰 욕구인데, 다른 누군가가 그녀 인생의 길을 제시해 주기를 바랐다. 그녀는 충분한 지도를 주지 않는 사람들에 대해 비판적이었다. 교수들 하나하나에 대해 말하면서 어느 누구도 그녀에 대해 깊이 생각해 주지 않는다는 것에 비참한 기분을 느끼고 있었다. 점차적으로 그녀는 그 수업에 참여하는 데 솔선하지 않는 것이 어려움을 초래했다는 것을 깨닫게 되었다. 다음은 내가 인용하고 싶은 부분이다.

다음의 인용문을 통해 개인 안에 평가의 중심이 있다는 것을 이해하기를 바란다. 이 인용문에서 젊은 여자는 자신이 배우는 데 나타나는 결점에 부분적으로 책임이 있다는 것을 깨닫기 시작하고 있다는 것을 알 수 있을 것이다.

내담자: 이제 보니 내가 진정으로 파고들기보다는 건성으로 그럭저럭 지낸 것 같아요.

치료자: 아마도 당신은 깊이 알기보다는 이것저것 수박 겉핥기 식으로 지낸 것 같군요.

내담자: 음, 그래서 내가 말하려고 하는 것은, (느리고 깊게 생각하며) 글쎄요, 정말로 그렇군요. 그걸 이유로, 정말 확실한 것은 내가 공부할 때 아무한테도 의지할 수 없다는 거예요. (부드럽게) 정말 나 스스로 해야 했어요.

치료자: 궁극적으로는 자신을 교육시킬 수 있는 사람은 단 한 사람, 자기 자신이고, 당신을 교육시킬 수 있는 사람은 그 어디에도 없다는 거군요.

내담자: 음, (긴 침묵-앉아서 생각하기를) 나는 온갖 종류의 공포를 갖고 있어요. (부드럽게 웃는다.)

치료자: 공포요? 무서운 것 말입니까?

내담자: 음. (매우 긴 침묵-스스로 느끼려고 애쓰며)

치료자: 당신이 설명한 것에 대해 더 할 말은 없나요? 그것이 정말 당신에게 공포를 주는 겁니까?

내담자: (웃으며) 난, 내가 잘 알고 있는지 모르겠지만, 내 말은 꼭 도망치는 것처럼 들리는군요. ……(멈춤)…… 난 매우, 나도 모르겠어요. 대우 취

약한 상태에서, 그러나 내가 이걸 거론했고, 내가 직접 말한 것은 아니지만, 결국 내가 초래한 거지요.

치료자: 인정할 수는 없지만 당신의 한 부분이라는 거군요.

내담자: 네, 정말 놀라웠어요.

치료자: 그렇긴 하지만, "좋은 것은 입에 쓰다. 맞나요?" (둘 다 미소지음)

내담자: 정말 나도 그렇게 생각하는지 몰랐어요. 정말 내 일부분이군요. (멈춤) 음, (난처해하며) 내가 가지고 있는 것처럼 느껴지는군요. 모르겠어요. 힘이 느껴지고, 어떤 느낌이, 두려워하는 것에 대한 두려움을 깨달았어요.

치료자: 당신이 말한 것은 당신이 한 말이 당신에게 힘을 주기도, 혹은 두려움을 주기도 한다는 거군요.

내담자: 음, 그래요. 지금은 내부에서 느껴져요. 밀려오는 힘이거나 분출되기도 하고 뭔가 크고 강한 것이에요. 처음에는 단지 신체적인 느낌이었는데, 지금은 분리되었어요.

치료자: 뭔가 깊고 강한 것을 느꼈고, 또 동시에 밀려오고 당신의 어떤 지지와 분리되어 있군요.

내담자: 모르겠지만 내가 지지하는 것을 방해하는 것 같아요.

치료자: 그것이 어떤 의미 있는 패턴을 흔들고 있어 혼란스럽군요.

내담자: 음. (멈춤. 조심히 그러나 확고하게) 내가 뭘 해야 할지 명확해지는 것 같아요. 내가 해야 할 것이 정말 많군요. 내가 살아가는 데 많은 길이 있고, 새로운 방식으로 행동하면 돼요. 아마도 더 잘할 수 있을 것 같아요.

이 일화가 자신에게 책임을 느끼는 고요한 인격체가 되어 가는 경험의 힘을 보여 주며 책임감을 가지는 것이 쉽지 않다는 것을 보여 준다고 생각한다. '나 자신이야말로 나의 경험에 대한 가치를 판단하는 사람이다.' 라는 것을 깨닫는 것이 고무되기도 하고 무섭기도 하다는 것을 실감할 수 있다.

과정이 되는 것을 쾌히 하기

자기 자신이 되기 위해 노력하고 이를 발견해 가는 사람들에 대한 마지막 특성에 대해 이야기하겠다. 그런 개인들은 결과물보다는 과정에 더 만족한다. 치료적 관계에 들어가게 되면, 문제가 해결되거나 효과적으로 일하거나 결혼생활이 좀 더 안정되기를 바라는 목표가 생긴다. 하지만 자유로운 치료적 관계 속에서 이러한 목표들을 버리고 자신이 경직된 존재가 아니고 되어 가는 과정이라는 것을 만족스럽게 받아들이게 된다.

어떤 내담자는 치료의 종결 단계에서 아리송한 말을 했다. "나는 나 자신을 통합하고 재구성하는 일을 마치지는 못했지만 실망하지 않고 오히려 계속되는 과정이라는 것을 깨닫게 되었다. 뭔가 혼란스러운 것은 존재하지만 행동에서 자신을 느낄 수 있고, 의식적으로 내가 어디에 있는지 모르지만 외관상으로 내가 어디 있는지 안다." 여기에서 볼 수 있는 한 가지는 유기체에 대한 믿음이고, 또한 과정상에 있는 자신을 깨닫고 있다는 것이다. 결과물이 아니라 되어 가는 과정을 받아들이는 것을 말하고 있다. 이것은 개인이 유동적인 과정임을 뜻하며, 경직된 존재가 아니라는 것이다. 변화의 강을 따라가는 것이고, 단단한 물체의 덩어리가 아니며, 계속적인 변화는 가능성의 집합체이고, 고정된 특성의 합이 아니다.

유동하거나 존재하는 삶의 요소에 대한 다른 사례가 있다. "경험에 대한 이 모든 훈련으로 이것을 발견하긴 했지만, 그것은 매력적이기도 하고 동시에 두렵기도 하다. 나를 내 경험에 맡긴다면 앞으로 나아가서 목표를 향해 갈 수는 있지만 희미함을 발견하게 되고, 내가 노력한다면 최소한 경험에 대한 최선의 의미를 알 수 있다. 경험의 복잡한 흐름을 따라가다 보면 언제나 변화하는 복잡성을 따라가도록 노력할 가능성이 있다는 것은 흥미로운 일이다."

결 론

나는 자기 자신이 되기 위해 노력하는 사람들의 삶에서 무엇이 나타나는지를 말하려고 했다. 내가 설명하려 노력했던 것은 사람이 되어 가는 과정의 의미다. 나는 이것이 치료에서만 나타나는 것은 아니라고 생각한다. 나는 그것에 대한 이해를 계속 변화시키고 있기에 그것을 완전하고 명확하게 보지는 못한다. 여러분도 완성된 것이 아니라 변화하고 시험적인 것으로 받아들이기를 바란다.

시험적이라는 것의 속성을 강조하는 이유는 '당신은 이렇게 되어야 하는 것이다. 여기 당신의 목표가 있다.' 고 말하는 것이 아니기 때문이다. 그보다 내가 말하고자 하는 것은 여기 나와 내담자가 경험한 것을 바탕으로 한 의미라는 것이다. 아마도 여기에 쓰인 다른 사람의 경험이 여러분의 경험에 좀 더 많은 의미를 부여할 것이다.

나는 사람들이 '나는 누구인가?'와 '어떻게 내 자신이 될 수 있는가?'의 두 가지 질문을 하는 것을 지적했었다. 사람들이 자신이 되어 가는 과정이 발생하는 유리한 심리적 환경에 대해 말했다. 개인은 그의 삶에서 마주치는 방어적 가면을 벗어던지고 자신의 숨겨진 측면을 충분히 경험하게 된다. 가면 뒤의 낯선 이의 경험을 발견하게 되는데, 그것은 바로 자기 자신이다. 나는 그 사람을 나타나게 하는 데 공헌하는 특성에 대해 말하려고 노력했다. 유기체적 경험에 좀 더 개방적인 사람, 삶의 감각을 알아채는 도구로 자신의 유기체를 믿을 수 있게 발달시키는 사람, 평가의 중심이 자신의 내부에 있다는 것을 수용하는 사람, 삶은 계속 변화하는 과정이라는 것을 알고 자신의 경험에서 새로운 자기 자신을 계속 발견하는 사람, 이것이 사람이 되어 가는 과정과 연관이 있는 요소들이다.

7

심리치료 과정에 대한 개념

1956년 가을, 나는 영광스럽게도 미국심리학회에서 첫 번째로 수여한 3개의 상 중에 하나인 '현격한 과학적 공로상'을 수상했다. 수상자들은 1년 후에 학회에서 발표를 해야 했다. 나는 내가 과거에 수행했던 일을 검토할 생각을 하지 못했다. 차라리 성격 변화를 이해하기 위해 새로운 시도를 하며, 한 해를 보내는 편이 낫겠다고 결심했다. 다음 해 가을이 왔을 때는 내가 연구한 것들이 여전히 불명확해서, 임의로 제출하기 위한 형태를 잡아 놓았다. 나는 뒤범벅되었지만 나에게는 중요한 의미들을 정립하려 노력했고, 내가 전에 명확하게 감지한 것과는 전혀 다른 과정의 개념이 나타났다. 일을 모두 끝냈을 때 (학회지에) 옮기기에는 너무 양이 많아 생략해서 1957년 9월 2일 뉴욕에 있는 학회로 보냈다. 발표된 장은 처음 형태처럼 길지도 않았고, 두 번째처럼 생략되어 있지도 않았다.

미리 밝히지만, 앞의 두 장에서 치료의 과정으로 소개한 내담자의 상담 내용을 골자로 한 현상학적 관점과는 달리 이 장에서는 다른 사람에 의해 관찰된 질적 크현을 포착하도록 노력했고, 이 같은 이유로 앞 장의 인용문들의 외부적 평가 기준으로 보일 것이다.

관찰에서 비롯된 보고서인 '치료에서 과정의 규모'는 녹음된 상담의 인용구를 조직적으로 사용함으로써 발전되었다. 이것의 본문조차 타당한 내적 판단 신뢰도와 의미 있는 결과를 보여 준다. 더 성공적으로 알려진 다른 기준에 의한 사례들도 덜 성공적인 사례들보다 과정의 규모 면에서 더 큰 움직임을 보여 준다. 놀랍게도, 성공적인 사례들이 그렇지 않은 사례들보다 과정의 규모에서 높은 단계였음이 밝혀졌다. 우리는 아직 어떤 만족할 만한 확신의 정도를 명백하게 알지는 못하지만, 그들이 우리를 찾아왔을 때 어떤 행동이 도움이 될 것인지 전형적인 한두 단계를 소개해 보겠다. 비록, 이 장의 생각이 그때에는 나에게 빈약한 형태이고 불완전해 보였지만, 생각과 연구에서는 새롭고 도전적인 분야의 출발이었다.

과제의 난점

나는 당신과 탐색여행을 하려 한다. 이 탐색여행의 목표와 목적은 심리치료의 과정이나 성격 변화가 일어남에 의해 그 안에서 무언가를 배우려는 노력이다. 미리 얘기하지만 목표는 아직 이루어지지 않았고 게다가 원정은 밀림 속에서 몇 미터밖에 전진하지 못하는 것처럼 보일 것이다. 당신과 함께 가다가 당신이 더 나아갈 수 있는 새롭고 정확한 대로를 발견하도록 도울 수 있을 것이다. 이 매력적인 탐색을 하는 이유는 간단하다. 많은 심리학자는 성격의 동일한 측면—지능, 기질, 성격 구조의 변하지 않는 측면—에 관심을 가져 왔고, 나는 성격에서 변화하는 공통적 측면에 관심을 가져왔다. 성격과 행동은 변화하는가? 이러한 변화에서 어떤 공통점이 존재하는가? 앞의 변화 상황에서 어떤 공통점이 존재하는가? 무엇보다 중요한 것은 이러한 변화가 나타날 때의 과정은 무엇인가 하는 점이다.

최근까지 우리는 결과를 연구함으로써 그 과정에서 무언가를 얻으려고 했다. 예를 들어, 자기 지각이나 다른 사람의 지각에서 일어나는 변화를 주시하여 많은 사실을 축적했다. 우리는 치료 회기 사이뿐 아니라 전체 치료 과정에서의 변화를 측정한다. 비록, 이 과정에서 아주 적은 단서만이 제공되지만 말이다. 결과의 부분에 대한 연구는 여전히 결과를 측정하는 것이지, 변화가 일어나는 방식에 대한 지식은 거의 얻지 못한다.

과정에서의 이러한 난제에 의해 나는 어떤 장면에서도 관찰 연구가 과정을 다룰 수 없다는 것을 깨달았다. 정지된 순간을 관찰하는 관찰 연구는 그 순간에 존재하는 내적 관계의 정확한 그림을 보여 준다. 그러나 계속되는 움직임에 대한 것은—그것이 발효의 과정이든지, 피의 순환이든지 혹은 원자분열의 과정이든지—종종 그 과정의 임상적 관찰이 가능한 곳에서 보충된 이론의 형성에 따라 이해된다. 따라서 연구 절차가 성격 변화의 과정에 직접적으로 영향을 줄 수 있다는 기대를 내가 많이 하는 것은 아닌가 하는 것을 깨닫게 되었다. 아마도 이론만이 그렇게 할 수 있을 것이다.

거절된 방법

변화가 일어나는 방식을 이해하기 위해 새로운 시도를 하기로 다짐한 것이 1년이 더 되었다. 그때 아마 처음으로 다른 이론화된 치료적 경험의 다양한 방식들을 깊이 생각한 것 같다. 의사소통이론에서의 호소력과 그것의 피드백, 입력과 출력의 표식 등이 그러했다. 치료 과정은 학습이론 용어나 일반체계이론 용어로 설명할 수 있다. 이처럼 내가 이해에 관한 큰 틀을 공부하게 되면서 심리치료의 과정을 어떤 이론적 용어로도 바꿀 수 있다는 것을 확신하게 되었다. 그렇게 되면 분명히 장점이 있을 것이다. 그러나 동시에 (치료) 장면은 너무 새로운 분야이기에 가장 원하는 것이 아니라는 것 또한 확신했다.

나는 이미 다른 사람들이 도달했던 결론에 도달했는데, 아마도 새로운 장면에서 가장 필요로 하는 것은 그가 어떤 사건들에 열중하도록 하되, 되도록 편견 없이 현상에 마주치게 하고, 순수한 관찰자 입장에서 이 사건들을 대하고 설명하도록 하며, 가장 순수한 사물 자체에서 보이는 가장 낮은 수준의 추론을 먼저 하게 하는 것이다.

접근 방법

예전에 일반화된 가설을 세우기 위해 우리가 많이 사용했던 방법을 사용했다. 그 방법은 이 나라의 심리학자들이 노출하거나 언급하기 꺼려 하는 자기 자신을 도구로 사용하는 것이었다.

도구로서 나는 좋은 점과 나쁜 점을 가진다. 여러 해 동안 나는 치료자로서 많은 치료 경험을 가지고 있다. 반대로 내담자로서의 경험도 가지고 있다. 나는 다른 것과 밀접하게 연관된, 이 분야에서 연구되는 치료에 대해 생각해 왔다. 그러나 또한 편견을 가지고 있어서, 특정한 치료에 마음이 기울어지기도 하고, 치료에 관한 이론적 추상 개념을 발전시키려 노력하기도 했다. 이런 관점들과 이론들이 내가 사건 자체에 대해 덜 민감하게 만드는 경향이 있었을지 모른다. 치료 현상에 대해 생생하고 단순하게 내 자신을 개방할 수는 없을까? 내 경험 전부를 잠재적으로 유용한 도구가 되게 내버려 둘 수는 없을까? 혹은 내 편견으로 관점이 방해받았는가? 내가 할 수 있는 일은 오직 전진하고 시도하는 것이었다.

그래서 그 시간 동안 나는 치료 인터뷰 녹음을 최대한 솔직하게 들으려 노력하며 많은 시간을 보냈다. 변화에서 어떤 요소가 중요한지에 관해서, 그 과정에서 얻을 수 있는 모든 원인을 이해하기 위해 노력했다. 그런 다음 그것들이 설명하는 가장 간단한 추상 개념으로 주의를 돌리기 위해 노력했다. 나는 많은 동료의 생각에서 자극과 도움을 받았지만, 유진 젠들린Eugene Gendlin, 윌리엄 커트너William Kirtner, 프레드 짐링Fred Zimring은 나에게 특별히 도움을 주었다. 그들은 이러한 문제에 대해 새롭게 생각하는 능력을 증명함으로써 크게 도움이 되었고, 또한 나는 그들에게 큰 빚을 졌다.

다음 단계에서 이러한 관찰들과 낮은 수준의 추상 개념들이 획득되었고, 그것은 실험 가능한 가정들을 추출할 수 있게 해 주었으며, 이러한 방식으로 공식화가 가능하도록 해 주었다. 이것이 내가 도달하려던 목표다. 공식화를 위해 경험적 실험을 하지 않은 것을 변명하고 싶지는 않다. 만일 과거의 경험이 어떤 도움을 제공했다면 장담하건대 공식화하는 과정에서 다른 치료자들의 주관적 경험이 어떤 방식으로든 발견된다면 상당한 연구들이 자극받을 것이고, 몇 년 안에 뒤따르는 성명서에서의 진실과 거짓의 정도에 관한 방대한 증거가 생길 것이다.

연구의 어려움과 즐거움

내가 (내가 생각해도 부적당한) 단순한 공식을 찾기 위해 개인적 과정에 대해 늘어놓는 것을 이상하게 생각할 것이다. 그것에 대한 연구 중 열의 아홉은 말하고자 하는 바가 감추어져 있고 빙산의 일각만이 드러나지만, 그나마도 오해받고 있다. 가끔 무니Mooney(6, 7)와 같이 연구 방법의 전체를 마치 개인 안에 존재하는 것처럼 설명하는 경우도 있다. 나는 이 연구 전체에서 나에게 일어나는 어떤 부분—단순한 비개인적인 부분이 아니라—을 개방하고 싶었다.

게다가 과정을 이해하려는 노력에서 나와 함께 여러분이 흥미와 실망을 나누길 바란다. 나는 내담자들이 종종 말하는 '얻어맞은 듯한' 감정을 여러분에게 설명하고 싶다. 내담자들은 어떤 중요한 것에 대해 말하면서 강한 충격—이름 붙일 수도 없고 설명할 수 없지만, 조심스럽게 탐색하는 과정에서 경험한 알려지지 않은 어떤 것—이라고 한다. 어떤 내담자가 말하길, "나는 사로잡힌 기분이었다. 무엇이 연관되었는지조차 모르겠다."라고 했다. 이러한 일이 빈번하게 일어나는 것은 놀라울 따름이다.

또 하나의 흥미로운 문제는 내담자들이 그들의 느낌에 가까워지는 다양한 방법이다. 느낌들은 '부글부글 끓기'도 하고 '스며나오기'도 한다. 어떤 내담자는 그의 느낌 속으로 '빠져들도록' 내버려 두기도 하는데, 종종 조심스러움과 공포를 느낀다고 한다. '난 이 느낌 속으로 빠져들기를 원한다. 당신도 느

낌에서 가까워지는 것이 얼마나 어려운 일인지 알게 될 것이다.'

또한 자연스러운 관찰은 내담자가 상징의 정확성을 표현하게 하는 데 중요한 역할을 한다. 그는 그가 경험한 감정을 설명하는 데 정확한 단어로 말하고자 한다. 비슷한 말이 아니다. 자신 내의 정확한 의사소통을 위해서 여러 사람의 말이 각자에게 같은 뜻이 되도록 소통된다는 것이다.

나는 또한 '움직임의 순간'을 어떻게 생각하는지 판단하기로 했다. '움직임'이란 변화가 실제로 일어날 때를 나타낸다. 이러한 순간은, 명백히 동반되는 생리적인 것들과 함께, 나중에 설명하는 것이 낫겠다.

나 또한 놀랄 만큼 복잡한 치료 관계에서 종종 느끼는 종잡을 수 없이 단순한 자포자기라는 심연의 감각에 대해 언급해야겠다. 약간 조심스러운 점은 우리가 치료에 접근할 때 많은 편견에 미리 준비해야 한다는 것이다. 감각이 질서정연해야 한다고 느끼고, 우리가 질서 안에 있다는 것을 발견할 수 있다는 희망을 가져야 한다.

여기에는 내가 이 문제를 풀어 나가는 데 마주치는 개인적 발견, 의문점, 좌절 등이 있는데, 이러한 관념적 생각에서 빠져나와서 현재 그대로 존재했으면 한다.

기본 조건

식물이 자라는 것을 공부한다면, 자라는 과정의 개념을 공식화하여 기온, 습도, 빛 등의 일정한 상태를 가정하기만 하면 된다. 심리치료에서의 개인적 변화 과정의 개념화도 마찬가지로, 이 변화를 촉진하기 위한 조건으로 안정적이고 최적의 상태를 가정한다. 나도 최근에는 이러한 조건을 자세히 설명하기 위해 노력했다.(8) 현재 목표를 위해 가정된 조건을 하나의 단어로 말할 수 있다. 뒤따르는 논의를 통해, 나는 내담자 자신이 충분히 수용받는 것을 경험했다는 가정을 하였다. 이 말은 그의 느낌이 무엇이든 간에—공포, 좌절, 불안정성, 분노 —또 그의 표현양식이 무엇이든 간에—침묵, 몸짓, 눈물 등—이 순간에 그 자신을 발견하더라도, 그는 심리적으로 경험되었다고 느끼고, 치료자에 의해서 있는 그대로가 받아들여진다는 것이다. 이 용어에는 이해와 공감, 받아들여짐의 개념이 함축되어 있다. 또한 이 상태에 대한 내담자의 경험이 치료에 존재하는 사실로만이 아니라 (변화하기 위한) 최상의 조건으로 만들어 준다.

변화의 과정에 대해 내가 말하고자 하는 것은, 일정하게 경험되는 최상, 최대 상태의 수용을 가정하는 것이다.

드러나는 연속체

변화의 과정을 붙잡고 개념화하려 노력했고, 변화 그 자체의 표시나 특성을 찾으려 했다. 나는 변화라는 것이 실존하는 것이라 생각하고, 특정한 속성을 연구했다. 구체적인 경험이 없던 변화 과정에 나 자신을 노출시켜서 내가 이해하고 있던 것에서 점차적으로 떠오르는 것은 내가 전에 개념화했던 것과는 다른 종류의 연속체였다.

개인적 변화에서 내가 보기 시작한 것은, 고정적이고 한정된 것에서 새롭게 고정된 것으로 변화하는 것이 아니라 이러한 과정을 통해 가능한 것이었다. 그러나 더 많은 중요한 연속체는 고정에서 변화로, 고정된 구조에서 유동으로, 정체에서 과정으로 변화하는 것이다.

나는 어떤 장면에서라도 내담자가 표현하는 질Quality이 이 연속체에서의 그의 위치를 나타내 주며, 또한 그가 변화 과정의 어떤 지점에 서 있는지 나타내 준다는 시험적 가설을 만들었다.

이 과정의 개념을 점차적으로 발전시켰고, 이 안에서 일곱 가지의 단계를 식별할 수 있었으나, 이것이 연속체인지 하나가 3단계 혹은 50단계로 구분되는지 의문이었다. 하지만 모두 중재 요인이 있었다.

내담자는 전반적으로 이 연속체의 특정 범위와 관련한 일련의 행동을 나타낸다. 불가능해 보이지만 그의 인생의 어느 영역에서는 완전히 고정적이기도

하고, 또 다른 영역에서는 완전히 유동적이기도 하다. 그는 전체적으로 이 과정에서 어떤 단계의 경향을 갖는다. 그러나 이 과정에 대해 좀 더 자세히 설명하면, 개인적 의미를 가지는 영역들은 어떤 한 단계에 상당히 한정되어 있으며, 다양한 단계의 성격을 나타내지 않는다는 점이다.

과정의 7단계

이제 나는 고정에서 흐름까지, 연속체의 고정된 끝에서부터 좀 더 가까운 부분까지의 '움직임'과 개인의 변화 과정에서의 연속적 단계를 설명하려고 한다. 만약, 정확하게 관찰한 것이라면, 자신이 완전히 받아들여졌다고 느낀 상태에서 개인적 경험과 표현의 특성을 표본 추출하는 것이 가능한데, 우리는 그의 개인적 변화가 이 연속체의 어디에 있는지 결정할 수 있다.

1단계

고정되고 경험에서 멀리 떨어진 개인은 치료에 자발적으로 참여하지 않는다. 그러나 나는 이 단계의 성격을 설명할 수 있다.

자신과 대화하려 하지 않는다. 의사소통은 오직 외부로 향해 있다.

예 "글쎄, 말하자면 자신에 대해 이야기하는 것은 아주 급박할 때를 제외하고는 무의미한 것이에요."*

* 특별히 제시된 경우를 제외하고, 여기에서 제시된 예문은 녹음된 인터뷰에서 따온 것이다. 대부분은 출판되지 않은 인터뷰이지만 몇몇 사례는 루이스Lewis, 로저스Rogers, 슐린Shlien(5)에 의해 두 편 정도 발표되었다.

느낌과 개인적 의미가 인식되거나 개인의 것이 아닌 것으로 인식한다.

개인적 구조(켈리Kelly의 말을 빌리자면(3))는 굉장히 경직되어 있다.

친밀하고 의사소통적 관계가 위험하다고 생각한다.

이 단계에서는 어떤 문제도 인식이나 감지되지 못한다.

변화에 대한 욕구가 없다.

예 "나는 건강하다고 생각해."

내부적 의사소통에 대한 많은 장애물이 있다.

아마도 이 간단한 진술과 예들은 연속체의 끝부분인 심리적 고정성으로 설명될 것이다. 이 단계에 있는 개인은 자신의 삶에서 감정의 썰물과 밀물을 알아차리지 못한다. 그가 경험을 구조화하는 방법은 그의 과거 경험에 의한 것이며, 그것은 실존하는 현재에 대해서 융통성 없는 비효과적인 방법이다. 그는 (젠들린과 짐링에 따르면) 경험을 그의 방식대로 구조에 가두고 있는 것이다. 그가 '지금의 상황은 과거의 경험에서 찾을 수 있고, 과거처럼 행동하면 된다. 그것을 느낀다.'와 같이 반응하는 것이다.(2) 경험에서 개인 의미의 차이가 좁거나 혹은 넓어도, 경험은 크게 흑과 백으로 표현된다. 그는 그 자신과 의사소통하지 않으며, 오직 외부와 의사소통할 뿐이다. 자신은 아무 문제가 없으며, 혹 문제가 있다 하더라도 전적으로 그의 외부에 기인한 것으로 인식한다. 여기에는 자신과 경험이 내적으로 의사소통하는 데 많은 장애가 있다. 이 단계의 사람은 소통과 변화의 정반대인 정체와 고정으로 표현할 수 있다.

2단계

1단계의 사람이 경험을 충분히 받아들일 수 있다면 2단계가 온다. 우리는 1단계에서 개인이 어떻게 경험을 받아들일 준비를 하게 되는지 알 수 없지만 종종 역할극이나 집단치료에서 그 자신이 초기에 가졌던 어떤 것에도 연연하지 않고 충분히 오랜 시간 그 자신 자체를 경험한다면 2단계 환경에 노출될 수 있다. 어떤 상황하에서도 이것을 경험하기만 한다면 느슨함과 소통의 상징적 표현이 나타난다. 다음에 예가 나와 있다.

표현이 자기와 관련되지 않은 주제로 흐른다.

예 "내가 생각하기에 내 아버지는 일 관계에서 매우 불안을 느끼시는 것 같다."

문제가 자신의 외부적인 것으로 표현된다.

예 "내 인생에서 혼란은 계속해서 발생한다."

문제에 대해 개인적 책임을 느끼지 못한다.

예 위의 예와 같음.

감정들이 개인에 속해 있지 않은 것처럼 묘사하거나 때때로 과거의 일인 것처럼 표현한다.

예 **상담자:** "무엇 때문에 당신이 여기에 왔는지 얘기해 줄 수 있나요?"

내담자: "증상은, 그게 그냥 너무 우울했었어요."

이것은 개인의 내적 문제가 전적인 것으로 인식되고 의사소통되는 기막힌 예다. 그녀는 "나는 우울해요."라든가 "난 우울했어요."라고 말하지 않는다. 그녀의 감정은 거리감이 있는 것이고, 자신의 것이 아니며, 전적으로 외부적인 것이다.

감정이 나타나긴 하지만 자신의 것이 아닌 것으로 인식한다.

경험은 과거에 의해 결정된다.

예 "내가 만들어 내는 보상은 사람들과 얘기하려고 노력하거나 그들과 좋은 관계를 맺어서라기보다 지적인 수준에서 만들어진 것 같다."

여기에서 내담자는 경험이 과거에 의한 것임을 인식하기 시작한다. 자신의 감정을 손 안에 잡고 있는 것이기도 하다.

개인적 구조는 경직되고, 구조를 깨닫지는 못했지만 사실로 생각한다.

예 "나는 어떤 것도 제대로 못 끝낸다. 끝내지도 못한다."

개인적 의미나 감정의 차이는 매우 제한적이고 폭넓다.

예 '나는 절대로 ~못한다.' 는 흑백논리이고, '제대로' 는 절대적 가치다.

부정이 표현되기도 하지만 거의 인식하지 못한다.

예 "나는 그것을 알기를 원했지만, 한 시간 동안 같은 페이지만 보았다."

2번째 단계의 변화 과정에 대해 이야기하자면, 도움을 자발적으로 요청하는 많은 내담자가 이 단계에 있다. 그러나 우리(대부분의 치료자들)는 그들과 함께 작업하면서 아주 작은 성공만 이룰 뿐이다. 이는 비록 개념적 구조는 어느 정도 다르지만 커트너의 연구[4]에서 나온 합리적인 결론과 같다고 볼 수 있다. 우리는 이 단계에서 개인이 어떻게 '수용받는' 경험을 하는가에 대해 아는 것이 거의 없다.

3단계

2단계에서 약간의 느슨함과 흐름에 막힘이 없었다면 내담자는 기꺼이 그 자신을 받아들일 수 있으며, 상징적 표현에서 더 발전된 느슨함과 흐름을 보일 것이다. 여기에 연속 과정에서 이 단계와 비슷한 특성이 있다.

대상으로서의 자신에 대해 자유롭게 표현한다.

예 "나는 그녀를 위해 완벽해지도록 노력했다.—명랑하고, 다정하고, 지적이고, 말 많고—왜냐하면 그녀가 나를 사랑해 주길 원했으니까."

대상으로서 자기와 관련된 표현이 있다.

예 "정말 큰 문제는 결혼생활에서 얼마만큼 자신을 개방할 것인지, 그리고 전문적 직업이 중요하다면 이 시점에서 직업이란 것이 진짜 너의 자아를 찾도록 하는 것인지, 이것들이 경험의 한계다."

이 인용구에서 그녀의 자아는 거리감 있는 대상으로서 2단계와 3단계 사이에 있는 전형적인 예다.

반영적 대상으로의 자아를 표현한 것으로 최초로 다른 사람이 존재한다.

예 "난 내 어머니가 그랬던 것처럼 감미롭게 웃는다. 또 때로는 우리 아버지가 했던 것처럼 우락부락하기도 하다. 다른 사람들의 성격을 가지고 있지만 그것은 내 것이기도 하다."

지금의 상태가 아닌 느낌과 개인적 의미에 대해 표현하거나 많은 설명을 한다.

보통, 당연하게도 과거의 감정에 대해 많은 이야기를 한다.

예 "사람들에게 말 못할 것들이 많다. 내가 했던 안 좋은 일들이다. 나는 기분이 안 좋고 내가 나쁜 사람 같다."

예 "지금 떠오른 감정은 어렸을 때의 감정이다."

여기에서 그대로 받아들여지는 감정은 거의 없다. 대부분의 감정은 부끄럽거나 나쁘고, 받아들여질 수 없는 부분들이다.

때로는 감정들이 나타나기도 하고 인식되기도 한다. 과거의 경험이 묘사되는데, 이는 자신과 떨어져 있다.

다음은 이것을 표현하는 예다.

개인적 구조가 경직되어 있으나, 구조로서 인식되고 외부적 사실로 받아들이지 않는다.

예 "나는 내 어린 시절에 많은 죄책감을 느낀다. 벌로써 버림받은 느낌이었다. 만약 어떤 것에서 버림받지 않았다면 다른 것에서 버림받았다."

여기에서 보듯이 그는 사실을 말하기보다는 경험을 해석하고 있다.

예 "나는 애정이라는 것이 복종과 연관되어 있는 것 같아 두렵다. 그리고 내가 싫어하는 것이기도 하다. 나에게 이 두 가지는 똑같은 의미인데, 내가 애정을 갖는다는 것은 누군가가 원하는 것을 해 주어야 한다는 것이다."

이전 단계보다 감정과 느낌의 차이가 일반적이기보다는 뚜렷하다.

예 "내가 전에도 말했듯이, 이번에는 정말 그것을 느낀다. 그리고 이것들이 예전과 다름이 없다는 것에 기분이 몹시 나쁜 것이 이상한가? 그들은 나에게 못되게 굴었고, 나는 이에 맞서서 전혀 천사같지 않게 굴었다. 나는 그것을 깨달았다."

경험에서의 모순을 인식한다.

예 내담자가 설명하기를 한편으로는 자신이 대단한 사람이 되기를 기대했다고 한다. 또 다른 한편으로는 쉽게 부랑자로 끝날 것 같다는 느낌이 든다고 한다.

종종 개인적 선택이 효과적이지 않은 경우가 있다.

내담자는 무엇을 하기 위해 '선택'을 하지만 그의 행동이 선택의 범위 안에 있지 않은 것을 발견하게 된다.

앞의 예들은 도움을 필요로 하는 많은 사람이 이 단계에 근접해 있다는 증거들이다. 그들은 다음 단계로 넘어가기 전에 개인적이지 않은 느낌을 설명하고 대상으로서의 자신을 탐색하기 위해 상당한 시간을 이 지점에서 보낸다.

4단계

내담자들이 3단계에서 그들 경험의 다양한 측면이 이해되고, 환영받고, 있는 그대로 받아들여진다고 느끼면, 점차 구조의 느슨함과 느낌의 자유로운 흐름이 특징인 4단계로 옮겨 오게 된다. 우리는 이 느슨한 4단계의 특징을 알아내기 위해 노력할 것이다.

내담자는 '지금 –현재가 아닌' 좀 더 격렬한 감정에 대해 설명한다.

예 "정말이지 그것은 나를 바닥으로 떨어뜨렸다."

느낌은 현재에서 대상으로써 설명된다.

예 "그것은 내가 의존적인 느낌이 들도록 만들었는데, 왜냐하면 나는 스스로에 대해 희망이 없었기 때문이다."

때때로 느낌들이 현재로써 표현되기도 하는데, 내담자의 바람에 반대되는 것이다.

예 방관자를 포함한 꿈 이야기를 한 내담자는 위험하다. 왜냐하면 그는 그의 '범죄'를 목격하게 된 것이고, 치료자에게는 "좋아요, 당신을 믿을 수 없어요."라고 말하기 때문이다.

현재에서 경험적 느낌을 향하는 경향성에는 불신과 공포가 있다.

예 "나는 경계에 있는 것 같아요. 그것은 틀림없이 나 일 거예요! 그것을 하는 것 말고는 방법이 없어요. 나는 어떤 것도 비난할 수가 없어요. 내 안에는 어떤 매듭 같은 것이 있어요. 그건 나를 미치게 하고 울고 싶게 만들고, 도망가게 만들어요!"

여기에는 느낌을 거의 받아들이지 못하지만, 받아들여진 것이 좀 있다.

앞의 두 가지 예는 내담자가 공포심에 접근한 경험으로 충분히 받아들이는 것을 가리킨다. 그러나 의식적인 수준이 아니다.

경험은 과거의 구조에 의한다거나 거리가 있는 것이 아니라 약간 지연되어 나타나는 것이다.

다시 앞의 두 예로 돌아가면, 이것들은 경험이 덜 조여진 방식을 잘 설명해 준다.

여기에는 경험의 느슨함이 설명되고 있으며, 개인적 구조에 대한 발견도 있다. 구조에 대한 뚜렷한 인식 그리고 그것의 타당성에 대한 물음도 시작된다.

예 "그것은 나를 즐겁게 해요. 왜일까요? 왜냐하면 그것은 내가 좀 맹한 부분이기 때문이에요. 그리고 그것에 대해 약간의 긴장과 당혹도 느껴요. 약간 무력감이 들기도 하고요. (그의 목소리는 약하고 슬퍼 보임) 유머는 내 삶의 보루였어요. 아마도 그것은 진짜 나를 보려는 노력과는 상관없을 수 있어요. 확실한 것은 그것이 무너졌다는 거예요. 지금 실패한 것처럼요. 나는 어디에 있죠? 나는 뭐라고 말하죠? 나는 손에 쥘 무언가를 잃어버렸어요."

여기에는 기본적 구조에 대한 질문의 충격적인 결과에 대해 설명하고 있는데, 이 사람은 유머를 방어로 사용하였다.

여기에는 상징의 정확성을 찾는 경향과 함께 감정, 구조, 개인적 의미의 차이에 대해 이야기하고 있다.

예 이 특성은 이 단계 안에서의 각각의 예를 통해 명확하게 설명된다.

여기에는 경험과 자아 사이의 모순과 불일치에 관한 깨달음이 있다.

예 "나는 나 자신을 위해 살지 않았다. 내가 할 수 있는 것보다 더 많이 해야 했다. '뭔가 될 때까지 나오지 마라.'는 엄마의 말대로 모범적인 사람이 되기 위해 얼마나 많은 시간을 보냈는지 모른다. 결과적으로 나는 많은 것을 잃었다."

이 두 예는 모순과 경험의 해석 방법에 대한 의문과 관련된다.

여기에는 어떤 문제에 대해 확신할 수 없는데도 불구하고 책임지려는 감정에 대해 나와 있다.

여전히 가까운 관계가 위험해 보이는데, 내담자는 좁은 감정의 영역에서 그 자신에 위기를 느낀다.

앞의 많은 예 중 주목할 만한 예는 "오, 맞아요. 나는 당신을 믿을 수 없어요."이다.

이 단계와 다음 단계는 알다시피 많은 심리치료를 구성하고 있는 과정이다. 그들의 행동은 어느 치료에서도 흔하게 일어난다.

우리가 다시 상기해야 할 것은 어떤 사람도 과정의 하나 혹은 다른 단계에 전적으로 머무르지 않는다는 것이다. 많은 상담을 녹음해서 들어 보고 글로 정리해 보면 내담자가 2단계의 경직된 특성을 보이거나 4단계의 느슨함을 보이더라도 표현과 행동은 3단계를 나타내기도 한다는 것이다. 그러나 이것은 6단계에서는 보이지 않는다.

앞의 내용은 내담자가 자신을 찾는 과정에서 일반적 단계의 변화하기 쉬운 특성을 보여 준다. 만약, 우리가 내담자의 개인적 의미와 관련된 특정 영역에 우리 자신의 발견을 한정시킨다면 이론은 좀 더 규칙적이 될 것이다. 3단계는 앞의 두 단계보다 발견하기 어렵고, 4단계는 3단계의 중재 없이는 뒤따르기 힘들다. 물론 이런 이론적 가설은 경험적 실험을 거쳐야 한다.

5단계

연속체에 계속 접근하다 보면 5단계라고 부르는 지점에 도착하게 된다. 만약, 내담자가 4단계에서의 경험, 행동, 표현을 그 자체로 느끼게 되면 신체의 흐름은 좀 더 느슨해지고 자유로운 상태에 놓인다. 5단계의 특징은 다음과 같다.*

감정이 현재 시제로 자유롭게 표현된다.

예 "나는 거절당할 것을 기대했습니다. 그것을 항상 기대했죠. ……어쩐지 당신도 느낄 수 있을 것 같군요. 말하기 어렵네요. 왜냐하면 당신과 함께 하기 위해 최선을 다하기 때문이지요." 여기에서의 느낌은 치료자와 내담자의 관계에서 중요한 것으로 치료자는 감정을 드러내는 것이 어렵긴 하지만 개방적으로 표현해야 한다.

감정들이 충분한 경험과 매우 근접하게 된다. 그들은 "확 올라온다", "스며나온다"라고 표현하는데, 내담자들의 감정이 풍부하게, 그리고 즉시적으로 체험되는 것에 대한 두려움과 불신에도 불구하고 이런 현상이 나타난다.

예 "그것은 나타났고, 나는 그것을 이해하지 못하겠어요. (긴 침묵) 나는 두려움이 무엇인지 알아내기 위해 노력하고 있어요."

예 내담자는 외부적 사건에 대해 이야기하고 있다. 갑자기 그녀는 고통스러워 보였다.

상담자: "왜요. 무엇이 떠올랐나요?"

내담자: "모르겠어요. (울먹이며) ……나는 얘기하고 싶지 않은 무언가와

---

* 윗 단계로 올라갈수록 프린트로 나와 있는 예시는 적절성이 떨어질 수 있다. 그 이유는 윗 단계일수록 경험의 질이 중요한 데 충분히 전달할 수 없는 녹취로만 제시할 수 있기 때문이다. 아마도 언젠가는 녹음된 사례가 시리즈별로 제공될 수 있을 것이다.

너무 가까워진 것 같아요."

어떤 느낌이 그녀의 의식으로 올라왔다.

예 "나는 지금 멈춰야 할 것 같아요. 왜 내 마음이 뻥 뚫린 것 같죠? 나는 뭔가를 잡고 있는 것 같고, 또 어떤 것은 가도록 내버려 두는 느낌이에요. 그리고 내 안의 무언가가 나에게 말해요. '어떤 것을 포기하는 것이 좋을까?'

감정의 경험이 직접적 대상과 관련하여 현실화되는 경향이 시작된다.

앞의 세 가지 예는 이것을 잘 설명해 주고 있다. 각각의 사례에서 내담자는 그가 무언가를 경험했다는 것을 알지만, 명확하게는 그 경험이 무엇이었는지 모른다. 그러나 모호하게나마 의식하고 있는 대상에 대해 알아차리기 시작하고, 신체는 그의 상징과 인지적 공식화를 다시 확인한다. 이것은 종종 표현되기도 하는데, 그것은 대상과 가깝기도 하고 또는 멀기도 하다.

예 "나는 정말 그것을 정확하게 가리킬 수 없어요. 그저 설명할 뿐이죠."

'확 올라오는' 감정은 놀랍고, 무섭고, 즐거움이라곤 없는 감정이다.

예 내담자는 과거의 가족관계에 대해 이야기하는데, "그것은 더 이상 중요하지 않아요. 음, (멈춤) 그것은 나에게 굉장히 의미 있는 것이지만 말입니다. 지금은 그것에 관해 잊을 수 있고…… 왜냐하면, 중요하지 않으니까요. 와! 모든 것이 끔찍하고 잡동사니 같군요!"

예 내담자는 그의 무력감에 대해 표현한다. "나는 아직도 그것의 힘에 깜짝 놀라요. 내가 느끼기에 그것은 너무 커요."

자신의 감정에 대해 책임이 커지고, 또 그러길 원하며 '진정한 자신'이 된다.

예 "진짜 문제는, 내가 다정하지도 않고 구시대적 인물이라는 건데, 내가 그렇게 되고자 원한 거예요. 나는 화가 나요. 사람들에게도 차갑게 대하고 때때로 이기적이기도 해요. 그러면서 왜 내가 안 그런 척했는지 모르겠네요."

이것은 모든 감정을 받아들인 상태다.

경험은 느슨하며 더 이상 거리가 있지 않고 조금 지연되어 나타난다.

신체와 주관적인 삶과는 약간의 차이가 있다. 또 내담자에게는 나름의 정확한 이유가 있다.

예 "여전히 이 슬픔이 무엇인지 알아내는 데 어려움이 있어요. 그리고 눈물이 나기도 하고요. 내가 어떤 확실한 감정에 다다르면 그렇더라고요. 그리고 종종 내가 슬퍼질 때면 과거에 있었던 일 때문에 만들어 놓은 벽을 부수는 것이 도움이 되더라구요. 내가 무언가에 서운했다면, 자동적으로 이 방어물이 세워지고, 그렇게 되면 나는 어떤 것도 진심으로 느끼지 못해요. 그리고 만약 내가 느낄 수 있게 되면 즉시 울도록 내버려 두는 거죠. 그러나 그렇게 할 수 없어요."

우리는 그의 느낌이 명백한 내적 체계에 근거한 것을 볼 수 있다. 울고 싶다는 그의 감각은 상처받은 것의 지연된 부분적인 경험이다. 그 또한 그의 방어를 어찌할 수 없다는 것을 알고 있으며, 이 단계에서는 상처받는 일이 생겼을 때 경험하게 된다.

경험이 해석되는 방식은 많이 느슨해진다. 여기에서는 많은 개인적 구조가 발견되고 비판적 조사와 질문들이 행해진다.

예 한 남자가 말하길, "욕구를 만족시키고 그렇게 해야만 한다는 생각은 내 삶의 기본적 가정이었습니다. (눈물을 흘린다.) 이것은 내가 만족시켜야 하는 불문율이었습니다. 나는 선택의 여지가 없었습니다. 그것을 해야만 했지요."

여기에서는 그의 가정이 구성된 것이며, 불문율이었다는 증거가 끝부분에 명확해지고 있다.

감정과 의미가 명확히 다르다는 강하고 분명한 경향성이 있다.

예 "……어떤 긴장이 떠오르는군요. 어쩌면 무력감이기도 하고 불완전함 같기도 하군요. 그리고 지금 나의 삶은 불완전한 것 같아요. 모르겠어요. 가까이 떠오르는 것은 무력감 같아요."

그는 명백하게 그의 경험의 상징을 정확한 용어로 규정하기 위해 노력하고 있다.

경험의 모순과 부정확함이 명확해지고 있다.

예 "내 의식은 나에게 '나는 가치 있다.'고 말합니다. 그러나 어떤 부분에서는 믿을 수 없군요. 나는 비열한 사람같이 생각되요. 나는 내 능력으로는 아무것도 할 수 없을 것 같아요."

직면한 문제에서 자신의 책임을 받아들이는 특징이 나타나고 있는데, 그것은 그가 어떻게 그 문제에 기여하게 되었는지에 관한 것이다. 개인적인 대화가 자유스럽게 나타나는데, 내부적 의사소통이 개선되고, 그것을 막고 있던 장애물이 감소한다.

때때로 내부적 의사소통은 말로 나타나기도 한다.

예 "내 안의 어떤 것이 '포기해야 할 것이 뭐냐, 이미 나에게 한 말이잖아.' 라고 말합니다. 내가 나에게 말하고 있는 거지요. 그곳으로 돌아가 보면 지금껏 나를 운영했던 내가 나에게 묻고 있어요. 그것은 이제는 불평하면서 '너무 가까이 왔어. 돌아가!' 라고 말하고 있어요."

예 경험의 직접적 대상에 대항하여 인지적 공식을 다시 확인하는 자신의 목소리를 듣는 대화 형태는 자주 발견된다. 내담자는 "우습지 않나요? 나는 한번도 이런 식으로 나를 본 적이 없어요. 나는 그저 나를 확인해 본 거예요. 항상 긴장은 외부에 의해 생겼으니까요. 이런 식으로 해 본 적은 없었어요. 그렇지만 사실이에요. 진짜 사실이에요."

나는 이 5단계의 예들이 많은 점을 명확히 한다고 본다. 1단계에서 5단계까지는 상당한 거리가 있다. 내담자들은 1단계의 경직됨과는 구분되는 유동적인 면을 가지고 있다. 그는 과정상에 항상 존재하는 신체적 상태에 상당히 가까이 있다. 감정의 유동성에도 가까이 있다. 경험에 대한 구조도 느슨하게 되고 안과 밖의 대상과 증거에 대항하여 반복적으로 검증된다. 경험은 좀 더 다양하게 되고, 내부적 의사소통은 유동적이고 좀 더 정확하게 된다.

한 영역에 관한 예

단계를 설명하는 데 마치 내담자가 총체적으로 한 단계에, 또는 다른 단계에 있는 것처럼 설명하는 경향이 있었는데, 다시 강조하자면 다음 단계로 넘어가기 이전에 개인적 의미가 주어지는 곳에서는 이 과정이 내담자의 일반적인 수준으로 내려가게 된다. 왜냐하면 경험은 자아 개념과 함께 매우 급작스럽게 변화하기 때문이다. 아마도 내가 한 내담자의 감정의 단편적인 영역단을 설명할 수 있는 것처럼 과정에서도 경험의 단편적인 부분의 작용만을 설명할 수 있기 때문일 것이다. 슐린Shlien[(5)]의 경우에서 보듯이 상담에서의 자아 경험의 질은 과정의 연속체에서 3, 4단계에 근접해 있다. 그런 다음 성적인 문제에 다다르면 과정은 연속체의 더 낮은 단계에 있게 된다.

여섯 번째 면담에서 그녀는 치료자에게 말할 수 없는 무언가를 느꼈다. 그런 다음 한참 후 거의 알아들을 수 없는 목소리로, 아랫배 부분에 뭔가 근질거리는 느낌이 있는데 신체상의 원인은 밝혀낼 수 없다고 했다. 여기서의 문제는 완전히 자아의 외부적인 것으로 보이며, 경험의 특성 또한 매우 거리가 있다. 이것은 2단계의 과정에서 묘사해 놓은 특징이다.

열 번째 면담에서 근질거림은 손가락으로 옮겨갔다. 그 후 매우 당황해하며 어린 시절에 했던 옷 벗기 게임과 같은 다른 성적인 행동에 대해 설명했다. 이것의 특성 또한 자신과 관련된 활동이 아니며, 감정도 과거 대상으로 묘사되었으나 과정의 연속체에서는 좀 더 발전된 단계다. 왜냐하면 그녀는 "나는 그저 나쁘고, 더러웠으니까요. 그게 다예요."라고 설명하였기 때문이다. 여기에 경직된 개인적 구조와 다르지 않은 자아에 관한 표현이 있다. 이것은 3단계의 특징으로, 또한 자아에 관한 진술을 따라가고 있으며, 개인적 의미에 관한 차이점을 보여 주고 있다. "내가 생각하기에 나는 속으로는 매우 성적이지만, 겉으로는 그렇지 않은 것으로 보이길 원한다. 하지만 안과 밖이 같았으면 좋겠다." 마지막 문장은 개인적 구조에 대한 어렴풋한 질문인 4단계에 속한다.

열두 번째 면담에서는 더 나아가 그녀 자체가 문란하게 태어난 것은 아니라는 것에 합의했다. 이것은 다음 단계의 특성으로 이어지고자 했는데, 그녀 안에 깊숙이 자리한 경험을 구성하는 것에 대한 명백한 도전이었다. 또한 그녀는 면담 도중에 치료자에게 "당신은 잘 생긴 남자예요. 내 모든 문제는 당신 같은 남자들 때문에 비롯되죠. 만약 당신이 나이가 더 많았다면, 더 쉬웠을 거예요. 그렇지만 장기적으로 보면 그렇지도 않았겠지요."라는 용기 있는 말을 해 주었다. 그녀는 이 말을 하고 매우 부끄러워했고, 또 "꼭 발가벗겨진 느낌이에요."라고 말했다. 여기에는 즉시적인 감정이 드러나고 있는데, 꺼려 하고 두려워하기는 해도 약간 지연되어 나타나는데, 그러나 받아들이기에는 아직 어려움이 있다. 의미의 예민한 차이는 "쉽긴 하겠지만 더 낫진 않아요."라는 구절이 그 증거다. 이것은 4단계에서의 완전한 특징이다.

그녀는 열다섯 번째 면담에서 성에 관련한 과거의 경험과 느낌에 대해 묘사했는데, 여기에는 3단계와 4단계의 특징도 보인다. 그녀는 "나는 나 자신을 해치고 싶어요. 그래서 나를 해칠 남자와 만나기 시작했죠. 그들의 남근으로 말이죠. 나는 그것을 즐겼고, 상처받았어요. 그래서 나는 즐기는 동시에 그것에 대한 벌도 함께 준 셈이죠."라고 지적했다. 여기에는 경험을 해석하는 방식이 있는 그대로 지각되고 있는데, 이는 외부적 사건이 아니다. 이것은 또한 상당히 의심스럽지만 암묵적이다. 여기에는 즐거움을 경험하는 것이 부정적인 요소로 취급되고 아직도 처벌받아야 한다는 느낌이 용인되고 있다. 이러한 특징은 4단계나 더 발전된 단계에 충분히 나타난다.

얼마 후에 그녀는 자신의 성적인 즐거움에 대해서 과거에 느꼈던 강렬한 브끄러움에 대해 묘사했다. 그녀의 두 언니는 '정결하고 존경받는 딸들'로 오르가슴을 느낀 적이 없었으므로, "다시 말해서 나는 나쁜 아이에요."라고 말했다. 이것은 다시 4단계를 표시한다. 그런 다음 갑자기 그녀가 묻기를 "아니면 정말 전 운이 좋은 게 아닌가요?"라고 하였다. 당혹스런 감정의 현재 표현은 '솟아오르는 감정'의 특징을 가지는데, 이 놀라운 즉시적 경험은 그녀의 이전 성격 구조에 대한 솔직하고 명백한 의문으로 5단계의 특징을 가진다. 그녀가 이 과정으로 옮겨 오면서 면담의 분위기를 받아들이게 되었고, 2단계와는 상당한 거리를 가지게 되었다.

나는 이 예가 개인적 의미를 지니는 영역 안에서 개인이 점점 더 느슨하게 되고, 그녀가 받아들여지는 대로 과정 안에서 점점 더 움직이게 되는 방식을 설명하기를 바란다. 이 경우는 내가 믿는 것을 설명해 주고 있는데, 이 과정에서 점차 유동적이 된다는 것은 몇 시간이 걸리는 것이 아니라 몇 주가 필요함을 말하고 있다. 이것은 일상적이지 않은 발전 과정인데, 약간 후퇴하기도 하고 더 이상 나아가지 않는 것처럼 보이지만, 마침내는 앞으로 나아가게 된다.

6단계

만약 내가 어떤 영역의 느낌이나 감정이 점차 느슨해지는 특징과 의사소통할 수 있다면 각각의 단계에서의 경험과 해석은 결정적인 것을 관찰할 수 있게 되어 다음 단계를 준비할 수 있게 해 줄 것이다. 과정의 성격적 특성에 대한 인식이 무엇을 설명해 주는지 보자.

내담자가 계속해서 치료적 관계를 충분히 받아들인다면, 5단계의 특성은 매우 독특하고 때로는 극적인 표현을 보여 준다. 다음의 예를 보자.

> 과정의 특징에서 전에는 금지되었던 어떤 '막힌 듯한' 감정이 즉각적으로 경험된다.
>
> 감정이 전적으로 결과를 따른다.
>
> 현재의 감정은 즉시 풍부하게 경험된다.
>
> 경험과 내용으로 구성된 감정의 즉시성은 받아들여지는데, 그것 자체로서 부정되고 두려운 것이고 반대되는 것이 아니다.

이 문장들은 작은 차이점이 무엇인지, 언제 나타나는지, 명확한 현상으로 설명하기 위한 시도다. 전체 특성을 드러내기 위해 녹음된 예들을 사용했지만, 이제 나는 녹음된 것 없이 그것을 설명하기 위해 노력할 것이다. 어떤 젊은 청년의 여든 번째의 면담에서 나온 장기 발췌문은 내담자가 6단계로 들어가는 것을 나타내고 있다.

예 "나는 나를 위해서 부드러움을 가질 수 있다는 가능성을 고려할 수 있어요. 그들이 하나이고, 또 같은 것일 때 나를 위해서 어떻게 부드러워질까에 대해 아직 확실하게 느낄 수는 없어요. 당신도 알다시피 아이를 돌보는 것과 같아요. 당신은 이것도 주고 저것도 주고 싶죠. 다른 사람을 위해서는 명확히 하지만 나 자신을 위해서는 해 본 적이 없어요. 내 자신을 진정으로 돌보길 원하고 전적으로 내 인생을 위해서란 것이 가능할까요? 그것은 가장 소중하고 가장 원하는 위치를 지키기 위해 온 세상과 협상해야 한다는 뜻인데, 그건 내가 돌보고 싶어 하는 나와 온 세상 사이에 내가 있다는 거잖아요. 내가 나 자신을 사랑하는 게 참 낯선 일이긴 하지만, 그건 진실이에요."

치료자: 현실에서는 정말 낯선 개념이군요. 그것은 '내 개인적 책임이 소

중한 자아를 돌보는 것인데, 그것을 통해 나는 세상과 직면한다.' 는 뜻 같군요.

내담자: 내가 돌봐야 할 사람은 나와 굉장히 가까이 있는 것처럼 느껴져요. 오! 이것은 또 다른 낯선 것이군요.

치료자: 이상하게 느껴진다는 거군요.

내담자: 어찌됐든 이제 아주 가깝게 느껴져요. 나를 사랑하고 나를 돌보는 것에 대한 생각이에요. (그의 눈이 촉촉해졌다.) 매우 좋은 거예요. 그래요, 매우 좋은 것.

이 녹음은 그 안에서 흐를 수 있는 감정에 대한 진술을 알려 주는데, 즉각적이고 순간적으로 경험된다. 이것은 제약 없이 전체 결과에 의해 흐르는 감정으로 다른 한쪽으로 치우치거나 부정되지 않고 흔쾌히 경험된다.

여기에는 그것에 대해 느끼는 것이 아니라 삶의 주체로서의 특징이 있다.

내담자의 말에서, 그것을 느끼기 위해 경험으로부터 충분히 후퇴하기도 하는데, 앞의 예에서는 그의 언어가 내부에서 진행되고, 그가 살아가는 경험에서는 주변적인 것으로 명확하진 않다. 이것에 대한 최고의 표현은 '와! 또 다른 낯선 것이 있군요.' 이다.

대상으로서의 자아는 사라진다.

이 순간의 자아는 감정 그 자체다. 이것은 순간에 시작하는데, 자각은 거의 없고 사르트르의 말처럼 개인적인 반사적 자각만이 있다. 자아는 주체적으로 실존적 순간에 있다. 이것은 자각되는 것이 아니다.

이 단계에서의 경험은 실제 과정의 특성을 지닌다.

예 이 단계에 근접한 어떤 남자 내담자는 그 자신에게 존재하는 많은 비밀의 원천에 관해 두려운 느낌을 가지고 있다고 말한다. 그는 "나비는 수면에 근접해 있는 사고와 같아요. 물 밑에는 깊은 흐름이 있고요. 나는 그것의 모든 것과 분리된 느낌이에요. 깊은 흐름은 수면 밑에서 움직이는 무리를 지어 다니는 물고기들 같아요. 나는 물의 표면을 통해 그 깨어짐을 봅니다. 낚시터에 앉아 핀의 끝을 구부리면서 좀 더 나은 방법을 찾으려고 합니다. 아니면 물 속에 뛰어드는 더 좋은 방법을 생각하거나요. 그것은 좀 무서운 생각이 드는데요. 나는 나 스스로 물고기가 되길 원하는 상상을 하거든요."

치료자: "나 또한 그 흐름 속으로 뛰어들고 싶군요."

이 내담자는 아직 과정상의 방법으로 충분히 경험하지 못했고, 따라서 연속체에서의 6단계에 대한 충분한 예를 나타내지 못하고 있다. 그는 그것의 진짜 의미를 명확하게 설명할 것을 예측하고 있다.

이 단계의 과정에서 특징은 신체적 느슨함과 동반하는 또 다른 특징이다. 눈에서 나오는 눈물이나 근육의 이완이 증거가 된다. 종종 다른 신체적 부산물이 있기도 하다. 이 순간은 우리가 판단하는 것인데, 개선된 소통, 신경의 추진에 의한 향상된 전달력들을 가정할 수 있다. 어떤 감각의 '원시적' 성질의 예를 다음의 축어록에서 볼 수 있다.

예 한 젊은 내담자는 그의 부모가 죽거나 없어지길 바란다고 표현했다. "이건 일종의 바람인데, 그들이 없어지거나 아예 나타나지 않거나 했으면 좋겠어요. 그리고 나는 나 자신에 대해 부끄러움을 느껴요. 왜냐하면 그들이 나를 부른 다음에 나는 떨어져 나오죠, 휙 하고! 그들은 여전히 완강해요. 모르겠어요. 그들은 중앙에 있는 것 같아요. 나도 내부에서 그것을 느낄 수 있어요. 휙. (그는 그의 배를 잡고 뽑는 시늉을 했다.)"

치료자: "그들은 정말 당신의 배꼽 부분에 있는 것 같군요."

내담자: "그걸 정말 느낀다는 건 웃긴 것 같아요. 그건 마치 불타는 느낌이에요. 그리고 그들이 어떤 말을 하면 나는 굉장히 불안해지는데,

나는 그것을 바로 그 자리에서 느낄 수 없어요. (지적하면서) 나는 그걸 한번도 그런 식으로 생각해 본 적이 없어요."

치료자: "만약 당신의 의사소통을 방해하는 무언가가 있다고 생각되면 마치 배에서 잡아당기는 느낌일 거예요."

내담자: "맞아요. 내 창자에 있는 것 같아요. 그래서 내가 느끼는 감정을 찾아내기가 힘들군요."

여기에서 그는 자신의 부모님에게 종속된 감정에서 주관적으로 살아간다. 아직까지는 그가 지각했다고 말하기는 부정확하다. 그는 그것 안에 있고 경험은 그의 배꼽 부분에 있다. 이 단계에서 내부적 의사소통은 자유롭고 막힘이 없다.

내 생각에 이 예는 아주 적당한 듯하다. 게다가 이 문장에서 '내부적 의사소통'은 더 이상 정확하지 않은데, 각각의 예들에서 결정적 순간의 집합이고 내부의 다양한 측면의 의사소통은 더 이상 필요하지 않다. 왜냐하면 그들은 하나가 되었기 때문이다.

경험과 인식 사이의 불일치는 생생하게 경험됨으로써 일치성 속으로 사라진다.

타당한 개인적 구조는 경험적 순간에서 용해되는데, 내담자의 감정은 이전의 그의 안정된 구조에서 분리된다.

두 특성은 다음의 예로 더 적합해진다. 한 젊은 청년은 확실히 알 수 없는 감정에 가까워지는 데 어려움을 느낀다. "감정이 무엇인지 거의 정확해지는 것도 같아요. 나는 무엇인가에 대해 두려워하는 것으로 너무 많은 시간을 보냈고, 그런 시선으로 나의 삶을 바라봤어요." 그는 그의 전문적 활동이 어떻게 그에게 안정감을 주는지 말하면서 "안전한 작은 세상이죠. 그리고 같은 이유로, (잠시 멈춘다.) 나는 그 생각이 새어 나오도록 했어요. 하지만 동시에 당신과 또 당신과의 관계에서 머물러 있도록 했고, 그것이 사라지는 것에 대해 공포를 느꼈어요. (그의 목소리는 좀 더 그의 감정에 적합하게 변화했다.) 내가 이것을 갖도록 해 줄 수 없나요? 나는 그게 필요해요. 그것 없이는 너무 외롭고 무서워요."

치료자: "음, 음. 그것 없이 너무 무서우니 그것을 갖고 있게 해 달라. 그건 일종의 간청이기도 하네요. 안 그런가요?

내담자: "간청하는 소년 같군요. 비는 것 같아요." (손을 기도하는 것처럼 모으며)

치료자: "애원하는 것처럼 손을 만들었군요."

내담자: "맞아요. '이것 좀 해 주실래요?' 처럼요. 오! 끔찍해요. 누가, 내가? 빈다고? ……명확히 느낄 수 없는 감정 같군요, 내가 결코 느껴 본 적이 없는 감정이에요. (잠시 멈춘다.) 이런 혼란스럼 감정을 가져요. 하나는 나에게 새롭게 떠오르는 생소한 감정이에요. 나는 그때마다 깜짝 놀라는데, 이것에 대해 너무 무서워하게 되는 그런 감정이에요. (눈물) 제 자신을 모르겠어요. 내가 전혀 인식하지 못했던 뭔가가 갑자기 올라와요. 그건 내가 되고자 원했던 것이거나 방식이에요."

여기에서 우리는 그의 간청에 대한 완전한 경험을 볼 수 있고, 그 자신에 대한 개념 사이의 불일치에 대한 생생한 인식을 볼 수 있다. 아직 그것이 사라지는 순간에서의 불일치에 대한 경험은 존재한다. 지금부터 그는 다른 감정과 함께 간청을 느끼는 사람이다. 이 순간 그 자신은 그의 이전 세계—의아스럽고 공포스러운 감각—로부터 떨어져 나왔다고 인식하는 방식으로 이해된다.

완전한 경험의 순간은 명확하고 확실한 대상이 되고 있다.

앞에 제시한 예는 내담자는 종종 그 순간에 그에게 '타격을 준 것이' 무엇인지 명확하게 깨닫지 못하는 것을 지적하고 있다. 그렇지만 이것은 별로 중요한 것이 아니다. 왜냐하면 그 사건은 실제 존재하는 대상이며 되돌릴 수 있고, 반복되며, 필요하다면 그것에 대해 더 밝힐 수도 있다. 이 예에서 보이는 간청하는 것은 '나를 사랑하는' 감정이며 설명한 것과 똑같지 않을 수도 있다. 그러나 그러한 감정들은 내담자가 스스로 그것들이 무엇인가 확실히 만족하더 알 수 있을 때까지 돌아가서 확인할 수 있는 튼튼한 창조이기도 하다. 그것은 아마도 내담자의 의식적 삶의 토대를 이루고 조사의 목적을 위해 내담자가 언제든지 되돌아 갈 수 있는 명료한 생리적 사실이기도 하다. 젠들린은 이런 우의미한 경험의 특성을 대상이라고 불렀다. 그는 이런 기초 위에서 심리학적 이론을 확장하고자 노력하였다.(1)

경험의 차이가 명확하고 기초적이다.

각기 다른 이 순간을 예로 들 수 있는데, 특히 실존은 다른 무엇과도 혼동되지 않는다. 명확한 차이점을 만드는 과정은 이것에 의해 만들어지고, 이것에 관한 것이다.

이 단계에서 더 이상의 외부적, 내부적 '문제'는 없다. 내담자는 주관적으로 살아가며 자신의 문제에 직면한다. 그것은 대상이 아니다.

이 예는 내담자가 그의 문제를 내부적인 것으로 지각하거나 내부적인 문제로서 다루는 것은 근본적으로 잘못되었다는 것을 말해 주는 증거다. 우리는 그가 좀 더 앞으로 나아갔고 그의 문제를 외부적인 것으로 지각하는 단계보다 크게 발전된 과정에 있음을 이해해야 한다. 그가 그의 문제로 지각하지도 않고 다루려 하지도 않는다는 것이다. 그는 단순히 그것을 알고 받아들이는 삶을 보여 주고 있는 것이다.

나는 연속체 과정의 6단계를 길게 설명했는데, 그만큼 이 단계가 중요하기 때문이다. 나의 관찰에 의하면, 경험을 즉각적이고 완전하게 받아들이는 이 순간은 거의 되돌릴 수 없는 감각이다. 그 예를 이러한 용어 안으로 집어넣은 것은 나의 관찰에 의한 것이다. 내담자들은 동일한 특징과 성격이 나타나는 것을 경험하는데, 그것이 무엇인지 인식하는 것을 깨닫는 것이 필요할 것이다. 자신을 부드럽게 돌보고, 자신이 부모의 한 부분이라는 긴밀한 유대, 또는 돌봐야 하는 작은 소년이 간청하는 것을 보게 될 것이다. 그리고 이것이 지나가면 알아차릴 수 있는데, 경험이 완전히 지각되고 완전히 받아들여지며, 그런 다음에 다른 명확한 현실처럼 효과적으로 다룰 수 있게 된다.

7단계

이 영역에서 내담자는 도움이 되는 치료자의 완전한 지지를 더 이상 필요로 하지 않는다. 왜냐하면 6단계가 되돌릴 수 없는 속성을 지녔기 때문에 내담자는 치료자의 도움 없이 마지막 7단계로 갈 수 있다. 이 단계는 치료적 관계 안에 있을 때보다 밖에서 나타나고, 종종 치료 시간에서 경험하기보다는 관찰 과정에서 보고된다.

새로운 감정이 세부적인 부분까지 즉각적으로 풍부하게 경험되는데, 치료 내에서도, 밖에서도 그러하다.

이러한 감정을 경험하는 것은 명료한 대상으로 사용된다.

내담자는 자신이 누구인지, 무엇을 원하는지, 자기 태도가 무엇인지 명확하고 색다른 방법으로 알기 위해 의식적인 노력을 한다. 자신의 감정이 불쾌하거나 두려웠다면 그것은 실제 사건이다.

여기에는 변화하는 감정에 대한 책임감이 더 많아지게 되는데, 이것이 그의 과정상의 기본 믿음이다.

이 믿음은 의식 과정에서 처음부터 있었던 것이라기보다는 전체의 유기체적 과정에서 나온다. 6단계의 특성을 경험한 한 내담자가 7단계의 특성적 언어로 묘사하고 있다. "지금 치료에서 고려해야 할 것은 여기에 앉아서 "이것이 나를 괴롭히는 것이다."라고 말하는 것과 어떤 감정이 점점 더 커져서 무언가 나올 때까지 그 주변에서 서성대야 한다는 것이 다르게 보이면 끝이라는 것이죠. 그런 다음 나는 무엇이 일어났는지 정확하게 말할 수 없어요. 나는 무언가를 내보이고 그것을 섞고 돌려요. 그리고 그것이 좋게 느껴지면 제자리에 돌려놓죠. 나는 정확히 무슨 일이 일어나는지 알지 못해서 약간 실망스러워요. 이건 또 웃긴 일이기도 한데, 왜냐하면 그것을 위해 내가 아무 일도 안 하는 것 같아서죠. 내가 하는 일이라곤 그것이 잘 지나가도록 경계하고 꽉 잡는 것뿐이에요. 그리고 이런 느낌도 있는데, '글쎄, 지금부터 내가 그것을 위해 어떤 일을 해야 하나, 그것을 옳게 보고 있나? 내가 조정할 수 있는 것은 아무것도 없어. 단지 잠시 그것에 대해 이야기하고 그대로 놓아두면 돼.' 라는 것이 다예요. 그것이 전부입니다. 어떤 불만족스러운 느낌이 들어도 그냥 내버려둬야 해요. 난 아무것도 완성할 수 없는 느낌이죠. 그것은 내 지식과 허락 없이는 완성될 수 없어요. 요점은 내가 재조정의 특성에 대해 확신할 수 없다는 거예요. 왜냐하면 나는 그것을 볼 수 없고 확인할 수도 없으니까요. 내가 할 수 있는 전부는 그것을 직면하는 거예요. 내가 그것을 조금 색다르고 불안하지 않게 본다면 좀 더 활동적이 될 거예요. 모든 것은 일반적으로 보여요. 나는 그것이 그들 방향으로 나아가는 것에 행복을 느껴요. 그렇지만 내가 구경꾼 같기도 해요." 조금 후에 그는 마지못해 그의 내부에서 일어나는 과정을 받아들이고는 "내 의식적으로 정신을 집중하지 않고 그저 사실로 받아들이고 스스로 분석하도록 놔둘 때 가장 잘 활동하는 것 같아요."라고 덧붙였다.

경험은 구조적 경계 측면을 거의 완전하게 걷어 버렸고 경험의 과정이 되었다. 이것은 상황이 과거가 아닌 새로움으로 경험되고 해석되는 것이다.

나는 예를 통해 6단계를 설명하고자 노력했다. 매우 특정한 영역에서의 또 다른 예는, 내담자가 면담 과정에서 그의 창조적인 작업에 관련하여 새로운 특징을 설명하고 있다. 그는 순서대로 설명하기 위해 노력했다. "당신은 처음부터 시작하여 보통 끝을 향해 나아가죠." 지금 그는 그 자신의 행보가 다르다는 것을 알았다. "내가 한 가지에 대해 생각하고 있을 때, 전체의 생각은 마치 사진처럼 나중에 떠올라요. 끝에서 시작하여 나머지를 채우는 식이 아니라 처음부터 전체가 떠올라요. 처음에 당신이 보는 것은 흐릿한 윤곽이에요. 그리고 당신은 무엇이 어떻게 되어 가는지 궁금할 거예요. 그리고 점점 한 부분이 맞춰지고 또 한 부분이 맞춰지면서 한 순간에 명확하게 되는 거죠." 관찰된 바에 따르면 그는 이 과정을 신뢰할 뿐만 아니라 그것 자체로 경험하고 과거의 용어를 사용하지 않는다.

자아는 점점 단순하고 주관적이며 경험의 반영을 알아차리게 된다. 자아는 지각된 대상이 아니라 점점 더 과정 안에서 확실하게 느껴진다.

다음의 예도 동일한 내담자에게서 나온 것이다. 이 면담에서는 지금까지의 치료에서 그의 경험을 보고한 것이기 때문에 다시 대상으로서의 자기 자신을 인식하게 되지만 그것이 자신의 일상생활에서 나타난 경험의 특징은 아니라는 것을 명확하게 알고 있다. 많은 변화를 보고한 후에 그가 "나는 오늘밤까지 치료에 관련된 것들을 정말 생각해 본 적이 없어요. (장난스럽게) 이런! 뭔가 일어났어요. 왜냐하면 이제까지의 내 인생과는 다르니까요. 내 성과물은 많아졌어요. 자신감도 커졌어요. 전에는 피했던 상황에 무모하게 뛰어들어요. 또한 전에는 매우 불쾌했던 상황에 대해 덜 불쾌하게 됐어요."

그는 그 자신이 무엇인지 확실하게 깨닫게 되었다.

개인적 구조가 시험적으로 재구성되고 이전의 경험과 반대로 확인되지만, 여전히 느슨하다.

한 내담자는 치료 사이와 종결을 향해 가는 구조의 변화를 설명하고 있다.

"난 (변화된 것이) 뭔지 모르겠어요. 그렇지만 내 유년 시절을 돌이켜 볼 때 다른 감정을 느끼고, 어머니와 아버지에 대한 분노가 사라지는 것 같아요. 분노에 대한 감정이 내가 원하진 않았지만 그들이 했던 많은 일을 사실로 받아들이는 것으로 바뀌었어요. 그러나 어떤 흥미로운 감정들을 바꾸기도 했는데,

지금 무엇이 잘못되었는지 찾았어요. 그것에 대해 뭔가 할 수 있어요. 바로 그들의 잘못을 고치는 거예요." 여기에는 그의 부모에 대한 경험이 빠르게 대치되는 방법이 나와 있다.

또 다른 예는 다른 사람에게 항상 부탁한다고 느끼는 내담자의 예다. "이제 알 수 있어요. 그게 무엇처럼 되어 가는지 내가 당신에게 부탁하지 않는다면 문제가 되지 않아요. 당신에게 부탁을 하든 부탁을 하지 않든 나에게 중요한 것이 아니에요. 내가 만약 사람들에게 자발적으로 무언가에 대해 말하려는 생각을 가지고 있다면 부탁을 하든 안 하든 그것과 상관없어요. 오, 신이시여! 당신은 거의 아무것도 말하지 못했군요. 하지만 당신도 알다시피 이건 사실이에요." 그런 후에 그는 그 자신에게 회의적으로 "당신은 정말 내가 느끼고자 하는 대로 느껴도 괜찮다는 건가요?"라고 물었다. 그는 자기 경험의 매우 기본적인 측면의 구조와 싸우는 중이었다.

내부적 의사소통이 명확해지고, 감정과 상징이 잘 맞으며 새로운 감정을 새로운 용어로 표현한다.

여기에 새로운 방법에 대한 효과적인 선택의 경험이 있다.

경험의 모든 요소를 알아차릴 수 있게 되는데, 선택은 진실되고 효과적이라는 이 현실에 막 직면한 내담자의 경우다. "나는 말하는 방법에 대해 통달하려고 노력했어요. 그것을 말하는 데 두려움을 가졌죠. 아마 생각한 것을 크게 소리 내는 것이 그렇게 하는 방법일 거예요. 그렇지만 나는 너무나 많은 생각을 하고 있고, 그렇게 할 수밖에 없었죠. 그렇지만 내 이야기를 각각의 상황에 적합한 말로 만들려는 노력 대신, 진짜 내 생각의 표현으로 내버려 둘 수밖에 없었어요." 여기에서 그는 효과적인 선택에 가능성을 느낀다.

또 다른 내담자는 그의 아내와 싸운 것에 대해 말했다. "나는 내 자신에 대해 그렇게 화가 나지 않았어요. 나는 나 자신을 그렇게 미워하지 않았어요. 나는 내가 '어린애처럼 행동하고 있다.'는 것을 깨닫고 그렇게 하기로 선택했죠."

7단계의 예를 찾는 것은 쉬운 일이 아닌데, 왜냐하면 이 단계에 도달하는 내담자는 거의 없기 때문이다. 이 연속체의 마지막 단계의 특징에 대해 간략하게 설명하겠다.

개인이 변화의 과정을 겪을 때 7단계에 접어들게 되면 우리는 새로운 국면에 접어든 것을 발견할 수 있다. 내담자는 행동과 흐름, 변화의 특징을 그의 모든 심리학적 삶의 측면으로 통합시켰고, 이것이 특징적 성격이 된다. 그는 그의 감정과 앎, 그리고 그것들에 대한 기본적인 믿음을 가지고 살아가게 되고, 그것들을 받아들인다. 그가 경험을 구성하는 방법은 개인적 구조에 의해 계속적으로 변화하는데, 새롭게 각각의 사건에 의해 바뀐다. 경험은 자연적 과정으로서 감정은 각각의 상황에 따라 새롭고, 해석도 그러하며 과거의 용어로 해석되는 것은 지금이 과거와 아주 동일할 때로만 국한된다. 그는 즉시적인 특징을 경험하게 되고, 동시에 아는 것은 그가 경험한 것이다. 그는 자기 감정들의 차이와 경험의 개인적 가치도 정확하게 평가한다. 자신의 다양한 측면 사이의 내적인 의사소통도 자유롭고 막힘이 없다. 그의 내부에서 이루어지는 자유로운 의사소통 관계는 다른 사람들과도 그러하며, 그것은 전형적이지 않고 사람 대 사람으로 이루어진다. 이것은 깨달음을 반영하며 그의 동작 안에서 주관적인 삶이 된다. 자신의 문제에 대한 책임을 지각하고 자신의 삶에서 모든 유동적 측면에 대해 책임을 충분히 느끼게 된다. 과정의 흐름에서의 계속되는 변화 속에서 그 자신의 삶을 살아간다.

과정의 연속체에 관한 몇 가지 질문

내가 설명하고자 했던 과정에 관해 분명히 질문이 있으리라고 생각된다. 개인적 변화나 다른 여러 종류의 변화에 의한 것이 이 과정인가? 이것은 나도 모른다. 아마도 개인적 변화에는 여러 종류가 있을 것이다. 나는 다만 그 자신이 충분히 받아들이게 되는 개인적 경험의 움직임 안에서 나타나는 과정에 대해 말하려고 했다.

이것이 모든 심리치료에서 적용되는가? 아니면 특정한 방법의 심리치료에서만 이 과정이 나타나는가? 다른 심리치료의 기록들을 살펴보기 전에는 이 질문에 대답할 수 없다. 그렇지만 위험을 무릅쓰고 추측해 보건대, 인지적이고 경험에서 감정의 측면을 중요하게 여기지 않는 치료적 관계는 전적으로 다른 변화의 과정을 가져올 것이다.

이것은 모든 사람이 동의하는 바람직한 변화 과정인가 하는 것도 문제다. 그렇지 않다. 어떤 사람들은 유동성에 대해 높게 평가하지 않는다. 사회적 판단 기준에서 개인과 문화는 만들어지는 것이다. 이러한 변화의 과정은 무시되기 쉬운데, 개인이 그 자체로 자신을 받아들이는 관계를 감소시키고 무시하기 쉽다.

이 연속체의 변화는 빠른가? 내 관찰에 따르면 그렇지 않다. 커트너에 대한 나의 해석은 차이가 있다. 내담자는 2단계에서 치료를 시작하고 4단계쯤에서 치료를 끝내는데, 내담자와 치료자 모두 형성된 실제적 과정에 만족하게 된다. 매우 드물게 일어나기는 하지만 내담자가 1단계를 나타낸다면 7단계로까지 이동하게 된다. 이것이 나타나게 하기까지는 1년 정도 걸린다.

각각의 단계를 설명하는 용어는 적합한가? 물론, 내 관찰에는 많은 오류가 있을 것이라고 느낀다. 나 또한 어떤 중요한 요소가 빠졌는지 알 수 없다. 이 연속체의 다른 요소들이 적절히 설명되었는지도 걱정이다. 그러나 내가 세운 가설들이 다양한 연구자의 눈에 장점으로 보였다면, 모든 질문에 실증적인 답이 주어졌을 것이다.

요 약

나는 내담자가 자신을 있는 그대로 받아들이고 환영하고 이해하는 경험을 했을 때 나타나는 변화 과정의 흐름을 가공하지 않고 임의적인 방법으로 표현하기 위해 노력했다. 이 과정은 처음에는 실날 같고 여러 개로 나뉘어 있지만 과정이 계속될수록 점점 융합된다.

이 과정은 감정의 느슨함과 관련된다. 연속체의 낮은 수준에서는 감정이 거리가 있고 소속되어 있지 않으며, 현재 시제가 아니다. 그런 후에 그들은 개인에 의해 주체적 감각을 지닌 현재 대상으로 묘사된다. 그 다음에 즉시적 경험에 더 가까운 언어로 자신의 감정을 표현한다. 아직까지 그들은 이 과정의 두려움을 묘사하는 것과 함께 즉시적 현재를 경험하고 표현하는 데 두려워한다. 또한 이 지점에서는 예전에 의식수준에서 부정되어 떠올랐던 생각이 경험되고, 점점 자신의 것이 된다. 과정의 마지막 단계에서 경험의 과정상 감정이 계속적으로 변화하는 흐름은 개인적 특성이 된다.

과정은 경험하는 방법의 변화와 관련이 있다. 연속체는 개인의 고정성에서 시작하는데, 그의 경험과 매우 거리가 있으며, 함축적 의미로 그리거나 상징화할 수 없다. 경험은 과거의 것은 매우 안전한데, 의미가 되기 전에는 그것과 멀리 떨어져 있고, 현재는 과거 시제로 해석된다. 경험적 관계에서의 이 거리감은 개인이 경험을 그 자신의 문제가 되는 과정으로 인식하게 한다. 경험은 점차적으로 적합한 의미로 바뀌게 되어 내적 참조체계로 받아들인다. 마침내 그는 자유롭게 살아가며 그의 행동을 통한 주된 참조체계를 편안하게 사용하게 되고, 경험의 유동적 과정을 받아들이게 된다.

과정은 부조화에서 조화로 옮겨간다. 연속체는 개인에 대해 알지 못하는 심한 부조화에서 멀어져 그 자신 내에 존재하는 모순과 불일치를 점차 깨닫게 되고, 즉시적 현실에 대한 불일치의 경험으로 해소된다. 이 연속체의 맨 윗부분은 경험의 두려움에 대응하여 자신을 방어할 필요가 없게 되면서부터 경험과 인식 사이의 일시적 불일치는 더 이상 없다.

그 과정은 방법의 변화와 관련 있고, 그 방법은 자신을 받아들이는 분위기에서 기꺼이 의사소통할 수 있게 되는 것을 말한다. 연속체는 자신과 의사소통하는 것을 내켜하지 않는 것으로부터 자아가 풍부하게 되고 내부적 경험을 알아차리는 것으로 변화하게 되는데, 그것은 개인이 그렇게 하기를 원할 때 의사소통할 준비가 되는 것이다.

과정은 경험의 인지적 지도의 느슨함과 관련된다. 경험의 해석에서 경직된 방법으로 외부적 사실을 받아들이는 것에서부터 내담자가 변화하고 경험에서의 의미 해석 체계가 느슨해지는 것으로 발전하는데, 해석은 각각의 새로운 경험에 의해 변화한다.

문제에 관한 개인적 관계에서도 변화가 있다. 연속체의 마지막 부분에서 문제는 인식되지 않고 변화하려는 의지도 없다. 점차적으로 문제가 존재한다는 것을 인식하게 된다. 다음 단계에서 개인이 이 문제를 해석하는 데 전적으로 근원이 외부에 있지 않다는 것을 알게 된다. 문제에 대한 자신의 책임의식이 증가하게 되는 것이다. 더 나아가 연속체에서는 문제의 어떤 측면을 경험하게 된다. 개인은 자신의 문제를 받아들이고 내적인 삶을 살게 되고, 자신의 문제를 발달시킨 것에 대해 책임감을 느끼게 된다.

개인이 관계하는 방식에도 변화가 생긴다. 연속체의 끝 부분에서 개인은 가까운 관계를 꺼리고 위험한 것으로 지각한다. 연속체의 또 다른 끝 부분에서는 치료적 관계나 다른 관계들에서 개방적이고 자유롭게 살게 되는데, 관계에서의 행동은 경험의 즉시성에 기인한다.

일반적으로, 과정은 모든 요소와 맥락이 분리되고 이해와 구분되는 고정성에서부터 모든 맥락이 분리되지 않는 치료에서의 연속된 순간으로 변화한다. 즉시적인 이 새로운 경험은 감정과 인지가 해석되고 자아가 경험에서 주관적으로 존재하며, 의지는 단순히 유기체의 조화로움을 주관적으로 따를 때 나타난다. 따라서 이 지점에 도착하면 개인은 흐름과 움직임의 조화를 이루게 된다. 그는 변화하지만 가장 두드러진 것은 그 자신이 변화 과정에 통합되었다는 것이다.

참고문헌

1. Gendlin, E. *Experiencing and the Creation of Meaning* (tentative title). Glencoe, I11.: Free Press. (In Press) (Especially Chap. 7)
2. Gendlin, E., and F. Zimring. The qualities or dimensions of experiencing and their change. *Counseling Center Discussion Papers 1, #3*, Oct. 1955. University of Chicago Counseling Center.
3. Kelly, G. A. *The psychology of personal constructs*. Vol. 1. New York: Norton, 1955.
4. Kirtner, W. L., and D. S. Cartwright. Success and failure in client-centered therapy as a function of initial in-therapy behavior. *J. Consult. Psychol.*, 1958, *22*. 329–333.
5. Lewis, M. K., C. R. Rogers, and John M. Shlien. Two cases of time limited client-centered psychotherapy. In Burton, A. (Ed.), *Case Studies of Counseling and Psychotherapy*. New York: Prentice-Hall, 1959, 309–352.
6. Mooney, R. L. The researcher himself. In *Research for curriculum improvement*. Nat'l Educ. Ass'n., 1957, Chap. 7.
7. Mooney, R. L. Problems in the development of research men. *Educ. Research Bull.*, *30*, 1951, 141–150.
8. Rogers, C. R. The necessary and sufficient conditions of therapeutic personality change. *J. Consult. Psychol.*, 1957, *21*, 95–103.

제4부

인간에 대한 철학

나는 인생에 대한 철학적 인상과 인간이 자유로울 때 도달하고자 하는 목표에 관해 몇 가지 의견을 만들어 보았다.

8

'진정한 자기 자신이 되는 것'

인본주의 치료적 관점

오늘날 대부분의 심리학자는 자신이 생각하는 철학적 관점이 비난받으면 상당히 모욕적으로 받아들인다. 나는 이런 반응들에 대해 공감하지 않는다. 나는 내가 관찰한 것에 대한 의미를 혼동하지는 않을 것이다. 이런 의미 중 몇몇은 우리 현대 세계를 함축하는 아주 흥미 있는 것이기 때문이다.

1957년 나의 대학 동료이자 친구인 러셀 베커Russell Becker 박사가 오하이오 주의 우스터Wooster 대학에서 특별 강연을 해 줄 것을 요청했다. 나는 내담자들이 자유스러운 분위기 속에서 참여할 수 있도록 하는 인본주의적 관점의 의미를 좀 더 명확하게 하는 강연을 하기로 했다. 논문이 완성되어 갈 쯤, 어떤 새로운 방식이나 중요한 방법으로 표현하지 못한 것을 느꼈다. 그러나 놀랍게도 청중들의 계속되는 갈채는 나의 우려를 어느 정도 사라지게 만들었다.

내가 말했던 것이 더욱더 객관적으로 되어 가면서 나는 2차 평가에 만족함을 느끼게 되었다. 나는 두 가지 중요한 주제를 명료화함으로써 관찰이 아주 잘 표현되었다고 믿었다. 인간 내부의 신체가 자유롭게 기능할 때의 자신감, 그리고 만족스러운 삶을 살기 위한 존재적인 특성, 이것은 대부분의 현대 철학자들에 의해 표현된 주제다. 그러나 이미 그것은 노자에 의해 2500년 전 "행하는 것은 반드시 그렇게 될 것이다."라고 아름답게 표현하기도 했다.

질문들

"나의 삶의 목표는 무엇인가?", "나는 무엇을 열망하는가?", "나의 목적은 무엇인가?" 이는 모든 개인이 한 시간이나 또 다른 시간에, 때때로 고요하게 묵상하면서 또는 불확실하게 절망적으로 자기 자신에게 묻는 질문들이다. 이 질문들은 수 세기의 역사 속에서 묻고 대답해 왔던 질문들이다. 또한 모든 개인이 자신의 방법대로 스스로에게 묻고 대답해야 하는 질문들이기도 하다. 그것들은 상담자인 내가 인간적인 고통을 겪는 수많은 남성과 여성이 그들의 삶 속에서 터득한 방향대로 이해하거나, 선택하거나, 배운 다양한 방법으로 표현하는 것을 들었던 질문들이다.

또 다른 면에서 이런 질문들에 대해 새롭게 말할 것은 없다. 따라서 내가 논문을 위해 선택한 부제의 도입부는 한 세기보다 이전에 이런 질문과 맞서 싸웠던 사람의 글을 인용했다. 목적이나 목표의 전체 주제에 대해 또 다른 개인적 견해를 표현하는 것은 너무나 뻔뻔스러워 보일지 모른다. 그러나 갈등과 부적응을 겪은 개인들과의 여러 해 동안의 작업을 통해 그들이 발견했었던 일시적인 답 안에서 하나의 패턴, 경향, 공유점을 인식할 수 있다고 믿고 있다.

몇몇 해답들

나의 내담자와 함께한 경험 속으로 들어오도록 하기 전에 나는 내가 언급한 질문이 가상 질문이 아니며, 또한 과거에 또는 현재에 있는 그 내담자가 대답에 합의했던 것은 아니라는 것을 상기시키고 싶다. 과거에 그 내담자는 삶의 목적을 물어보았을 때, 기독교적인 몇 마디, 즉 '하느님을 영화롭게 하는 것이 사람의 첫 번째 본분이다.' 라는 말로 대답했다. 자기 삶의 목적이 도덕적인 사람이 되기 위해 준비하는 것이라고 생각했다. 또 다른 사람들은 더욱더 세속적인 목표—즐기고 완화시키고 모든 감각적인 바람을 충족시키는—로 해결하기도 했다. 또 다른 사람들은 지위, 지식, 권력, 소유를 쟁취하는 것을 삶의 목표로 했다. 몇몇 사람들은 기독교나 문화주의를 완전하게 벗어나는 것을 목적으로 기도했다. 히틀러는 그의 권력을 이용하여 전 세계를 지배하는 통치자가 되는 것을 목표로 잡았던 것을 볼 수 있다. 대조적으로, 많은 동양 사람은 그들 자신을 극도로 통제하는, 개인적 바람을 제거하고자 했다. 사람들의 삶의 목표가 이렇게 광범위한 것을 언급하고, 그 정도로 많은 목표가 가능할 수 있다는 것을 제시하고 있다.

최근 찰스 모리스Charles Morris는 6개의 서로 다른 나라—인도, 중국, 일본, 미국, 캐나다, 노르웨이—에 있는 학생들이 언급한 삶의 여정을 객관적으로 조사했다.(5) 예상했듯이, 그는 국가그룹 간의 목표에 결정적인 차이점이 있음을 발견했다. 또한 자료의 요인분석을 통하여, 특정한 개인의 수천 가지 선호도에서 작동하는 가치의 기본 요인을 확정하려고 시도했다. 그의 분석에 대해 상세하게 들어가지 않아도 우리는 다섯 가지 요인을 볼 수 있는데, 그것은 여러 가지 긍정적인, 그리고 부정적인 방식이 결합되었고, 또 개인의 선택에 부합되는 것을 볼 수 있다.

먼저 첫째 요인은 삶을 책임지면서 도덕적이고 자기 제한적인 것을 선호하는 것을 포함하는데, 이는 자신이 달성하고자 하는 것을 이해하고 보존하는 것을 말한다.

둘째 요인은 장애를 극복하기 위해 용감한 행동을 좋아하는 것이 강조된다. 개인적인 그리고 사회적인 문제 해결에서나 혹은 자연 세계의 장애 극복에서 변화할 수 있다는 것에 확신을 두는 것과 관련된다.

셋째 요인은 풍부하고 높은 자기 자각을 통해 자기 효율적인 내적 삶에 가치를 두는 것을 강조한다. 자기와 타인의 깊고 공감적인 통찰력을 얻기 위해서 사람과 사물을 통제하는 것을 거부한다.

넷째 요인은 사람과 자연을 수용하는 데 가치를 둔다. 영감은 자신과 타인의 삶의 원천에서 얻을 수 있는 듯하다. 그리고 이런 원천에 반응하는 데 전념하는 것을 개발시킨다.

다섯째이자 마지막 요인은 감각적인 즐거움, 자기 향락을 강조한다. 이런 삶의 단순한 즐거움, 순간을 위해 자포자기하는 식으로, 삶이 완화될 수 있도록 방조하는 것에 가치를 두고 있다.

이 연구는 "내 삶의 목적은 무엇인가?"라는 질문에 대해 서로 다른 문화권의 대답을 객관적으로 측정한 초기 연구 중의 하나로 중요한 것이었다. 더불어 주어진 응답들은 우리에게 지식을 더해 주었다. 또한 선택된 응답을 기본적인 몇 가지 요인들로 정의해 놓은 것도 도움이 되었다. 이 요인들에 대해 모리스는 이렇게 말했다. "그것은 마치 여러 문화권에 있는 사람들이 그들의 서로 다른 멜로디를 음계에서 다섯 가지 톤으로 내는 것과 같다."(5, p. 185)

또 다른 관점

분명하지 않지만 나는 이런 연구가 불만족스러웠다. 이전에 학생들이 했던 가능한 선택으로부터, 모리스가 가져온 '삶의 방법'에서도 요인들 어디에도 내가 나의 내담자와 함께한 경험에서 나타나는 삶의 목적을 만족스럽게 포함하고 있지 않았다. 내가 오랜 치료시간 동안 투쟁 후에 그들 스스로 삶의 방법을 발견하는 사람을 볼 때, 모리스가 기술한 어떤 것에도 부합하지 않는 일반적 패턴이 있었다.

내가 나의 내담자와 관계를 맺어 가면서 삶의 목표를 진술할 수 있는 최선의 방법은 키에르케고르의 말을 이용하는 것이다. "진정한 자기 자신의 자기가 되는 것."(3, p. 29) 나는 이것이 모순적이게도 너무 단순하게 들린다는 것을 알고 있다. 진정한 자기 자신이 되는 것은 하나의 목표라기보다는 명백한 사실이다. 그것은 무엇을 의미하고 있는가? 그것은 무엇을 내포하고 있는가? 그와 같은 주제를 위해 내가 언급한 것을 상기할 수 있기 바란다. 나는 애초부터 그것이 다소 낯선 것을 내포하고 의미하는 것으로 보인다고 간단히 말했다. 내담자와 함께한 경험도 없고, 자기 탐색도 없던 10년 혹은 15년 전에 매우 낯설게 받아들인 관점에 도달하게 되었음을 발견했다. 그래서 나는 이런 관점을 비평의 시각에서 바라봐 주기를 원하고, 자신의 경험에서 진실로 다가올 때 진정으로 받아들일 것이라고 믿는다.

내담자에 의해 이끌어지는 방향성

내담자들과 함께 작업하면서 일부의 경향성을 이끌어 내고 명료화할 수 있는지 보도록 하겠다. 나의 목표는 각 개인들과 함께한 관계 속에서 진실되고, 안전하고, 따뜻하며, 공감적 이해를 이끌어 낼 수 있는 분위기를 제공하는 것이다. 나는 진단적이거나 해석적인 설명을 하거나 제안 또는 안내를 해 주는 것이 내담자의 경험을 방해하고 도움이 되지 않는다는 것을 발견했다. 그러므로 이런 경향성은 나에게서 나오는 것이 아니라 내담자에게서 나온다는 것을 알게 되었다.*

가면으로부터의 회피

나는 처음으로 내담자가 자기 자신으로부터 주저하고 공포스러워하면서 회피하고 싶어 하는 경향이 있는 특징을 관찰했다. 다시 말하면 그가 가야 할 방향이 무엇인지에 대해 어떠한 인식이 없어도 어떤 것으로부터 피하고 있었다. 그리고 그렇게 행하는 과정 속에서 자신이 누구인가에 대해 부정적으로 정의 내리고 있었다.

다음은 자신이 누구인지 노출되는 것에 대한 두려움으로 표현된 것이다. 열여덟 살 된 소년이 초기 상담에서 이렇게 말했다. "나는 내가 그다지 멋있지 않다는 걸 알고 있지만, 나는 그들이 그것을 알게 되는 것이 두려워요. 그래서

* 그러나 내가 설명하고자 하는 내용이 어느 정도는, 또는 미묘한 방식으로 나에 의한 것일 수도 있다. 나는 이 안전한 관계 안에서 내담자로부터 일어난 것으로 설명하는데, 이것이 가장 적합한 설명일 것이다.

내가 이렇게 하는 거예요. 그들은 언젠가는 내가 멋지지 않다는 것을 알게 되겠죠. 나는 단지 가능한 한 그날이 오지 않도록 시간을 끌 뿐이에요. 만약 나 자신이 나에 대해 알고 있는 것만큼 당신도 알게 되면 (침묵) 나는 내가 진짜 생각하는 나라는 사람에 대해 당신에게 말하지 않을 거예요. 그것만큼은 내가 협조할 수 없는 유일한 것이에요. 그리고 그것은, 당신이 내가 생각하는 나 자신에 대해 앎으로써 나에게 하는 조언은 도움이 되지 않아요."

이런 두려움에 대한 극도의 표현이 본래 자신이 되어 가는 일부분이라는 것을 알았을 것이다. 단순히 가면을 쓰는 것 대신에, 스스로가 남에게 보이는 것이 너무 끔찍하다고 여겨 왔던 가면 뒤에 숨어 있는 본래의 자신에게 점점 더 가까이 가게 되는 것이다.

'의무' 로부터의 회피

이러한 종류의 또 다른 경향은 내담자가 '그렇게 해야만 한다.' 는 강요적 이미지를 피하려고 하는 증거다. 몇몇 사람들은 너무 깊게 부모가 주었던 개념 '나는 착한 사람이 되어야 한다.' 또는 '나는 좋은 사람이 되어야 한다.'에 몰두하는데, 그것은 오로지 심각한 내적 투쟁을 통해 자신이 그 목표에서 벗어나고 싶어 한다는 것을 발견하게 된다. 아버지와의 관계가 불만족스러운 한 젊은 여성은 처음으로 그녀가 얼마나 많이 아버지의 사랑을 원했는지 말했다. "나는 내가 아버지에 대해 가졌던 이런 모든 감정을 생각해 봐요. 나는 아버지와 좋은 관계를 맺을 수 있기를 너무 원했어요. 정말 나는 아버지가 나를 좋아해 주기를 너무 많이 원했지만, 내가 정말 원했던 것을 얻지는 못한 것 같았어요." 그녀는 항상 아버지의 모든 요구와 기대에 부합해야 한다고 느꼈고, 그 정도는 너무 심했다. "왜냐하면 내가 하나를 충족시키면 또 다른, 그리고 또 다른 요구가 있었기 때문이에요. 그리고 결코 만족시키지도 못했어요. 그것은 일종의 끝이 없는 요구였어요." 그녀는 자신의 어머니와 자신이 닮았다고 느꼈는데, 이를테면 복종적이고 순종적인 모습과 계속적으로 아버지의 요구에 부합하려고 노력하는 모습이었다. "그리고 정말 아버지와 같은 사람이 되고 싶지 않아요. 나는 그것이 좋은 방법이 아니라는 것을 알고 있지만, 아직 나는 사랑받고 싶다는 생각이 있으면 해야만 하는 일은 다 해야 한다는 신념을 가지고 있어요. 그리고 누가 그렇게 우유부단한 사람을 사랑하고 싶어 하겠어요?" 상담자는 반응했다. "정말로 누군가에게 짓밟혀도 참는 사람을 좋아하겠어요?" 그녀는 계속했다. "적어도 나는 짓밟혀도 참는 사람을 좋아하는 사람에게 사랑받고 싶지는 않아요!"

비록, 이러한 말들이 나아가야 할 방향에 대해서는 어떠한 것도 알려 주지 않지만, 지치고 경멸에 찬 목소리와 진술은 그녀가 좋은 사람, 복종적인 사람이 되어야 한다는 것에서 도망치고 싶어 하는 것을 명백하게 보여 준다.

많은 사람은 회피하려고 하는 자신의 신념을 극도로 나쁜 것으로 느끼는 자기 자신을 발견한다. 한 젊은 남성은 매우 명확하게 이런 변화를 보여 준다. 그는 말했다. "나 자신을 부끄럽게 보는 것은 내가 부끄럽게 봐야만 했기 때문이에요. 나 자신의 존재를 부끄러운 것으로 느끼는 것이 가장 최선의 방법인 세상이 있었어요. 만약 당신이 도저히 허용할 수 없는 그 어떤 것이 있다면, 당신이 자기 존중의 한 종류로 가질 수 있는 오직 하나의 방법은 허용할 수 없는 당신의 일부를 부끄럽게 여기는 것이에요."

"그러나 지금은 나의 오래된 관점에서 어떤 것을 하는 것을 거절하고 있어요. 그것은 마치 누군가가 말했던 것, 즉 '네가 해야 할 방식은 너 자신을 부끄럽게 여기는 것이다. 그리고 그렇게 해야만 한다.'는 것에 확신을 가졌기 때문이에요. 그리고 나는 아주 오랫동안 '맞아, 바로 이거야.'라고 말하면서 이를 받아들였어요. 그리고 지금 나는 누군가가 말한 것에 대해 '나는 당신이 말한 것을 좋아하지 않아.'라고 말하면서 반대의 입장에 서 있어요. 이제 더 이상 나 자신을 부끄럽게 느끼지 않을 거예요." 명백하게 그는 자신이 부끄럽거나 나쁘다는 개념을 버리고 있었다.

기대에 부응하는 것으로부터의 회피

또 다른 내담자들은 문화가 기대하는 것으로부터 도피하는 자신을 발견하게 된다. 예를 들어, 와이트Whyte가 최근 자신의 책[7]에서 강력하게 지적하였듯이, 현대 산업문명에서는 '조직체 인간'에 대한 기대로 나타나는 특성들을 극도로 압박한다. 그래서 개인은 철저하게 그룹의 일원이 되어야만 하고, 개인의 개별성을 그룹의 요구에 맞추기 위해 복종해야만 하며, 모든 일을 다 잘 처리할 수 있는 다재다능한 사람이 되어야만 한다.

미국에서 학생들의 가치에 관해 새롭게 연구한 제이콥Jacob은 연구 결과를 이렇게 요약하고 있다. "학생들의 가치를 바탕으로 한 가장 중요한 교육적 효과를 거두는 것은 미국 사회에서 대학을 나온 남녀의 태도 특성의 평균대로 성장하는 것이다. 또는 대학을 경험함으로써 오는 영향력은 개인을 사회화시키고, 순화시키며, 품위 있게 만들고, 그 자신의 가치를 뜻한 바대로 이끌어 미국 대학 졸업생 계층으로 안정적으로 안착할 수 있게 한다." [1, p. 6]

이런 순응의 압박에 저항하는 것을 통해 내담자들이 좀 더 자유롭게 자신이 희망하는 방법대로 될 때, 그들이 조직이나 대학, 문화가 자신들을 어떤 주어진 형태로 주조하려는 경향에 대해 분개하고 의문을 제시하는 것을 발견하게 된다. 나의 내담자 중 한 명은 분개하면서 말했다. "나는 너무 오랫동안 다른 사람들이 의미 있어 하는 것을 따르며 살려고 노력했어요. 그리고 정말 전혀 느끼지 못했어요. 나는 어떻게 해서든지 어느 수준 이상이어야 한다고 느꼈죠." 다른 사람들과 같이 그는 사람들이 기대하는 것에서 벗어나고 싶어 했다.

다른 사람을 기쁘게 하는 것으로부터의 회피

나는 많은 사람이 그들 스스로 다른 사람들을 기쁘게 하기 위해 노력한다는 것을 발견했다. 그러나 그들이 자유로워지면 이런 사람이 되는 것을 회피한다. 어느 유능한 전문직 남성은 그가 살아온 삶의 과정을 되돌아보면서, 치료가 종반으로 향할 즈음 이렇게 쓰기도 했다. "나는 마침내 내가 해야 한다고 타인들이 느끼는 것과 관계없이, 그리고 내가 해야 한다고 생각해서 하는 것이 아닌 단순히 내가 원하는 것을 하기 시작하는 나를 느꼈죠. 이것은 나의 삶 전체를 완전히 역전시키는 것이었어요. 그들이 나에게 기대하는 것과 사람들이 나를 좋아하게 만드는 것이 더 중요하기 때문에 항상 어떤 것을 해야 한다고 느꼈어요. 그것은 지옥 같았어요! 이 순간부터 단지 나 자체가 되려고 생각하고 있어요. 풍요롭거나, 가난하거나, 좋거나, 나쁘거나, 이성적이거나, 비이성적이거나, 논리적이거나, 비논리적이거나, 유명하거나 유명하지 않거나 간에 말이죠. 셰익스피어가 말한 '내 자아를 진실되게 여기는 것'을 내가 일깨울 수 있도록 도와준 당신에게 고마워요."

어떤 사람들은 다소 부정적인 방식이라고 말할 수도 있는데, 내담자들은 이해관계의 만족과 자유로움 속에서 자신이 원치 않았던 방향의 일부분을 발견함으로써 목표와 목적을 정의 내린다. 그들은 자신을 숨기지도 않고, 자신으로부터 감정을 숨기지도 않고, 심지어 다른 중요한 사람에게 자신의 감정을 숨기지도 않는다. 그들은 그것이 부모로부터 또는 문화권 안에서 부득이하게 그렇게 해야만 한다든지 또는 긍정적이거나 부정적으로 정의되든지 간에 그들이 '해야만 한다'는 것을 바라지 않는다. 그들은 자신과 자신의 행동이 단지 다른 사람들을 기쁘게 하는 형태로 고정되어 버리는 것을 원하지 않는다. 다시 말해서, 그들은 아무것도 아닌 것에 뜻을 두고, 의미를 부여하며, 인위적인 어떤 것을 선택하려 하지 않는다. 비록, 그들이 외부의 관점으로 계속 살아왔을지라도 이제는 그런 목적과 목표는 가치가 없다는 것을 깨닫게 된다.

자기 방향을 향해

이런 내담자들의 경험과 연관될 수 있는 긍정적인 부분은 무엇이 있는가? 그들이 가고자 하는 방향 몇 가지를 기술해 보고자 한다.

첫째, 내담자는 자율적으로 움직인다. 이것이 의미하는 바는 점점 그가 원하는 방향으로 목표를 선택하게 되는 것을 말한다. 자신에 대해 책임을 지게 되고 자신이 의미를 부여하고 있는 활동과 행동방식을 결정하고 그대로 실행할지, 아닐지도 스스로 결정한다. 나는 이렇게 자기 방향으로 가려 하는 경향이 내가 제공하는 예들을 입증하고 있다고 생각한다.

나는 나의 내담자들이 그들의 방향대로 자신감 있게 움직이고 있다는 인상을 주는 것을 원하지 않는다. 그 정도는 아니다. 나 자신이 되기 위한 자유는 놀랍게도 자유에 대해 책임을 지고, 조심스럽게 두려움 속에서 나아가는 것이며, 처음에는 자신감이 없는 것과 같다.

나는 또한 그가 항상 건전한 선택을 한다는 인상을 주기를 원하지 않는다. 자기 방향을 책임진다는 것은 그 한 사람의 선택을 의미하고 그 결과를 통해 배우는 것이다. 그래서 내담자들은 그와 같은 경험을 가지는 것이 냉정하지만 흥미롭다는 것을 발견하게 된다. 내담자들이 말하고 있듯이 "나는 놀라움을 느끼고, 지치며, 어떤 지지로부터 떨어져 나간 것처럼 느끼지만 또한 내 안에 감정이 복받치거나, 강한 힘을 느끼게 된다." 이것은 내담자가 자기 방향으로 이끈 자신의 삶과 행동을 받아들이면서 나타내는 자연스러운 반응 중 하나다.

과정을 향해

두 번째 관찰은 우리가 이것에 마땅한 단어들을 찾지 못하기 때문에 어려울 수 있다는 것이다. 내담자들은 과정을 통해 더욱더 마음을 열고, 유동적으로 변화하는 방향으로 움직인다. 그들은 하루하루가 똑같지 않다는 것을 발견하게 되고, 항상 주어진 상황과 사람들을 향해 똑같은 감정을 유지할 수 없고, 항상 일관적이지도 않다는 것을 발견하는 데 불안해하지 않는다. 그들은 변화 안에 있고, 이런 현재의 흐름이 계속되는 것에 만족스러워한다. 결론과 종결에 대한 걱정이 줄어들고 있는 것 같았다.

어느 날 내담자는 말했다. "나는 더 이상 나의 행동을 예견할 수 없을 정도로 변화하고 있는 것이 확실해요. 그 전에는 내 행동을 예견하는 것이 가능했어요. 지금은 내가 무엇을 말할지 전혀 모르겠어요. 그것은 하나의 감정이에요.

나는 단지 내가 이런 것을 말하리라고는 상상도 못했어요. 매 시간이 새로워요. 그것은 내 자신이 잘 모르는 그 무엇으로의 모험이에요. 나는 지금 이것을 즐기기 시작했어요. 심지어 아주 오래된 부정적인 것들에 대해서도 즐거움을 느껴요." 그는 치료시간에 처음으로 유동적인 과정에 있는 자신을 이해하기 시작하는 중이지만, 후에 그의 삶 안에서 진심으로 발견하게 될 것이다. 나는 인간이 실존적 존재라는 키에르케고르의 기술을 상기시키지 않을 수 없다. "실존적 인간은 끊임없이 무엇이 되고자 하는 과정 안에 있다. 그리고 그의 모든 생각이 과정이라는 용어 속으로 전달된다. 그것은 그와 함께한다. 한 작가가 그의 스타일을 가지고 있듯이 그는 결코 끝나지 않은 하나의 스타일을 가지고서, '언어의 흐름을 움직이는 것(moves the waters of the language)'을 매 순간 시작하면서 대부분의 표현은 그 자신을 위해 새로 태어난 듯한 선명함 속으로 들어가게 된다."(2, p. 79) 나는 이것이 내담자들이 가는 방향을 알려 준다는 것을 발견하게 되었는데, 이 방향은 원래 약간은 고정되어 있었던 목표를 향해 가는 것이라기보다는 태어난 그대로의 잠재성을 찾아가는 과정을 말하는 듯하다.

복잡성을 향해

그것은 또한 과정의 복잡성과 관련된다. 우리 상담자 중 한 명은 그 자신이 심리치료로 많은 도움을 받았는데, 최근에 매우 어렵고 곤란한 내담자와의 관계를 토론하기 위해 나에게 왔다. 그것은 나에게 흥미로운 일이었다. 그는 아주 짧은 말들을 제외하고는 내담자와 토론하는 것을 원치 않았다. 그는 관계—그의 내담자를 향한 따뜻한 감정, 그의 직업적 좌절과 분노, 내담자의 복지를 위한 그의 동정적인 보상, 내담자가 정신병을 가지게 될지도 모른다는 두려움의 정도, 다른 사람들이 이런 사례가 명확하게 판명되지 않는다면 어떻게 생각할지에 관한 그의 걱정—안에서 자신의 감정이 복잡하다는 것을 명확하게 알기를 원했다. 나는 그가 모든 복잡성, 변화, 때때로 관계 사이에서의 모순된 감정에 대한 태도를 매우 개방적이고 명백하게 할 수 있다면 모든 것이 잘 돌아간다는 것을 알게 되었다. 그러나 그의 감정이 단지 일부분의 것이라면, 그리고 부분적으로 가면을 썼다거나 방어하고 있는 것이라면, 관계가 좋지 않게 될 것이 확실했다. 이런 매 순간 모든 풍부함과 복잡함에 자신을 숨기지 않고, 그 자신에 대해 두려워하지 않는 것과 함께 자기 자신이 되어 가는 바람을 발견하게 되었다. 이것은 치료 과정에서 움직임을 보여 줄 것 같은 사람들에게서 발견하게 되는 보통의 바람들이다. 나는 절대적인 감각에서 불가능한 목표의 어려움을 이야기하는 것을 요구하지는 않는다. 그러나 내담자들에게서 나타나는 증거 중 하나는 각각의 중요한 순간에 변화하고 있는 자신의 복잡성을 향해 움직인다는 것이다.

경험에 대한 개방을 향해

'진정한 자기 자신의 자기가 되는 것'은 여전히 또 다른 구성 요소를 포함한다. 아마도 이미 내포하고 있는 것은 개인이 경험 속에서 개방되어 살아가는 것, 친밀하게 가까운 관계를 향해 움직이는 것이다. 이것은 쉽게 일어나지 않는다. 종종 내담자들은 자신의 새로운 면모를 느끼게 되면 초반에는 거부한다. 단지 그가 지금까지 부인해 왔던 자신에 대한 관점을 경험하듯이, 일시적으로는 자신의 일부분으로 받아들이기도 한다. 한 내담자는 자신이 아주 작은 소년같이 의존하고 있음을 체험한 이후에 약간 충격을 받은 듯 말했다. "그것은 내가 명확히 느껴보지 못했던 감정이에요. 나는 결코 그런 적이 없어요!" 자신이 어린아이 같은 감정을 경험하는 것을 참을 수 없었다. 그러나 점점 자신의 일부로 받아들이고 포용하게 된다. 그리고 감정들이 발생했을 때, 그들과 좀 더 가깝게 지내고, 그 안에서 살게 된다.

또 다른 젊은 남성은 매우 심각하게 말을 더듬는 문제를 가지고 있었는데, 치료 막바지에 달했을 때 묻어 두었던 자신의 감정을 열어 보여 주었다. 그는 말했다. "그것은 정말 처절한 싸움이었어요. 그것을 결코 깨닫지 못했죠. 나는 아마도 그것에 다다르는 것이 너무나도 고통이었던 것 같아요. 나는 막 지금 그것을 느끼기 시작했다는 뜻이에요. 오, 정말 끔직한 고통, 그것은 말하기 너무 끔찍해요. 말하고 싶다가도 말하고 싶지 않을 만큼…… 나는 느끼고 있어요. 나는 그것이 정말 명백한 긴장상태라는 것을 알 것 같아요. 스트레스, 그것은 너무 스트레스여서 내가 느낄 수 있었어요. 이미 몇 년이 지났지만 이제야 지금 막 그것을 느끼기 시작했어요. 그것은 너무 끔찍해요. 나는 너무 숨이 차서 어쩔 줄 모르겠어요. 질식할 것만 같아요. 너무 긴장이 돼서, 내가 압도당하고 있는 것 같아요. (그는 울기 시작한다.) 나는 결코 그것을 깨닫지도 못했었고 알지도 못했어요. 결코……"[6] 여기서 그는 자신의 내적 감정을 열기 시작했는데, 더 명확히 말하면 그에게는 새롭지 않은 내적 감정이지만 이 시기가 오기 전까지 결코 경험할 수 없었던 것이다. 지금 그는 이 모든 감정을 경험했음을 인정하고 그런 감정을 이제는 조금 덜 참아도 된다는 것을 발견할 것이며, 자신의 경험에 더 근접한 삶을 살아 나가게 될 것이다.

점점 내담자는 경험이 친절한 자원이지 당황스러운 적이 아님을 이해하게 된다. 한 내담자는 치료에 근접했지만 이 주제를 혼동하면서 손을 자신의 머리에 대고는 말했다. "지금 내가 느끼는 것이 무엇이지요? 나는 다음엔 그것을 알고 싶어요. 나는 그것이 무엇인지 알기 원해요." 그는 안에서 일어나고 있는 감정의 명확한 특성을 분명히 인식할 때까지 아주 조식스럽게 기다린다. 종종 나는 내담자가 자신을 위해 귀를 기울이려고 노력하고, 자신의 신체반응에 대해 이야기를 나누었던 대화와 메시지를 들으려고 노력하는 것을 느끼게 된다. 그러면 더 이상 그는 그가 발견한 것에 대해 두려워하지 않게 된다. 자신의 내적 반응과 경험, 느낌과 신체반응이 일치하는 메시지를 깨닫게 된다. 자신에게서 벗어나려고 애쓰기보다는 정보에 대한 내적 자원에 근접하고자 한다.

인간의 자기실현을 연구한 매슬로는 이와 똑같은 특징에 주목했다. 이런 사람에 대해 이야기하면서 "그들 현실에 대한 통찰력의 용이함, 동물 같은 또는 어린아이 같은 수용성과 자발성은 그들의 충동, 욕구, 견해, 일반적인 상황에서의 주관적 반응에 대해 우수한 지각이 있음을 내포한다."(4, p. 210)라고 말하였다.

자신 안에서 계속되는 더 큰 개방은 외적 현실에 대한 개방과 비슷하게 연합되어 있다. 매슬로는 내가 알고 있었던 내담자들에게 이렇게 이야기할지도 모른다. "자기실현을 한 사람은 경이로움, 기쁨, 아름다움, 심지어 황홀경에 이르는 삶에 대한 기본적인 행복을 깨끗하고 순수하게 반복해서 추구할 수 있는 아름다운 능력을 가지고 있다. 그러나 이런 경험이 진부해지는 것은 다른 사람에 의해서 이루어지는 순간일지도 모른다."(4, p. 210)

다른 사람을 수용하는 방향으로

일반적으로 내적 그리고 외적 경험을 하는 것에 대해 마음이 열려 있는 것은 다른 사람에게 마음이 열려 있고, 타인을 수용하는 것과 관련된다. 내담자가 자신의 경험을 받아들일 수 있다면, 또한 타인의 경험을 받아들일 수 있게 되는 것이다. 자신의 경험에 대한 가치를 알고 이를 이해할 수 있다면, 타인의 경험도 가치 있게 여기고, 이를 이해하게 된다. 다시 한 번 매슬로의 자기실현에 관련된 말을 인용해 보자. "물에 젖었다는 이유로 물에 대해 불평하는 사람은 없으며, 바위가 단단하기 때문에 그에 대해 불평하는 사람은 없다. 아이들이 무비판적이고 순수한 눈으로 전 세계를 보는 눈이 넓어지듯이, 단순하진 않지만 다른 누군가에게 요구하거나 논쟁하는 것 없이 어떤 경우든 관찰해서 그 자신과 다른 사람들 속에서 인간 본성을 찾아 자기실현을 해 나갔다."(4, p. 207) 이런 수용적 태도로 나는 내담자가 치료를 통해서 발달해 감을 발견하게 된다.

자아를 신뢰하는 방향으로

각자의 내담자를 이해하는 이런 패턴을 묘사하는 또 다른 방법은 그 자신이 되어 가는 과정을 스스로 점점 더 신뢰하게 되고, 가치 있게 여기고 있다고 말하는 것이다. 나의 내담자를 바라보면서, 나는 창조적인 사람에 대해 더 많은 이해를 가지게 된다. 예를 들어, 엘 그레코El Greco는 자신의 초창기 작품을 보면서 '훌륭한 예술가는 그와 같이 그림을 그리지 않을 것이다.' 라는 것을 깨달아야만 했다. 그러나 어떻게 해서든지 삶에 대한 자신의 경험을 신뢰했고, 효과적으로 자신만의 독특한 인식 세계를 계속 표현해 나갔다. 그것은 경험을 통해서 그가 "훌륭한 예술가는 이렇게 그리지 않겠지만, 나는 이렇게 그릴 거야."라고 말할 수 있는 것과 같다. 또 다른 예로 어니스트 헤밍웨이Ernest Hemingway는 확실히 '훌륭한 작가는 이렇게 쓰지 않을 것이다.' 라는 것을 깨달았다. 그러나 그는 다른 사람이 생각하는 훌륭한 작가에 대한 개념에 치우치기보다는 그 자신 자체 헤밍웨이가 되는 쪽을 선택했다. 아인슈타인Einstein은 비일상적으로 훌륭한 물리학자는 그와 같은 사고를 하지 않았을 것이라는 사실을 잊어버렸던 것 같다. 이는 그의 물리학에 대한 학문적 준비가 부적절했던 것이 아니라, 그는 단순히 아인슈타인이 되는 방향으로, 자신이 생각했던 사고로, 그가 할 수 있는 한 진실되고 깊게 자기 자신을 바라보았기 때문이다. 이것은 단지 예술가이고 천재이기 때문에 일어나는 현상이 아니다. 나의 내담자로 다시 되돌아가서, 나는 단순히 사람들이 그 자신만의 영역 안에서 중요하고 창조적인 모습이 되어 가는 것을 보게 되는데, 그들은 대부분 그들 안에서 이루어 가는 과정을 더욱더 신뢰하면서 자신을 계발시켜 나갔고, 자신의 감정을 당당하게 느끼는 한편, 스스로 발견한 가치로 살아가면서 독특한 방식으로 표현해 나가고 있었다.

일반적인 방향

내가 이해한 내담자의 움직임과 관련된 이러한 패턴, 즉 내가 설명하려고 노력했었던 기본 요소들이 무엇과 관련되어 있는지를 더욱더 명확히 진술할 수 있도록 해 보자. 그것은 개인이 수용적으로 자기 자신을 받아들이면서, 내적으로 그리고 행동으로 이 과정을 수행해 나가는 것을 의미하는 것 같다. 그는 가면을 쓰는 것에서, 즉 본래 자신이 아닌 것에서 피하려 했다. 자신이 할 수 있는 것보다 더욱더 많은 것을 하려고 노력하지 않는데, 불안정하거나 과장된 방어로 생긴 감정에 이끌리려 하지 않는 것이다. 또한 자신이 할 수 없는 것보다 가능한 것을 보려 하고, 죄책감이나 자기 가치를 평가절하하는 감정에도 이끌리지 않았다. 점점 자신의 신체적이고 정서적인 부분에 대해 가장 깊숙한 소리를 듣게 되고, 굉장한 정확함과 깊이를 더해 더욱더 할 수 있다는 의지를 가지게 되며, 진실한 자기를 이루게 되는 것이다. 한 내담자는 자신이 받아들인 방향대로 느끼면서 한 인터뷰에서 자신에게 묻고 의심스러워하면서, "내 자신이 되고자 하는 것을 정말로 이룬다면 모두 다 잘 될 것이라는 건가요?" 라고 말했다. 앞으로의 경험과 많은 내담자의 경험은 긍정적이 되는 경향이 있다. 그가 진실로 무엇이 되는 것은 어떤 방향으로 움직이게 되든 자유롭기만 하다면 삶의 통로를 지나치는 가운데 가장 가치 있게 나타날 것이다. 이것은 단순한 지적인 가치를 선택하는 것이 아니라, 자신이 원하는 것이 무엇인지 탐색하기 위해 손으로 더듬기도 하고, 시험해 보며, 확신을 가질 수 없는 행동을 해 보는 것과 같다고 볼 수 있다.

몇 가지 오해

내가 설명하려고 노력했던 삶의 여정은 많은 사람에게 가장 불만족스러운 여정인 것도 같다. 이것에 대한 실제 차이점도 인정한다. 그러나 나는 때때로 그와 같은 태도가 확실한 오해에서 기인한 것임을 발견했다. 그래서 내가 할 수 있는 한, 이것에서 벗어나도록 할 것이다.

그것은 고정성을 의미하고 있는가

어떤 사람에게는 누군가가 된다는 것이 고정적이 된다는 의미일 수도 있다. 그들은 목적이나 가치와 같은 것을 고정시키거나 변화시킬 수 있다는 것을 알고 있다. 진실보다 더 앞설 수는 없다. 무슨 일을 하기 위해서는 철저하게 그 과정 속으로 들어가야 하는 것이다. 변화는 어떤 사람이 진실하고자 할 때 용이하게 이루어지고, 가능한 한 극대화되는 것이다. 그저 치료를 위해 오는 사람들은 그들의 감정과 반응을 부인하는 사람들이다. 몇 년 동안 변화하려고 노력했지만 싫어하는 행동들이 고정되어 있음을 스스로 발견하게 될 것이다. 그것은 단지 저절로 그렇게 될 수도 있고, 자신을 더 부인해서 그럴 수도 있으나, 변화에 대한 어느 정도의 전망은 있다.

그것은 악(evil)하게 되는 것을 의미하는가

내가 기술했었던 삶의 통로에 대해 아주 공통적인 반응이 있다고 할지라도, 자기 스스로에게 진실한 것이 나쁘고, 악하고, 통제할 수 없고, 파괴적인 것일 수도 있다. 그것은 전 세계의 무서운 위력에서 자유롭고 싶은 것을 의미한다. 이것이 나에게 매우 익숙한 이유는 내가 거의 매일 만나는 내담자에게서 발견되는 것이기 때문이다. '만약 내 안에 책망받을 만한 감정이 흐르고 있다면, 내가 그와 같은 감정 안에 살아야만 하는 운명이라면, 이것은 비극적 결말이 될 것이다.' 라는 인식은 내담자가 자신의 잘 알려지지 않은 측면을 경험함으로써 그것이 이야기되거나, 그렇지 않았거나 거의 모든 내담자에게 나타나는 태도다. 그러나 치료에서 경험에 대한 전체적인 과정은 이런 두려움과 모순된다. 분노가 실제로 나타나는 반응일 때, 점차 분노를 느낄 수 있지만, 분노를 수용하든 또는 표출하든 간에 이것은 파괴적인 것이 아니다. 두려움을 느낄 수 있지만, 의식적으로 두려움을 느끼는 것이 자신 자체를 사라지게 하지는 못한다. 또한 자기 연민을 느낄 수 있고, 그건 나쁜 것이 아니다. 성적인 감정을 느끼거나 감정에 '게으르거나' 또는 적대적 감정을 느꼈다고 해서, 세상의 꼭 대기에 올라가 떨어지지는 않는다. 이런 이유는 감정의 흐름을 더욱더 인정하고 자신이 되기 위함이다. 더 나아가 자신의 감정에 전체적인 조화를 이루기 위해서 적절한 장소를 찾게 된다. 이런 혼합된 감정과 함께 균형을 발견하게 된다. 적대감이나 음탕함이나 분노감뿐 아니라 사랑과 부드러움, 이해하는 것과 협조하는 것이 어떤 것인지를 느끼게 된다. 게으르거나 무감동한 것만 아니라, 관심과 호기심과 재미도 느낀다. 두려움뿐 아니라 용기와 모험심도 느낀다. 자신의 복잡성을 더욱더 수용적으로 받아들이면서 살아갈 때, 통제 불가능한 악의 통로에 힘이 빠져 있기보다는 구조적인 조화 속에서 자신의 감정을 조절하게 된다.

때때로 사람들은 만약 진정으로 진실하게 되려면, 자신 안에 있는 동물적 속성을 이완시켜야 한다고 말하면서 걱정을 한다. 나는 놀라지 않을 수 없었다. 나는 우리가 동물적 속성을 가까이 바라보고 있다고 생각하기 때문이다. 사자는 종종 '미친 듯이 소리를 지르는 짐승'의 상징이기도 하다. 그러나 그것이 뭐 어떤가? 만약 사자를 인간과 연관 짓는 것에 마음이 상하지 않았다면, 사자는 내가 기술했었던 양보다 훨씬 많은 것을 가지고 있다. 확실히 사자는 배고플 때 죽이지만, 죽이는 것에 대한 야생의 몸부림을 계속하지는 않는다. 사자는 어린 새끼 때에는 독립적이지 못하고 의존적이지만, 서서히 독립적으로 움직인다. 더 이상 의존적인 것에 매달리지 않는다. 유아 시절에는 이기적이고 자기중심적이지만, 성인기에는 협조 속에 책임의식을 보여 주면서 새끼들을 먹이고, 돌보고, 보호한다. 사자가 꼭 야생적이고 욕망이 강한 종이라는 것을 의미하지는 않는다. 사자의 여러 가지 경향과 남을 몰아내는 충동은 그 안에 하나의 조화가 있다. 몇 가지 기본 상식으로 사자는 페리스 레오feris leo종의 구조적이고 가치 있는 구성원이라는 것을 알 수 있다. 내가 제시하려고 하는 것은, 진정으로 내면 깊숙이 독특한 구성원으로 인간종을 바라볼 때, 이것은 무섭도록 흥미로운 어떤 것이 아니라는 점이다. 그 대신에 우주공간에 가장 민감하고, 반응적이며, 독창적인 창조물 중 한 사람으로 되어 가는 복잡한 과정 가운데 철저하게 마음을 열고 살아가는 것을 의미한다. 철저하게 한 인간으로서 독특한 자기 자신이 되는 것이 내 경험으로는 나쁘게 규정 짓는 과정은 아니다. 그것이 긍정적이거나, 건설적이거나, 실제적이거나, 가치 있는 과정이 될지도 모른다는 것이 더욱더 적절한 말일 수 있겠다.

사회적 함축성

내가 기술하려고 시도했던 삶의 여정에 관한 사회적 함축성에 대해 관심을 돌려 보자. 나는 개인에게 아주 큰 의미를 가질 것이라는 방향성에 초점을 두어 표현하였다. 그렇게 했을 때, 그것을 가질 수 있을 때, 그룹과 조직에게 어떤 의미와 중요성이 있을까? 그것이 노동조합, 교회, 산업공동체, 대학, 국가에 의해 유용하게 선택되는 방향인가? 나는 그렇다고 본다. 예를 들어, 국가가 외교 정책에 나서는 행동을 살펴보자. 만약 과거 몇 년 동안 지도자의 진술을 듣고, 그들의 서류를 읽어 보면, 우리의 외교는 항상 고도의 도덕적 목적을 바탕으로 하고 있음을 발견하게 된다. 그것은 항상 우리가 앞서 따랐던 정책과 일치한다. 그것은 이기적인 바람이 아니다. 결코 그 자체의 판단과 선택이 잘못된 것이 아니다. 아마 여러분도 동의할 것이라고 본다. 만약 우리가 한 개인이 이런 용어로 이야기하는 것을 들었다면, 즉시 이것이 가면이라고 인식하게 되며, 그와 같은 진술은 가능한 한 자기 스스로 내부에서 진행되고 있는 실제 과정에서는 표현될 수 없다고 볼 것이다.

그러면 어떻게 우리가 한 국민으로서 외교 정책 안에 우리 자신을 표현할 수 있는지를 상상해 보자. (만약 진실된 자아를 받아들이고, 그것에 열려 있다면) 나는 완전하게 우리가 어떤 존재인지는 잘 모르지만, 만약 우리가 우리 자신을 표현하려고 노력했다면, 외국에 대한 우리의 외교는 확실히 다음과 같은 종류의 기본 요소를 포함하고 있을 것이다.

우리는 한 국민으로서 우리의 막대한 힘을 서서히 깨닫고 있으며, 권력과 책임감도 그 힘을 뒷받침하고 있다.

우리가 어떤지 깨닫지 못하면서 책임감 있는 세계 지도자의 위치를 받아들이고 있다.

우리는 많은 실수를 하고 있다. 우리는 종종 일관성이 없다.

우리는 완전하려면 아직도 멀었다.

우리는 우리 자신의 삶과 다른 삶의 관점을 가지고 있는 공산주의의 힘에 놀라지 않을 수 없다.

우리는 극도로 공산주의에 대해 경쟁적인데, 러시아 사람들이 어떤 분야에서 우리를 누를 때, 분노하고 굴욕감을 가지게 된다.

우리의 외국에 대한 관심은 가끔 이기적이다. 이를테면 중동의 석유와 같은 예를 들 수 있다.

다른 한편으로, 우리는 사람들을 지배하며 영유권을 얻기를 바라지 않는다.

우리는 개인의 자유와 독립성 그리고 자기 결단력 대 국가 사이의 복잡하고 모순된 감정을 가지고 있다. 그와 같은 경향을 받아들였던 과거의 지지적 자세를 자랑스럽게 여긴다. 그러나 우리는 종종 그들이 의미하는 것에 대해서 놀라기도 한다.

우리는 각각 개인의 존엄성과 가치를 존중하는 경향이 있지만, 우리를 놀라게 하는 것은 이런 방향성에서 벗어나는 것이다.

우리가 그와 같이 생각하는 경향이 있다면, 똑같이 열린 마음으로 우리와 외국과의 일들을 생각해 보자. 우리는 모든 복잡성과 모순 속에서 국가에 대해 진실하려고 시도하고 있다. 그렇다면 무엇이 결론이 될 것인가? 나에게는 이 결과들이 자신에게 더욱더 진실하려고 노력하는 한 내담자의 경험과 비슷하다고 생각된다. 가능한 결과들을 살펴보자.

우리는 더욱더 편안해질 수 있다. 왜냐하면 숨길 것이 없기 때문이다.

우리는 우리가 도덕적이거나 일관적인 것을 증명해 보이기 위해 힘쓰기보다는 문제 그 자체에 초점을 맞추어 볼 수 있다.

우리는 그 문제를 방어하려 하기보다는 그것을 해결하기 위해 우리의 모든 창조적인 상상을 동원할 수 있다.

우리는 우리의 이기적인 관심과 타인을 향한 동정적 염려 모두에 마음을 열 수 있고, 이런 상충되는 욕구가 균형을 찾을 수 있다는 것을 보여 주게 되면, 한 사람으로서 기쁨을 얻을 수 있게 된다.

우리는 자유롭게 지도자의 위치를 변화시키고 성장시킬 수 있다. 왜냐하면 우리가 했었고, 해야만 하는 것들과 관련된 엄격한 개념들에 묶여 있지 않기 때문이다.

우리는 두려움을 상대적으로 더 적게 가지고 있음을 발견하게 되는데, 왜냐하면 다른 사람들이 가면 뒤에서 거짓말하는 것을 존경하지 않기 때문이다.

우리는 우리의 견해를 통해서, 상대방으로부터 앞으로의 개방성과 현실성을 가지고 이끌 수 있다.

우리는 협상 당사자들에 의해 오래되고 낡아빠진 문제를 논하기보다는 현안을 바탕으로 세계 문제의 해결책을 이끌 수 있다.

이런 상상적 예를 통해서 제시되고 있는 것은 개인이 발견한 것처럼 국가와 기관이 발견해 낸다면, 누구나 깊숙하게 풍부한 보상적 체험을 가지게 될 것이라는 점이다. 나는 이런 관점이 모든 삶의 철학적 관점을 기초로 하고 있으며, 그것은 내담자의 체험에서 관찰되는 하나의 경향 그 이상이라는 것을 제시하고 있다.

요 약

이제는 누구나 스스로에게 질문하는 "나의 인생의 목표, 목적은 무엇인가?"

에 관한 이야기를 하고자 한다. 나는 치료적 관계에서 위협과 선택으로부터 자유로운 내담자들이 삶에서 공통으로 보여 주는 목표와 방향에 대해 무엇을 배웠는가를 이야기하려고 했다.

그들이 자기 기만이나 타인의 기대에서 멀어지려고 하는 것을 지적했는데, 이러한 특징적 움직임은 내가 말한 대로 내담자가 자기 자신을 변화하고 유동적이며 과정이라고 여기는 것이다. 또한 자신의 내면을 민감하게 들을 수 있도록 학습하며 자기 안에서 일어나는 것에 개방적이다. 이는 경직성의 명료함과 단순함보다는 점점 더 복합적인 감각이나 반응과 조화를 이루는 것이다. 이는 자신을 '있는 그대로 그 자체'로 받아들이는 방향으로 가고, 이렇게 이해하는 태도로 타인을 수용하는 것이다. 그는 표현하고 나타나는 자신 안에서의 복잡한 내면 과정을 신뢰하고 가치 있게 여기는 것을 말한다. 그는 창의적으로 현실적이고, 현실적으로 창의적이다. 자신이 이 과정에 있게 되는 것이 자신의 변화와 성장을 극대화한다는 것을 발견하게 된다. 이렇게 유동적인 감각 안에서 온전히 자기 자신이 되는 것을 발견하는 지속적인 몰입이 나쁘거나 통제 불가능한 것과는 같지 않다는 것을 안다. 그 대신에 인간의 민감성과 개방성, 현실성, 내부 지향성에 자부심을 갖고 변화하는 상황에서 나타나는 복잡성에 용기와 상상력을 적용하게 된다. 이는 깨어 있고 표현을 하는 존재 자체로 향하는 지속적인 단계고, 인간의 총체적이고 유기체적인 반응과 일치하는 것을 말한다. 키에르케고르의 심미적인 표현을 빌리자면 '진정한 자기 자신이 되는 것'이다. 나는 이 과정이 쉬운 과정은 아니라는 것을 명확히 했고, 이 과정을 완벽하게 이룬 사람을 모른다. 이것은 단지 삶의 과정인 것이다.

이 개념의 한계를 탐색하고자 나는 이 과정이 치료장면에서 내담자나 인생의 목적을 찾고자 하는 사람들에게만 국한된 것이 아니라는 것을 말하고 싶다. 이는 집단이나 기관, 국가에도 적용되고, 가치 있는 공존성을 갖고 있다고 본다.

내가 설명한 삶의 방식은 선택된 목표와 이에 따른 행동에 따라서 개인이 가치 있게 선택할 수 있다는 것을 분명히 하고 싶다. 왜냐하면 이는 선택의 자유가 유달리 많은 사람에게서 나온 것이고 이러한 사람들의 공통적인 성향을 갈해 주는 것이므로 여러분이 선택할 때 고려할 수 있는 부분이다.

참고문헌

1. Jacob, P. E. *Changing Values in College*. New Haven: Hazen Foundation, 1956.
2. Kierkegaard, S. *Concluding Unscientific Postscript*. Princeton University Press, 1941.
3. Kierkegaard, S. *The Sickness Unto Death*. Princeton University Press, 1941.
4. Maslow, A. H. *Motivation and Personality*. Harper and Bros., 1954.
5. Morris, C. W. *Varieties of human Value*. University of Chicago Press, 1956.
6. Seeman, Julius. *The Case of Jim*. Nashville, Tennessee: Educational Testing Bureau, 1957.
7. Whyte, W. H., Jr. *The Organization Man*. Simon & Schuster, 1956.

9

건강한 삶에 대한 치료자의 관점

충분히 기능하는 사람

1952년 또는 1953년에 쓴 논문으로 「충분히 기능하는 사람에 대한 개념」이라는 부제를 달고 있다. 그것은 치료가 최대한으로 성공적이었는지를 분명히 알 수 있는 사람의 장면을 상세히 설명하기 위한 시도였다. 게다가 치료 과정에서 논리적인 결과를 이끌었던 유동적이고, 실제적이며, 개인주의적인 사람에 대해 나는 약간 놀랐다. 나는 두 가지 의문을 가지게 되었다. 나의 논리는 옳은 것이었는가? 만약 옳았다면, 내가 가치 있는 사람의 부류에 들어가는가? 이런 생각들을 통해 곰곰이 나 자신에 대해 심사숙고할 수 있는 기회를 가져보면서, 논문의 사본을 만들었고, 다음 해에 이에 관심을 갖고 연구를 하는 사람들에게 복사본 수백 부를 나누어 주었다. 이 생각에 더욱 확신을 가지기 위해, 아주 중요한 심리학 저널 중 한 곳에 이 논문을 제출하였다. 편집장은 출판은 하겠지만, 이것이 더욱더 전통적인 심리학적 구조에 맞게 쓰일 필요가 있을 것 같다고 했다. 그는 많은 기본적인 변화를 제시했다. 이는 내가 썼던 형식으로는 심리학자가 받아들이지 않을 것이라고 느끼게 만들었고, 따라서 간행하는 것이 취소되었다. 그 이후로 논문에 대해 사람들이 폭넓고 다양한 관심을 기울이면서, 하야카와 박사Dr. Hayakawa는 의미론자들의 저널(ETC)에 이런 개념에 대한 논문을 게재했다. 결론적으로 이것은 내가 현재 이 책을 쓰려고 할 때, 처음으로 내 마음에 다가왔던 논문 중 하나였다.

그러나 내가 그것을 다시 읽었을 때, 이것이 게재된 연도에 그것의 중심 주제와 사고에 너무 많이 몰두되어 있었고, 아마도 또 다른 논문에 더 좋은 표현이 있을 수 있음을 발견하게 되었다. 그래서 본의 아니게 나는 약간 이를 한쪽으로 놔두고, 그 대신 건강한 삶에 대한 나의 관점을 중심으로 한 논문을 여기에 게재하기로 했다. 이 논문은 「충분히 기능하는 사람」을 바탕으로 하고 있는데, 이 논문을 더 짧고, 더욱더 읽기 쉽도록 하기 위해 필수적인 관점만 표현했다. 과거에서 유일하게 따온 것은 이 장의 부제다.

건강한 삶을 사는 것에 대한 나의 관점은 매우 가깝고 친밀한 관계, 즉 심리치료라고 불리는 것에서 사람들과 만들어 내는 나의 체험을 바탕으로 하고 있다. 따라서 이런 관점은 경험적이거나 실험적인 기초를 가지고 있게 되는데, 아마도 철학적인 기초와는 상반될 것이다. 내가 건강한 삶이 무엇인지를 이해하게 된 것은 삶을 성취하기 위해 불안해하고 걱정이 많은 사람의 투쟁을 관찰하고 같이 참여해 보면서다.

나는 이런 체험이 몇 년 동안 개발되었던 심리치료의 특별한 관점에서 출발했다는 것을 명확히 하고 싶다. 모든 심리치료는 기본적으로 비슷하지만 내가 한때는 그렇지 못했었기 때문에, 치료적 경험에서 나에게 가장 효과적인 것 같다고 생각한 방법이 바로 '내담자-중심'이라는 용어를 쓰는 치료의 유형이었다.

나는 이 치료가 매우 낙관적인 측면이 있음을 짧게 기술하려고 하는데, 그 이유는 가장 많은 양의 움직임이 일어났었던 치료적 체험을 통해서 가장 건강한 삶에 대해 배웠기 때문이다. 만약 이 치료가 광범위할 뿐 아니라 낙관적이고 점증적이었다면, 그것은 치료자가 집중적으로 내담자와 함께 개인적이고 주관적인 관계 속으로 들어갈 수 있다는 것을 의미하는 것이다. 과학자가 객관적인 연구를 하는 것과는 다른, 의사가 진단하고 치료하는 것과 관련없이, 단지 인간 대 인간으로 마주하는 것으로서 치료자가 내담자에 대해 무조건적인 가치를 느끼고 있는 것을 의미한다. 그의 조건, 그의 행동이나 감정이 어떠하든지 그것은 치료자가 있는 그대로, 숨김 없이 내담자가 경험한 것을 유기적으로 느끼면서 만나는 것을 의미한다. 치료자는 이런 내담자를 계속 이해할 수 있다는 것을 의미한다. 매 순간 내담자가 느끼고 싶은 것이 무엇인지를 감지해 내는 것에 내적 장벽이 없는 경우, 그리고 내담자에게 그의 공감적 이해를 전달할 수 있는 능력은 치료자가 충분히 이런 관계 안으로 들어가는 것을 편안하게 여겼다는 것을 의미한다. 이는 인지적으로 그것을 이끌려고 하지 않고, 내담자가 가장 자유를 느끼고 있다는 것을 인정하는 분위기를 제공하는데 만족하는 것을 말한다.

내담자를 위해 이런 낙관적인 치료는 내담자 자신이 점점 낯설고 잘 모르는 위험한 감정을 탐험하는 것을 의미하는데, 이 탐험을 통해 가능한 한 점점 무의식적인 것을 받아들이고 있다는 것을 깨달을 수 있기 때문이다. 그러므로 과거에 자아 구조에 위협을 가하고 손상을 받음으로써 이를 자각하는 것을 부인하게 만들었던 자신의 체험 속의 요소들을 타인에게 알리게 된다. 이런 감정을 충분히, 그리고 완전히 체험하는 것을 발견하게 되는 순간, 자신의 두려움, 분노 또는 예민함과 힘을 느끼게 된다. 그리고 이런 다양한 감정을 가지고 살고 있듯이, 긴장하고 있는 가운데, 자신을 체험하고, 모든 감정 또한 체험하고 있음을 발견한다. 새로이 체험된 자아와 함께 일관되게 구조적으로 자신의 행동에 변화가 생기고 있음을 발견하게 된다. 실제에 더 접근하게 됨으로써 더 이상 체험이 자신을 옭아매도 두려워하지 않고, 변화되고 계발된 자아로서 자유롭게 이를 환영할 수 있다.

이것은 내담자-중심 치료가 낙관적이라고 볼 때, 이것의 아주 작은 단면이라고 볼 수 있다. 나는 단순히 건강한 삶에 대한 나의 관점을 세우는 가운데 아주 짧은 장면을 여기에 제시하고 있는 것이다.

부정적 관찰

내담자의 체험을 이해하면서 살려고 노력해 보지만, 나는 점점 건강한 삶에 대한 부정적인 결론 하나에 이르게 되었다. 그것은 나에게 건강한 삶은 어떤 고정된 상태가 아니라는 것이다. 내 평가에 따르면 그것은 미덕이 있거나, 만족스럽거나, 해탈하거나, 행복한 상태가 아니라는 것이다. 심리학적 용어를 빌린다면, 동기drive가 감소하거나 긴장이 감소하거나 혹은 항상성의 상태가 아니라는 것이다.

나는 이런 모든 용어가 만약 한 가지 또는 여러 가지 상태가 성취되고, 삶의 목표가 성취되는 것을 내포하는 과정에서 이루어졌다면 아주 유용하게 사용되었을 것으로 믿는다. 확실히 많은 사람이 행복해하고 잘 적응해 나가는 것을 보면, 건강한 삶과 같은 상태로 보인다. 사회과학자들은 빈번히 긴장의 감소나 항상성 또는 평형성의 성취를 이야기한다. 이런 상태가 마치 삶의 과정의 목표를 구성하는 것처럼 말이다.

그래서 약간의 놀라움과 염려를 가진 채로 나의 체험이 이런 것을 정의할 수 없다는 것을 깨달았다. 만약 내가 치료적 관계에 있는 동안 굉장히 많은 움직임의 증거를 보인 사람, 이런 관계를 몇 년 동안 지속하면서 건강한 삶을 향해 실제적인 진보를 만들어 가고 만들 수 있는 사람의 체험에 초점을 맞추고 있다면, 나로서는 그들을 고정된 상태를 일컫는 어떤 용어로도 적절하게 기술하지 못할 것 같다. 만약 그들이 '적절하게' 기술된다면, 자신을 모욕하고 있다고 생각할 것이고, 만약 그들이 '행복하고' 혹은 '만족스럽고' 더구나 '실현되었다'고 기술하고 있다면, 그것을 거짓으로 간주하리라고 본다. 내가 그들을 통해 알게 되었듯이 그들이 동기나 긴장이 감소되거나 항상성의 상태에 있다고 말하는 것이 부정확하다고 여겨진다. 그래서 나는 이런 상황을 일반화시킬 수 있고, 내가 그들을 관찰한 사실에 부합되도록 건강한 삶을 줄 수 있는 방법이 있는지를 나 자신에게 묻는 데 주력하고 있다. 나는 이것이 그리 쉬운 일이 아니라는 것은 알지만 여기서부터 매우 상세하게 진술해 보도록 하겠다.

긍정적 관찰

내가 만약 이런 사람들에게 진실하기 위해 몇몇 단어를 사용하려고 시도한다면, 건강한 삶은 하나의 과정이지 어떤 하나의 상태는 아니라는 말을 하고 싶다.

그것은 하나의 방향이지 목적지가 아니다. 건강한 삶을 구성하는 방향성은 전체 조직체에 의해 선택되는 것인데, 그때는 어떤 방향성 안에서 움직이는 심리적 자유가 있을 때다. 유기체적으로 선택된 방향성은 어떤 신뢰할 수 있는 일반적인 특징을 가지고 있으며, 이는 독특한 개인의 다양성에서 똑같이 나타난다. 그래서 나는 이런 진술을 통합하여 하나의 정의를 내렸다. 심사숙고하고 토론을 통해 내린 결과다. 나의 관점에 의하면, 건강한 삶이란 인간 유기체가 내적으로 자유롭게 선택하는 방향대로 움직이는 과정이며, 선택된 방향성의 일반적인 특징은 어떤 보편성을 가지고 있는 것으로 드러난다.

과정의 특징

내담자들이 치료 이후에 어떤 수확을 거두는지 알아보기 위해 과정의 움직임에 대한 특징을 상세하게 알아보도록 하겠다.

체험에 대해 더욱더 열린 마음을 가지는 것

첫 번째 경우, 과정은 체험에 대해 더욱더 열린 마음을 가지는 것과 관련되는 것 같다. 이 말은 나에게 점점 더 의미 있게 다가온다. 이것은 방어와 극명하게 반대된다. 과거에 기술했던 방어는 세계와 관계를 맺고 있는 자신이 존재하는 장면에 위협이 되거나 혹은 불일치되는 것이 인지되거나 예기되는 체험에 대해 유기체가 반응하는 것이었다. 이런 위협에 대한 체험은 일시적으로 자각 속에서 왜곡되거나 부인되어 피해가 없는 것으로 여기게 된다. 문자 그대로 볼 수는 없지만, 정확성과 함께 이런 나 자신의 체험, 감정, 반응들은 유의미하게 이미 내가 가지고 있었던 자신의 장면과 더불어 다양하게 나타난다. 치료 과정의 가장 큰 부분은 지금까지 자신이 자각할 수 없었으며, 자신의 일부분으로서 '나 자신의 것'이 될 수 없었던 감정과 태도를 경험하는 것이다.

그러나 만약 충분히 자신의 체험에 마음을 열 수 있다면, 이 모든 자극—유기체 안에서 나온 것이든 혹은 환경에서 나온 것이든—은 신경계에 의존하여 어떤 방어기제로 왜곡되는 것 없이 자유롭게 통과될 수 있다. 은폐의 기제가 없이도 유기체는 자아의 위협이 될 수 있는 어떤 체험을 예견하게 된다. 그와 반대로, 자극이 감각신경을 통해 환경의 형태, 색깔, 소리를 구성하는 데 충격을 주거나, 혹은 과거의 기억 흔적, 혹은 두려움이나 기쁨, 혐오에 대한 내적 감각이 있는데, 이를 통해 인간은 살아 있음을 알게 되고, 이를 자각하는 데 완전하게 이용할 수 있다.

그러므로 내가 명명한 '건강한 삶'의 과정에 대한 한 관점은 방어하는 것에서 벗어나 체험에 마음을 여는 방향으로 나타나게 된다는 것이다. 개인은 더욱더 자기 자신에게 귀를 기울일 수 있고, 자신에게 무슨 일이 일어나고 있는지를 체험할 수 있는 것이다. 두려움과 좌절감과 고통과 관련된 자신의 감정을 더 깊이 받아들이게 된다. 또한 희망과 놀라움, 다정함과 같은 감정에도 마음을 열게 되는 것이다. 주관적으로 자신의 감정이 살아 있음에 자유로움을 경험하는데, 사람 안에서 그 감정이 존재하고, 이런 감정을 자각하는 데 자유롭기 때문이다. 이제 자각에 대한 문을 닫아 버리지 않고, 유기체로서 경험하면서 살아갈 수 있다.

더욱더 존재론적인 삶을 사는 것

두 번째 특징은 매 순간을 더욱더 충실히 살아 나가는 것과 관련된다. 이것은 쉽게 오해할 수 있는데, 이는 아마도 내 자신의 사고가 어떠하든지 모호한 부분이 있기 때문이다.

나는 자신을 방어하지 않고 새로운 체험을 충분히 받아들이는 사람은 매 순간이 새로울 것이라고 믿는다. 내적 그리고 외적 자극의 복잡한 형태가 이 순간은 존재하지만 그 전에는 결코 존재하지 않았다. 결과적으로 '내가 다음 순간에 무엇을 하게 될지 그 순간을 파악하지 못하고, 나 또는 타인을 통해서 미리 예견할 수 없는 것'을 깨달은 것이다. 빈번하지는 않지만, 우리는 내담자가 정확히 이런 종류의 감정을 표현하고 있음을 발견하게 된다.

이런 존재론적 삶의 유동성을 표현하기 위한 한 가지 방법은 예견된 자아 구조에 맞추기 위해 일시적으로 체험을 왜곡시키기보다는 자신의 자아와 성격을 바탕으로 체험을 받아들이는 것이다. 그것은 유기체가 자신의 체험이 진행되는 과정을 통제하는 것이 아니라 이에 참여자로서, 그리고 관찰자로서 있게 되는 것을 의미한다. 그와 같은 삶은 엄격함이 없고, 조직체의 빡빡함에서도 벗어나는 것이며, 구조적 체험을 가져야 할 의무도 사라지는 것을 의미한다. 그 대신에 적응력을 최대한으로 높이고, 체험 속에서 구조를 발견하며, 조직체 안에서 자아와 성격이 흘러나오고 변화된다.

이것은 존재론적 삶을 살아갈 때의 경향으로서 사람이 건강한 삶을 사는 과정과 관련해 나에게 확실한 증거로 나타나는 것들이다. 어떤 사람은 가장 중요한 특징이라고 말할지도 모른다. 그리고 삶 속에서 체험을 하는 과정은 구조적 체험을 발견하는 것과도 관련된다. 또 다른 측면에서, 우리 중 대부분은 미리 형성된 구조와 평가체제로 우리의 체험을 이끌어 가고, 결코 그것을 포기하지 않지만, 선입견에 맞추기 위해 체험을 그곳에 끼워 맞추고, 왜곡하며, 우리의 구조적인 틀에 맞추어 지지 않으면 화를 내게 된다. 한 사람의 영혼이 현재 진행되고 있는 마음의 상태를 여는 것과 현재 존재하는 과정에서 어떤 구조적 체험을 가지게 되든지 이를 발견하는 것은 내가 내담자에게 좀 더 가까이 다가가서 바라볼 때, 건강한 삶, 성숙한 삶의 특징을 말해 주는 것 중 하나다.

자기 자신을 더욱더 신뢰하는 것

건강한 삶을 사는 과정 속에 있는 사람의 또 다른 특징은 더욱더 자기 자신을 신뢰하는 것인데, 이것은 각각 자신의 존재가 상황 속에서 가장 만족스러운 행동에 도달할 수 있도록 도와주는 수단이 되는 것이다. 다시 한 번 내포하고 있는 의미가 무엇인지 설명하도록 하겠다.

어떤 상황에 참여하기 위해 행동을 선택하는 과정에서 많은 사람은 원칙에 의존한다. 어떤 그룹이나 기관에서 이끄는 대로 움직이거나, 타인(아내와 친구들)의 판단에 따라서 혹은 과거 비슷한 상황들에서 행동했었던 방법을 선택한다. 그러나 내담자를 관찰한 결과, 점점 새로운 상황에서 그들의 전적인 유기체적 반응을 신뢰할 수 있음을 발견했는데, 이는 그들이 그들 자신의 체험에 마음이 열려 있고, '옳다고 느끼는 것' 대로 충분히 행하며, 진실로 만족할 만큼 그들이 행동을 가치 있게 이끌어 가는 것이 증가하게 됨을 발견하기 때문이다.

이에 대한 이유를 내가 이해하고 있듯이, 스스로 이런 사고의 경향을 그대로 따라가고 있다. 자신의 체험에 충분히 마음을 여는 사람은 상황 속에서 가능한 모든 자료를 동원할 수 있는데, 이는 행동하는 데 기본이 된다. 사회적 요구들, 그 자신의 콤플렉스와 충돌되는 욕구들, 비슷한 상황에 대한 기억, 상황에 대해 독특하게 인지하고 있는 것 등의 자료는 매우 복잡한 것이다. 그러나 이런 각각의 자극, 즉 욕구, 요구, 그것의 상대적 긴장감과 중요성에 의식적으로 참여해 보면서 전체 유기체를 인정할 수 있게 되고, 이런 복잡성에 무게를 두고 균형을 맞춰 가며, 상황 속에서 이 모든 욕구를 가장 잘 만족시켜 줄 수 있는 행동을 발견하게 된다. 앞서 기술하였던 것과 동일하게 아주 거대한 전자 컴퓨터 기계로 이 사람을 비유해 보자. 자신의 마음을 열자 감각 인상에서, 기억에서, 앞선 학습에서, 내적 기관과 상태에서 얻은 모든 자료는 기계로 흘러들어간다. 기계는 자료로서 흘러들어 온 갖가지 모든 압박과 힘을 받아들여 아주 빨리 실제 상황에서 만족할 만한 가장 경제적인 벡터(vector, 방향량-크기와 방향을 가진 양-역자 주)가 되는 행동이 무엇인지를 계산한다. 이것이 우리의 가설적 인간의 행동이 된다.

이런 과정을 만들어 가는 가운데 나타나는 가장 큰 결점은 현재 상황에 맞지 않는 정보가 포함되거나, 포함되어야 할 정보가 배제되는 것이다. 그것은 기억과 이전 학습들이 실제 존재하는 것처럼 현실 속에 계산되거나 기억과 학습도 아닌, 그릇된 행동으로 응답이 일어날 때다. 또는 어떤 위협적 체험이 자각으로부터 억압되어 계산되는 것으로부터 억제되거나, 왜곡된 형태로 흘러들어 가거나, 잘못 생성되기도 한다. 그러나 우리의 가설적 인간은 철저하게 그의 유기체를 발견하는데, 자신이 이용 가능한 자료가 유용하기 때문이며, 그것은 왜곡된 형태가 아닌 정확한 형태로 존재하기 때문이다. 그러므로 그의 행동은 그의 욕구에 최대한 가깝게 만족시킬 수 있게 된다. 강화를 위해, 다른 사람과의 협력관계를 위해 맞추어지는 것이다.

이런 것들에 무게를 두고, 균형을 맞추면서 계산하는 유기체가 절대적으로 옳다고 말하는 것은 아니다. 항상 자신이 이용 가능한 자료를 가지고 최고로 가능한 응답을 주지만, 때때로 놓치는 자료도 있다. 그러나 기본적으로 체험에 열려 있기 때문에 어떤 실수나 만족스럽지 못한 행동이 잇따라도 이를 정확히 알 수 있다. 말하자면, 그들이 계속적으로 자신의 행동을 점검하기 때문에 정확하게 계산되는 과정이 된다.

아마도 당신은 전자 컴퓨터 기계와 비슷하지 않을 것이다. 다시 내가 아는 내담자로 되돌아와 보자. 그들이 더욱 그들의 체험에 대해 마음을 열게 되면, 점점 더 그들의 반응에 진실해지는 것을 발견할 수 있다. 만약 그들이 화를 '느끼기를 원하는' 것이라면 그대로 행하고 만족스러움을 표출하게 되는데,

그들은 동시에 애정, 협력, 관계에 대한 욕구들이 살아 있는 것임을 알게 되기 때문이다. 복잡하고 갈등이 많은 인간관계를 해결할 수 있는 행동을 발견하게 되는 그 자신만의 직관적인 기술을 가지고 있음에 놀라게 된다. 그러고 난 후에는 그들의 내적 반응들이 만족스러운 행동을 어떻게 가치 있게 이끌었는지에 대해 깨닫게 된다.

더욱더 충분히 기능적으로 되어 가는 과정

나는 건강한 삶의 과정을 기술한 세 가지 맥락을 더욱더 응집된 장면으로 함께 보기를 원한다. 그것은 더욱더 충분히 기능하는 사람이 되는 방향으로 자유롭게 움직일 수 있는 사람을 보면 알 수 있다. 자신의 감정과 반응을 가지고 충분히 살아갈 수 있는 사람이다. 실제 상황에 있든 그렇지 않든 간에 가능한 한 정확하게 자신의 유기체적인 도구의 감각을 더욱더 많이 이용한다. 모든 정보를 자신의 신경계에 공급할 수 있고, 신경계를 통해 자각하지만, 전체 유기체는 종종 자각하는 것보다 더 넓은 영역으로 이용할 수 있음을 인지한다. 자신의 유기체가 모든 다양한 가능성으로부터, 또 모든 복잡성 가운데 스스로 선택함으로써 자유롭게 기능할 수 있음을 인정할 수 있는데, 이런 순간에 나오는 행동은 가장 일반적이고 자연스러운 만족감을 얻게 해 줄 것이다. 그는 이런 기능을 통해서 유기체를 더욱더 신뢰할 수 있는데, 그 이유는 각각의 행동의 결과에 마음이 열려 있고, 결과가 만족스럽지 못하더라도 이를 수정할 수 있기 때문이다.

더욱더 그의 모든 감정을 체험할 수 있고, 어떤 감정을 느끼는 데에도 두려움이 적어진다. 증거에 대한 정밀 검사자가 되고, 모든 근원에서 이 증거에 마음을 더욱 열게 된다. 즉, 그는 완전히 그 자신이 되는 과정에 참여하게 되고, 그렇게 함으로써 건전하고 실제적인 사회인이라는 것을 발견하게 된다. 이 한 순간에 더욱 온전하게 살 수 있지만, 이젠 매 순간 가장 건전한 삶을 살고 있음을 이해하게 된다. 더욱 기능적인 유기체로 변화하고 체험을 통해, 그 체험 안에서 자유롭게 그 흐름을 따라 자신을 자각하기 때문에, 더욱더 기능적인 사람이 되는 것이다.

몇 가지 함축성

건강한 삶을 구성하는 관점은 많은 함축성을 가지고 있는데, 이는 내가 표현했었던 관점도 예외일 수 없다. 나는 이런 함축성이 사고의 자양분을 제공할 것이라고 기대한다.

자유에 대한 새로운 시각 대 결정주의

첫 번째는 직접적인 증거가 안 될지도 모른다. 그것은 아주 오래된 논쟁인 '자유의지'와 관련된다. 이 논쟁은 지금 나에게 새로운 시각으로 다가오는 것으로 이 방법을 상세히 설명하도록 하겠다.

때때로 나는 심리치료에서 자유와 결정주의 사이에 존재하는 역설적인 면 때문에 당황스러웠다. 치료 관계에서 가장 강요되는 주관적인 체험은 내담자가 있는 그대로의 솔직한 선택을 할 수 있다고 느끼는 것들이다. 그는 자유롭다. 그 자신이 되거나 정면을 피해 숨거나, 앞으로 나아가거나 후퇴하거나, 자신과 타인을 파괴시키는 방향으로 가거나 향상시키는 방향으로 가거나, 아주 있는 그대로 자유롭게 살거나 죽거나 간에, 그와 같은 용어에는 신체적이고 심리적인 의미를 모두 내포한다. 그러나 우리가 객관적인 연구 방법으로 심리치료를 살펴보면, 어떤 과학자와 같이 완전한 결정주의로 돌아서게 된다. 이런 관점에서 모든 내담자의 생각, 감정 그리고 행동은 무엇을 앞세우는가에 따라 달라지게 된다. 어떤 것도 자유롭지 못하게 될 수 있다. 이 딜레마는 다른 분야에서도 발견할 수 있는 것으로 예외가 없다. 그것은 예민한 주제며, 더욱더 해결하기 어려운 것이다.

그러나 내가 충분히 기능적인 사람을 설명하기 위해 정의적 용어로서 이 딜레마를 고려할 때, 신선한 시각으로 다가갈 수 있다. 치료의 긍정적인 면을 볼 때, 인간은 옳은 방향으로 대부분 완전하고 절대적인 자유를 체험한다고 말할 수 있다. 그는 내적 그리고 외적 자극과의 관계 속에서 가장 실용적인 벡터가 있는 행동의 과정을 따르려 하거나 이를 선택한다. 그 이유는 그 행동이 가장 만족함을 줄 것이기 때문이다. 그러나 이것은 실제 상황에서 모든 사실이 이미 결정되었다고 말할지도 모르는, 또 다른 유리한 점에서 행동을 이끌어내는 과정과 같다. 자신을 방어하는 사람의 예로 이를 비교해 보자. 그는 행동하기 위해 필요한 주어진 과정을 따르거나 선택할 수 있지만, 그가 선택하려는 방향대로 행동할 수 없다. 그는 상황에서 요소들을 결정할 수 있지만, 이런 요소는 그의 방어 안에 감추어져 있고, 수반된 자료를 오히려 부인하거나 왜곡하게 된다. 그러므로 그의 행동이 충분히 만족스럽지 못하다는 것은 자명하다. 그의 행동은 이미 결정되었지만, 효과적인 선택을 하는 것에 자유롭지 못하다. 다른 한편으로, 충분히 기능적일 수 있는 사람은 또한 그가 자발적으로, 자유롭게, 절대적으로 결정된 것을 선택하고 자유의지를 가질 때, 이를 단지 경험할 뿐 아니라 가장 절대적인 자유를 유용하게 이용할 수 있다는 것이다.

나는 주관과 객관 사이에, 그리고 자유와 필연성 사이에 있는 이런 논쟁점을 철저히 해결할 수 있다고 말할 만큼 순진하지 않다. 그럼에도 불구하고 나는 더욱더 많은 사람이 건강한 삶을 살고, 더욱더 많은 사람이 선택의 자유를 체험할 수 있으며, 더 많은 선택이 행동에 효과적으로 영향을 미치게 될 수 있다는 데 의의를 두고 있다.

건강한 삶의 기본 요소인 창의성

나는 '건강한 삶'의 과정에 있는 사람이 창의적인 사람이라는 것을 확신하고 있다. 열린 감각으로 세상을 바라보고 자신의 능력을 믿음으로써 주변 환경과 새로운 관계를 맺고 창의적 산물과 창의적인 삶을 나타내는 사람의 유형이 된다. 필수적으로 그의 문화에 '적응되지' 않고, 확실히 순응적인 사람이 되지는 않는다. 그러나 어떤 시간에, 그리고 어떤 문화 속에 있든지 그는 건설적으로 삶을 살며, 자신이 필요한 욕구들과 균형 있는 만족감을 가짐으로써 자신이 속한 문화와 조화를 이루어 갈 것이다. 몇몇 문화적 장소에서 그는 매우 불쾌해질 수 있겠지만, 가장 깊숙이 흐르는 욕구들에 최대한 만족을 줄 수 있는 방법을 찾게 될 것이다.

내가 믿기로는, 그와 같은 사람은 변화해 가는 환경하에 가장 잘 적응하고 생존할 수 있는 유형으로 이 세상을 발전시킬 수 있는 연구자로 인지된다. 창조적으로 오래된 상황뿐 아니라 새로운 상황에서도 건전하게 적응해 나갈 수 있으며, 인간 발전을 위해 가장 최적의 지도자가 될 수 있다.

인간 본성에 대한 기본적인 신뢰

내가 표현하려고 했었던 관점이 가진 또 다른 함축성은 인간의 기본 본성이 가장 자유롭게 기능할 때, 건설적이고 신뢰할 만하다고 하는 것이다. 나로서는 이것이 심리치료를 체험했던 반세기 동안 부인할 수 없는 결론이라고 할 수 있다. 우리가 방어로부터 개인이 자유로워질 때, 환경적이고 사회적인 욕구뿐 아니라 그 자신의 욕구에 대해 더 넓은 영역으로 마음을 열 것이고, 반응 또한 긍정적이고 앞을 향해 움직이며, 건설적인 데에 신뢰를 가질지도 모른다. 사회화의 요청이 필요 없는 이유도 그 자신의 가장 깊숙이 흐르는 욕구가 바로 타인과 제휴하며 상호 작용하고 싶어 하기 때문이다. 따라서 그가 더욱더 철저하게 자신이 될 때, 실제적으로 사회화가 이루어지게 될 것이다. 우리는 공격적 충동을 통제하고 있는 사람에게 요구할 필요가 없다. 왜냐하면 자신의 모든 충동에 마음이 열려 있고, 타인에게 인정받고 싶어 하는 욕구와 애정을 주기 원하는 경향성은 아주 강하게 그의 충동에 타격을 가하거나, 이를 밧줄로 동여매게 할 것이기 때문이다. 실제로 공격성이 자기 것이 되면 상황 속에서 공격적으로 표출하겠지만, 공격성에 대한 욕구에서는 도망가지 않아도 될 것이다. 그의 전체 행동이 다른 영역에서 그의 모든 체험에 마음을 열고 있다면, 고도의 사회적 동물로서 생존하기에 더욱더 적합한 균형적이고 실제적인 행동을 하게 될 것이다.

나는 인간이 기본적으로 비이성적이고, 자아와 타인에게 해를 끼칠 수 있는 통제되지 않는 충동성이 있다는 앞선 개념에 대해 조금도 공감하지 않는다. 인간의 행동은 말할 나위 없이 이성적이고, 예민하게 움직이며, 유기체가 성취하려고 노력하는 목표를 위한 복잡성에 순응하고 있다. 가장 비극적인 것은 우리의 방어가 우리로 하여금 이런 이성적 행동을 자각하지 못하게 지키고자 하는 것인데, 유기체적으로 우리는 또 다른 방향으로 이동하는 것 대신에 의식적으로 하나의 방향으로 움직인다. 그러나 건강한 삶을 사는 사람 중에는 그와 같은 장벽의 수를 감소시키면서 점점 유기체의 이성적 행동에 동참하게 된다. 충동 조절을 했거나, 충동 조절이 필요했다는 것이 입증되면 이것은 또 다른 것에 저항한 하나의 욕구가 자연스럽게 내적인 균형을 이룬 것이며, 이런 행동의 발견은 모든 욕구를 가장 최적으로 만족시키기 위한 벡터에 따른 것이다. 하나의 욕구(공격성, 또는 성 등)를 극도로 만족시키기 위해 또 다른 욕구(동료애, 친밀한 관계 등)를 짓누르는 방식—방어적이며 조직적인 사람들에게서 흔히 나타나는 경험—은 크게 감소되었다. 그는 자기 규칙적 활동에서 나타나는 복잡성—신체의 자동온도 조절뿐 아니라 심리적인 부분—에 광범위하게 참여한다. 자신과 또 타인과 더불어 점점 더 조화를 이루어 가면서 삶을 사는 하나의 방식인 셈이다.

삶의 더 큰 풍부함

마지막으로 내가 언급하고자 하는 함축성은 건강한 삶을 사는 과정이 우리 대부분이 발견하고 싶어 하는 건설적인 삶보다는 더욱더 넓은 영역과 삶의 더 큰 풍부함을 얻는 것이라는 점이다. 과정의 일부분을 이룬다는 것은 한 사람이 더욱더 민감한 삶을 체험하는 데 빈번하게 놀라고 만족스러워하는 가운데 더욱더 광범위해지고 다양해지며 풍부해지는 것을 내포한다. 그것은 나에게는 내담자가 유의미하게 치료하는 가운데 자신의 고통의 감정을 표현했지만, 또한 더욱더 생생하게 그들이 황홀경의 감정을 느끼게 되는 것과 같다고 본다. 분노가 명확하게 느껴졌지만, 그것은 사랑의 감정이다. 두려움은 그들이 더욱더 깊이 알고 있는 체험이지만, 그것은 희망이기도 하다. 그리고 그들이 더 넓은 영역 가운데에서 충분히 살아갈 수 있는 이유는 노력하는 삶을 가치 있게 여겼기 때문이고, 그들 자신 속에 있는 자신감이 밑바탕을 이루기 때문이다.

나는 행복감, 만족감, 즐거움이라는 형용사가 내가 건강한 삶이라 부르는 과정을 기술하는 데 꼭 적합한 증거가 될 수는 없다고 믿는다. 만약 이런 과정에 있는 사람이 적절한 시기에 이와 같은 감정을 경험했다 하더라도 말이다. 일반적으로 이에 적합할 것 같은 형용사는 '풍부한, 홍미로운, 보답하는, 도전하는, 의미 있는'과 같은 것들이다. 내가 확신하기로는, 건강한 삶을 위한 이런 과정은 마음에서 우러나는 삶을 사는 것이다. 자신의 잠재력에 맞게 계속해서 이를 펼쳐 나가고 성장하는 것과 관련되며, 용기를 갖는 것과 관련된다. 그것은 충분히 자기 자신을 삶의 큰 흐름에 내맡기는 것을 의미한다. 그러나 인간에 대해 아주 홍미로운 것은 개인이 내적으로 자유로울 때, 건강한 삶을 이루기 위해 이런 과정을 선택한다는 것이다.

제5부

사실을 통해 얻은 것:
심리치료 연구 부문

나는 있는 그대로 나의 임상 경험을 관찰하고자 했다.
그러나 어떤 '사실'이 가장 유효한지에 대해서는
약간의 철학적인 난처함이 없는 것은 아니었다.

10

인간인가 혹은 과학인가

철학적 질문

이 논문은 내가 보기에도 만족스러울 만큼 뛰어난 것이며, 앞으로도 나의 관점을 만족스럽게 표현해 줄 것이다. 내가 이것을 좋아하는 이유 중 하나는 나 스스로의 힘으로 혼자서 작업했기 때문인 듯하다. 이것이 점점 증가되어 가는 나 자신의 혼란과 갈등을 정화시켜 주는 것 그 이상으로 다른 어떠한 목적으로 출판되거나 사용되지 않을 것이라고 생각했다.

나는 이것을 추억하면서 갈등의 근원이 무엇이었는지를 인지할 수 있다. 그것은 내가 교육받았고 나에게 깊은 영감을 주었던 논리적인 실증주의positivism와 나의 치료적 체험과 너무나 잘 부합되는 것으로 나에게 뿌리를 제공했던 주관적인 존재론적 사고 사이에 있었다.

나는 존재론적 철학의 입장에 서 있는 학생은 아니었다. 나와 함께 연구에 참여하였던 시카고 대학교의 한 학생의 주장을 통해서 처음으로 키에르케고르와 부버의 연구를 습득하게 되었다. 그들은 자신들의 사고가 나의 기호에 맞을 것이라고 확신하는 듯했고, 그들은 옳았다. 내가 전혀 반응을 보이지 않았던 키에르케고르를 더욱 많이 접하게 되면서, 매 순간 더 깊은 통찰력과 신념이 생겼고, 내가 표현하기 힘들어하는 관점을 아름답게 표현해 주었다. 키에르케고르가 수백 년 전에 살았던 사람이라 할지라도, 나는 그를 아주 민감하고 높은 수준의 사고를 가지고 있는 사람이라고 여기지 않을 수 없었다. 내가 생각하기에는 이 논문이 내가 그에게 얼마나 도움을 받았는지를 보여 주는 것이라고 생각한다. 그의 연구를 읽어 보는 것은 나를 편하게 했고, 나로 하여금 더욱 신념을 가지게 했으며, 나 자신의 체험을 표현할 수 있도록 도와주었다.

이 논문을 쓰면서 얻었던 또 다른 도움은 동료에게서 멀리 떨어져, 겨울을 탁스코Taxco에서 보내면서 아주 중요한 부분을 쓸 수 있었던 것이다. 후에, 카리브Caribbean해의 그레나다Grenada에서 마지막 장을 쓰면서 이 논문을 완성했다.

이 장에서 또 다른 논문 몇 가지를 추가로 같이 보면서, 나의 동료들과 학생들이 읽을 수 있도록 사본을 만들었다. 몇 년이 지난 후에, 다른 사람들에게 제시할 목적으로 출간을 위해 제출하였고, 놀랍게도 『미국심리학자The American Psychologist(저널 이름-역자 주)』에서 받아 주었다. 나는 이것이 내가 쓴 그 어떤 논문보다 표현이 잘 되었다는 생각에 이것을 포함시키면서, 나의 '이중적인 삶', 즉 객관성과 주관성을 포함하게 된 이유를 명확하게 하려 한다.

개 관

초기에 내가 쓴 「이것은 고도의 인간 기록이다」는 혼란스러웠던 주제를 더욱더 명확하게 만들기 위한 것이었다. 다른 사람들은 단지 이 주제가 존재한다는 정도에만 흥미 있어 할 것이다. 그래서 나는 이 논문을 계속 설명해 가는 과정 중에 객관적인 면을 먼저 설명할 것이다.

나는 심리치료에서 흥미로운, 그리고 보상을 얻을 수 있는 체험으로 이끌어 가는 치료자로서 체험을 했고, 치료에 대한 진실성을 찾기 위한 과학적 연구자로서 일해 왔듯이, 이 두 가지 역할 사이의 거리를 더욱 의식하게 된다. 더 좋은 치료자가 되면 될수록 내가 최선을 다할 때 나의 전적인 주관성을 더욱 더 많이 사용한다는 것을 막연하게 지각하고 있었다. (내가 알기로는) 그리고 내가 더 좋은 연구자가 되면 될수록 '더욱 머리가 복잡해지고' 과학적으로 일하려고 했었다. 과학자로서의 엄격한 객관성과 치료자로서의 영감을 주는 주관성 사이에서의 불편감이 점점 심해졌다. 이 논문은 이에 대한 결과다.

내가 치료자로서 나 자신을 바라보는 것은 짧은 시간 안에 내가 행한 것을 기술하려는 것뿐 아니라 심리치료의 필수적인 특징으로써 내가 많은 내담자와 삶을 나누었다는 데 의의가 있다. 이것은 매우 유동적이고 인간적인 진술이라는 사실을 강조하고 싶고, 만약 또 다른 사람에 의해 쓰여졌거나, 내가 2년 전에 쓴 것이라고 해도, 또 약간의 다른 관점으로 쓰여졌을 것이다. 그러고 나서 나 자신을 과학자로서 보려는 것은 심리학적 영역 안에서 각인하고자 하는 경향을 발견하고, 과학이 치료에 도움을 줄 수 있는 의미를 찾으려고 애쓰는 것이었다. 이것에 이어 내 안에 내재되어 있는 것을 논박하게 되었다. 그것은 관점의 각각의 요소가 또 서로 다른 것에 논리적으로 질문을 제기하고 있기 때문이다.

나의 노력에도 불구하고, 이런 갈등은 점점 강해졌다. 두 가지 면은 더 이상 타협할 수 없는 것 같았다. 나는 능력 있는 연구자나 학생들과 함께 자료를 두고 연구했고, 그들의 논평은 많은 도움이 되었다. 그 다음 해 동안은 내 안에 두 가지 관점이 통합되었다고 느낄 때까지 이 문제에 대해 계속적으로 심사숙고했다. 첫 장이 쓰인 이후로 1년 이상 나는 실험적이고 잠정적인 통합을 언어로 표현하려고 노력했다.

따라서 이 문제를 두고 투쟁하는 나의 모습을 좋아한다면 그것이 아주 무의식적으로 드라마틱한 형태를 가정하고 있다는 것을 독자들은 발견하게 될 것이다. 내 자신 안에 계속되고 있는 드라마틱한 등장인물—첫 번째 주인공, 두 번째 주인공, 갈등 그리고 마침내 해결—에 대해서는 자신이 첫 주인공을 소개할 필요 없이, 내 자신이 치료자로서 치료에서 경험한 것을 묘사하게 될 것이다.

체험 그 자체 안에서의 치료의 본질

나는 나 자신의 가설 또는 신념을 가지고 관계 속으로 들어가기 시작한다. 이 가설 또는 신념은 타인의 내적 세계를 알아보는 나의 성향, 나의 자신감, 나의 이해가 사람이 되어 가는 유의미한 과정으로 이끌어 준다는 것이다. 나는 과학자로서 혹은 정확하게 진단과 치료를 할 수 있는 의사로서 관계를 가지는 것이 아니라, 인간관계를 맺는 한 사람으로서 관계를 가지기 시작한다. 그렇게 함으로써 단지 한 유기체로서 내담자를 바라보게 되며, 동시에 내담자도 단지 한 유기체가 되는 경향이 될 것이다.

나는 나 스스로 위험해질 수 있는데, 왜냐하면 관계가 더욱 깊어지면 더 이상 성장하지 못하고 퇴행하며, 내담자로부터 나와의 관계가 거부된다. 이렇게 되면 나 자신을 잃어버리거나 혹은 나 자신의 일부를 잃어버린 느낌을 받는다. 그때 이런 위험은 매우 실제적인 것이며, 이를 아주 실감나게 체험하게 된다.

나 스스로 관계의 밀접함 속으로 들어가, 나의 전 유기체가 이에 압도되면 단순히 무의식적으로 관계에 민감해진다. 나는 의식적으로 계획적이거나 분석적인 방법으로 반응하지 못하고, 단순히 타인에게 나의 전 유기체가 민감해진 상황에서 무분별한 방식으로 반응하게 된다.

치료의 가장 깊숙한 부분의 본질은 체험을 통합하는 것이라고 본다. 내담자는 자유롭게 그의 전적인 긴장감의 느낌을 체험할 수 있는데, '순수한 문화' 로서, 인지적인 억제나 경계 없이, 모순된 감정을 인지적으로 누르는 것 없이, 그리고 나는 이런 감정을 이해함으로써 똑같이 체험할 수 있다. 이에 대한 어떤 의식적인 사고 없이, 그리고 이것이 이끌어져 나온 것에 대한 어떤 이해나 걱정도 없이, 이해하는 가운데 생기는 인지적 혹은 감정적 장벽도 없이 말이다. 관계 속에서 체험에 대한 완전한 통합과 정직함, 만족감이 있고, 이를 통해서 많은 치료자가 언급하는 '세상 밖으로' 의 체험을 얻을 수 있을 때, 마치 깊은 우물이나 터널과 같은 치료시간 끝에는 내담자와 나에게 서로 전이되는 어떤 감정을 얻을 수 있다. 부버의 말을 인용하면, 실제의 '나-당신' 관계가 되고, 내담자와 나 사이에 체험할 수 있는 무한대의 삶이 있는 것이다. 그것은 내담자 혹은 나 자신이 유기체로서 서로를 마주보는 극이 된다. 이것이 인간적인 주관성의 최고봉인 것이다.

나는 종종 내가 인지적으로 알지 못하는 부분이 있음을 깨닫는다. 이렇게 즉각적인 관계가 이루어질 때다. 이것은 종종 나와 내담자 양쪽을 두렵게 만들고, 그 흐름에 빠져들게 하며, 흐름이나 과정이 우리를 각자 따로 내버려 둔다. 치료자가 앞서 체험이나 삶의 흐름에 떠올려지는 것도 사실이고, 각각의 시간에 덜 두렵게 되는 것도 사실이다. 더 쉽게 내담자가 빠져들 수 있다 할지라도 그 시간을 최소한으로 줄이는 것에 대해서도 자신이 있다. 종종 이런 체험의 흐름은 약간의 목적을 가지고 의도될 때도 있는 것 같다. 그러나 아마도 더 진실된 진술은 그것의 보상적인 특징이 그 과정 자체에 있기 때문이고, 후에 나와 내담자 양쪽이 독립적으로 이 과정 속에 있게 할 수 있기 때문일 것이다.

치료가 진행됨에 따라, 내담자가 자기 자신이 되는 것을 인정하면서 나타날 수 있는 모든 무서운 결과가 있음에도 불구하고, 감히 그 자신이 되려고 한다는 것을 볼 수 있다. 자기 자신의 자아가 된다는 것은 무엇을 의미하는가? 그가 가지고 있었던 유기적인 조직체적 반응, 깊이 숙고하지 않고 했던 반응들에 대해 두려움을 덜 가지게 되는 것이며, 점점 복잡하고 다양하며 풍부한 여러 종류의 감정에 대해 진실해지고, 애정을 가지게 되며, 유기체 혹은 유기적인 조직체 수준에서 한 사람으로 존재하려는 경향을 가지게 됨을 말한다. 위험하고 예측 불가능한 충동을 가지고 지켜보는 사람 대신에 혹은 매일의 삶에서 빛을 보는 것을 인정할 수 없는 사람 대신에 의식은 풍부하고 다양한 사회적 충동과 감정, 사고를 편안하게 억제할 수 있게 되는데, 이것은 두려움이나 권력 지향적인 감시를 받지 않고, 만족스럽게 자기 관리를 잘하고 있음을 입증하는 것이다.

이런 과정과 관련해 그 자신이 되는 것은 인간적인 선택을 확고히 하는 체험이다. 정면을 피해 숨는 것을 계속 선택할 수도 있고, 또는 그 자신이 되는 것과 관련된 위험을 받아들이는 것을 선택할 수도 있다. 그는 또 다른 것을 파괴할 수 있는 힘을 가지고 있고, 또는 그와 다른 사람을 동시에 향상시킬 수 있는 힘도 가지고 있는 자유인이다. 이런 결론이 실제에 직면하면서, 자신이 나아갈 방향대로 움직이는 것을 선택하게 된다.

그러나 그 자신이 되는 것으로 '문제가 해결된 것'은 아니다. 그것은 단순히 삶의 새로운 방식에 마음을 연 것으로, 더욱더 그의 감정을 깊이 있게 체험해야 하는 것이다. 점차 숨을 크게 쉬고 영역을 넓혀 가면서 말이다. 그는 더욱더 독창적이 되고 혼자가 되지만, 타인과의 관계에서 인위적인 것을 버리고 실제적이 된다. 더 깊이, 더욱 만족스럽게, 그리고 타인과의 관계를 실제적으로 이끌어 가면서 말이다.

이 과정, 이런 관계에 주의를 기울이는 또 다른 방식은 내담자가 자신을 알아 가는 것이다(그리고 치료자 역시, 크게 확대시키지 않는 범위 내에서). 이것은 좀 낯선 유형이다. 알아 가는 것이 결코 복잡성을 해결할 수 없고, 가장 깊이 있게 알고 있다고 해도 결코 언어적인 상징물로 정확하게 부합시킬 수 없기 때문이다. 종종 자신을 알아 가는 것은 단순히 "나는 다른 사람과 다르다.", "나는 그를 증오한다.", "나는 의존하는 느낌을 두려워한다.", "스스로 참 유감스럽다고 느낀다.", "나는 자기 중심적이다.", "나는 부드럽고 사랑스런 느낌을 가지고 있다."라고 이야기할 수 있다. 그러나 그들을 아는 것에 대한 외관상의 단순함이 약간의 새로운 방식으로 유의미하게 느껴져도 정의 내리기는 매우 어려운 일이다. 우리는 여러 가지 방식으로 이것을 생각할 수 있다. 그들은 자기 나름대로의 방식으로 알아 가고, 한편으로는 상징적인 것이 아니라 체험을 바탕으로 하고 있다. 알아 가는 것은 마치 아이들이 '2+2=4'를 학습해 가는 것과 유사하며, 어느 날 두 가지 물체를 가지고 놀면서 갑자기 두 가지 물체에 대한 체험을 통해서 전적으로 새로운 학습을 하게 되며, 결국 '2+2=4'

라는 사실을 깨닫게 되는 것이다.

알아 가는 것을 또 다르게 이해하는 태도는 그들이 감정 세계 에서 상징물에 의미를 부여하려고 뒤늦게 시도하고, 인지적인 영역을 성취한 지 오래된 상태에서 이에 대한 책임감을 가지게 된다는 것이다. 인지적으로, 우리는 조심스럽게 체험 속에서 얻은 의미를 상징물과 일치시킨다. 나는 이런 것이 '점차적으로' 일어나는 것이라고 말하며, 아주 (무의식적으로) '느리게', '지각할 수 없게', '차차'라는 용어를 이용하여 이를 정리하고 싶다. 그리고 체험 속에서 얻은 의미가 명백하게 드러나지 않는 것을 억지로 끌어내는 것을 거부했다. 그러나 감정의 영역에서, 우리는 결코 체험 속에서 상징물에 정확한 의미를 붙이지 못한다는 것을 알고 있었다. 내가 스스로 아주 잘했다고 느끼는 것은 관계를 받아들이는 데서 오는 만족감이다. 그것이 무엇인가? 그것은 슬픔이고, 분노이며, 후회이며, 나 자신이 느끼는 슬픔이고, 기회를 잃어버린 것에 대한 분노다. 나는 더 넓은 영역의 상징물을 '아주 적합하게', '느낌에 맞게' 의미를 부여하려고 시도했지만 결국 실패했으며, 정말로 그것은 유기적인 조직체의 경험과 맞아떨어졌다. 내담자는 감정과 정서의 언어를 이해하는 대로 직접 행하면서 마치 유아가 말하는 것과 같다는 것을 알게 되었다. 가끔 더 나쁘게는, 언어를 진실되게 알아가기 전에는 잘못된 방식의 언어를 구사하면서 스스로 잘 알지 못하고 있음을 발견하게 된다.

이런 학습 유형을 정의 내리기 위해 이 시간에 아직 설명하지 않는 것을 중심으로 그 이상의 방법이 있는지 알아보자. 학습의 유형은 가르침을 받을 수 없는 것이다. 이것의 본질은 자기 발견의 관점에서 나온다. 우리가 늘 익숙하게 생각하고 있는 '지식'과 함께, 한 인간은 또 다른 사람을 가르칠 수 있고, 또한 누구나 그럴 만한 충분한 동기와 능력을 가지고 있다. 그러나 치료 과정에서 필요한 유의미한 학습은 한 사람이 또 다른 사람을 가르칠 수 없다. 가르침은 알아 가는 것을 파괴한다. 이와 같이 내담자 자신이 편안함을 가질 때 내담자를 가르칠 수 있고, 좀 더 자유롭게 그의 감정을 깨닫는 것이 위험스럽지 않다는 것이다. 게다가 억지로 알려 주었다 할지라도, 그는 유의미하게, 체험적으로, 자기 접근적인 방식 안에서 알지 못한다. 키에르케고르는 학습에 대한 이 후자의 유형을 진실된 주관성이라고 간주하고, 학습에 대한 직접적인 대화를 할 수 없다는 타당한 논점을 만들어 갔다. 한 사람이 다른 사람보다 더 나아질 수 있는 것은 대부분 이런 유형의 학습이 가능할 수 있는 어떤 환경을 창조해 내는 것이다. 이것은 강요되어서는 안 되는 문제다.

이런 학습을 기술하는 마지막 방법은 내담자가 점점 전체적이고 통합된 상태에서 상징화하는 것을 배워 가는 것인데, 이것은 체험 속에서 유기체가 감정과 인지를 하나로 통합시키는 방식으로 설명하고 있다. 이렇게 하면 할수록 더 막연하고 불만족스럽게 되는 것은, 이런 상징화를 표현하는 것이 아주 불필요한 것으로 생각되기 때문이다. 이것은 항상 일어나는 것인데, 그 이유는 내담자가 적어도 치료자와 그 자신의 일부분을 의사소통하고 싶어 하기 때문이다. 단지 가장 필요한 관점은 전체적이고 통합적이며 즉각적인 내적 깨달음이다. 예를 들어, 내 안에서 "나는 어떤 것이 다르게 되는 것에 아주 크게 놀라고 있다."라고 철저하게 한 가지를 깨닫는 것은 치료의 근원이 된다. 이것을 깨달은 내담자는 비슷한 상황이 다시 일어나도 그 상태를 아주 확실하게 인지하고 깨닫게 된다. 또한 모든 가능성을 가지고 자신에게 일어날 수 있는 다른 감정을 충분히 인지하고 깨달을 수 있다. 그러므로 그는 진실된 자기 자신이 될 수 있는 방향으로 이동할 수 있게 된다. 그는 더욱 통합된 방식으로, 또한 유기체적인 존재로서 있을 수 있게 되며, 이는 치료의 근원이 되는 것이다.

과학 그 자체 안에서 치료의 본질

나는 지금 두 번째 주인공인 과학자의 신분으로 이 분야의 관점을 살펴보겠다. 치료의 복잡한 현상을 과학의 논리적인 방법으로 접근하면서, 목표는 현상을 이해하는 방향으로 나아가는 것이다. 과학적으로 이것은 일어난 일에 대한 객관적인 지식과 일어난 일 사이의 기능적인 관계를 의미한다. 또한 과학은 앞으로 일어날 일에 대한 예측을 가능하게 하며, 이 일들을 통제할 수 있지만 과학적인 노력이 꼭 필요한 것은 아니다. 만약 과학적인 목표가 충분히 이런 영역을 성취하게 만든다면, 우리는 치료상에서 어떤 기본 요소가 어떤 유형의 결과와 관련되어 있다는 것을 확실히 알 수 있다. 이것을 알고 있는 상황에서 우리는 치료적 관계에서라는 특별한 예가 어떤 요소와 관련 있기 때문에 결과가 예측 가능하다는 것을 알 수 있다(어떤 가능성의 한도 내에서). 그러고 나서 우리는 치료의 결과를 통제할 수 있게 되는데, 이런 기본 요소를 우리가 조절하는 것이 치료적 관계에 포함되는 것이다.

우리의 과학적 연구가 얼마나 깊이가 있는지는 몰라도, 그리고 결코 어떤 절대적인 진실을 발견해 내지 못할 수도 있지만, 일어날 일에 대한 높은 가능성만으로도 관계를 기술할 수 있다. 우리가 사람, 관계 또는 우주에 관하여 그 밑바탕이 되는 실제를 발견할 수는 없다. 단지 관찰 가능한 일 사이에 관계를 기술할 수 있다. 만약, 이 분야에서 과학이 다른 분야 과학의 과정을 뒤따르고 있다면, 떠오르는 실제적 모델들(이론이 세워지는 과정에서)은 감각에 의해 인지된 실제로 인해 제거될 것이다. 치료와 치료적 관계에서의 과학적 기술은 점점 그들이 체험했던 현상들과는 다른 결과를 초래할 것이다.

따라서 내담자-중심 치료 안에서는 가공되지 않은 이론이 이미 존재하는데(엄격하게 과학적 입장에서는 이론이 아니라 할지라도), 우리는 이런 가설을 선택하면서 출발해 보도록 하겠다. 토의를 목적으로, 이런 이론으로 나올 수 있는 가공되지 않은 가설을 채택해 보자. 그리고 이를 과학적인 접근과 관련지어 보자. 이 시간에 우리가 하고자 하는 것은 전체 이론을 논리적이고, 형식적으로 바꾸지 않고, 우리가 수용할 수 있고, 고려해 볼 수 있는 약간의 가설을 세워 보는 것이다.

이런 가공되지 않은 형태 안에서 세 가지 가설을 나열해 보겠다.

❶ 치료자가 내담자를 수용한다는 것은 내담자의 자아를 더욱더 많이 수용하는 것이다.
❷ 치료자가 하나의 대상으로서가 아닌 한 인간으로 내담자를 인지할수록 내담자는 더욱더 한 인간으로서 자기 자신을 인지하게 될 것이다.
❸ 경험적이고 실제적인 자아에 대한 학습은 치료 과정에서 내담자를 참여하도록 이끌 수 있다.

우리가 이런 각각의 것*들을 어떻게 조작 가능한 용어로 바꿀 수 있으며, 어떻게 실험해 볼 수 있을까? 그런 실험을 했을 때, 어떻게 일반적인 결과를 이끌어 낼 것인가?

이 논문은 이런 질문에 대한 답을 상세하게 주지는 못하지만, 연구는 이미 일반적인 방법으로 이에 대한 답을 제공하고 있다. 첫 번째 가설의 경우, 수용을 측정할 수 있는 어떤 장치가 선택되거나 고안되어 있다. 이것은 아마 태도 검사가 될 수도 있는데, 객관적이거나 투사적인, 즉 Q기법이나 혹은 비슷한 정도가 될 것이다. 확실히 그와 같은 도구는 약간의 다른 지시나 마음이 준비되어 있는 상황에서, 치료자가 내담자를 수용하는 것을 측정하는 데 사용된다. 이렇게 조절하면서, 치료자가 내담자를 수용하는 정도는 이 도구의 어떤 점수와 동일하게 될 것이다. 치료 과정에서 내담자가 자기 자신을 수용하면서 변화가 일어나는 것은 사전 · 사후 측정을 통해서 알 수 있다. 치료에서 어떤 변화가 있었는지는 통제 기간 동안 통제집단이 변화하는 것과 비교해 보면서

* 이렇게 주관적인 경험과 관련된 가설을 객관적인 과학으로 취급하는 것이 어떤 이들에게는 놀라울 것이다. 아직까지 과학으로서 심리학의 목표는 기초적 행동주의를 넘어서서 내용보다는 방법에 의존하고 있다. 그래서 가장 주관적인 감정이나 두려움, 긴장, 만족, 반응은 분명한 조작적 정의가 가능하면 과학적으로 다룰 수 있다. 스테펜슨Stephenson과 다른 이들은 이 관점을 강하게 제시했고(그의 행동주의 가정들에서), Q기법을 통해 과학적 연구를 위해 이러한 주관적인 자료를 객관화한 매우 중요한 기여를 했다.

밝혀진다. 그렇게 되면 치료자의 수용과 내담자의 자기 수용 사이에 관계가 존재하는지를 말할 수 있고, 이를 조작적으로 정의할 수 있으며, 이 둘 사이의 상관관계도 살펴볼 수 있다.

두 번째와 세 번째 가설을 측정하는 것은 실제로 어렵고, 심리학적인 측정이 복잡하다 할지라도 그들을 객관적으로 연구할 수 없다고 가정할 수는 없다. 태도검사나 Q기법 종류는 두 번째 가설을 위한 도구일 수도 있는데, 내담자를 향한 치료자의 태도를 측정하고, 내담자가 자아를 향한 태도를 측정해 봄으로써 가능하다. 이것을 연속선상에서 본다면 외적으로 보이는 대상을 한 인간으로, 그리고 주관적인 체험을 할 수 있는 존재로 간주하여 객관적인 형태로 보는 것이다. 세 번째 가설을 위한 수단은 생리적인 것인데, 왜냐하면 경험적인 학습은 생리적으로 측정 가능한 것을 수반하기 때문이다. 또 다른 가능성은 경험적인 학습에 대한 효과를 측정해 보는 것으로, 즉 다른 영역의 학습 효과를 측정하여 이를 추측해 보는 것이다. 현재 이 시점에서 세 가지 방법론적인 가설이 우리를 초월하고 있지만, 확실한 것은 앞으로의 일들을 주시해 보면서 조작적 정의를 내리고, 실험을 해 보아야 할 것들이라는 점이다.

이 연구를 통해 발견한 것은 이러한 순서를 따르게 된다. 이를 더욱더 정확히 입증하기 위해 가설을 세워 보자. 치료자가 내담자 자신을 수용하도록 이끌고 있는 것과의 상관은 두 변인 사이에 .70의 근처에 머물고 있다고 가정해 보자. 이 두 가지 가설이 지지받을 수 없다는 것을 발견했지만, 치료자가 내담자를 한 인간으로 대우하면 할수록 내담자의 자기 수용이 증가됨을 발견할 수 있었다. 이와 같이 우리는 사람-중심이 수용을 기본 요소로 하고 있다는 것을 알 수 있었지만, 내담자가 한 인간으로서 그 자신이 되는 것과는 관련이 없었다. 또한 경험론적인 학습을 바탕으로 하는 세 가지 가설을 어떤 기술 가능한 형태로 가정해 보자(통제집단에 참여한 사람보다 치료에 참여했던 사람들을 중심으로).

이런 발견에 의한 한계점과 결과를 설명하면서, 그리고 이미 앞서 상상할 수 없을 정도로 성격 역동에 이끌리는 것에 대한 언급을 생략하면서 과학은 이 분야에서 제공할 수 있는 어떤 개념을 주고 있다. 과학은 치료에서 일어나는 일들과 참여를 통해 변화가 일어났던 것을 더욱더 정확하게 기술할 수 있도록 해 준다. 인간관계의 역동에서 나타나는 약간의 일시적인 법칙을 공식화하기 시작한다. 또한 공동으로 사용 가능한, 그리고 복제 가능한 진술이 가능한데, 만약 조작적으로 확실히 정의 내릴 수 있는 조건이 치료자나 관계상에서 존재한다면, 어떤 내담자의 행동은 가능성의 정도를 미리 파악해 볼 수 있다. 확실히 이것은 치료나 성격 변화의 장에서 실시해 볼 수 있으며, 또한 지각과 학습의 장에서도 같은 과정으로 행해 볼 수 있다. 결국 이론적으로 공식화한다는 것은 인간 행동을 좌우하는 변화를 측정해 볼 수 있는 법칙을 진술하면서 상황 속에서 우리가 지각한 것을 분류하고, 그와 같이 우리가 학습한 것을 분류하며, 더 나아가서 치료상에서 일어나는 지각과 학습 모두를 포함하는 전체적이고 도덕적인 변화를 분류해 서로 다른 영역을 종합적으로 이끌어 내야만 한다.

몇 가지 쟁점

심리치료에서 기본적인 관점을 인지하는 두 가지 서로 상이한 방법 중 이 장에서는 앞서 제시한 서로 상이한 접근을 새로운 분야로 조명해 보려 한다. 여기에 현존하듯이, 그리고 그들이 빈번하게 존재하듯이, 이 두 가지 기술이 평범하게 맞닥뜨리는 경우는 거의 없다. 각각은 치료에서 보듯이 다양한 방법으로 나타난다. 이런 각각의 관점이 개인 혹은 그룹에서 서로 다르게 유지되고 있을 때, 두 관점은 뚜렷하게 같지 않다는 것을 기본으로 한다. 각각의 접근이 한 개인, 즉 나 자신과 같은 사람에게 진실되게 다가올 때, 이 때문에 갈등하는 자신을 발견하게 된다. 그들이 피상적으로 만족시키거나 서로가 서로를 보충

한다고 할지라도, 나에게는 기본적으로 여러 가지 방식 속에서 대립될 수밖에 없는 것 같다. 나는 이 두 가지 관점이 확실하게 분명한 자세를 취하는 어떤 쟁점이 되기를 간절히 바라고 있다.

과학자로서의 질문

첫 번째 과학자적 관점에서 요구하는 경험적인 부분(두 가지 관점을 논하지 않고 단순히 과학적이고 경험적인 것을 사용해서)에 대한 질문을 확실히 하도록 하자. 실리적인 과학자는 경험적인 근거를 들어 보고, 몇 가지 관찰한 질문을 제기한다.

❶ 첫 번째로 그가 알고 싶어 하는 것은 '어떻게 당신은 이에 대한 근거를 알 수 있는가? 또한 앞선 시대나 이후 시대에 이에 대한 근거가 있는가? 이것이 사실인가? 당신은 이것이 실제와 어떤 관계가 있는지를 어떻게 알 수 있는가? 만약 우리가 이런 내적이고 주관적인 체험에 의존한다면, 인간관계에 대한 진실성이나 변화된 성격에 대해서나, 그리고 요가, 종교과학, 다이어네틱스dianetics(해로운 심상을 제거해 줌으로써 어떤 신체적인 증상을 치료하고자 하는 심리요법), 자신이 예수님이라고 믿는 정신병을 가지고 있는 사람이 모두 다 진실한가? 이것이 진실하다고 볼 근거가 있는가? 그들 각각은 몇몇 개인이나 그룹이 내적으로 인지하고 있는 진실일 뿐이다. 만약 우리가 다양하고 모순된 진실성을 믿는 이런 곤란한 입장을 피한다면, 우리는 더욱 실제에 가까운 과학적인 방법을 성취해야 한다는 단 하나의 방법으로 다시 돌아와야만 한다.'

❷ 두 번째로, "이런 경험론적 접근은 치료에서 필요한 기술을 향상시키는 것을 차단하거나, 관계에서 필요한 만족감을 잘 발견하지 못하고 있다. 만약, 완벽한 것으로 묘사해 내지 못하거나 치료적 관계에서 가장 효율적으로 체험의 수준이 나타나지 않으면, 결점들, 약점들, 맹점들을 찾지 못

할 것이다. 어떻게 이것이 발견되고 옳게 교정될 것인가? 경험론적 접근은 단지 앞의 것들을 얻기 위해 시간이 오래 걸리고, 오류가 발생하는 과정만을 제공할 것이며, 이러한 과정은 목표를 이루어 낼 만한 실제적 보증이 없다. 비평을 하는 것이 도움이 되지 않을지라도 그들은 체험을 함으로써 결과적으로 생기는 것이 없기 때문에, 관계 그 자체의 생생한 권위를 가지지 못한다. 그러나 과학론적 방법과 현대의 논리적인 실증주의의 절차는 여기서 좀 더 많은 자료를 제공한다. 경험을 조작적 용어로 기술할 수 있고, 가설을 세울 수 있고, 이것을 실험해 봄으로써 진실성을 오류와 분리할 수 있고, 이것은 향상, 자기 수정, 지식의 성장을 확실하게 이끌 수 있는 길인 것 같다."

❸ 과학자는 또 다른 논평을 이끌어 내고 있다. "치료적 경험을 기술할 때 기본 요소가 예측 불가능할 수 있다. 약간 자발적이거나, 자유가 여기서 조작될 것이다(용어에 대해 양해를 구하면서). 당신은 내담자의 행동에 대해 말한다. 치료자의 견해로 원인이 파악되지 않고, 원인과 결과를 연결시키지도 못한다. 형이상학적인 것은 말할 것도 없이, 나는 이것이 패배주의가 아닌지 의문을 제기하고 싶다. 확실히 우리가 발견할 수 있는 행동에 대한 원인이 너무 많다는 것을 당신은 어떤 행동의 결과가 뒤따라오는지에 대한 조건을 스스로 말하면서 왜 이런 면을 양도해야 하나? 왜 모든 행동의 원인을 노출시키는 방향으로 목표를 설정하지 못하는가? 이것은 개인이 그 자신을 자동장치로 만들어야 한다는 것을 의미하지는 않지만, 이러한 사실에 대한 연구에서 몇 가지 해결책이 우리에게 가까이 있다는 신념을 방해해서는 안 될 것이다."

❹ 마지막으로, 과학자는 치료자가 왜 경험론자여야 하는지를 이해할 수 없다. 우리는 가치에 대해 책임을 질 수 있는 하나의 도구나 방법에 도전해야만 한다. "병을 치료하면서, 유아가 대량으로 죽어 가는 것을 막을 수 있고, 더욱더 많은 수확을 거두어 음식을 제공하고, 제조업이 성황을 이

루면서 편안한 삶을 살고 있고, 책에서부터 나일론(옷감)에 이르기까지, 이런 보편적인 것을 이해하면서 기초가 되는 핵심은 무엇인가? 그것은 과학적 방법이며, 각각을 적용해 볼 수 있고, 많은 문제를 해결할 수 있다. 또한 과학이 복지를 향상시켰던 것도 사실이며, 인간을 파괴시키기도 했지만 인간의 구조적인 목적을 이루고 사회에 유용하게 쓰일 수 있는 잠재력을 가지고 있다. 그렇다면 왜 우리가 사회과학적 분야에서 이와 같은 접근을 의심해야 하는가? 진보는 확실히 천천히 이루어지고 있고, 중력의 법칙만큼 기본이 되는 법칙이 없다 할지라도 이런 접근을 부주의함으로 포기해야 하는가? 충분히 변화될 수 있는데 똑같은 희망을 가지고 계속 살아야 하는가? 만약, 우리가 전 세계의 사회적 문제에 동의하고 이에 압박을 받고 있다면, 만약 심리치료가 인간 행동의 가장 증대하고 유의미한 역동에 변화의 창을 제공한다면, 과학적인 방법의 가장 엄밀한 규준으로 확실히 행동의 과정이 심리치료에 적용될 것이며, 가능한 한 규모가 더 넓어질 것이다. 이를 위해서 우리는 가장 빠르게 인간 행동과 태도 변화의 법칙을 실험적인 지식으로 접근해야 한다."

경험론자로서의 질문

과학자로서의 질문이 약간의 해결책을 주는 것 같지만, 지금까지 전적으로 치료의 경험으로 살았던 치료자를 만족시켜 주지는 못한다. 과학자는 여러 가지 관점을 과학적인 관점에서만 풀어 가기 때문이다.

❶ '첫 번째로' 이것은 '경험론자'가 지적하고 있듯이, "과학은 항상 또 다른 대상과 관련되어 있다. 과학의 입장에 있는 여러 논리론자, 예를 들어 심리학자 스티븐스Stevens는 과학의 기본 요소가 관찰 가능한 대상, 관찰 가능한 타인과 항상 관련이 있음을 보여 준다. 이것은 만약 과학자가 그 자신을 경험하고 있다고 해도, 자신을 관찰 가능한 타인으로 보고 있다는

것이다. 결코 나 자신을 경험하는 것과 관련이 없다고 볼 수 없다. 현재 과학의 이런 특성이 영원히 치료 속에서 경험을 수반하지 못한다는 것을 의미하지는 않지만, 이것은 점증적으로 인간 내부에 숨어 있는 고도의 주관적인 것과 두 사람이 관계에 의존하게 되는 것들을 나에게 경험시켜 줄 수는 없다. 과학은 일어나는 사건의 과정을 연구할 수 있지만, 항상 일어나는 일을 모두 수반할 수 있는 단 하나의 방법은 아니다. 과학이 치료의 생명력이 없는 사건을 실시하고 검증하는 행위를 할 수 있다는 것은 비슷하지만, 이런 특성이 치료의 생생한 삶으로 들어가게 만들어 주지는 않는다. 이는 치료자가 항상 직관적으로 인지해야 하기 때문이다. 치료에 앞서 있고, 또한 새로운 지식을 가지고 이에 대한 새로운 가설을 가지고 말이다. 이것은 치료자와 내담자의 체험에서 나와야 한다. 다시 한 번 유사점을 살펴보자. 어떤 천체는 과학자가 별들의 여정을 지켜보면서 단독으로 발견해 낸 것이다. 그리고 천문학자는 이것에 대한 가설적 토대를 살펴보았고, 이를 발견해 냈다. 결과적으로 이것은 치료의 결과와는 다르게 보인다. 왜냐하면 과학은 치료 속에서 '나'를 내적으로, 인간적으로 체험하는 것에 대해 아무것도 말할 수 없기 때문이다."

❷ "과학은 '타인', '대상'과 관련되어 있으므로, 모든 것을 하나의 대상으로 완전히 바꾸어 버린다. 이것은 결코 자연과학에서는 문제로 나타나지 않지만 생물학적 과학에서는 어려움을 야기한다. 몇몇 의사들은 과학적 효력이 환자들을 불행하게 만들지 않음에도 인간유기체를 대상으로 바라보는 경향이 증가하는 것에 대해 조금은 걱정을 하고 있다. 그들은 다시 환자를 한 인간으로 바라보고 싶어 한다. 그러나 사회과학에서 이것은 있는 그대로 심각한 주제가 되고 있다. 사회과학자는 인간을 연구할 때 항상 대상물로 여겼다는 것을 의미한다. 치료에서 내담자와 치료자는 대상을 면밀히 분석하지만, 어느 누구도 생생한 관계 속으로 들어가지 못한다. 그냥 힐끗 보면 그리 중요한 문제가 아닐 수도 있다. 우리는 단지 그

의 역할이 과학자이기 때문에 당연히 타인을 대상으로 간주하고 있다고 말할지도 모른다. 그러나 그는 자신의 역할을 벗어나 한 인간이 될 수 있다. 만약, 우리가 이것을 더 나아가서 바라보지 못하면, 우리는 피상적인 대답만 늘어놓을 것이다. 만약 우리가 우리 자신을 미래에 투사시켜 보고, 오늘날 우리가 심리학 연구자로서 이런 질문에 가장 적절히 대답해야만 한다면, 과연 어떻게 할 것인가? 그러고 나서 점점 우리 자신 혹은 모든 타인을 하나의 대상으로 바라보도록 강요받는다는 것을 발견하게 된다. 모든 인간관계에 대한 지식이 너무 방대해서 분별력 없이 알고 있는 것이 아니라 제대로 알아야 한다. 우리는 '아이들에게 무조건 잘하는 것'을 애정으로 알고 있는 세파에 물든 부모의 태도 속에서 이를 평가해 보아야 한다. 이런 지식은 빈번히 그들 자신에 대해 자유롭고, 애정이 있거나 혹은 없거나 간에 분별력 없는 기준에 서 있는 것과 같다. 그러그로 치료와 같은 분야에서 과학의 발달은 체험을 동반하지 못하거나, 혹은 실제적으로 인간적이고 체험적인 사건으로서 관계를 이끌어 가는 데는 무리가 있을 것으로 보인다."

❸ 경험론자는 더 많은 걱정을 하고 있다. "과학이 앞에서 언급했던 것과 같이 사람을 대상으로 변형시킬 때, 이것은 또 다른 결과를 낳는다. 과학 결과의 종말은 조작하는 방향으로 이끌어진다는 것이다. 천문학에서는 그렇지 않다는 것이 사실이지만, 신체과학이나 사회과학에서 사건에 대한 지식과 그들의 관계가 이와 동일한 기본 요소를 가지고 조작된다는 것이다. 이것은 심리학에서도 예외가 없는 사실이며, 치료도 마찬가지다. 만약, 우리가 어떻게 학습이 이루어지는지에 대해 알고 있다면, 우리는 인간을 대상으로 여기고 조작된 지식을 이용할 것이다. 이런 진술로 조작에 대한 판단을 가치 있게 할 수는 없다. 이것은 고도의 윤리적인 경향성을 가지고 행해질지도 모른다. 우리는 우리 자신이 대상으로 조작되더라도, 그런 지식을 이용하게 될 수도 있다. 학습도 한 단계에서 집중적으로

오랜 시간 동안 이루어지는 것이 아니라 빠르게 복습을 해서 넘어가는 식이어서, 나는 이 지식을 스페인어를 배우는 데 조작을 해서 사용하게 될지도 모른다. 그러나 지식은 힘이 있다. 내가 학습의 법칙을 배웠듯이, 학습을 타인에게 공고하고, 주장하며, 그들의 반응을 예언하고, 통제하는 것으로 사용한다. 그것은 너무나 강한 진술이어서 사회과학의 지식 성장이 사회를 통제하는 방향으로, 소수가 다수를 통제하는 방향으로 흘러 그 자체가 힘이 생기는 경향을 가지게 된다. 동시에 이런 경향성은 한 사람을 약화시키거나 파괴시키는 방향으로 흘러간다. 이 모든 것이 대상으로 간주될 때, 개인의 주관성과 내적 자아는 이런 과정으로 이끌어지고, 분별력 없는 의식을 가지게 되면서 전체 삶에서 내적인 면은 약화되고, 가치 절하되며, 파괴된다. 아마도 이것은 두 가지 책에 의해 가장 두드러질 것이다. 스키너Skinner의 『월던 투Walden Two』는 심리학 장면의 절정이다. 스키너는 이것을 바람직하다고 여기고 있음이 분명한데, 만약 그가 터무니없는 풍자를 쓰지 않았다면 말이다. 어쨌든 그것은 조작의 절정이라고 할 수 있다. 입법의회의 구성원이 아닌 사람으로서, 한 개인은 할 수 있는 일이 굉장히 적다고 말하고 있다. 헉슬리Huxley의 『용감한 새 세상Brave New World』은 솔직한 풍자지만, 심리학적인, 그리고 생물학적 지식이 증가하는 것과 관련해 이웃을 잃어버리는 생생한 장면을 묘사하고 있다. 이것을 둔감하게 보게 되면, 발달된 사회과학(현재 추구하고 있는)이 사회적 독재와 이웃 간의 관계를 잃게 만들고 있다고 볼 수 있다. 키에르케고르가 수 세기 전에 인지하였던 위험들이 지금 현실로 나타나고 있고, 더불어 그들이 가지고 있는 것보다도 훨씬 지식이 증가되고 있다."

❹ 경험론자들은 말한다. "마지막으로, 기본적으로 윤리가 과학보다 고려되어야 한다는 사실은 사라져 버렸는가?" 나는 과학의 가치가 도구로 사용되는 것에 대해 전혀 이해하지 못하는 것은 아니며, 그것이 매우 가치 있는 도구일 수 있다는 것을 알고 있다. 그러나 그것은 윤리적인 인간의 잣

대로는 인간의 표현 용어로 불가항력이 되어야 하지 않겠는가? 우리는 오랜 시간 동안 이런 주제를 인식하고 있었다. 왜냐하면 수 세기 동안 신체과학 속에서 윤리적인 주제가 중요하게 부각되었고, 마침내는 그렇게 되어야만 하기 때문이다. 사회과학 속에 윤리적인 주제도 굉장히 빠른 속도로 부각되고 있는데, 그 이유는 인간과 관련이 있기 때문이다. 그런데 심리치료에서도 이와 같은 주제가 아주 깊고 빠르게 제기되고 있다. 여기서는 주관적인, 내적인, 인간적인 모든 것을 극대화시키고자 한다. 여기 한 관계 속에서 살아 있고, 검사받지 않으며, 객관적이지 않은 한 사람이 있다. 또 자동기계가 아닌 한 사람으로 느끼고, 선택하고, 믿고, 행동하는 한 사람이 있다. 그리고 과학 안에서 이것은 너무 궁극적인 것, 삶을 가장 주관적으로 보는 시각을 객관적으로 탐험하는 것, 가설에 대한 감소, 결국은 이론에 대한 감소까지 이 모든 것은 대부분 인간적인, 완전히 내적인, 가장 철저하게 사적인 세계로서 간주되었다. 가치에 대한 윤리적이고 인간적인 선택인 것이다. 우리는 질문을 제기하지 않음으로써 이것을 이행하지 못할 수도 있다. 우리는 양쪽의 가치를 다 보존할 수 있는 하나의 선택을 할 수도 있다. 그러나 반드시 선택해야 한다. 그리고 내가 요구하는 것은 우리가 한 사람이 되는 것, 체험하는 것, 관계를 맺는 것, 관계를 이루어 나가는 것, 자기 자신이 되어 가는 과정, 자신의 자아를 경험하는 순간, 내부의 주관적인 자아와 관련된 가치를 포기하지 않도록 심사숙고해서 생각해야 한다는 것이다."

딜레마

당신은 현재의 심리학적인 사고 속에서 때로는 솔직하게, 때로는 맹목적으로 정반대의 관점이 나타남을 보았다. 우리는 어떻게 해야 하나? 우리는 어떤 방향을 선택해야 하나? 문제가 정확하게 기술되고 있나? 그릇되게 기술되고 있나? 지각의 오류는 무엇인가? 혹은 필수적으로 기술을 해야 한다면 어떤 것을 선택해야 하나? 그리고 그렇게 했을 때, 결과는 무엇인가? 혹은 양쪽의 관점을 손실 없이 기꺼이 포함할 수 있는 더 넓은 공식이 존재하는가?

과학의 변화된 관점

앞서 자료가 쓰이고 몇 년이 지난 후에, 나는 시간이 날 때마다 학생들과 동료들 그리고 친구들과 함께 이 주제를 두고 토의를 거듭했다. 특히, 내가 뿌리를 두고 있는 사상에 도움을 많이 받았다.* 점점 원래의 진술에서 가장 기본적인 오류는 과학을 기술했던 것이라고 믿게 되었다. 이 장에서 나는 오류를 바로잡고 다음으로 이를 새로운 관점에서 재조명해 보려고 한다.

가장 큰 단점은 과학을 바라볼 때 '거리감을 두는' 어떤 것, 시공간 어디에서나 대문자 S로 쓰는 '지식의 본체'인 것으로만 본 것이다. 많은 심리학자와 마찬가지로 나는 과학을 여러 다양한 사실을 일시적으로 체계적이고 조직화시켜 수집해 놓은 것으로 생각했으며, 이 지식의 본체를 축적하고 그것의 다양한 변화를 계속 시도하면서 사회적으로 승인된 수단으로서 과학적 방법론을 보았다. 게다가 거의 모든 것은, 순도 99%의 보증을 가지고 물통에서 물을 길어 올려 축적해 놓은 것과 같았다. 이렇게 외적으로 혹은 비인격적인 방식으로 바라볼 때, 과학을 단지 매우 높은 수준의 지식을 발견함과 더불어 비인간화, 조작하는 경향, 내가 경험적으로 치료에서 부딪힐 수 있는 선택의 기본적인 자유를 부인하게 되는 것과 관련이 있다고 보는 것은 극히 합리적이다.

---

* 나는 로버트 리프가Robert M. Lipgar, 로즈 무니Ross L. Mooneg, 데이비드 로드저스David Rodgers, 유진 스트라이크Eugene Streich와 함께 토론하고 발표한, 또는 발표하지 못한 논문 등에 대해 감사를 표하고 싶다. 그들에 의해 내 생각이 영향을 받고 또 주었다. 따라서 이러한 은혜를 표하지 않을 수 없다. 앞으로 설명할 내용들은 나를 통해 그들에 의해 나온 것이다. 나는 또한 앤 로Anne Roe와 월터 스메트Walter Smet와의 교신을 통해 많은 것을 얻었다.

나는 지금 과학적인 접근을 다르게 보기를 원하고, 좀 더 정확하게 인지할 수 있기를 희망한다.

인간 속에 있는 과학

과학은 사람들 속에 존재하고 있다. 각각의 과학적 프로젝트는 그것의 창조적인 시작과 과정을 거쳐서 사람들에 대한 일시적인 결론을 얻기도 한다. 과학적인 지식이라 하더라도 지식은 주관적으로 받아들일 수 있다. 과학적인 지식은 단지 그것이 전달될 때 주관적으로 받아들일 준비를 하는 사람에게만 전달된다. 과학의 유용함은 또한 과학에서 의미를 찾고 그 가치를 추구하는 사람들을 통해 일어난다. 이것은 내가 진술하고자 하는 변화된 부분을 짧게 이야기하고 있는 것이다. 이 점을 중심으로 해서 과학의 여러 다양한 국면을 보도록 하자.

창조적인 국면

과학은 목표와 가치, 목적을 추구하는 특별한 사람에게서 시작된다. 또한 이것은 그에게 인간적이고 주관적인 의미를 가지게 된다. 이를 추구함으로써 그는 '발견해 내기를 원한다.' 결론적으로, 그가 좋은 과학자가 되기를 원한다면, 이와 관련된 체험에 열중하게 되고, 이것은 물리 실험실이나 식물 혹은 동물의 세계, 병원, 심리학 실험실이나 클리닉, 어디에서나 이루어진다. 이런 열중은 전적으로 주관적인 것으로, 이는 마치 앞서 언급한 치료에서 치료자의 열중과 닮아 있는 것이다. 이 분야에 자신의 관심을 깨닫고 이것으로 삶을 산다. 이것에 대해 더욱 깊게 '생각'하게 되고, 유기체로서 알고 있는 것과 잘 알지 못하는 것 모두를 검토하고 이에 반응한다. 그는 그의 분야에 대해 가능한 언어로 표현할 수 있는 그 이상을 감지하게 되고, 유기체적으로 그의 지각에서 존재하지 않는 관계까지도 반응하게 된다.

이런 주관적인 열중 없이는 창조적인 형식과 방향감각, 관계 사이의 막연한 공식을 지금까지 인지하지 못했을지도 모른다. 명확한 용어로 깎고, 다듬고, 공식화할수록, 이런 창조적인 형식은 하나의 가설이 된다. 불확실하지만 인간적이고 주관적인 신념을 바탕으로 한 진술로 과학자는 체험한 경험과 체험하지 못한 경험 모두를 통해서, "나는 이러이러한 관계에서 존재하는 하나의 집결체이며, 이런 현상이 존재하는 것은 나의 인간적인 가치를 수반하는 것이다."라고 말하고 있다.

내가 과학의 초기 국면을 기술했던 것은 아마도 그것이 가장 중요한 면이기 때문이지만 미국 과학자들, 특히 심리학자들은 이것을 최소화하거나 무시하고 있었다. 사실 그렇게 빨리 무시되었기에 그만큼 많이 부인되지는 않았다. 케니스 스펜스Kenneth Spence는 과학의 이런 관점을 "단순히 받아들여야 하는 것"이라고 말했다.* 많은 체험을 당연히 받아들였듯이, 이것 또한 잊혀지는 경향이 있다. 그만큼 모든 과학에서 즉각적으로 인간적이고 주관적인 체험이 일어나고 있으며, 각각 개인적으로 과학을 연구하는 사람들에게 이것은 기본이 되는 것이다.

현실을 검토하는 것

과학자는 창조적으로 그의 가설과 불확실한 신념을 바로 세웠다. 그러나 이것이 현실에서 검증되었는가? 체험은 우리 각자에게 나중에 경험할 체험은 그렇지 않을 것이라고 믿게 함으로써 우리 자신을 기만하기 쉽다는 것을 보여주었다. 이런 일시적인 신념이 어떻게 관찰된 사실들과 실제 관계가 있다고

---

* 이 구절이 따온 인용 문장을 설명하는 것이 적절할 듯 싶다. "…… 모든 과학의 자료는 같은 근원에서 나온다-즉, 과학자 자신인 관찰하는 사람의 즉각적인 경험인 것이다. 달리 말하면 즉각적 경험, 모든 과학이 만들어 내는 초기 매트릭스는 과학자가 과학자 자격으로서 걱정할 문제가 더 이상 아니다. 그는 이를 당연히 여기고 사건을 일어나는 대로 설명하고 그들을 지탱하고 있는 관계의 본질을 발견하고 명료화한다. Kenneth W. Spence, Psychological Theory, M. H. Marx (New York: Macmillan, 1951), p. 173.

말할 수 있는가? 나는 여러 가지 증거를 내보일 수 있다. 나 자신을 기만하지 않기 위해 다양한 경고와 함께 관찰한 사실들로 무장할 수 있다. 또한 자기 기만을 피하고자 했었던 사람과 함께 세워 볼 수 있고, 관찰을 오해석하는 용납되지 않는 신념들로부터 나 자신을 바로잡을 수 있는 유용한 방법을 알고 있다. 간단히 말해서 축적되어 온 과학의 훌륭한 방법론 모두를 이용할 수 있다. 조작적 용어로 나의 가설을 진술하는 것이 많은 막다른 골목과 잘못된 결론을 피하게 해 줄 것이다. 통제집단이 잘못된 추론을 도출하게 되는 것을 피할 수 있도록 도와줄 것이다. 나는 상관과 t검증 결정적 비율, 그리고 통계의 전체적 절차가 합리적인 추론으로 나아갈 수 있도록 도움을 준다는 것을 알고 있다.

그러므로 과학적 방법론은 그것 자체가 진실하다고 볼 수 있다. 나와 나의 자료 사이의 관계를 발전시켜 창조적으로 형성된 주관적인 직관으로 인하여 내가 나 자신을 기만하는 것을 막을 수 있게 하는 것으로 이것은 방대한 조작주의 구조와 논리적인 실증주의, 연구 설계, 유의미성 검사 등등의 맥락에서 이루어진다. 이것들은 스스로의 힘으로 존재할 수는 없지만, 주관적인 느낌, 집결체 혹은 객관적인 사실을 가지고 있는 사람의 가설을 검토해 볼 수 있도록 해 준다.

그리고 엄밀하고 비인격적인 방법을 사용하는 것조차도 중요한 선택은 모두 과학자에 의해 주관적으로 이루어진다는 것이다. 가설을 세우기 위해 그 시간에 전념하는 이유가 무엇이겠는가? 통제집단이 대부분 이런 특별한 연구에서 자기 기만을 피하는 데 가장 적합한 것인가? 얼마나 오랫동안 통계학적 분석을 수행해야 하는가? 얼마나 이 발견에 대해서 신뢰할 수 있는가? 이러한 것은 필수적으로 주관적이고 개인적인 판단에 달려 있고, 과학의 훌륭한 구조는 기본적으로 그것을 이용하고 있는 인간에게 달려 있는 것이라고 할 수 있다. 과학은 전 우주에서 우리의 유기체적인 감각으로 검토해 볼 수 있는 최고의 도구라고 할 수 있다.

발 견

만약 과학자로서 내가 원하는 방식으로 연구를 진행시켰다면, 만약 모든 증거에 대해 가능성을 두고 본다면, 만약 인지적으로 내가 타인이 고안해 낸 것과 내가 고안해 낸 것이 똑같을 수 있다는 자기 기만 없이 미리 모든 주의해야 할 것을 선택하고 그대로 실천했다면, 나는 나의 불확실한 신념을 발견으로까지 이어지게 할 수 있을 것이다. 그것들을 더 나은 연구와 조사를 위한 지침으로 여기게 될 것이다.

과학에서 최우선으로 두어야 할 것으로, 첫 번째 목적은 나 자신이 연구자로서 만족스럽고 신뢰할 수 있는 신념을 제공하는 것이다. 과학자가 누군가에게 어떤 것을 입증하려고 시도하면 할수록 즉각적으로 오류에 빠지게 되고, 그렇게 됨으로써 나는 그가 인간적인 불안정감으로 인해 과학을 이용하고 있다고 믿으며, 그것의 진실되고 창조적인 역할이 인간에게 서비스를 제공할 수 있다고 믿는다.

과학의 발견에 관하여, 주관적인 근거는 그 당시에 과학자가 자신의 감정을 믿고 있다는 것을 숨기는 사실에서 잘 볼 수 있다. '그러므로 실험은 그렇다는 것을 보여 주고 있지만 나는 그것이 잘못되었다고 믿는다.'는 것은 모든 과학자들이 약간의 시간만 들이면 경험하는 주제다. 매우 효과적인 발견은 과학자로서 자신의 발견과 또 다른 발견에 대한 지속적인 불신에서 성장하는 것이다. 이것은 과학적인 발견뿐 아니라 심각한 오류를 범할 수도 있기 때문에 과학의 유용성을 주관적으로 이끌어 보고자 하여 다시 지적하는 것이다.

과학적 결과의 의사소통

만약에 내가 오늘 아침 캐리비안의 산호초를 헤쳐 나가는 파란빛의 큰 물고기를 보았고, 만약 당신도 이것을 똑같이 보았다면, 나는 내 자신의 발견에 대해 더욱 확고하게 느끼게 된다. 이것은 주관적인 변화며, 또한 우리가 과학을 이해하는 데 아주 중요한 부분이 되는 것이다. 만약, 당신에게 내가 연구하면서 밟았던 단계를 겪어 보라고 한다면(대화를 했거나, 인쇄를 해서 보여 주거나, 행동으로 보여 주거나), 당신 역시 그렇게 할 것 같고, 내가 나 자신을 기만하지 않게 되며, 나의 가치를 같이 나누어 줄 새로운 관계를 형성하게 된다. 이런 관계를 통해서 일시적인 신념을 가지는 것을 정당화하게 됨으로써 우리는 대문자 S로서 과학Science의 시작을 함께하게 된다. 이 점이 바로 우리가 과학적 지식의 창조적인 본체라고 생각하는 부분이 될 것이다. 실제로 지식의 본체와 같은 것은 없다. 단지 여러 사람에게서 서로 다르게 존재하는 주관적이고 일시적인 신념만 있을 뿐이다. 만약, 이런 신념이 일시적이지 않다면, 이것은 과학이 아닌 교리가 된다. 다른 한편으로 심리학의 경우, 어떤 연구자들도 이 발견에 대해 믿지 않고, 이 발견이 개인적이며 궤도에서 벗어난 일들이거나, 혹은 천재에 의해 비일상적인 진실이 발견되었다 할지라도 어느 누구도 주관적으로 이를 믿을 만한 준비가 되어 있지는 않을 것이다. 이런 점은 어떤 주어진 과학적 발견의 일시적인 신념을 검토해 볼 수 있는 집단에서 평가를 받도록 한다.

누구에게 전달하는가

과학적 발견은 똑같은 분야의 법칙을 가지고 연구를 하는 사람들에게는 명확하게 전달된다. 오스트레일리아의 한 종족인 부시맨은 박테리아 감염과 같은 과학적 발견에 대해 거의 감명을 받지 않는다. 그들은 정말로 악한 심령에 의해 병이 야기된다고 믿고 있다. 다만, 그가 과학적 발견에 대해 자기 기만을 막을 수 있는 좋은 수단이라는 것을 깨닫게 될 때라면, 이런 발견을 받아들일 수 있을 것이다.

그러나 과학자들의 기본 법칙을 적용한 사람들조차도 과학적 연구의 발견에서 나온 일시적인 신념을 단지 손쉽게 주관적으로 믿어 버린다는 것이다. 이것에 대해서는 여러 가지 예가 있다. 대부분의 심리학자는 강의 시스템을 통하여 학습에 대한 유의미한 이익을 볼 수 있다고 보고, 이 절차를 통해서 믿으며, 초감각적인 지각적 능력을 통해 보이지 않는 카드를 보고 믿지는 않는다. 그러나 후자의 과학적 증거는 더욱더 전자에 비해 나무랄 데가 없다. 이른바 '아이오와Iowa 연구'가 처음으로 밝혀졌을 때, 지능은 환경적 조건에서 충분히 바뀔 수 있다는 것을 지적하면서 심리학자들 사이에서는 굉장히 큰 의혹을 불러일으켜 불완전한 과학적 방법을 사용했다는 공격을 수없이 받았다. 이 발견에 대한 과학적 증거는 이것이 처음 드러났을 때 이상으로 오늘날도 바람직하게 여겨지지 않지만, 그와 같은 발견에 대해 손쉽게 믿어 버리는 심리학자들에게 굉장한 반향을 불러일으켰다. 과학의 역사가는 그 당시에도 존재했었던 경험론자를 주목했었는데, 그 첫 번째 예는 코페르니쿠스의 발견을 의심했었던 것이다.

내가 다른 사람의 과학적 발견을 믿거나 혹은 나 자신의 연구에서 나온 과학적 발견을 믿거나 간에, 그와 같은 발견 안에 있는 일시적인 신념을 일부분 나의 식견으로 쉽게 믿어 버리는 경향이 있다.* 우리가 특별히 이런 주관적인 사실을 의식하지 못하는 이유는 더 큰 영역의 체험을 통해 어떤 발견에 대해 믿을 준비를 하기 때문이며, 이것은 과학적 게임의 법칙에 의존하게 되는 것이다.

과학의 사용

과학의 시작과 과정, 결론은 그것의 유용함 속에서 단지 인간의 주관적인 체

---

* 나의 경험을 통해 나온 한 예가 충분할 것이다. 1941년 내가 지도감독한 한 연구에 따르면 현실적 자기-이해와 자기-수용 척도가 비행청소년들의 미래 적응을 가장 잘 예측할 수 있었다. 그 도구는 미완성이었지만 가족 환경이나 유전적 능력, 사회 환경 등 도구보다 나은 예측 도구였다. 당시 나는 다른 대부분의 심리학자와 마찬가지로 가족의 정서적 분위기와 동료집단의 영향이 미래의 비행과 비행이 아닌 것을 결정하는 진짜 결정 요소로 생각했었다. 그러나 서서히 나의 심리치료 경험이 지속되면서 이 연구 결과에 대한 잠정적 믿음을 가질 수 있었고 후에(1944년) 이를 입증하였다. "행동 예측을 위한 자기-이해 역할" 로저스Rogers, 켈Kell, 맥닐McNeil, Consult. Psychol., 12, 1948, pp. 174-186.

험을 통해 존재한다. '과학'은 결코 비인간적이지 않으며, 혹은 조작되지도 않고, 개인을 통제하지도 않는다. 단지 그것은 사람들이 할 수 있고 앞으로 하려는 일일 뿐이다. 과학은 가장 빤히 드러나 보이는 진부한 관찰이나, 그것이 얼마나 우리에게 의미 있게 다가오는 것인지 깊이 깨닫게 해 준다. 성격 분야에서 과학적 발견을 이룸으로써 생기는 유용함은 주관적인 인간의 선택에 달려있는 일이다. 치료 중 한 인간으로서 선택해야 하는 것과 유사한 것이다. 그가 자각으로부터 체험의 영역을 차단시키려 할수록 더욱더 사회적으로 자신을 파괴시키는 선택을 하는 것이다. 자신의 체험에 대한 모든 부분에 마음을 열수록 더욱더 인간적으로, 그리고 사회적으로 건설적인 태도를 가지고 과학의 발견과 방법을 이용할 수 있게 된다는 것을 명확하게 알 수 있다.* 사실 '과학'이라는 존재로 위협받지 않고도 우리의 운명을 효율적인 방법으로 이끌 수 있는 것이다. 단지 사람이 위협하고 있을 뿐이다. 그 정도로 많은 사람은 스스로의 방어에 의해 위협받고 위험한 상태에 있으며, 현대 과학적 지식이 사회적 위협과 위험을 가중시키고는 있지만, 이것이 전체 그림을 대변하지는 못한다. 비슷하지만 두 가지 다른 사실들이 있다. ① 상대적으로 그들의 체험에 마음이 열려 있으며, 사회적으로도 건설적인 사람들이 많다. ② 심리치료에서 주관적인 체험과 과학적 발견은 개인이 변화할 수 있도록 동기 부여를 하며, 도움을 주었고, 그렇게 함으로써 체험에 더욱더 마음을 열고 행동할 수 있도록 방향을 제시하여 자아와 사회를 파괴시키는 대신 향상시켰다.

이것들을 짧게 검토해 본 결과, 과학은 결코 우리를 위협할 수 없다는 결론이다. 단지 인간이 그렇게 할 수 있을 뿐이다. 그리고 개인이 과학적 지식을 그들의 수단으로 사용하여 큰 파괴를 가져왔으나, 이것은 단지 전체 그림의 한 장면에 불과하다. 우리는 이미 주관적이고 객관적인 지식을 가지고 기본적인 원칙을 세웠으며, 이 때문에 개인은 더욱 건설적이고 사회적인 행동을 성

* 이 관점에 대한 이론적 근거는 다른 논문, 「창조성에 대한 이론」에서 충분히 설명하였다.

취함으로써 그들의 유기체적인 과정을 자연스럽게 이루어 나가고 있다.

새로운 통합

내가 성취하고자 했던 것은 '경험론자'와 '과학자' 사이의 갈등을 사라지게 할 수 있는 새로운 통합이다. 이런 특별한 통합은 나에게는 상당한 의미가 있다. 그것의 중요한 신조는 다음 장에서 더 많이 이야기하겠지만, 여기에서는 관점의 서로 상반되는 점 사이에 있는 논쟁을 승인하는 하나의 방법을 제시하고자 한다.

치료와 삶의 여러 다른 관점뿐 아니라 과학은 인간의 즉각적이고 주관적인 체험을 바탕으로 하고 있다. 또한 그것은 내적이고 전적인 유기체적 체험에서 나오는 것인데, 이는 단지 부분적이고 불완전한 상호 작용에서 나오기도 한다. 그것은 주관적인 삶의 단면이다.

나는 인간관계가 가치 있고 보상적이라는 사실을 발견하였기 때문에, 검열받거나 자각하는 것을 깊이 숙고하지 못하는 것 대신에 하나의 통합된 체험 속에서 이끌어지는 감정과 인지가 있는 치료적 관계, 내가 관찰자보다는 참여자로 있는 치료로 알려진 관계 속으로 들어간다. 그러나 보편적으로 이런 질서정연함이 존재한다는 궁금증으로 이런 관계 속에서 나는 나 자신을 체험에서 분리하고, 관찰자로서 그것을 바라보며, 나 혹은 타인을 관찰의 대상물로 만들기도 했다. 관찰자로서 나는 삶을 체험하기 위해 모든 집결체를 이용했다. 관찰자로서 나 자신을 기만하는 것을 피하기 위해, 그리고 더욱 명확한 순서로 진행시키기 위해, 모든 과학의 규준을 사용하였다. 과학자는 비인간적인 어떤 것이 아니고 자신의 또 다른 국면을 주관적으로 살아가는 사람을 말한다. 치료를 더 깊숙하게 이해하는 것은 (혹은 또 다른 문제는) 그것으로 삶을 경험하면서 과학의 법칙에 동조함과 더불어 그것을 관찰하고, 자아와 체험의 두 가지 유형과의 상호 작용을 이루어 나가는 것에서 시작한다. 주관적인 체험을 선택하는 것은 단지 치료 초기에도 이루어지지만 한 인간으로서 과학적인 방법을 사용하는 초기에 이루어지는 것이다.

내가 과학적 방법을 통해 얻은 지식을 이용하는 것은—내가 이것을 이해하고, 향상시키고, 풍요롭게 하며, 통제하고, 조작하며, 파괴를 시키든지 간에—나에게는 인간적인 의미가 담겨 있는 가치들에 의해서 주관적으로 선택한 일이다. 만약 방어를 해 버림으로써 나의 자각이 체험의 그 큰 영역을 막는다면, 단지 나의 현재의 신념을 지지하는 사실들을 볼 수 있기 때문에 그 나머지 것들을 고려하지 않는다면, 또 내가 단지 삶의 객관적인 관점만을 보며 주관적인 삶을 인지할 수 없다면, 나의 지각이 실제적인 삶에 대한 민감성을 차단시키고 있다면, 이와 같이 나는 사회적으로 파괴될 것이다. 내가 지식의 도구로서 과학의 도구를 사용했다고 할지라도, 혹은 주관적인 관계의 힘과 정서적 힘의 도구를 사용했다고 할지라도 말이다. 그리고 또 다른 측면에서 나의 체험에 마음이 열려 있고, 복잡한 유기체의 모든 감각을 내가 자각하는 데 이용할 수 있다면, 나의 주관적인 체험, 그리고 나의 과학적 지식을 이용하고 있는 것이며, 이런 방식으로 실제 건설적인 방향으로 나아갈 수 있는 것이다.

결과적으로 이것은 내가 처음 갈등을 경험했었던 두 접근 사이에 통합을 성취할 수 있는 정도에 달려 있다고 할 수 있다. 초기에 경험했던 모든 주제를 해결할 수는 없지만, 한 가지 해결되는 점은 있는 것 같다. 그것은 주관적이고 존재론적인 인간에 대한 주제를 문제화하거나 재인식하는 것인데, 그는 치료적 관계와 과학적 관계에 뿌리를 두고 가설을 세워 나가는 것과 동시에 일어나야 한다. 과학은 역시 그것의 시작에서부터, 인간 대 인간으로 '나-너'의 관계다. 그리고 주관적인 인간으로서 나는 이런 관계 속에 있을 수 있다.

11

심리치료를 통한 성격 변화

이 논문은 시카고 상담센터에서 1950~1954년까지 모은 매우 큰 규모의 연구들로 이루어져 있다는 특징을 가지고 있다. 이것은 록펠러 재단Rocketfeller Foundation 의학 분과의 지원이 있었기에 가능한 일이었다. 나는 1954년 토론토Toronto에서 열린 제5회 정신건강국제회의에서 이 논문을 발표하기 위해 참석했다. 발표하기 한 달 전에 이 논문을 전달하면서, 전체 프로그램이 수록된 책은 시카고 대학 출판사에서 발간되었다. 로잘린드 다이먼드Rosalind Dymond와 나는 이 책의 공동 저자일 뿐 아니라 편집장으로도 일했고, 또 다른 저자들 역시 이 책에 신뢰를 가지고 일해 주었다. 전체 공동 저자는 존 버스터John M. Buster, 데즈먼드 카트라이트Desmond Cartwright, 토머스 고든Thomas Gorden, 도널드 그루먼Donald L. Grummon, 제럴드 하이Gerald V. Heigh, 이브 존Eve S. John, 에셀린 루디코프Esselyn C. Rudikoff, 줄리어스 시먼Julius Seeman, 롤런드 토가스Rolland R. Tougas와 마누엘 바르가스Manual J. Vargas다.

특별히 이 장을 제시한 이유는 성격, 즉 자아를 결정짓는 관점의 변화와 모호함을 측정해 봄으로써 흥미 있는 진보가 있었던 것을 간략하게나마 제시하기 위해서다.

이 논문의 목적은 나와 동료가 개인 심리치료의 한 형태에서 나온 결과를 객관적으로 과학적 방법을 동원하여 측정하려던 체험에서 가장 중요한 부분을 제시하고자 하는 것이다. 이런 부분을 이해시키기 위해, 이 연구를 뒷받침하고 있는 맥락을 기술해 보겠다.

나는 수많은 세월 동안, 심리학자인 나의 동료와 함께 심리치료 분야를 연구해 왔다. 우리는 심리치료를 계속 수행하는 가운데 우리의 체험을 이해하려 했었고, 비적응적이고 불안한 사람의 성격과 행동을 구조적으로 변화시킬 수 있는 효과적인 방법을 알아내려고 노력했다. 점점 우리는 이런 체험을 기반으로 해서 심리치료적 접근을 세워 나갔고, 이것은 비지시적인 혹은 내담자-중심이라는 용어로 불리게 되었다. 이 접근과 이론적인 근거는 많은 책[1, 2, 5, 6, 8]과 논문에서도 기술했다.

방대한 연구 조사를 통해 치료의 역동과 그 결과를 제시하는 데에는 단 하나의 목적밖에 없었다. 심리치료가 내담자와 치료자가 깊이 있게 주관적이고 존재론적인 체험을 하는 것과 복잡미묘함, 인간 상호 작용의 수많은 뉘앙스와 관련되어 있다는 우리의 믿음 때문이었다. 또한 이런 체험이 유의미한 것이고, 우리에게 성격 변화에 대한 깊이 있는 이해를 가져다줄 것이며, 그와 같은 변화는 연구 조사를 통해서 알 수 있다는 우리의 신념이기도 했다.

과거 14년 동안 치료의 과정과 결과 모두와 관련된 수많은 연구를 해 왔다(5장 참조. 특히 2, 4, 7장의 연구 요약 부분을 참조). 과거 5년 동안, 시카고 대학 상담센터에서 우리는 이런 형태의 심리치료가 좋은 성과를 거둘 수 있도록 설계된 연구들의 출판물을 계속 만들 생각으로 그와 같은 연구에만 열중해 왔다. 그것이 현재 연구 프로그램이며, 이것이 어떤 의미를 가지기를 바란다.

연구의 세 가지 관점

우리 연구의 세 가지 관점은 이 책을 읽는 독자에게 굉장한 의미로 다가서게 될 것이라고 믿고 있다. 그것은 다음과 같다.

❶ 우리의 연구인 심리치료에서 사용하는 준거는 이 영역의 전통적인 사고와 동떨어져 있는 것이다.

❷ 연구 설계에서 우리는 지금까지 아주 명확한 결과를 내는 방법으로 어떤 어려움도 해결해 왔다.

❸ 우리는 주관적인 현상을 객관적인 방식으로 적합하게 측정하고자 했다. 우리 프로그램의 세 가지 기본 요소는 성격 변화를 측정하는 데 유용할 것이다. 따라서 어떠한 형태의 심리치료를 연구할 때 혹은 성격이나 행동의 변화를 알 수 있도록 설계된 절차로 조사 연구를 할 때 적용할 수 있다.

이제는 내가 언급했던 세 가지 기본 요소를 순서대로 살펴보겠다.

연구에 사용된 준거

심리치료에서 연구의 준거가 되는 것은 무엇인가? 이것은 우리가 초기에 계획을 세울 때 직면했었던 가장 난처한 주제다. 이 분야의 연구 목적은 심리치료의 '성공' 여부를 측정하거나, '치료'가 성공적이었는지를 측정하는 것이 일반적이다. 우리가 그와 같은 사고에 영향을 받았지만, 조심스럽게 심사숙고한 이후에, 이들은 정의할 수 없는 개념이기 때문에 포기하기로 했다. 따라서 필연적으로 가치판단을 할 수밖에 없었는데, 이 영역에 있어서는 과학의 일부분이 될 수 없었다. '성공'의 상태로 만들기까지 일반적인 타협은 없었다. 증상을 제거하거나, 갈등을 해결하거나, 사회적 행동을 향상시키거나 혹은 또 다른 유형의 변화 등 '치료'라는 개념은 우리가 다루는 대부분 것이 일반적인 병이 아니라 학습된 행동을 다루는 장애들이기 때문에 전적으로 타당하지는 않다.

우리 연구에서는 '성공했는가', '상태가 치료되었는가?'와 같은 질문은 필요없다. 그 대신 과학적으로 정당화될 수 있는 질문이 필요했다. 즉, '치료에 수반되는 것은 무엇인가?'와 같은 질문이다.

이런 질문에 대답할 수 있는 기반을 갖기 위해서 우리는 치료에서 일어나는 것을 가정하여 변화를 이론적으로 기술하고 개발했었던 심리치료 이론을 채택하였다. 이 연구의 목적은 가정된 변화가 측정 가능한 정도로 일어났는지 그렇지 않은지를 결정하는 것이다. 그러므로 우리는 내담자-중심 치료 이론에서부터 이런 가설을 세워 보았다. 치료 기간 동안 이전에 부인했었던 감정을 자각하고, 자아 개념을 이해하여 자기 것으로 만들었는가, 치료 기간 동안 자아 개념이 이상적인 자아 개념과 더욱 일치되어 가는가, 치료 기간 동안 그리고 그 이후에 내담자의 관찰된 행동이 더욱 사회화되고 성숙되었는가, 치료 기간과 그 이후에 내담자 스스로 받아들이는 태도가 증가하고, 이것이 타인을 받아들이는 태도가 증가된 것과 상관이 있는가.

우리가 연구할 수 있었던 몇 가지 가설이 있었다. 연구를 위해서는 하나의 일반적인 준거가 되는 생각을 포기하고 명확히 정의된 변인으로 대신하게 될 것이 자명하다. 이것은 이런 각각의 형태에서 결론을 진술할 수 있는 연구가 되는 것이 우리의 희망이었음을 의미한다. 예를 들어, 내담자-중심 심리치료는 지표 a, b, d 그리고 f로 변화를 측정할 수 있지만, 변인 c와 e의 변화를 제시하지는 못한다. 이런 진술은 전문가에 의해서 이런 변화가 '성공'했다고 간주되는 것처럼 가치판단을 하는 데 매우 유용하다. 그러나 그와 같은 가치판단이 천천히 발전하는 과학적인 지식 속에서 성격 변화의 역동을 효과적으로 이끌 것이라는 틀림없는 사실은 바뀌지 않을 것이다.

그러므로 우리의 연구는 '성공'이라는 평상시의 전체적인 준거 대신에, 치료 이론에서 도출된 매우 많은 특정한 준거 변인을 조작적으로 각각 정의하려 한다.

준거의 문제를 해결하는 데에는 연구 도구를 설정하기 위해 검사 도구를 이용하는 것이 큰 도움이 될 것이다. 우리는 도구가 성공이나 치료를 측정할 것이라는 데에는 의문의 여지가 없다. 그렇지만 각각의 가설과 관련된 특정한 질문을 요구받을 수는 있다. 도구가 개인의 자아 개념을 측정하는 데 유용한가? 도구가 행동의 성숙함을 측정하는 데 만족감을 주는가? 개인이 타인을 받아들이는 정도를 어떻게 측정할 수 있는가? 그와 같은 질문을 하는 것이 어려울 수 있지만, 조작적 대답은 발견할 수 있다. 그러므로 준거를 위해 우리가 고안해 낸 것은 우리에게 연구를 할 수 있는 도구의 전체적인 문제를 해결하는 데 많은 도움을 주었다.

연구 설계

심리치료에서 구조적인 성격 변화가 있었다는 것에 대한 객관적인 증거가 없다는 사실은 심사숙고하는 저자들에 의해 언급되었다. 허브Hubb는 "심리치료가 가치 있을 것이라고 보는 것은 사실의 중심부에 있지 않다."(4, p. 271)라고 말했다. 아이젱크Eysenck는 이용 가능한 연구를 조사한 후에, '프로이트파Freudian나 다른 심리학자들은 심리치료가 신경증적 환자들을 회복시켰다는 것을 입증하는 데 실패하였다.'(3, p. 322)는 자료를 지적했다.

이런 유감스러운 상황을 보면서 우리의 연구를 더욱 엄밀하게 측정해 보고자 가설에 대한 확증과 반박을 두 가지로 살펴보고자 한다. ⓐ 유의미한 변화는 일어났을 수도 그렇지 않을 수도 있다. ⓑ 그와 같은 변화가 만약 일어났다면, 치료의 영향을 받은 것이고, 다른 요소의 영향을 받은 것은 아니다. 치료와 같은 복잡한 분야에서 이런 목적을 성취시키기 위해 연구 설계를 고안해 내는 것은 쉬운 일은 아니지만, 우리는 이런 방향대로 실제 과정을 만들어 갈 수 있다고 믿었다.

실험에서 바라는 가설을 선택하고, 그들의 조작적 측정에 가장 적합한 도구를 선택하면서 다음 단계를 이미 준비해 놓았다. 객관적인 연구 도구에 대한

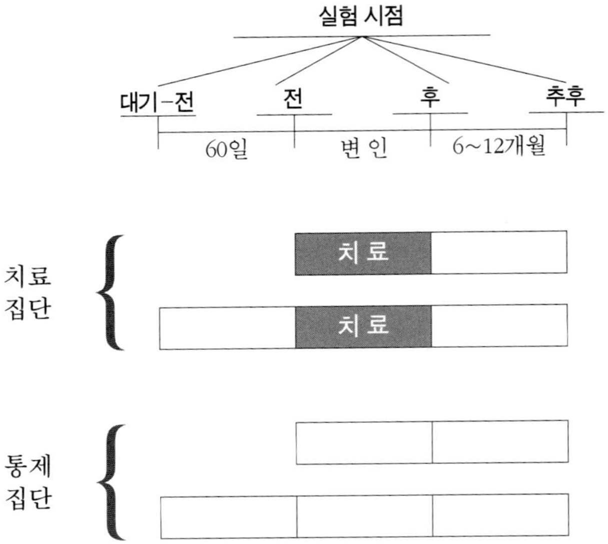

[그림 1] 연구 설계

선택은 치료 전에, 치료가 종결된 이후에, 그리고 6개월이나 1년 후 추후로 내담자 집단의 여러 가지 특성을 측정하는 데 사용하였다([그림 1]). 내담자는 시카고 대학교의 상담센터를 방문했던 사람들이 중심이 되었고, 적어도 25명의 내담자 인터뷰 자료를 수집하는 것이 목표였다. 많은 구성원을 가지고 피상적인 분석을 하는 것보다는 보통의 구성원 집단으로 집중적인 연구를 하는 것이었다.

치료집단의 일부분은 자기 통제집단으로서 별도로 두었다. 이런 집단은 연구 도구로 검사를 받았고, 통제 기간 동안 두 달을 기다리도록 했다. 그러고 나서 상담 전에 두 번째로 간단한 검사를 받았다. 이런 절차에 대한 이론적 근거는, 만약 그들이 치료에 동기화되었기 때문에 개인에게 변화가 일어났거나, 혹은 어떤 성격 구조의 한 유형을 가지고 있기 때문에 변화가 일어났다면, 그와 같은 변화는 통제 기간 동안 일어나야만 한다는 것이었다.

치료에 참여하지 않은 또 다른 집단은 통제집단과 동일하게 선택되었다. 이런 집단은 치료집단과 나이뿐 아니라 사회경제적 지위와 남성과 여성의 비율, 학생과 비학생의 비율까지 동등하게 분배되었다. 이 집단은 치료집단과 똑같은 검사를 받았는데, 서로 간에 시간 간격을 두었다. 이 집단은 네 번이나 검사를 받았는데, 이는 그들을 엄격히 자기 통제집단과 비교해 보기 위해서다. 통제집단과 동일한 집단은 만약 시간이 지나면서 나타나는 결과로 개인의 변화가 일어났거나 혹은 드물게 변인의 영향으로 그렇게 되었거나, 검사의 반복된 수행으로 변화가 일어났다면, 이와 같은 변화는 이 집단을 통해 나온 증거가 된다.

이렇게 이중 통제된 설계에 대한 논리는 만약 치료집단이 치료 기간 동안 혹은 이후에 변화를 보여 주고, 더군다나 자기 통제집단이나 이와 동일한 집단의 사람들에 비해서 유의미하게 큰 변화를 보였다면, 이런 변화는 치료의 영향 때문이라는 근거가 될 수 있는 것이다.

이렇게 짧게 보고를 해 보면, 나는 이 연구 설계의 계획을 실행에 옮길 수 있는 복잡하고 여러 가지로 구분되어 있는 프로젝트의 세부 사항을 자세히 설명할 수 없다. 프로젝트 안에 있는 열세 가지를 훨씬 더 완전하게 기술할 보고서가 준비되고 있다.(7) 29명 내담자의 완전한 자료가 16명의 치료자에 의해 다루어진다고 말하는 것에 대한 충족감을 가지고 통제집단에 대한 자료와 맞추어 보면서 자료를 얻을 수 있다. 연구 발견에 대한 조심스러운 평가는 우리에게 이와 같은 결론을 도출해 주었다. 치료 기간 동안이나 이후에 내담자가 자아를 인지하는 것에 큰 변화가 있었다. 내담자의 성격이나 성격 구조에 구조적인 변화가 있었으며, 그 변화는 아주 잘 기능할 수 있는 성격에 근접한 것이었다. 또한 인간적으로 통합되거나 적응을 잘할 수 있는 방향으로 변화가 이루어졌다. 친구가 관찰해 보더라도 내담자의 행동이 몰라보게 성숙해지는 변화가 있었다. 변화에 대한 이런 각각의 예는 통제집단이나 자기 통제 기간에 있는 내담자들보다 현격히 유의미한 것이었다. 단지 타인에게 수용적이고 민주주의적인 태도를 보이는 것과 관련된 가설에서는 혼돈스럽고 모호한 결과가 나오기도 했다.

이 결과에 따라 이미 완성되었던 연구 프로그램은 허브와 아이젱크 같은 사람들의 진술을 바꿀 수 있을 만큼 효과적인 것이었다. 적어도 내담자 지지치료에 관해서 지금은 구조적인 방향으로 성격이나 행동에 긍정적인 변화가 있었다는 것과, 이런 변화는 치료에 의해 영향을 받은 것이라는 객관적인 증거가 있다. 이것은 다양하고 특정한 연구 준거를 적용한 것이며, 엄격하게 통제된 연구 설계를 사용하였다.

자아 변화의 측정

나는 아주 작은 표집으로도 이런 결과를 얻을 수 있었기 때문에, 앞으로도 이 영역에서 이렇게 표집을 할 생각이다. 우리가 내담자 자신의 자각과 어떤 다른 변인과 자기 자각과의 관계를 측정하려고 시도한 것은 방법적인 차원에서도 가장 유의미하게 앞서 있었을 뿐 아니라 가장 매력적인 것이었다고 느낀다.

내담자의 자기 자각에 대한 객관적인 지표를 얻기 위해서 우리는 스테펜슨Stephenson이 고안한 Q 질문지를 새롭게 사용했다.(9) 크게 '보편적인' 자기 자각 진술은 기록된 인터뷰와 다른 출처를 가지고 있다. 몇 개의 전형적인 진술들은 다음과 같다. "나는 복종적인 사람이다." "나는 나의 감정에 솔직하지 못하다." "나는 편안하고 나를 괴롭히는 것은 아무것도 없다." "나는 성관계에 대해 두려움을 가지고 있다." "나는 항상 사람들을 좋아한다." "나는 매력적인 성격을 가지고 있다." "나는 사람들이 나에 대해서 어떻게 생각하는지 걱정이 된다." 명료하게 편집된 100개의 무선 표집은 도구로 사용되었다. 이론적으로 우리는 지금 개인이 그 자신을 인지할 수 있는 모든 방법을 통해서 표집을 해 보았다. 각각의 인쇄된 카드에 있는 100가지 진술이 내담자에게 주어졌다. 카드에 '지금'의 자기 자신을 표현해 보도록 하였으며, 각각의 항목에서 9개의 파일이 들어 있는 카드에 자기 자신의 성격과 가장 부합되는 것을 분류해 보도록 했다. 적어도 정규분포에 맞게 항목이 주어진 파일에서 자신에게 맞는 항목이 있는 것을 말했다. 카드를 분류하는 이런 방식이 치료 전, 후, 후속 기간 동안 이루어졌고, 가끔은 치료 기간 중에도 수행되었다. 각각의 시간에 내담자는 자신과 맞는 카드를 뽑았는데, 한편으로는 자신이 되고자 하는 이상적인 자아도 표현해 보도록 했다.

이렇게 해서 우리는 내담자의 여러 가지 면모와 지각하고 있는 자신의 이상적인 자아에 대해서도 객관적으로 상세하게 표시할 수 있었다. 이런 여러 가지 분류는 두 분류가 비슷하거나 변화가 없으면 높은 내적 상관을 보였고, 불일치하거나 변화의 정도가 언급할 만하면 낮은 내적 상관을 보였다.

이 도구가 자아에 대한 우리의 가설을 실험하는 데 사용되었다는 것을 입증하기 위해, 나는 여러 가지 가설과 관련해서 한 내담자의 결과를 기술하려고 한다.(15장, 7) 나는 이것이 우리의 자기 자각에 대한 연구의 일반적인 결론을 보여 주는 것 이상으로 적절한 결과적 특성을 지적해 줄 것이라고 본다. 내가 이런 일반적인 결과를 언급하는 것에 대해 그냥 지나치려고 할지라도 말이다.

내가 언급하려고 하는 내담자는 마흔 살의 여성이며, 그녀는 결혼으로 인해 가장 불행하다고 느끼는 사람이었다. 그녀의 딸(청소년)은 그녀가 죄책감을 느끼는 것에 대해 신경쇠약에 걸릴 정도였다. 더구나 자신이 심각한 신경증으로 진단되는 것에 대해 그녀는 큰 걱정을 하고 있었다. 자기 통제집단의 구성원은 아니었지만, 그래도 첫 번째 검사 이후에 즉시 치료에 들어갔다. 치료가 종결되었을 때, 5개월 반 동안 마흔 번의 인터뷰를 했다. 후속 검사는 7개월 후에 이루어졌고, 결국 그녀는 여덟 번의 인터뷰를 더 하기로 결정했다. 두 번째 후속 연구는 5개월 후에 하였다. 상담자는 치료에서 매우 고려해 볼 만한 움직임이 있었다고 판단했다.

[그림 2]는 이 내담자의 자기 자각의 변화와 관련된 자료를 보여 준다. 각각의 원은 이상적인 자아 혹은 자아에 대해 분류해 놓은 것을 표시한 것이다. 분류는 치료 전, 일곱 번째 그리고 스물다섯 번째의 인터뷰를 한 이후, 치료를 종

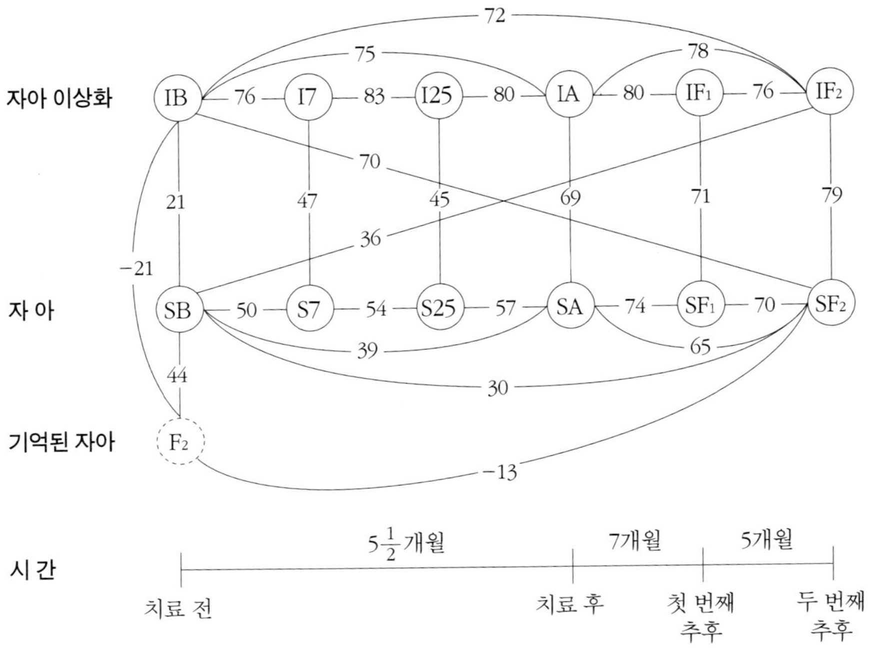

*숫자들은 상관관계를 표시한 것이고, 소수점은 생략되었음.

[그림 2] 자아와 자아 이상화 간의 관계 변화

결할 때, 첫 번째 그리고 두 번째 후속 지점에서 행해졌다. 이런 많은 분류의 관계를 상관으로 측정하였다.

지금 이 자료를 검토하면서 우리가 실험을 통해서 알아내고 싶었던 한 가지 가설, 즉 내담자가 지각한 자아는 치료가 없었던 기간보다 치료가 있었던 기간 동안에 변화가 있을 것이라는 가설에 주목해 보자. 이런 특별한 사례에서 변화는 후속 기간(r=.74, .70) 혹은 전체 후속 기간인 12개월 동안(r=.65)보다 치료 기간에서 더욱 크게 나타났다(r=.39). 그러므로 가설은 이런 사례를 통해서 뒷받침되었다. 이런 점에서 그녀는 우리 내담자들의 특징을 반영하고 있으며, 치료 기간 동안 인지된 자아의 변화가 통제 기간이나 후속 기간 동안에 일어난 것보다 유의미하게 증가되었고, 통제집단에서 일어난 변화보다도 유의미한 증가가 나타난 일반적인 결과를 이끌어 냈다.

이제 두 번째 가설을 살펴보자. 치료 기간 동안이나 이후에 인지된 자아는 더욱 긍정적인 가치를 가질 것이며, 이상적인 자아나 혹은 자아를 가치 있게 여기는 것과 더욱더 동일해졌음을 예견해 주었다.

이 내담자는 처음 방문했을 때, 자아와 자신이 바라는 자아 사이에 고려할 만한 불일치가 나타났다(r=.21). 그러나 치료 동안과 후에 이러한 불일치는 감소되었고, 마지막 후속 연구에서는 결정적일 정도로 일치되어(r=.79), 우리의 가설을 확고하게 해 주었다. 이것은 우리의 일반적인 발견의 전형이며, 치료 기간 동안 자아와 이상적인 자아 사이에 일치가 유의미하게 증가함을 보여 주었다.

[그림 2]에 대해 더 심도 있게 연구하는 것은 연구 막바지에 보여 줄 것인데, 내담자는 그녀가 원했던 사람과 비슷하게 되는 것처럼 그녀 자신을 인지하게 된다($rIB \cdot SF_2$=.70). 또한 그녀의 마지막 자아 이상화는 그녀의 초기 이상화보다 그녀의 초기 자아와 조금 더 닮아 있었음을 주목해 볼 수 있다($rSB \cdot IF_2$=.36).

또 다른 가설을 검토해 보자. 자각된 자아의 변화는 쉽게 일어나지 않는 것으로 더 정확한 판단은 적응이라는 용어에서 찾아볼 수 있다.

연구의 일부분으로서 Q분류 카드를 연구와 관련이 없는 임상심리학자 집단에 주고, 카드로 '잘 적응하고 있는' 사람은 어떤 특성이 있는가를 분류하도록 했다. 이는 어떠한 내담자의 자기 지각을 구별할 수 있는 준거를 제공해 준다. 이에 대한 점수는 내담자의 자기 지각과 '잘 적응하고 있는' 사람들이 표시한 것의 비슷한 정도를 표현하기 위해 개발된 것이다. 이른바 '적응 점수'라 부르면, '적응'의 정도에 따라 점수를 매기게 된다.

내담자의 사례를 통해서 우리는 [그림 2]에 나타난 여섯 개로 계열화된 자아 분류의 적응 점수를 고려해 보았다. 치료 전에 인지된 자아와 두 번의 후속 지점이 종결되었을 때 35, 44, 41, 52, 54, 51의 점수를 나타냈다. 조작적으로 정의 내려 볼 때, 적응이 점점 향상되는 경향은 증거가 된다. 이것은 또한 치료 집단은 치료 기간 동안 적응 점수가 놀랄 만큼 증가되었으나, 후속 기간 동안에는 약간의 퇴보가 있었던 것도 사실이다. 본질적으로 통제된 집단에서는 변화가 없었다. 이런 특별한 내담자와 치료집단 전체의 양쪽 모두의 경우를 볼 때, 우리의 가설을 지지하고 있다.

또 다른 자아 분류의 질적 분석을 해 볼 때, 이런 발견은 우리의 가설을 한 차원 더 확고하게 만들어 준다. 초기의 자아 그림을 치료 후에 그것과 비교하면, 몇 가지 점에서 치료 이후에 내담자가 변화하고 있었음을 보여 준다. 그녀는 더욱 자기 자신감과 자기 신뢰감이 생기고, 그녀 자신을 더 낫게 여기며, 더불어 내적 편안함과 다른 사람과의 관계에서도 편안함이 생겼다고 느끼게 된다. 그녀는 죄책감이 줄어들며, 불행하게 느끼지 않고, 자신을 지나치게 혹사시키거나 불안정하게 되지 않으며, 자기 은폐의 욕구를 가지지도 않을 것이다. 이런 질적 변화는 연구를 했던 다른 내담자들에게도 동일하게 나타났으며, 일반적으로 내담자-중심 치료 이론과 일치하는 것이다.

나는 [그림 2]에서 입증되는 몇 가지 것들을 더 추가해 보고 싶다.

이상적인 자아를 표시한 것은 자아를 표시한 것보다 더욱 안정적이라는 증거가 될 것이다. 내적 상관은 .70 정도 되는데, 그녀 자신의 개념은 전체 기간 동안 상대적으로 적은 변화가 있었음에 틀림이 없다. 이것은 거의 모든 내담자에게서 나타나는 특징이었다. 우리가 이것에 대한 가설을 공식화하지는 않았지만, 우리의 기대는 초기에 자아와 이상적인 자아가 그들의 가치에 변화를 가져오고, 이런 자아의 변화는 타인에게도 영향을 미치게 됨으로써 굉장히 일치되는 결과를 가져온다는 것이었다. 따라서 우리의 증거는 자아가 크게 변화되었다는 개념이 옳지 않았음을 제시하고 있다.

그러나 우리 내담자의 경우, 이상적인 자아를 향한 변화가 일어났는데, 이런 약간의 변화는 흥미롭다. 만약 우리가 이 내담자의 이상적인 자아를 계열적으로 표시하면서 앞서 '적응 점수'를 계산해 보면, 우리는 처음 세 번의 평균 점수는 57이지만, 그 뒤 나머지 세 번의 평균 점수는 51임을 알 수 있다. 다시 말해서 자아 이상화는 완전하게 '적응'이 되지 못한 것이었거나 혹은 달성할 수 없는 것이라고 할 수 있다. 이것은 강요되는 목표는 아니다. 또한 이런 입장에서 이 내담자는 전체 집단의 경향을 특성으로 하고 있다.

또 다른 결과로 '기억된 자아'와 관련이 있는 것을 알 수 있다. 이는 [그림 2]에서 보인다. 이런 종류는 내담자에게 질문함으로써 얻게 되는데, 두 번째 후속 연구를 할 때쯤에도 그녀가 처음 치료를 받을 때와 마찬가지로 자신을 표현하는 카드를 뽑았다는 것을 보면 알 수 있다. 이런 기억된 자아는 그녀가 치료를 시작했을 때 받았던 자아 그림과는 다른 것으로 판명되었다. 이것은 그 시간에 자기 표현과 .44의 상관을 보였다. 게다가 그것은 그녀 자신이 좋아하지 않는 장면이었으며, 자아 이상과는 더욱더 불일치했고(r=−.21), 낮은 적응 점수가 나왔다. 점수 26은 초기 자아 그림의 35와 비교되는 것이다. 이렇게 기억된 자아에 대해 분류해 내는 것은 연구가 진행되는 18개월 동안 일어났던 방어의 감소를 객관적으로 측정한다는 데 중요성을 생각할 수 있다. 마지막 순간에 그녀는 심각하게 고려하면서 진실된 장면, 즉 부적응적이고 불안해하는 사람이 그려져 있는 것을 주었다. 이것은 그녀가 치료를 시작할 때, 우리가 알고 있는 것처럼 다른 증거에 의해 확고했었던 장면이다. 그러므로 1년 반 동안의 전체 기간 동안 변화된 정도는 아마도 초기와 마지막 자아의 상관인 .30이라기보다는 기억된 자아와 마지막 자아 사이의 상관 −.31에 의해 표시되는 것이 더 좋겠다.

이제 또 다른 가설을 검토해 보자. 내담자-중심 치료에서 우리의 치료는 치료적 관계의 심리학적인 편안함 속에서 내담자가 그 자신을 자각하고 진정으로 억압되고, 혹은 부인된 자각을 체험하는 것이라고 인정할 수 있다. 앞서 지금 부인된 체험이 자아와 조화를 이루지 못한다고 말한 바 있다. 예를 들어, 적대감의 감정을 억압했던 한 내담자는 치료 기간 동안 그의 적대감을 자유롭게 체험할지도 모른다. 자신에 대한 개념은 그가 그 시간에 다른 사람을 향한 적대감의 감정을 깨닫게 되는 것도 포함된다. 그의 자아 그림은 그 자신의 체험을 통합하는 정확한 지도가 될 것이다.

이 지점에서 우리의 이론을 조작적 가설로 옮기고, 이 같은 방식으로 표현해 보았다. 치료 기간 동안, 그리고 그 이후에 내담자가 인지한 자아와 평가자가 인지한 내담자 사이가 일치하는 것이 증가하게 될 것이다. 이 추측은 내담자를 심리학적으로 진단하는 데 숙련된 사람이 내담자의 체험 방식의 총체, 즉 의식과 무의식을 내담자보다 더 잘 인식한다는 것을 기반으로 한다. 만약 내담자가 앞서 그가 표현했던 그 자신이 의식하고 있는 많은 감정과 체험을 포함한 자아 그림과 일치된다면, 그 자신의 장면은 평가자가 그를 평가한 장면과 좀 더 비슷하게 되어야 한다고 볼 수 있다.

이 가설을 연구하는 방법은 투사적 검사(TAT)를 이용해서 각각의 시간에 내담자에게 실시했고, 이런 네 가지 검사가 평가자에 의해 이루어졌다. 어떤 편향도 피하기 위해, 이 심리학자들은 검사가 실시되는 순서를 말하지 않았다. 그는 내담자를 표현할 수 있는 방법 중 하나로 질문지를 작성하도록 하였다. 이런 절차는 우리에게 편향이 없는 진단적 평가를 하게 했고, 똑같은 도구로 내담자가 그녀 자신을 묘사해 보도록 하는 데 사용됨으로써, 서로 다른 질문지의 상관을 살펴보면서 직접적이고 객관적인 비교가 가능하게 되었다.

특별한 내담자를 연구한 결과는 [그림 3]에 나타냈다. 이 그림의 윗부분은 단순히 [그림 2]를 통해 얻은 정보를 압축해 놓은 것이다. 가장 낮은 부분에 위치하는 것은 평가자가 만든 분류를 보여 주며, 상관은 이 가설을 검사하는 것을 가능하게 한다. 그것에서 치료 초기에 내담자가 그녀 자신을 인지한 것과 내담자를 인지한 평가자 사이에 관계가 없음을 관찰할 수 있다(r=.00). 치료가 종결될 쯤에도 이 결과는 동일하다(r=.05). 그러나 처음 후속 지점(그림에서는 보이지 않지만)과 두 번째 후속 지점에서 내담자가 그녀 자신을 인지하는 것이 평가자가 평가한 것과 상당히 같아진 것을 볼 수 있다(첫 번째 후속 지점 r=.56, 두 번째 후속 지점 r=.55). 그러므로 내담자가 자신을 인지한 것과 평가자

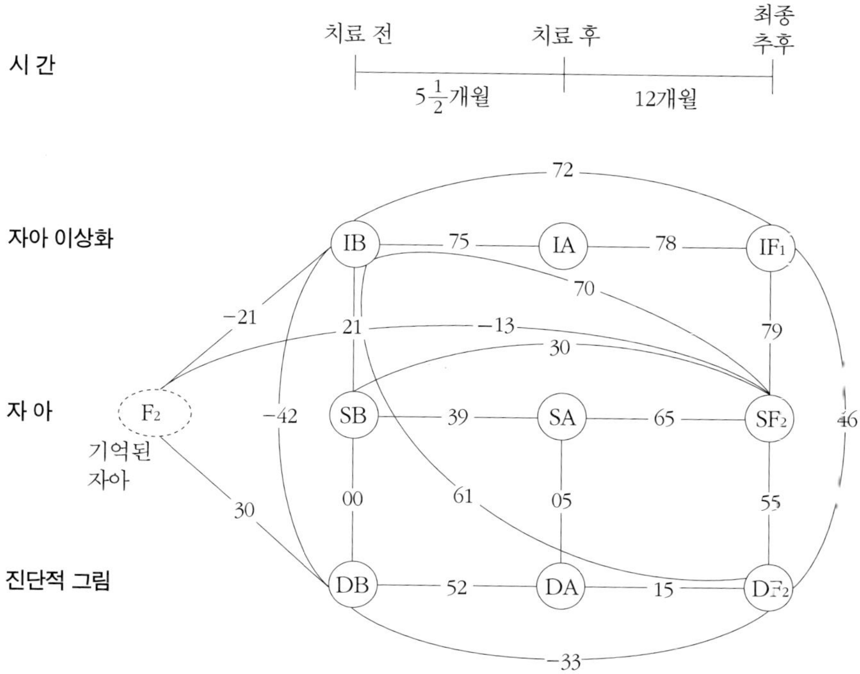

*숫자들은 상관관계를 표시한 것이고, 소수점은 생략되었음.

그림 3 자아와 자아 이상화, 진단 간의 관계

가 내담자를 평가한 것 사이의 일치점이 증가된다는 가설은 명확하게 뒷받침되었다.

연구에서 이런 관점에서 나온 또 다른 결과는 매우 흥미롭다. 치료 초기 평가자에 의해 인지된 내담자는 그녀가 생각하고 있는 이상적인 자아상과 불일치하고 있다는 점이다(r=-.42). 연구의 막바지에서 평가자는 그녀가 결정적으로 이상적인 자아상과 비슷해져 가고 있다는 것을 알고 있다(r=.46). 더불어 이것은 그녀가 처음 왔을 때 가졌던 이상적인 자아상과는 더욱 닮아 있음을 나타내고 있다(r=.61). 그러므로 우리의 객관적인 증거가 내담자의 자기 지각과 전체 성격 그림 속에서 내담자가 치료에 들어갈 때 자신이 되고자 하는 사람에 상당히 가까이 가고 있음을 지적한다고 말할 수 있다.

또 다른 가치는 내담자를 향한 평가자 지각의 변화가 내담자가 지각한 자아의 변화보다 더 예리하다는 것이다(r=-.33, .30에 비해서). 보통의 전문가적인 견해의 관점에서 본다면 내담자는 그들이 겪었던 변화의 정도를 과대평가하고 있다. 또한 개인이 18개월 동안 언급할 만한 변화가 있었을 가능성은 제시되었지만, 결론적으로 그의 성격은 애초에 그의 성격과 유사한 것 이상으로 서로 닮지 않았다.

[그림 3]에 대한 마지막 해석은 '기억된 자아'와 관련되어 있다는 것이다. 이런 기억된 자아의 그림이 긍정적으로 진단적인 인상과 상관이 있다는 것에 주목해 볼 필요가 있다(r=.30). 그러므로 앞선 진술이 확고해지는 경향이 있는데, 이것은 내담자가 치료를 시작할 당시에 자신을 방어하지 않고 더욱 정확하게 자신을 보여 주었다는 증거가 되기 때문이다.

요약 및 결론

이 장에서 나는 적어도 시카고 대학교에서 행한 심리치료에 대한 포괄적인 연구에 대해 명확한 노선을 지적하려고 노력했다. 몇 가지 사항을 요약해 보면 다음과 같다.

❶ 치료 연구에 대한 보편적인 준거를 거부하고, 새롭게 정의된 준거를 조작적으로 적용하면서, 이것은 치료의 역동 이론에서 나오는 상세한 가설을 기반으로 하고 있다. 많은 특정한 준거의 사용은 우리로 하여금 변화의 유형이 어떤 것인지를 알 수 있게 해 주고, 과학적인 진보를 가능하게 했다. 비록, 내담자-중심 치료에서 일어나는 것과 동일하든 그렇지 않든 간에 말이다.

❷ 두 번째는 지금까지 심리치료를 연구하는 데 통제에 대한 해결되지 않은

문제에 새롭게 접근하였다는 것이다. 연구 설계는 두 가지 절차를 포함하고 있다. 첫째, 대등한 통제집단은 시간과 검사를 반복해서 받은 것, 무작위 변인의 영향을 고려했다. 둘째, 자기 통제집단에 있는 내담자는 치료 기간에 아무것도 하지 않았는데, 이는 성격 변인과 동기의 영향을 설명하기 위해서였다. 이런 이중 통제 설계를 통해서 치료 기간의 변화가 통제된 변인에 의해 설명되지 못하도록 오직 치료 그 자체에서 결론이 이끌어져 나올 수 있도록 만들었다.

3. 또 다른 요점은 내담자의 주관적인 세계에 적합한 요소들을 객관적인 연구로 옮겨 오는 진보를 이룬 본보기가 되었다는 것이다. 내담자의 자기 지각의 변화, 자각된 자아가 가치 있게 여기는 자아와 닮게 되는 정도, 더 나아가서 자각된 자아가 더욱 편안해지고 적응 수준이 높아지는 것, 내담자의 자기 지각이 평가자가 내담자를 자각한 것과 더욱 일치되는 정도 등이 증거로 나타났다. 이러한 발견은 심리치료의 역동 과정에서 자아 개념이 자리 잡을 수 있도록 도와주는 이론적인 공식화를 확고하게 하는 경향이 있다.

이 글을 마치면서 남기고 싶은 두 가지 결론이 있다. 첫째는 내가 기술하려고 했던 연구 프로그램은 아주 명확한 객관적인 증거를 만들어 내고 있는데, 이는 엄밀한 과학적인 연구를 바탕으로 했으며, 심리치료에서 이끌어 내는 성격과 행동적인 변화가 어떤지를 알아볼 수 있고, 심리치료에 대한 근거를 얻을 수 있다. 이것은 미래에 비슷한 단독 증거를 얻고 싶을 때에도, 또 다른 심리치료의 결과로서 성격의 변화가 일어났는지를 알아보는 데 도움이 될 것이다.

둘째, 최근 몇 년 동안에 이루어진 방법론적 진보는 치료 과정의 정교함이 연구 조사를 통해 더 넓게 열리게 되었음을 의미한다. 나는 자아 개념의 변화를 이런 형태로 입증하려고 노력해야만 했다. 그러나 비슷한 방법으로 내담자와 치료자, 즉 '전이'와 '역전이' 태도 사이의 관계 변화를 객관적으로 연구하는 것이 가능하게 되었다. 나는 어떤 이론적인 구조가 성격 변화 혹은 심리치료의 과정과 관련 있다고 믿었고, 이제는 이런 연구 조사가 다루기 쉬워졌다. 이것은 과학적인 연구의 새로운 지평을 열어 주는 것이다. 이렇게 새로운 길을 추구하는 것은 성격 역동, 특히 인간관계에서 성격 변화의 과정을 밝히는 데 더 많은 빛을 던져 주고 있다. 나는 두 번째 결론이 더 유의미하다고 본다.

참고문헌

1. Axline, V. M. *Play Therapy.* Boston: Houghton Mifflin Co., 1947.
2. Curran, C. A. *Personality Factors in Counseling.* New York: Grune & Stratton, 1945.
3. Eysenck, H. J. The effects of psychotherapy: an evaluation, *J. Consult. Psychol.*, 1952, *16*, 319–324.
4. Hebb, D. O. *Organization of Behavior.* New York: Wiley, 1949.
5. Rogers, C. R. *Client-Centered Therapy.* Boston: Houghton Mifflin Co., 1951.
6. Rogers, C. R. *Counseling and Psychotherapy.* Boston: Houghton Mifflin Co., 1942.
7. Rogers, C. R., and R. Dymond, (Eds.). *Psychotherapy and Personality Change.* University of Chicago Press, 1954.
8. Snyder, W. U., (Ed.). *Casebook of Nondirective Counseling.* Boston: Houghton Mifflin Co., 1947.
9. Stephenson, W. U. *The Study of Behavior.* University of Chicago Press, 1953.

12

내담자-중심 치료

연구적 측면에서

심리학을 경험론적으로 연구하는 미국의 전통에 대해 상대적으로 익숙하지 않은 유럽 청중들에게 어떻게 내담자-중심 치료에 대한 연구의 방법론, 발견, 유의미성을 명확하게 설명할 수 있을까? 이는 마리안 킹게 박사Dr. G. Marian Kinget와 내가 내담자-중심 치료에 관한 책을 플랑망어Flemish(네델란드 방언)로, 프랑스어르 쓰면서 부딪힌 과제였다. 킹게 박사는 치료의 임상적인 원칙을 기술하고, 나는 내담자-중심 치료의 핵심 이론을 기술했다. (영어로 기술했던 것과 거의 동일하다. 『치료의 이론, 성격과 인간관계』, S, Koch (ed.) 심리학: 과학적 연구, 제3부, New York: McGrow-Hill, 1959, 184-256.) 지금 나는 이 장에서 우리의 이론이 확고하든지 혹은 그렇지 않든지 간에 이것을 소개하기를 희망하고 있다. 이 장(이 책을 위해 약간 수정된)은 결과이기 때문에 나는 이것이 유럽 사람뿐 아니라 미국 사람에게도 의미가 있을 것이라고 생각해 논다.

사소한 것이라도 나는 청중이 이에 빠져들기를 바란다. 세 개의 문단에서 자기 지각을 측정하기 위한 Q분류의 발달과 사용을 기술하게 되면, 이것은 제2장과 거의 동일한 자료가 된다. 나는 이것을 그냥 내버려 두었고, 그래서 이 장은 다른 언급 없이 독립적으로 읽어 볼 수 있게 했다.

이 장은 가장 최초로 우리 연구 결과로 되돌아가 본 것인데, 아마도 1940년 정도일 것이다. 그리고 1961년에 발표한 우리의 노력에도 불구하고 여전히 도전적인 몇몇 미

해결된 프로젝트에 대한 설명이다. 나는 적어도 연구 결과를 냈던 해의 점수 그 이상으로 작은 표집을 가지고 기술하려고 노력했다.

연구에 대한 자극

내담자-중심 치료의 본질에 대한 주요한 특징 중 하나는 단지 연구에 자극되는 것뿐 아니라 연구에 대해 사색하는 것에 있다. 많은 수의, 그리고 다양함을 갖춘 나무랄 데 없는 연구들은 인상적이다. 1953년에 시먼과 라스킨Raskin은 성인과 함께하는 내담자-중심 치료와 관련된 논문을 50여 개 가까이 찾아 이 연구에 대한 경향성과 방향성을 비평적으로 분석하면서 기술하고 언급했다.(9) 1957년 카트라이트는 내담자-중심 치료의 연구와 이론 구성을 바탕으로 주석을 단 참고도서 일람표를 발간했고, 122개의 참고자료가 필요하다는 것을 알았다.(4) 시먼, 라스킨과 같이 그는 내담자-중심 성향인 놀이치료와 집단치료에 관련된 연구는 생략했다. 이에 대해서는 질문의 여지가 있지만, 내담자-중심 치료의 이론과 실제에 관련해서는 아주 놀랍도록 객관적이고 경험론적인 연구들이 많이 행해졌다. 우리 자신에게 이에 대한 이유를 묻는 것은 합리적이다.

내담자-중심 치료의 이론이 처음으로 자리 잡아 가는 데 이것이 처음부터 정설이었거나 사실이었던 것은 아니다. 이것은 하나의 가설이었고, 우리의 지식을 앞서 가는 하나의 도구였다. 또한 실험이 유용했던 하나의 이론이며, 혹은 이론 중 하나의 분절이라고 느꼈다. 우리의 가설에서 각각의 유의미한 관점을 객관적으로 실험하여 수행해 보는 느낌이었는데, 지식이 개인적인 편견에서 분리되게 하는 것이며, 객관적인 조사를 통해 희망적인 사고를 가지게 되는 단 하나의 방법이라고 믿으면서 말이다. 그와 같이 객관적인 연구가 되기 위해, 또 다른 연구자가 똑같은 방법으로 자료를 수집하고, 그것을 똑같이 조작했다 해도, 똑같거나 비슷한 발견 혹은 결론에 이를 수 있다. 간단히 말해, 우리는 처음으로 심리학 분야에서 사회적으로 전달 가능하고 반복 실험이 가능한 모든 가설에 마음을 열고, 객관적으로 이를 실험해 볼 수 있을 만큼 앞서 갈 것이라고 믿었다.

내담자-중심 접근을 연구하는 효과의 두 번째 이유는, 과학적인 연구가 어디에서든 신뢰할 만하거나 어떤 미세한 수준으로 시작될 수 있다는 태도에서 기인한다. 그것은 하나의 방향성이지, 고정된 도구는 아니라는 것이다. 이런 점에서 볼 때, 기록된 인터뷰는 과학적인 노력의 작은 시작인데, 그 이유는 이것이 인터뷰한 것을 기억해 내는 것보다는 훨씬 더 객관성을 띠기 때문이다. 이론에 대해 있는 그대로의 개념화와 개념을 측정하기 위해 있는 그대로의 도구는 그냥 시도해 보는 것이 아니라 더욱 과학적으로 이루어져야 한다. 그러므로 개인 연구원들은 그들이 이것에 굉장히 관심을 가지고 있는 그대로 과학적인 방향으로 움직이기 시작할 수 있었다. 이런 태도로 말미암아 인터뷰 자료를 좀 더 미세하게 분석하기 위해 도구 시리즈를 사용하게 되고, 유의미한 시작은 자아 개념과 같은 막연한 개념을 측정하는 것이 가능해졌다는 것이며, 더불어 치료적 관계의 심리학적 환경도 측정하게 되었다.

이것은 나에게 연구를 격려하는 것이 이론의 성공을 가져온다는 세 번째 이유를 믿도록 해 주었다. 이론의 개념은 가장 중요한 부분으로서 조작적 정의를 세울 수 있게 해 주었다. 이것은 성격에 관련된 분야에서 앞선 지식을 갖기를 희망하지만 심리학자와 다른 사람들에게 밀려드는 욕구와 맞아떨어지는 것 같다. 그러나 이들은 조작적으로 정의를 내릴 수 없는 이론적 구성에 한계를 경험한 사람들이다. 자신, 자아, 인간과 같은 개념들을 내포하고 있는 일반적인 현상을 예로 들어보자. 만약 한 개념이 발달된다면—몇몇의 이론가들에 의해 행해졌듯이—이것이 개인이 자각한 것뿐 아니라 자각하지 못한 내적 사건까지도 포함하고 있다면, 당시에는 그와 같은 개념이 조작적 정의로 내려져도 별로 만족스러운 방식이 되지 못할 것이다. 그러나 자아 개념을 자각하는 것으로 제한을 두게 되면, 개념은 Q기법, 인터뷰 자료를 분석하는 것 등을 통해 조작적 정의를 내릴 수 있다. 따라서 연구의 전체 영역은 열리게 되는 것이다. 연구의 결과를 이끌어 낼 때는 자각을 이끌어 내지 못한 군집을 조작적으로 정의하는 것이 가능하게 될지도 모른다.

조작적으로 정의할 수 있는 개념을 이용하는 것은 또 다른 효과를 가지고 있었다. 그것은 치료를 연구할 때 기준이 되는 '성공'과 '실패'다. 이 두 용어는 과학적으로 아주 쓸모없는 것은 아니다. 이런 포괄적이고, 분명치 않은 용어들을 사용하는 것 대신에 연구원들은 조작적으로 정의된 개념을 이용하여 특정한 예언을 할 수 있는데, 이렇게 하게 되면 이런 예언이 확고한 것이든, 그렇지 않든 간에 변화가 '성공' 혹은 '실패'로 표시되는 어떤 가치판단적인 것과는 거리가 있게 되는 것이다. 이로써 이 영역에서 과학적인 진보에 가장 주요한 방해가 되는 것은 사라지게 되었다.

연구를 계획하는 데 시스템의 효과가 있었다는 또 다른 근거는 개념이 보편성을 가진다는 데 있다. 심리치료는 인지와 성격적인 측면에서 유의미한 인간적 관계, 유의미한 학습, 유의미한 변화의 소우주이기 때문에 개념은 이미 높은 수준으로 오용되고 있는 것을 바로잡기 위해 발달되었다. 자아 개념 혹은 긍정적 보상의 욕구 혹은 성격 변화의 조건과 같은 개념처럼 이 모든 것은 인간 활동에서 더 넓고 다양하게 적용되고 있다. 그러므로 그와 같은 개념들은 산업 혹은 군대 리더십, 정신병을 가지고 있는 개인의 변화, 가족 혹은 학급의 심리적 분위기, 혹은 심리학적 변화와 신체적 변화 사이의 내적 관계와 같이 더 넓고 다양한 연구 영역에서 사용 가능하다고 할 수 있다.

마지막으로 행복한 환경에 대해 언급해 보고자 한다. 예를 들어, 심리 분석과 달리, 내담자-중심 치료는 항상 보편적인 환경의 전후 관계 속에 존재했다. 이것은 희롱받는 것으로부터 진실을 엄밀히 검사하고, 가려 내는 지속적인 과정이다(기본적으로 인간을 존중해 주는 분위기에서). 또한 이것은 친절하게 동료의 비평을 받을 수 있으며, 같은 방법으로 화학, 생물학 혹은 유전학에 대한 새로운 관점들이 혹평을 받을 수도 있다. 이것은 대부분 이론과 기술에 대해 더 젊었을 때의 마음으로 세심하게 살펴보려는 갈망에 마음이 열려 있어야 한다는 것을 의미한다. 대학원생들은 질문하고 조사한다. 그들은 변화된 공식을 제시한다. 그들은 자신의 다양한 이론적 가설을 입증하고 확고하게 하기 위해 경험론적 연구를 동반한다. 이것은 내담자-중심의 본질을 지키는 데 독단적으로 처리하기보다는 마음을 열고 자기 비평을 할 수 있게 한다.

내담자-중심 치료는 처음으로 그 자체가 연구를 통한 변화의 과정으로 세워졌기 때문에 합당하다고 할 수 있다. 크게 기술을 중점으로 한 제한된 관점에서(경험론적 입증 없이), 치료뿐 아니라 성격 및 인간관계에 대한 더 작게 분화된 이론으로 성장해 나갔다. 그리고 분화된 이론을 수집하여 반복 실험이 가능한 경험론적인 지식의 본체로 만들어 갔다.

연구의 초기

심리치료의 객관적인 연구는 오랜 역사를 가지고 있지 않다. 1940년까지 전자공학적으로 치료적 인터뷰를 기록하려는 시도가 있기는 했으나, 연구를 통해서 그와 같은 자료를 얻어 내지는 못했다. 또한 치료 중 일어날 수 있을 것이라고 생각했던 변화를 과학적으로 측정하는 시도조차 해보지 못했다. 그래서 우리는 상대적으로 보면 여전히 미숙기에 있는 이 한 분야를 이야기해 보고자 한다. 그러나 이미 시작은 되고 있다.

1940년 어느 날, 오하이오 주립대학에서 우리 집단은 성공적으로 치료 인터뷰를 마쳤다. 우리는 대만족했지만, 그것은 희미하게 빨리 사그라들고 말았다. 이 자료를 주의깊게 보았지만(어떤 형식 없이), 연구 조사를 위한 자료로써 사용하려고 했던 목적을 충족시켜 주지 못해 거의 절망할 수밖에 없었다. 결국 객관적으로 요소들을 처리하는 것은 불가능해 보였다.

그러나 진보는 이루어졌다. 일부 대학원생들의 열정과 기술은 부족한 기금을 채우고 적합한 도구를 찾아냈다. 치료의 기본 자료를 창조적인 사고를 통해서 치료자 기술의 있는 그대로의 범주로, 동시에 내담자 반응의 있는 그대로의 범주로 변환시켜 주었다. 포터Porter는 치료자의 행동을 유의미한 방식으로 분석하였다. 스나이더Snyder는 여러 가지 경우로 내담자의 반응을 분석하여 그 안에 존재하는 경향성을 발견해 냈다. 또 다른 사람들은 동시에 창조적으로 천천히 이 분야에서의 연구 가능성을 실제로 만들어 나갔다.

이런 초기 연구들은 종종 단순했고, 연구 설계도 잘못되었으며, 때로는 부적절한 수(number)를 기반으로 하기도 했지만, 닫힌 문을 처음으로 열었다는 점에서는 대단한 공헌이라고 할 수 있다.

몇몇 실례가 되는 연구

어떤 연구의 흐름을 끊임없이 증진시키는 데 필요한 약간의 감각을 주기 위해서 그들의 방법론과 특정한 발견에서 사용된 몇몇 개념을 상세하게 기술해 보고자 한다. 이미 보고된 연구들은 눈에 잘 띄기 때문에 선택하지 않았다. 그 연구가 행해졌던 때의 서로 다른 경향성을 대표하고 있는 것으로서 연대기 순으로 나열했다.

평가의 초점

1949년 라스킨[5]은 가치를 인지할 수 있는 원천 혹은 평가 과정에서 위치와 관련된 연구를 완성했다. 이것은 상담자의 과업이 내담자를 위한 생각을 하거나, 혹은 내담자에 대해 생각하는 것이 아니라, 내담자와 함께 생각한다는 단순한 공식을 가지고 출발한 것이었다. 평가의 첫 번째와 두 번째 위치는 명확히 상담자에 의해 갖추어져 있었지만, 마지막에 상담자는 내담자의 가치화 과정을 존중하며, 후자의 참조 기준 안에서 내담자를 생각하고 공감하도록 노력했다.

라스킨이 의문을 가지고 문제를 제기한 것은 내담자가 인지하는 평가의 위치가 치료 기간 동안에 변화되느냐 하는 것이었다. 좀 더 자세하게 접근해 보면, 그의 가치와 기준이 타인의 가치와 기대에 의존하는 정도가 감소되었는가? 그리고 그의 가치와 표준이 그 자신의 체험을 신뢰하고 있는가?

이를 객관적으로 연구해 보기 위해, 라스킨은 다음의 단계를 밟았다.

❶ 독립적으로 세 가지(앞에서 설명한 단순한 공식)를 판단하기 위해 몇 가지 기록된 인터뷰를 선택해야 했는데, 그와 같은 진술이 내담자의 가치와 기준의 근원이 되기 때문이다. 그와 같은 진술을 선택하는 데 연구가 개념을 식별해 내야 함을 지적하면서, 80% 이상의 동의가 있었다.

❷ 더 넓은 영역을 평가해 보기 위해 22개의 항목을 선택하면서, 라스킨은 20개의 판단 문항을 두고 연구의 연속선상에서 이 진술을 4개의 파일로 나누었다(파일들 간에 동일하게 나타나는 간격을 두고). 가장 일관적으로 평가해 볼 수 있는 항목 12가지는 평가의 위치척도를 구성하고 설명하는 것으로, 1.0에서 4.0까지 평가된다. 단계 1은 다른 사람들의 평가에 절대적인 신뢰를 나타내고 있다. 단계 2는 다른 사람들이 생각하는 것에 미리 관심을 두고 있지만, 이러한 의존성은 불만족하는 사례들을 포함한다. 단계 3은 개인이 다른 사람을 평가해 보고 그에 대한 기대를 하듯이 그 자신을 평가하는 과정에 대한 더 많은 관심을 보여 주었다는 것을 나타내고 있으며, 자기 평가와 다른 사람이 평가한 것에 의존하는 것 사이의 차이점을 자각하게 됨을 보여 주었다. 단계 4는 자기 자신의 경험과 판단이 평가의 근원이 된다는 신뢰할 만한 명확한 근거를 즉각적으로 확보해 두었다.

단계 3을 설명하는 사례는 이 척도의 생생한 장면을 제공함으로써 가능하다. 다음 내담자가 진술한 것은 이 단계의 척도로 평가되었다.

"그래서 나는 내가 행한 것이 옳은지에 대해 궁금했지만 이제 결론을 내렸어요. 한 가족인데 제 동생은 대학을 보내고 모두가 그렇게 좋은 마음을 가지고 있었을 때, 내가 나 자신을 바로 이해하고 있는지에 대해 궁금했지만, 나는 그와 같은 것을 성취하지 못했어요. 나는 항상 다른 사람들이 나에게 기대하는 것을 하려고 노력했지만, 지금에 나는 내가 정말 나 자신에 대해 잘 알고 있는지 의심스러워요."(6, p. 151)

❸ 라스킨은 이 척도를 사용해 다른 연구 대상으로도 사용된 전체가 녹음된 10개 사례의 59개 인터뷰 각각을 평가하였다. 평가를 하고 분석은 하지 않은 상태에서, 그는 자신이 평가한 것에 신뢰도가 있기를 희망했다. 결과적으로 그는 59개의 인터뷰 각각에서 평가의 위치와 관련된 한 항목을 무선으로 선택하였고, 그래서 항목의 근거를 알 수 없는 사람들의 또 다른 평가 또는 그들의 초기나 후기 인터뷰에서 나온 것으로 이것을 독립적으로 평가해 보고자 했다. 이 2개의 평가 사이의 상관은 .91이었으며, 굉장히 만족스러운 신뢰도를 얻을 수 있었다.

❹ 동일한 간격을 가지고 있는 척도를 구성하고, 이것이 신뢰할 만한 도구인지를 입증하면서, 라스킨은 이제 치료 기간 동안 평가의 위치가 변화되었는지를 결정할 준비를 했다. 10개의 사례 중 첫 번째 인터뷰의 평균 점수는 1.97, 마지막 인터뷰에서는 2.73으로 이 수준에서 유의미한 차이가 있어 내담자-중심 치료 이론은 지지되었다. 이를 입증할 것이 더 있다. 이들 10개 사례는 또 다른 객관적인 방법으로 연구되었고, 어떤 사례가 더 또는 덜 성공적이었는지 객관적인 기준이 마련되었다. 만약에 어떤 이가 5개의 사례를 더 성공적이라고 여긴다면 평가의 중심은 더 까다로웠고, 첫 번째 인터뷰 평균은 2.12이고, 마지막 인터뷰 평균은 3.34였다.

이 연구는 여러모로, 매우 큰 집단 조사 연구의 전형적인 형태다. 내담자-중심 치료의 가설 중 하나에 착수하면서, 도구는 질문에 다양한 개념을 측정할 수 있도록 고안되었다. 도구는 그 자체로 실험에 사용되었는데, 사실상 측정하고자 하는 목적이 무엇인지를 측정하고, 어떤 변화된 인간이 도구를 사용하여 같거나 비슷한 결과를 얻었는지를 측정해 볼 수 있는 것이다. 또한 도구는 치료의 자료에도 적용되는데, 그 방법은 편향되지 않는 방향에서 제시될 수 있다. (59개의 무선 선택 항목을 검토한 라스킨의 사례에서 편향된 것으로 보이는 평가는 의식적이든 무의식적이든 그의 평가에 들어가지 못했다.) 자료는 도구를 통해서 얻었으며, 이를 분석하여 가설이 지지되는지 그렇지 못한지를 결정했다. 이 사례의 경우 가설은 지지되었고, 내담자-중심 치료에서 내담자가 다른 사람의 가치와 기대에 이끌려 의존하게 되는 정도가 감소되는 경향을 보였다. 그들은 자기 자신의 체험을 바탕으로 자기 평가의 신뢰성이 증가되는 경향을 보였다.

사례 수가 작고, 치료가 매우 짧다는 것(초기 기간을 특징으로 하는)은 이 연구의 결점이다. 하지만 더욱 긴 기간 동안 많은 수로 반복 실험을 했다 해도 여전히 똑같은 결과가 나왔을 것이다. 이것은 초기 연구들과 최근 설계된 연구에 이르기까지 연구의 복잡성을 중간에서 매개해 준다는 점에서 언급할 만한 것이다.

치료와 자율적인 기능과의 연관성

테포드Thetford는 또 다른 종류의 연구를 시도해서 1949년도에 완성했다.(11) 그의 가설은 내담자-중심 치료를 능가하는 것이었으며, 이론과 일치하는 생리학적 결과를 예언했지만 공식화하지는 못했다.

그의 주된 가설을 짧게 언급하면, 만약 치료가 개인으로 하여금 자신의 삶의 방식을 새로운 방향으로 이끌어 주었고, 성격적인 문제에 관해 자기가 느끼는 긴장감과 불안감을 감소시켰다면, 그리고 예를 들어 스트레스 상황에서 자율신경계의 반응들이 감소되었다면, 이것은 변화가 일어났다는 것이다. 삶의 변화가 만약 치료에서 일어나는 내적 긴장 속에서도 일어났다면, 이것은 자율계통 기능의 변화를 보여 주어야 한다는 가설을 세운 것이다. 그리고 이것은 인간의 의식적 통제에서 일어나는 것이 아니어야 한다. 필수적으로 그가 제기하고 있는 것은, 내담자-중심 치료에 의해 얼마나 깊이 변화를 겪고 있는가? 개인의 유기체적 기능 전체가 충분히 효율적인가 하는 것이다.

절차가 복잡하다고 해도, 충분히 필수적인 것들을 기술할 수 있다. 시카고 대학교 상담센터에서 내담자로 구성된 19명의 치료집단이 구성되었으며(개인적인 도움으로), 성격 연구를 하는 지원자들도 초대받았다. 모든 참가자가 참여한 가운데, 이들은 센터의 학생 내담자를 대표하는 집단이었다(검사받을 수 있도록 지정할 수 없는 사람들을 제외하고). 10명은 개인치료에 들어갔고, 3명은 개인치료와 집단치료를 병행하였으며, 6명은 집단치료에 들어갔다. 17명의 통제집단은 치료에 들어가지 않았으며, 치료집단의 나이와 교육 수준은 비슷했다.

치료집단에 속하든지 통제집단에 속하든지, 모든 개인은 똑같은 실험 절차를 체험했다. 가장 유의미한 관점은 이것이다. 개인은 손바닥 피부 전도계수(GSR)를 기록할 거짓말 탐지기의 전극에 연결되었고, 심장 박동 수와 호흡도 기록되었다. 기본적인 목표를 세우고 휴식 기간 이후에 개인의 지능을 알아보기 위해서는 수 기억이 좋은 지표가 되기 때문에, 이 실험을 해 보기로 했다. 수를 연속해서 이용하는 것은 명확하게 실패할 때까지 이루어졌다. 2분의 휴식 이후, 또 다른 수의 연속을 제시하고 명확하게 실패할 때까지 이루어졌다. 다시 휴식 시간이 지난 후, 또 다른 좌절과 실패를 겪었다. 모든 학생에 대해, 자아에 관련된 좌절은 명확히 실제로 다가오게 되는데, 그 이유는 체험이 그들의 지적 능력을 의심하게 만들기 때문이다. 개인이 쉬는 또 다른 휴식 기간 이후에 이것에서 해방되었지만, 후에 되돌아오라는 정보를 받았다. 실험이 개인의 치료와 관련이 있다는 힌트를 줄 시간적 여유도 없으며, 검사는 또 다른 작업으로 옮겨졌다.

치료가 마무리된 이후 후속 연구에서도 내담자를 다시 불렀고 똑같은 실험적 절차, 즉 이런 좌절과 회복의 세 가지 삽화가 계속해서 자율적으로 측정되면서 진행되었다. 시간 간격을 맞추면서, 통제집단 또한 불려졌으며, 동일한 절차를 경험했다.

여러 가지 심리학적 지표가 치료집단과 통제집단에 더해졌다. 집단들 간에 유의미한 차이점은 좌절에서 회복되는 속도였다(사후검사와 비교해 볼 때). 일반적으로 치료집단이 사전검사보다 사후검사에서 더 빠르게 좌절에서 회복되었음을 말해 주고 있다(통제집단이 그 반대의 결과를 가져오는 동안). 그들은 두 번째 시리즈를 시작할 즈음에 천천히 좌절에서 회복되었다.

나는 이것을 좀 더 상세하게 말해 보고자 한다. 치료집단은 GSR을 바탕으로 한 '회복지수'에 변화를 보였는데, 이것은 자신감이 .02 수준으로 유의미한 것이었다. 그리고 좌절에서 더욱 빠르게 회복하는 방향으로 흐르는 것이었다. 통제집단은 '회복지수'가 10% 수준에서 유의미하게 변화가 나타났다. 또 다른 말로 하면, 그들은 사전검사 시간보다도 사후검사 시간에 더욱 좌절에 대처할 수 없었다. 또 다른 GSR 측정, '회복에 대한 %'는 다시 치료집단이 두 번째 검사에 더 빠른 회복을 보였고, 유의미한 변화는 5% 수준에서 나타났는데, 통제집단에서는 아무런 변화가 없었다. 치료집단의 심장혈관 활동에 대해서는, 평균적으로 사후검사 시간에 좌절에 대한 심장 박동 수의 변화가 줄어들었는데, 5% 수준으로 유의미한 변화를 보였다. 통제집단에서는 변화가 일어나지 않았다. 또 다른 지표는 놀랄 만큼 치료의 변화가 동일하게 일어났음을 보여 주었지만 유의미한 수준은 아니었다.

일반적으로 말하면, 치료를 경험했던 개인은 그들이 계속해서 치료적 접촉을 할 때 높은 좌절 역치를 개발하게 하였으며, 뒤따르는 좌절에 대해 호르몬의 균형을 맞추면서 빠르게 회복시킬 수 있었다. 또 다른 한편으로 통제집단은 두 번째 좌절에 대한 낮은 역치 경향을 보여 주었으나 항상성을 빠르게 되찾지는 못했다.

간단히 말해서 이런 연구의 유의미성은 치료 이후에 개인이 상황에 대한 감정적인 스트레스와 좌절을 겪는 상황에서 인내심을 가지게 되고, 불안해하지 않는 것이 나타난다는 것이다. 이런 진술은 치료에서 특별한 좌절이나 스트레스를 고려한 적이 없다고 해도 지지된다. 좌절에 실제적으로 대응하는 것은 표면적인 현상이라기보다는 개인이 의식적으로는 통제할 수 없고, 완전하게 자각할 수 없는 자율신경계통의 반응 속에서 알아볼 수 있는 것이다.

테포드의 이론은 계속 지속시키려는 사람들의 개척정신과 도전정신을 특징으로 하고 있다. 그것은 공식화되어 있었던 내담자-중심 치료를 초월하는 것이었고, 이론과 동일한 예언을 했으며, 아마도 이론 속에 내포하고 있는 것이 있지만, 이론의 한계성을 아주 잘 뛰어넘은 우수한 것이었다. 그러므로 만약 치료가 내담자로 하여금 심리학적 수준에서 스트레스를 아주 잘 처리할 수 있도록 도와줄 수 있다면, 그에 따른 자율신경계의 기능에 대한 증거가 있어야 한다는 것을 예언해 주었다. 실제적 연구는 예언의 정확도를 가지고 실험했다. 이론에 대한 확증적 효과는 의심할 여지가 없는 것으로서 쉽지 않을 것이라는 예언이 검사되고, 이것이 옳다고 판명되는 것은 더군다나 대단한 일이다.

서로 다른 기술에 대한 내담자의 반응

1950년 버그만Bergman[(2)]이 완성한 소규모 연구는 인터뷰를 기록하는 방식으로 치료 과정을 아주 상세하게 연구한 실례다. 그는 상담자의 방법 혹은 기술과 내담자의 반응 사이의 관계는 어떤 특징을 가지고 있는가에 대해 연구하였다.

그는 10개의 기록된 사례(라스킨과 다른 사람들이 연구했던 그 사례)를 가지고 연구했는데, 내담자는 상담자의 평가를 요청했다. 10개의 사례에 246가지 예가 있었고, 그 가운데 내담자는 그의 문제에 대한 약간의 해결책, 그의 적응이나 발달에 대한 평가 또는 그 자신의 관점에 대한 추인, 그가 어떤 일을 진행시켜 왔는지에 대한 제언 등을 요청했다. 각각의 예가 이 연구에서는 하나의 반응 단위로 포함된다. 반응의 구성 단위는 내담자의 요청, 상담자의 즉각적인 반응, 상담자의 진술에 잇따라 나오는 내담자의 표현 등을 포함하는 내담자의 전체적인 진술로 구성된다.

버그만은 이런 요청에 반응하는 상담자를 다음과 같은 방식으로 범주화하였다.

❶ **평가에 기반한 반응** 내담자의 자료를 해석해 주는 것인데, 내담자가 동의하든 혹은 그렇지 않든 간에 정보를 제시해 준다.

❷ **'구조적인' 반응** 상담자는 그 자신의 역할과 치료가 진행되는 방식을 설명해 준다.

❸ **명료할 것을 요청** 상담자는 내담자의 요청의 의미가 그에게 명확하지 않다고 지적할 수 있다.

❹ **요청의 맥락에 대한 반영** 상담자는 요청 그 자체에 대한 인식 없이 내담자의 요청을 둘러싸고 있는 자료에 대해 이해하려고 시도하면서 반응하기도 한다.

❺ **요청에 대한 반영** 상담자는 내담자의 요청 혹은 또 다른 감정의 맥락 속에 있는 내담자의 맥락을 이해하려고 노력한다.

버그만은 상담자가 반응 후에 나타나는 내담자의 표현도 범주화하였다

❶ 내담자가 평가에 대해 다시 요청하는데, 이에 대해 똑같은 응답을 하거나, 그 응답을 약간 확장되거나 변경하거나 혹은 또 다른 응답을 하기도 한다.

❷ 상담자의 반응을 수용하든 거부하든 내담자는 자신의 태도와 문제(항상 다른 관련이 없는 자료가 되어 버리는)를 탐색하려는 시도를 포기하게 된다.

❸ 내담자는 자신의 태도와 문제를 계속 탐색한다.

❹ 내담자는 감정과 표현 사이에 관계를 이해하고, 이를 언어로 표현한다.

내담자와 상담자 양쪽의 자료를 이렇게 범주화한 신뢰도를 검토하면서, 또

약간의 만족감을 가지면서 버그만은 자료 분석을 계속해 나갔다. 그는 범주가 다른 범주와 경험되는 일이 어쩌다 일어나는 일이 아니라 더 자주 일어난다고 인정했다.

필수적으로 초기의 내담자 요청의 범주와 그 이후의 내담자 응답의 범주 사이는 우연한 관계일 뿐이라는 것은 유의미한 결과였다. 초기 내담자 요청과 상담자 반응은 같다. 그러므로 상담자의 반응이나 이후의 내담자의 표현 그 어느 것도 초기 요청에 의해 '이끌어진 것'은 없었다.

또 다른 한편으로 상담자의 반응과 그 이후의 내담자의 표현 사이에 유의미한 상호 작용이 있었다.

❶ 상담자에 의한 느낌의 반영은 어쩌다라기보다는 더 자주 계속되는 자기 탐색이나 통찰력을 통해 이끌어질 수 있다.

❷ 유형 1, 2(평가에 기반한, 그리고 해석적인 반응이나 '구조적인' 반응)와 같은 상담자의 반응은 종종 자기 탐색을 포기하게 만들 수 있다. 또한 이것은 1% 수준에서 유의미하다.

❸ 명료할 것을 요청하는 상담자의 반응은 응답이 되풀이되는 과정에서, 혹은 자기 탐색이나 통찰력의 감소에 의해서 나오는 경향이 있다.

따라서 버그만은 자기 탐색과 통찰력은 치료 과정에서 긍정적인 관점으로서 '느낌을 반영하는' 반응을 가장 먼저 이끌 수 있도록 한다는 결론을 내리게 되었다. 반면에 평가적이고, 해석적이고, 구조적인 반응이 치료 과정에 내담자에게 부정적인 반응을 불러일으키는 경향이 있다는 것도 밝혀냈다.

이 연구는 다음과 같은 방법으로 입증되고 있다. 많은 연구 조사에서 치료적 인터뷰를 언어적으로 기록하는 것은 정밀한 방식으로 검사되었는데, 이는 내담자-중심 치료의 관점에서 중요한 것이 무엇인지를 알아내기 위해서다. 이런 연구는 그들이 치료 과정에서 보여 주었던 주요 부분을 밝히기 위해 치료에서 일어난 내적 사건에 대해 객관적으로 검사해 오고 있다.

자아 개념 검사

많은 연구자들이 내담자의 자아 개념 변화를 확인했고, 그 구성은 내담자–중심 치료와 성격 이론에 중심을 두고 있다. 그중 하나인 버틀러Butler와 하이Haigh[3]의 연구를 짧게 기술해 보겠다.

이런 목적을 위해 빈번하게 사용되었던 방법은 스테펜슨[15]이 개발한 Q기법인데, 이것은 자아 연구에 그대로 적용되었다. 이 기법에 기반한 연구 도구가 버틀러와 하이의 연구에 사용된 이후로, 연구의 결과가 나오기도 전에 간단히 진술되어 버렸다.

모두 자기 지시 진술로 이루어진 아주 큰 표집의 기록된 상담 사례 수가 모아졌다. 이 중 100개의 진술이 선택되었고, 이 진술은 깨끗하게 편집되었다. 이에 대한 목적은 개인이 자기 자신을 인지할 수 있는 가능한 한 더 넓은 범위를 선택하는 것이었다. 목록은 다음과 같았다. '나는 종종 화가 난다.', '나는 성적으로 매력적이다.', '나는 정말 불안하다.', '나는 누군가와 이야기하는 동안 편안하지 않다.', '나는 편안하게 느끼고 있고, 누구도 정말 나를 괴롭히는 사람이 없다.'

버틀러와 하이의 연구에서 각각의 개인에게 100개의 항목이 포함되어 있는 카드를 분류하도록 했다. 첫 번째로 '오늘 당신 자신을 볼 때, 당신에게 가장 적합하다고 느끼는 것을 골라 보세요.'와 같은 것에 응답했다. 그는 9개의 파일에서 카드를 뽑아(자신에게 맞다고 생각하는 것을) 각각의 파일에 쓰인 숫자를 확인했다(각각의 파일의 수는 1, 4, 11, 21, 26, 21, 11, 4, 1인데, 이것은 되도록이면 정상분포가 되도록 했다). 분류를 모두 한 다음, '당신이 스스로 가장 원하는 사람의 모습을 기술해 보세요.' 라는 요청에 맞는 카드를 뽑는다. 이는 각각의 항목이 개인의 자기 지각을 얻을 수 있도록 한다는 데 의미가 있고, 또한 이런 것을 특징으로 생각하고 있다는 데 가치가 있는 것이다.

그것은 여러 가지 분류가 서로 연관이 있다는 증거가 될 수 있을 것이다. 하나는 자아에 대한 사전 치료와 사후 치료 사이에 상관이 있을 수 있고, 자아와 이상적인 자아 또는 한 내담자의 이상적인 자아와 또 다른 내담자의 이상적인 자아 사이에 상관이 있을 수 있다. 높은 상관은 불일치나 변화 정도가 작아야 하며, 낮은 상관은 그 반대가 되어야 한다. 예를 들어, 치료를 통해서 변화가 있었다는 특정한 항목을 연구하는 것은 변화의 성격을 질적으로 묘사할 수 있게 한다. 항목에 대해 큰 표집을 하였기 때문에 통계학적 연구에서 임상적인 풍부함에 손실을 가하는 일은 없을 것이다. 전반적으로 이런 절차는 연구자로 하여금 현상학적인 미묘한 자각을 객관적이고 측정 가능한 자료로 바꾸는 것을 가능하게 했다.

버틀러와 하이의 연구에서 자아 항목에 대한 Q분류를 이용하는 쪽으로 가보자. 가설은 이렇다. ① 내담자-중심 치료는 자각된 자아와 가치가 있는 자아 사이에 불일치가 감소되는 결과를 가져왔다. ② 불일치가 감소하는 것은 독립적인 준거를 통해서 내담자가 스스로 판단한 것에 대해 언급하면 할수록 치료 안에서 이동이 나타났음을 볼 수 있다.

자아와 이상적인 자아의 Q분류 연구에 대한 포괄적이고 종합적인 프로그램의 일부분이, 치료를 시작하기 전과 치료 종결 후에 25명의 내담자에 의해 이루어졌다. 그리고 치료 종결 이후 두 번의 후속 지점, 즉 2개월, 그리고 12개월 이후에 행해졌다. 검사와 같이 똑같은 프로그램에서 치료하지 않은 통제집단 역시 나이, 성, 사회경제적 지위를 똑같이 맞추었다.

이에 대한 결과에 관심이 모아졌다. 치료 전의 내담자 집단의 자아와 이상적인 자아 사이의 상관은 -.47에서 .59의 범위에서 나타났는데, 이는 자아와 이상적인 자아 사이에 언급할 만한 불일치가 나타났음을 의미한다. 오히려 자아가 아주 높은 가치가 있다는 것을 지적하면서 말이다. 사전 치료에서 평균 상관은 -.01로 나타났다. 치료의 종결에서 평균은 .34로 나타났으며, 후속 지점에서는 .31로 나타났다. 이것은 아주 유의미한 변화라고 할 수 있으며, 가설을 지지해 준다. 또한 특별히 관심이 가는 것은 후속 기간 동안에 상관이 아주 적게 감소되었다는 것이다. 상담자의 평가와 TAT에서 보여 준 변화를 바탕으로 한 열일곱 가지 사례에 주의를 기울여 볼 때, 변화는 아주 예리한 것이다. 사전 치료에서 평균은 .02였으며, 후속 기간에서는 .44를 보였다.

15명의 구성원은 '자기 통제' 집단으로 구성되었다. 그들은 처음으로 응답하도록 요청받았을 때, 검사를 실시했었고, 치료가 시작하기 전에 60일 동안 기다리도록 했다. 60일 기간이 지났을 때 다시 재검사를 받았을 뿐 아니라, 사후 치료와 후속 지점에서도 재검사를 받았다. 이 집단에서 첫 번째 검사할 때 자아와 이상적인 자아의 상관은 -.01이었고, 60일이 끝났을 재 역시 동일하게 -.01을 유지하였다. 그러므로 치료하는 동안에 일어났었던 변화는 명확히 치료와 관련이 있음을 볼 수 있고, 단순히 시간이 지나서 혹은 도움을 얻기로 결정해서 그런 결과를 얻지는 못한다는 것이다.

통제집단은 치료 내담자와 매우 다른 모습을 보여 주었다. 자아와 이상적인 자아 사이의 초기 상관은 .58이었고, 이것은 후속 지점에서 .59를 보임으로써 별다른 변화가 없었음을 말해 주고 있다. 명확히 이 집단은 내담자 집단만큼 긴장감을 느끼지 않았고, 자신을 가치 있게 여기는 경향이 있었으며, 이런 점에서의 변화는 없었다.

이 연구에서 내담자-중심 치료와 관련이 있었던 변화는 자기 지각이 자아를 굉장히 가치 있게 여기게 만드는 방향으로 변화시켰다는 것에서 결론을 찾는 것이 합당하겠다. 이런 변화는 일시적인 것이 아니라, 치료 이후에도 지속되는 것이다. 내적 긴장감의 감소는 고도로 유의미한 것이었지만, 치료가 종결된 이후에도 자아는 치료를 받지 않은 통제집단에서 발견되었던 것보다 가치 있게 나오지는 않았다. 또한 토론을 바탕으로 한 변화가 시간이 지나면서 나오는 결과로 나타나지 않으며, 도움을 구할 결심을 함으로써도 나타나지 않았다. 그들은 분명히 치료와 관련이 있었다.

이 연구는 치료관계에서 자기 지각을 하는 것의 중요성을 알려 주는 수많은 예라고 할 수 있다. 또 다른 연구를 통해 우리는 초기에 자기 지각이 치료의 변화를 가져오지만, 이상적인 자아는 아니라는 사실을 알고 있다. 후자가 변화될 수는 있지만 이것은 아주 미미하게 일어나는 것이고, 그런 변화는 자신에게 덜 요구적이고 성취 지향적인 자아가 되는 방향에 놓여 있을 때 가능하다. 임상가들이 치료의 종결 부분에 나타나는 자아그림을 더 적응 잘하는 것으로 평가한 것을 잘 알고 있다. 이렇게 나타나는 자아가 큰 내적 편안함, 자기 이해, 자기 수용, 자기 책임감을 가져온다는 것을 잘 알고 있다. 이런 후기 치료에서의 자아가 다른 사람들과의 관계에서도 만족감과 편안함이 생길 수 있다는 것을 알고 있다. 그렇게 조금씩 치료를 통해서 만들어진 내담자가 자각한 자아의 변화에 대해 객관적인 지식을 더해 갈 수 있었다.

심리치료를 통해서 매일의 행동에 변화가 있는가

이 장에서 진술했던 연구들과 인용했던 연구들은 내담자-중심 치료가 많은 변화를 이끌었다는 증거를 제시하고 있다. 개인은 서로 다르게 가치를 선택하고 확립해 간다. 즉, 계속되는 신체적 긴장에 대해 좌절을 하지 않아도 되고, 자신을 지각하는 방식에 변화가 있으며, 자신을 가치 있게 여기게 된다. 그러나 이것은 여전히 비전문가와 사회가 가지고 있는 실제적인 문제 '그렇다면 내담자가 매일의 행동에서 변화를 나타낼 것인가?' 에 대해 대답을 못한다. 나는 이 문제에 대답하기 위해 동료들의 도움으로, 1954년에 발간된 연구[(6)]인 치료와 관련되어 내담자 행동의 성숙도의 변화에 대한 조사에 착수했다.

내담자-중심 치료의 이론은 치료 안에서 일어나는 내적 변화가 치료 이후에 내담자가 자신을 방어하지 않고, 더욱더 사회화되어 가며, 더욱더 실제적으로 자신과 사회적 환경을 수용해 나가며, 가치가 더욱 사회화된 방식으로 행동할 것이라는 가정을 하고 있다. 간단하게 말해서 그는 더 성숙된 것으로 여기는 방식으로 행동할 것이고, 어린아이와 같은 행동은 감소되는 경향이 있을 것이다. 우리가 우리 자신에게 전달하고자 하는 어려운 질문은 조작적 정의가 그러한 가설로 받아들일 수 있는지에 달려 있는데, 이는 경험적인 검사를 통해서 알아볼 수 있다.

매일 일어나는 사람의 행동의 질을 측정할 수 있는 도구는 없다. 우리의 의도에 맞는 최선의 도구는 몇 년 전에 윌로비Willoughby에 의해 개발되어 정서성숙척도(E-M척도)Emotional Maturity Scale라고 불리는 것이다. 그는 행동을 기술하는 많은 항목을 구성했고, 100명의 임상 연구원—심리학자와 정신병리학자—에 의해 평가되었다(그들이 제시한 성숙의 정도에 따라). 이런 판단을 기반으로 그는 60문항으로 척도를 구성하였다. 몇몇 항목과 그들의 점수 평가가 청중에게 그 척도에 대해 알 수 있도록 목록화되어 있다.

점수(항목)

1. S(피험자)는 특히 자신의 문제를 해결하는 데 도움을 원한다(항목 9).
3. 자동차를 운전할 때 S는 일상적인 상황에서는 침착하지만, 그의 앞을 방해하는 다른 운전자 때문에 화가 난다(항목 12).
5. 어떤 면에서 자신의 열등감이 틀림없이 입증되는 것에 대해 S는 마음이 흔들리지만, 그가 뛰어나게 잘하는 활동들을 계획하면서 자신을 위로하려 한다(항목 45).
7. S는 그의 목표를 이루는 노력을 조직화하고 명령하는데, 이는 목표물을 얻는 방법으로 체계적인 방법을 취한다(항목 17).
9. S는 성적 표현을 할 기회를 합법화한다. 이에 대해 수치스러워 하거나 두려워하지 않거나, 혹은 이런 주제에 압도되지 않는다(항목 53).

우리는 연구 도구를 선택할 때 우리의 가설을 조작적인 형태로 진술할 수 있다. 내담자-중심 치료가 종결 상태에 이르렀을 때 내담자의 행동이 평가되었는데, 이는 자기 자신과 그를 잘 아는 사람들에 의해 이루어졌으며, 성숙함에 이른다는 것은 E-M척도에서 높은 점수를 얻는 것으로 증명되었다.

이 연구 방법은 굉장히 복잡하다. 그 이유는 매일의 행동을 정확하게 신뢰할 수 있도록 측정한다는 것이 어려운 일이기 때문이다. 연구는 30명에 가까운 내담자를 연구하는 큰 프로그램의 일부로 이루어졌으며, 동등한 집단이 통제집단으로 맞추어졌다. 연구는 다양한 단계를 따른다.

❶ 앞선 치료에서 내담자는 자신의 행동을 E-M척도로 자가 평가하도록 요청받았다.
❷ 내담자는 그가 잘 알고 있고, 그를 평가할 의지를 가지고 있는 두 명의 친구 이름을 쓰도록 요청받았고, E-M척도를 통한 그들의 평가는 직접 상담센터의 메일로 전송되었다.
❸ 각각의 친구는 그가 내담자를 평가했던 그 시간에 평가하도록 요청받았다. 이에 대한 목적은 친구의 평가 신뢰도를 결정하기 위해서였다.
❹ 치료집단의 절반은 자기 통제집단으로 하였으며, 처음 도움을 받았을 때 E-M척도를 작성했고, 6일이 지난 후 치료가 시작하기 전에 다시 한 번 작성했다. 또한 두 친구가 내담자를 평가한 것은 각각의 시간에 얻을 수 있었다.
❺ 치료 종결 부분에서 내담자의 두 친구들은 다시 E-M척도로 평가하도록 요청받았다.
❻ 6개월, 12개월 후속 지점에서 다시 내담자의 친구 자료를 얻었다.
❼ 통제집단은 그들의 행동을 E-M척도로 각 시간에 평가했다(치료집단을 평가했던 것처럼).

이 설계는 여러 가지 각도에서 분석한 자료의 큰 부분이라고 할 수 있다. 단지 주요한 발견은 여기에 보고할 것이다.

E-M척도는 어떤 또 다른 평가자에 의해 사용될 때, 만족스러운 신뢰도를 가짐을 입증했는데, 내담자 혹은 관찰자인 친구 양쪽 다 해당된다. 그러나 서로 다른 평가자 사이에 일치하는 것은 그리 많지 않았다.

치료를 받지 않은 통제집단에 속한 개인은 연구기간 중 어느 시기 동안 그들의 행동을 평가받은 결과, 유의미한 변화를 보여 주지 않았다.

자기 통제집단의 구성원인 내담자는 60일을 기다린 기간 동안 유의미한 행동적 변화를 보여 주지 않았는데, 그들 자신의 평가나 그들 친구의 평가에서도 마찬가지다.

또한 치료 기간 동안 혹은 치료와 후속 지점이 결합된 기간에 내담자의 행동에 대한 관찰자의 평가에 아무런 변화가 없었다. 물론 이것은 우리의 가설과 정반대가 되는 결과다. 그들이 치료에서 보여 주었던 움직임이 있었음에도 불구하고 모든 내담자에게 이런 부정적인 발견이 지지되느냐 하는 것을 결정하는 것은 바람직한 것 같다. 결과적으로 내담자들은 상담자의 평가에 의해 치료에서 가장 많이 움직임이 있었던 사람, 중간 정도의 움직임이 있었던 사람, 거의 움직임이 없었던 사람으로 구분되어 있다.

가장 많은 움직임을 보여 주었던 사람들에 대한 친구의 평가에 따르면, 내담자의 성숙한 행동이 유의미하게 증가되었다는 것을 발견했다(5% 수준에서). 중간 정도의 움직임이 있었던 집단에서는 약간의 변화가 있었으며, 거의 움직임이 없었던 집단은 성숙한 행동을 보여 주지 못하는 방향으로, 오히려 부정적인 변화가 있었다.

치료에서 치료자가 움직임을 평가했던 것과 매일매일의 행동의 변화를 친구가 관찰한 것 사이에는 분명하고 유의미한 상관이 있었다. 이런 상관은 특별히 흥미로운데, 왜냐하면 치료자의 판단은 단독으로 치료 시간에만 내담자의 반응을 보았을 뿐, 밖에서의 행동에 대한 지식은 거의 없기 때문이다. 친구의 평가는 단독으로 밖에서만 관찰한 것을 기반으로 하였을 뿐, 치료에서 진행되었던 지식은 전혀 없기 때문이다.

일반적으로 이런 발견은 내담자가 자기 자신의 행동을 평가한 것과 동일선상에 있는데, 이 역시 관심에서 제외될 수 없다. 치료에서 변화를 보인다고 상담자에 의해 평가된 내담자들은 관찰자가 평가한 것과 동일하게 점점 더 성숙해지고 있는 것으로 그들 자신을 평가했다. 그러나 치료에 성공을 거두지 못했고, 성숙한 행동에 이르지 못한 것으로 평가된 내담자들은 사후 치료와 후속 지점 모두의 성숙 점수에서는 활발한 증가가 있었다고 진술하였다. 이것은 치료가 잘 진행되지 못했을 때 자기 자신을 바르게 평가하지 못하고 방어했었다는 명백한 증거가 된다.

일반적으로 결론은 내담자-중심 치료가 발달 혹은 변화를 보여 주었다고 판단하는 것은 정당하며, 내담자의 매일의 행동이 점점 더 성숙해지는 방향으로 나아갔던 것은 유의미하고 관찰 가능한 변화다. 치료자가 치료에서 거의 혹은 아예 변화가 없었다고 느끼면 행동이 악화되는 것이 관찰되었고, 더욱 성숙하지 못한 방향으로 흘러가는 것이 발견되었다. 이 마지막 결론이 특별히 주목받는 이유는 이렇게 붕괴된 결과가 내담자-중심 치료자와의 관계에서 도움을 얻는 데 실패한 결과와 동반될지도 모른다는 첫 번째 증거가 되기 때문이다. 이런 부정적인 결과가 크지는 않지만, 그럼에도 불구하고 앞으로의 연구를 정당화한다.

이 연구는 심리치료에 있어서 다양한 행동 결과를 설명하고 있다. 또한 이것은 효율적으로 정밀한 설계를 하는 것에 어려움이 많이 있음을 제시하고 있다. 사실상 행동의 변화가 확실히 일어나야 가능한 것이며, 그와 같은 변화는 치료의 결과물이어야 하며 다른 어떤 요소의 결과가 아니라는 것들을 이야기할 수 있다.

매일의 행동 변화를 전체적으로 연구해 보면서, 이 주제에 대한 앞으로의 연구는 문제를 해결하는 행동, 적응적 행동, 위협이나 좌절 뒤의 반응 등의 변화에 대해서는 실험실에서 수행하는 편이 더 나을 듯하다. 이렇게 하면 더 좋은 통제된 조건하에서 수행할 수 있다. 그러나 보고된 연구는 성공적인 치료가 행동의 긍정적인 변화를 이끌어 낸다는 것과 성공하지 못한 치료는 행동의 부정적인 변화를 이끌어 낼 수 있다는 양쪽 모두를 지적하는 데에서 위로를 찾고 있다.

치료적 관계의 특징

치료에서의 움직임과 관련하여 내가 보고하고자 했던 마지막 연구는 최근 배릿-레너드Barrett-Lennard에 의해 완성된 것이다.(1) 그는 치료적 변화의 필수 조건으로 나의 이론적 공식에서 출발했다. 5개의 태도 조건이 관계에서 나타나며, 치료적 변화는 내담자에게 일어날 것이라는 가설을 세웠다. 이런 문제를 연구하기 위하여, 그는 내담자와 치료자에 대해 서로 다른 형태의 관계 질문지Relationship Inventory를 개발시켰다. 그리고 관계의 다섯 가지 영역을 연구하도록 설계하였다. 지금까지 그는 관계에서 내담자가 자각한 것의 자료를 분석했으며, 이것이 내가 보고하고자 하는 것이다.

사례를 새로 입수하여 여러 가지 변화의 정도를 객관적으로 측정할 수 있음을 알았는데, 배릿-레너드는 관계 질문지를 다섯 번의 인터뷰 이후에 각각의 내담자들에게 주었다. 연구를 미리 맛보게 하기 위해, 몇몇 변인에 관한 항목을 제시해 보겠다.

예를 들어, 내담자가 공감적으로 그 자신이 이해되고 있다고 느끼는 부분의 정도를 측정하는 데 관심을 두었다. 그래서 그는 내담자에 의해 평가된 6점 척도(매우 진실임~매우 강하게 진실이 아님)로 평가된 치료자에 관련된 항목을 포함시켰다. 이렇게 공감적으로 이해하는 것에 대해 서로 다르게 보는 정도를 제시해 주는 것이 증거가 될 것이다.

그는 나의 체험이 나를 기분 좋게 한다는 것을 이해한다.

그는 나의 눈을 통해 어떤 것을 보려 한다.

때때로 그는 그가 느끼는 방식대로 내가 느끼고 있다고 생각한다.

그는 내가 객관적인 관점에서 멀리 떨어져 있다고 말하는 것을 이해하고 있다.

그는 나의 말을 이해하고 있지만 내가 느끼는 방식대로는 아니다.

그가 측정하기 원했던 두 번째 요소는 관심 수준과 관련이 있는데, 이는 치료자가 내담자를 좋아하는 정도다. 이를 측정해 보기 위해 다음과 같은 항목을 두었고, 각각은 다시 매우 진실임에서 매우 강하게 진실이 아님으로 평가되었다.

그는 나를 좋아한다.

그는 나에게 관심이 있다.

그는 '나를 점검할 것이 무엇인가'에 관심을 가지고 있지, 정말로 한 사람으로 나에게 관심이 있는 것은 아니다.

그는 나에게 무관심하다.

그는 나를 인정하지 않는다.

관심에 대한 무조건성을 측정해 보기 위해, 상담자의 선호도에 대해 더욱 객관적으로 보기 위해 다음의 항목을 포함시켰다.

내가 '좋은' 느낌과 '싫은' 느낌을 표현하든지 그렇지 않든지 간에, 나를 향한 그의 느낌은 무관심한 것 같다.

때때로 그는 다른 시간에 하는 것보다 더 나에게 긍정적이고 친절하게 반응한다.

나를 향한 그의 관심은 내가 그에게 무엇을 이야기할 때에만 쏟아진다.

관계상에서 치료자의 일관성 혹은 진실성을 측정해 보기 위해 다음의 항목이 사용되었다.

그는 단지 우리의 관계에서 그가 하고자 하는 방식대로만 행동한다.

그는 진정으로 나를 이해해 주고 좋아해 주는 것이 아니라 형식적으로 그렇게 대할 뿐이다.

그가 밖으로 보이는 반응은 나를 향한 그의 내적 반응과 아주 다를 때가 있다.

그는 나와 역할놀이를 한다.

또한 배릿-레너드는 중요하다고 생각하는 다른 변인인 상담자의 심리학적 유용성이나 알고자 하는 의지를 측정하기 위해 다음과 같은 항목을 사용하였다.

그는 자유롭게 자신의 사고와 감정을 말할 것이다. 내가 그를 알기를 원할 때 말이다.

그는 내가 그 자신에 대해 물어보면 불편해한다.

그는 나에 대해 어떻게 느끼는지에 대해 말하고 싶어 하지 않는다.

이 같은 발견은 흥미롭다. 치료자가 경험이 많으면 많을수록 앞의 네 가지 특성을 더 많이 인지하고 있었다. 그러나 '알려고 하는 의지'는 그 반대인 것으로 나타났다.

그의 표본에서 더욱 불안감을 가지고 있는 내담자는 첫 번째에서 네 번째까지를 측정한 데서 객관적으로 측정된 성격적 변화의 정도와 유의미하게 상관이 있었으며, 더불어 치료자를 평가한 변화의 정도도 함께 유의미하게 상관이 있었다. 공감적 이해는 가장 유의미하게 변화와 상호 관련이 있었지만 진실성, 관심을 가지는 수준, 관심을 가지는 데 대한 무조건성이 성공적인 치료와 관련이 있었다. 알려고 하는 의지는 유의미하게 관련이 없었다.

이런 약간의 확증을 가지고 관계가 치료자의 일관성 또는 진실성의 높은 정도, 치료자에 대한 민감하고 정확한 공감, 치료자가 쏟는 내담자에 대한 관심, 존중, 좋아함의 높은 정도, 이러한 관심을 두는 데 조건의 부재 등을 특징으로 하고 있다고 말할 수 있는데, 이렇게 하면 효과적인 치료적 관계를 맺을 가능성을 높이게 된다. 이런 특징은 성격과 행동의 근본적 변화를 일으키는 데 영향을 준다. 이 연구와 다른 연구들은 상대적으로 꽤 초기 관계 상호 작용의 작은 표본에서 이런 특징을 측정하거나 관찰하였고 관계에 대한 결과를 예언할 수 있다는 것을 밝혀냈다.

이 연구는 내담자-중심 치료 이론과 관련해 더욱 적절한 관점을 가지고 실험했던 최근 연구의 대표적인 예라고 할 수 있다. 이 연구는 기술이나 개념화를 다루지 않았다는 점에 주목할 필요가 있다. 이것은 불명확한 태도와 경험적 특성을 헤쳐 나갔다. 심리치료에 관한 연구는 불명확한 연구를 해야 하는 오랜 과정을 밟아 나가야 한다. 네 가지 변인을 통해 얻은 긍정적인 증거와 다섯 번째 변인에서의 긍정적인 증거의 결핍은 나에게 도움이 되고 분별력 있는 발견이란 이런 수준에서 진행된 연구에서 나올 수 있다는 것을 알려 주었다.

치료의 진보와 관련 있는 관계의 질적 특성은 모두 태도적 특성이라는 데 더 관심을 둘 필요가 있다. 물론 전문적인 지식이나 기술의 정도가 변화와 관련이 있겠지만 이 연구는 그들 자신이 가지고 있는 어떤 태도적, 경험적 특성이 지적 능력이나 의학적 혹은 심리학적 훈련에 상관없이 더 긍정적인 치료 과정에 자극을 줄 수 있다는 가능성을 던져 주었다.

이 연구는 여전히 또 다른 관점으로 개척자의 역할을 하고 있다. 이것은 심리치료의 원인론적 혹은 변화를 이끌어 내는 요소를 명백하게 연구할 수 있는 설계를 세운 첫 번째 연구 중 하나다. 이런 점에서 이론은 효율적으로 앞서 나가는 것이며, 방법론적 복잡성 면에서도 마찬가지다. 그래서 성격 변화의 역동성에 관한 연구를 앞으로 더 많이 할 것이다. 우리는 성격과 행동을 구조적으로 변화시키는 것을 야기시키고 이끌어 갈 수 있는 조건을 식별해 내고, 이를 또한 측정해 볼 수 있다.

현재의 몇몇 연구

심리치료와 관련된 연구는 미국에서 발달하고 있다. 심리 분석 집단조차도 분석적 치료의 객관적인 연구에 착수하고 있다. 이 장면은 매우 복잡하고 그 흐름이 빠르게 변화하고 있기 때문에 오늘날 진행되고 있는 것을 모두 살펴보는 것은 불가능하다. 나는 몇몇 연구 프로젝트와 내담자-중심 치료와 관련된 프로그램(내가 인간적인 지식을 가지고 있는)을 간단하게 훑어보는 것으로 제한을 두려 한다.

시카고 대학교에서는 존 슐린Dr. John Shlien의 감독하에 단기치료에서 일어나는 변화들을 연구하는 것이 진행 중에 있다. 그리고 이런 변화와 장기치료에서의 변화를 비교하고 있다. 내담자는 인터뷰를 제의받았고(대부분은 20회, 몇몇은 40회), 치료는 이 시간이 끝날 즈음에 마무리되었다. 개인이 시간을 활용할 수 있는 방식과 치료 기간을 줄일 수 있다는 가능성 양쪽에서 연구자들의 관심이 집중되었다. 이 프로그램은 그리 멀지 않은 미래에 완결되어야만 했다.

이 연구는 단기간에 하는 아들러식Adlerian 치료 연구와 긴밀하게 관련이 있다. 루돌프 드레이커스Dr. Rudolph Dreikurs와 그의 동료들의 적극적인 협조로 슐린 박사는 아들러식 치료와 정확히 동일선상에서 연구를 진행하고 있다. 만약 모두 순조롭게 이 프로그램이 진행된다면, 두 가지의 서로 다른 치료(아들러식과 내담자-중심)를 직접적으로 비교할 수 있다는 데 의미를 가지게 될 것이다. 그리고 똑같이 사전검사와 사후검사가 실시될 것이고, 치료는 동일한 범위에서 이루어질 것이며, 모든 인터뷰도 기록될 것이다. 이것은 확실히 획기적인 일로서 우리의 일반적 지식과 치료의 서로 다른 형태에서 나오는 서로 다른 구성 요소를 확장시킬 것이다.

시카고 대학교에서 행해지는 또 다른 연구는 데즈먼드 카트라이트 박사와 도널드 피스크Donald Fiske, 윌리엄 커트너 그리고 여러 다른 사람들이 진행하였다. 굉장히 많은 구성 요소를 기반으로 치료적 변화와 관련이 있는지를 조사하기 위해 진행하고 있다. 이것은 더 넓은 시각으로 앞서 고려하지 않은 많은 구성 요소를 연구할 것이며, 이 구성 요소들은 치료가 향상되거나 혹은 그렇지 못한 것과 관련이 있을 수 있다.

위스콘신 대학교에서 나는 로버트 로슬러 박사Dr. Robert Rossler와 노만 그린필드 박사Dr. Norman Greenfield, 제롬 벌린 박사Dr. Jerome Berlin와 함께 더 확장된 집단으로 연구에 착수했는데, 내담자-중심 치료가 자율계통 및 신체적인 반응과 관련이 있는지에 관한 것이었다. 연구의 일부분으로 계속 치료 기간 동안 내담자의 GSR 기록, 피부 온도, 심장 박동 수를 기록하였다. 기록된 인터뷰와 이것을 비교하는 것은 아마도 성격 변화 과정에서의 기본적인 신체 심리 특성에 대한 정보를 주게 될 것이다.

몇몇 개인이 연구하고 있는 매우 작은 규모의 프로젝트는 심리치료 과정의 객관적인 연구와 관련이 있다. 최근 논문에서[7] 나는 심리치료의 이론, 관찰한 것, 비규칙적인 연속적인 단계들을 공식화했다. 우리는 현재 이런 이론적인 진술을 조작적 척도로 옮기는 작업을 하고 있으며, 이것은 기록된 치료적 인터뷰를 연구하기 위해 이용될 것이다. 이 척도의 신뢰도와 타당도에 관련된 연구들이 최근 수행되고 있다.

유진 젠들린 박사와 나는 책임 연구자로, 위스콘신 대학교에서 또 다른 프로그램을 맡게 되었는데, 정신분열증 환자(만성과 급성 모두)를 심리치료하는 과정을 정상인과 비교해 보는 것이다. 이 연구에서 각각의 치료자는 나이, 성, 사회 교육적 지위를 맞춘 세 명의 내담자를 동시에 맡을 것이다. 한 명은 만성정신분열증 환자, 한 명은 급성정신분열증 환자, 또 한 명은 사회에서 적응하고 있는 '정상인'으로 구성되었다. 다양한 사전검사와 사후검사를 하고 모든 인터뷰를 기록하면서, 이 연구가 많은 발견을 이끌어 낼 수 있다는 희망을 가지게 되었다. 그것은 내담자-중심 가설을 새로운 분야에서 검사해 보려 하고, 정신병이 있는 사람을 입원시켜 검사해 보고자 하는 압박일 것이다. 이 연구의 기본적인 가설은 변화의 과정을 보기 위해 치료의 필수적인 조건(배럿-레너드 연구에서 정의되었듯이)을 주는 것은 정신분열증이 있는 개인이나 정상인에게 똑같이 주어졌다는 것을 발견하게 될 것이다.

아마도 이렇게 짧게 기술하는 것은 객관적인 연구의 본체가 실제적인 것에 의해 자극을 받는다는 것과 내담자-중심 이론이 앞으로 계속 성장하고 확대되고 있다는 것을 지적하기에 효과적이기 때문일 것이다.

미래를 위한 연구의 의미

이 장을 마무리하면서 나는 이와 같은 질문을 던지면서 논의를 진행하고 싶다. '이것을 어떻게 이끌어 나갈 것인가? 이 모든 연구의 끝은 무엇인가?' 이러한 질문은 나에게 매우 중요한 의미를 갖는다. 심리치료에 대한 지식이 확대되고 있는 가운데 객관적인 지식의 본체는 점차 심리치료 '학파들schcols'을 폐지하게 만들 것이다. 치료적 변화를 촉진시키는 조건이 철저하게 지식을 증가시키는 방향으로 흘러가며, 이런 조건은 치료와 성격 및 행동의 변화라는 용어를 쓰는 치료의 특징적인 결과들을 방해하거나 억제시킬 수 있다. 이렇게 되면 점점 더 독단적으로 되는 것이 강조되고, 순수한 이론적 공식화를 강조하지 못하게 될 것이다. 견해의 차이, 치료 절차의 차이, 결과를 판단하는 것에 대한 차이는 단순히 이를 논박하거나 논쟁하는 것보다 경험적인 실험을 통해서 얻을 수 있다.

오늘날 우리는 의학 분야에서 '치료의 페니실린 학파' 대 다른 치료를 하고 있는 학파를 찾을 수 없다. 판단과 견해의 차이는 확실히 있지만, 예견이 가능한 미래에 조심스럽게 설계된 연구를 해결할 수 있다는 확신은 있다. 그래서 단지 내가 믿고 싶은 것은 심리치료가 점점 독단론보다는 차이의 중재자로서 서 있다는 사실이 판명되길 원한다.

이 같은 이유로 심리치료를 점차 효과적으로 계속해서 성장시켜야 하는데, 이것은 어떤 특정한 꼬리표label를 가질 필요를 이야기하는 것이 아니다. 단지 어떤, 그리고 모든 치료적 기원을 실제적으로 입증하는 것은 무엇이든지 합병하게 될 것이다.

이제 그만 정리를 해야 하지만, 나는 섬세하게 사적이고 막연한 분야이기도 한 심리치료와 같은 연구를 혐오하는 사람들에게 한마디 더 하고 싶다. 그들은 그와 같은 친밀한 관계를 객관적으로 면밀히 살펴보는 것은 비인간적이며, 필수적인 특징을 약탈하는 것이고, 사실을 냉정하게 바라보기 위해 연구가 인간적인 면을 감소시키게 될 것이라고 느낄지 모른다. 나는 이렇게 자료를 모으는 것이 그것의 효과가 아니라고 단순히 말하고 싶다. 그러나 그 정반대도 약간은 사실이다. 연구가 확장될수록 내담자의 유의미한 변화가 매우 희미하다는 것을 알 수 있다. 그리고 내적 선택, 전체 사람들 속에서 자기 자신을 크게 느끼는 것, 자기 자신에 대한 서로 다른 느낌 등의 주관적인 체험도 마찬가지일 것이다. 치료자들에 관한 최근 연구에서는 따뜻한 인간미가 있고, 진심에서 우러나오는 치료자들이 그와 관계를 맺고 있는 내담자에 대한 순간순간의 느낌을 이해하려는 데 관심이 있으며, 이 치료자들이 가장 영향력 있는 치료자라는 것을 제시하고 있다. 냉정하고 지적이고 분석적이며 현실적인 치료자가 효과적이라고 확실히 이야기하는 연구는 없다. 그것은 심리치료의 역설 중 하나로 보이는데, 이 분야에서 우리의 이해를 발전시키기 위해 개인이 그의 가장 열정적인 신념을 가지고 있으면서 경험론적 연구의 비인격적인 검사에 대한 신념을 확고히 해야 한다는 것이다. 그러나 치료자로서 효과적이기 위해서 그는 그 자신의 주관적인 자아를 풍성하게 하고 확장시키는 데에 이 지식을 이용해야 하고, 모든 두려움을 내쫓고 자유로운 자아를 가지고 내담자와의 관계를 형성해야 할 것이다.

참고문헌

1. Barrett-Lennard, G. T. Dimensions of the client's experience of his therapist associated with personality change. Unpublished doctoral dissertation, Univ. of Chicago, 1959.
2. Bergman, D. V. Counseling method and client responses. *J. Consult. Psychol.* 1951, *15*, 216–224.
3. Butler, J. M., and G. V. Haigh. Changes in the relation between self-concepts and ideal concepts consequent upon client-centered counseling. In C. R. Rogers and Rosalind F. Dymond (Eds.). *Psychotherapy and Personality Change*. University of Chicago Press, 1954, pp. 55–75.
4. Cartwright, Desmond S. Annotated bibliography of research and theory construction in client-centered therapy. *J. of Counsel. Psychol.* 1957, *4*, 82–100.
5. Raskin, N. J. An objective study of the locus-of-evaluation factor in psychotherapy. In W. Wolff, and J. A. Precker (Eds.). *Success in Psychotherapy*. New York: Grune & Stratton, 1952, Chap. 6.
6. Rogers, C. R. Changes in the maturity of behavior as related to therapy. In C. R. Rogers, and Rosalind F. Dymond (Eds.). *Psychotherpy and Personality Change*. University of Chicago Press, 1954, pp. 215–237.
7. Rogers, C. R. A process conception of psychotherapy. *Amer. Psychol.*, 1958, *13*, 142–149.
8. Rogers, C. R. and Dymond, R. F. (Eds.). *Psychotherapy and Personality Change*. University of Chicago Press, 1954, 447 p.
9. Seeman, J., and N. J. Raskin. Research perspectives in client centered therapy. In O. H. Mowrer (Ed.). *Psychotherapy: theory and research*, New York: Ronald, 1953, pp. 205–234.

10. Stephenson, W. *The Study of Behavior.* University of Chicago Press, 1953.

11. Thetford, William N., An objective measurement of frustration tolerance in evaluating psychotherapy. In W. Wolff, and J. A. Precker (Eds.). *Success in Psychotherapy*, New York: Grune & Stratton, 1952, Chapter 2.

제6부

인생의 함의는 무엇인가

나는 치료 경험이 교육과 대인관계, 가족 생활, 창조적 과정에
의미 있고 심오한 함의를 갖고 있는 것을 발견했다.

13

교수와 학습에 대한 개인적 생각

이 장은 책 안에서 가장 짧지만 동시에 어떠한 기준에서든 나의 경험으로는 가장 격렬한 내용을 담고 있는 부분이다. 여기에는 재미있는 나의 배경 이야기가 숨어 있다.

몇 달 전, '인간 행동에 영향을 미치는 교수법'에 관한 하버드 대학교 주최 회의에 참석하기로 약속했고, 그 회의에서 '학습자 중심 교수법' 시연을 요청받았다. '학습자 중심 교수법'이란 내가 그동안 교육에 적용하기 위해 노력을 기울여 온 치유의 원리에 기반한 교수법을 말한다. 그러나 교양 있는 지식인 그룹과 두 시간을 보내며, 그들의 목표 형성을 돕고 그 과정에서 느끼는 감정에 반응해 주기 위해 노력하는 일이 굉장히 인위적이고 불만족스러운 일이 될 것이라는 느낌이 들었다.

이 중요한 시점에 나는 겨울학기 여행을 멕시코로 떠났다. 여행에서 그림을 그리고, 글을 쓰고, 사진을 찍고, 키에르케고르의 책에 몰두했다. 그의 책을 읽으며 최대한 솔직하고자 했던 그의 정직한 의지가 나에게 생각보다 많은 영향을 미쳤다는 것을 확신한다.

약속을 지켜야 할 시기가 다가옴에 따라, 지극히 개인적인 의견을 먼저 드러낸 후 학생들의 제각기 다른 반응과 감정을 이해하고 수용하기 위해 노력할 때 종종 매우 의미 있는 학급 토론을 이끌어 낼 수 있었던 경험을 기억해 냈다. 이 방법으로 하버드

회의를 현명하게 해낼 수 있을 것이라고 생각했다.

그래서 나는 자리에 앉아 글을 쓰기 시작했다. 사전에 정의하고 있는 '교수'와 '학습'에 대한 나의 경험을 가능한 솔직하게 표현하려고 노력했다. 나는 심리학자도, 교육학자도, 신중한 동료도 아니었다. 가능한 단순하게 나의 느낌을 표현하는 데 주력했고, 혹시 내가 틀린다면 회의 과정에서 바로잡을 수 있을 것이라고 믿었다.

지나치게 순진했는지 모르겠지만 소재의 선동성에 대해서는 고려하지 않았다. 회의의 모든 참가자가 공통으로 학급 토론 방법에 관심을 가지고 있는 박식하고 자기 비판적인 교사들이었기 때문이다.

회의장에서 다음과 같이 짧게 발표한 후 토론을 시작했다. 그러나 기대했던 반응 대신 소동이 일어났다. 소란스러움은 점점 더 커져갔다. 마치 내가 그들의 직업을 위협이라도 한 듯 보였고, 내가 의도한 대로 전달이 되지 않았음이 분명했다. 간혹 교사들 사이에서 이러한 나의 의도를 제대로 인지한 듯 한 작은 목소리가 흘러나오기도 했으나 그 자리에서 감히 꺼낼 수 없었다.

그 자리가 학습자 중심 교수법 시연을 위한 자리였다는 사실을 기억해 내는 참가자는 단 한 명도 없었지만, 모두가 각자 가지고 있는 학습자 중심 교수의 경험들을 기억해 내기를 바랐다. 그래서 도처에서 터져 나오는 질문과 공격에 굳이 답하여 나를 방어하려 하지 않았다. 대신 그들의 분노와 좌절감, 비판을 수용하고 공감하려고 애썼다. 나는 다만 지극히 개인적인 관점을 이야기한 것뿐이라는 사실을 강조했지만, 다른 이들의 동의를 구하거나 바라지는 않았다. 몇 차례 폭풍이 지나간 후, 참가자들은 교수에 관련된 각자의 중요한 감정들을 솔직하게 드러내기 시작했다. 대부분의 감정은 나의 감정과도, 다른 이들의 감정과도 서로 일치하지 않았다. 굉장히 시사하는 바가 많은 시간이었다. 참가자 누구도 그 시간을 잊지는 못할 것이다.

그 다음 날 아침, 도시를 떠나기 위한 채비를 하고 있을 때, 한 참가자가 가장 의미 있는 이야기를 건넸다. 그가 말한 것은 단 한마디였다. "당신은 지난 밤에 많은 사람을 깨어 있게 했습니다!"

나는 이 작은 경험을 굳이 출판하려고 하지 않았다. 심리치료자들과 정신과의사들 사이에서, 심리치료자에 대한 나의 의견 때문에 나는 이미 '논쟁을 불러일으키는 인물'이었다. 나는 거기에 교육자들까지도 합세하도록 하고 싶은 마음은 추호도 없었다. 그러나 회의 참가자들은 내 발표 자료를 복사하여 배포했고, 몇 년 후 두 학술잡지에서 게재를 요청해 왔다.

이렇게 장황한 이야기를 들은 후에 발표 자료를 본다면 실망스러울지도 모르겠다. 개인적으로 나는 그 글이 선동적이라고는 생각해 본 적이 없다. 그 글에는 여전히 교육에 관한 나의 가장 근본적인 관점이 드러나 있다.

여기서 몇 가지 간단한 나의 소견들을 밝히고자 한다. 이를 통해 당신에게서 어떤 반응이라도 끌어낼 수 있다면, 내 사상에 새로운 영감을 얻을 수 있을 것이다.

'생각하는' 것은 매우 번거로운 일이다. 특히 나만의 경험 속에서 순수한 고유의 의미를 추출해 내려고 할 때는 말이다. 이러한 사고 과정은 일련의 분리된 사건들 속에서 의미와 형식을 발견해 내는 일처럼 보이기 때문에, 처음에는 만족감을 얻을 수 있다. 그러나 곧 당황스러움에 직면하게 되는데, 나에게는 많은 의미를 가지고 있는 그런 생각들이 다른 이들에게는 우스꽝스러워 보인다는 사실을 깨닫게 되기 때문이다. 내가 받은 느낌에 따르면, 내 경험이 이끄는 대로 의미를 찾으려고 노력한 경우, 거의 언제나 우스꽝스러운 방향으로 진행이 되기 마련이다.

그러므로 앞으로 3, 4분 간, 내가 학급 경험에서 얻은 의미들과 개인 및 집단 치료 경험을 요약하고자 한다. 다른 이들에게 결론을 제공하거나, 해야 할 일 혹은 되어야 할 상태를 가르치려 들고자 하는 의도는 전혀 없다. 나의 경험과 그 경험의 어리석음에서 야기되는 성가신 질문들은 1952년 4월 현재로 매우 실험적인 의미를 가진다. 지금부터 각각의 생각 혹은 의미를 분리된 단락으로 구성해 내고자 한다. 이는 특정한 논리적 순서가 있기 때문이 아니라, 각각이 지니는 의미가 나에게는 모두 중요하기 때문이다.

❶ 이번 회의의 목표를 고려하여 이 작업을 시작하고자 한다. 나는 다른 이에게 '가르치는 방법'을 가르칠 수 없다는 것을 경험했다. 나에게 이를 시도하는 것은 장기적으로 무의미한 일이다.

❷ 다른 이에게 가르칠 수 있는 것이라면 그것은 중요하지 않은 것이고, 행동에 중요한 영향을 거의 미치지 않는다. 이상하게 들린다는 것은 알고 있지만, 내가 이야기함과 동시에 질문을 던질 수밖에 없다.

❸ 나는 행동에 중요한 영향을 미칠 수 있는 '학습'에만 관심을 가지고 있다는 것을 깨달았다. 이는 단순히 개인적인 특성일 수 있다.

❹ 행동에 중요한 영향력을 행사하는 유일한 학습은 자기 발견적이고 자기 고유의 학습이라는 사실을 알았다.

❺ 그러한 자기 발견적 학습과 경험을 통해 개인적으로 자기 것으로 흡수된 진실은 다른 이들과 직접적으로 교류될 수 없다. 그러한 개인적 경험을 직접적으로 교류하려고 시도한다면, 이는 종종 자연스럽게 '가르치는' 행위가 되며, 그 결과는 보잘것없게 된다. 덴마크의 철학자 키에르케고르 역시 이런 사실을 알았다는 점을 최근 발견했는데, 이는 꽤나 안심이 되는 일이었다. 그 역시도 자신의 경험을 통해 알게 된 이 사실을 한 세기 전에 매우 명확하게 진술한 바 있다. 덕분에 나의 경험이 조금은 덜 이상해 보인다.

❻ 앞의 결과로 인해, 나는 교사가 되는 것에 흥미를 잃었다.

❼ 종종 내가 가르치기를 시도할 때, 단순히 보잘것없지만은 않아 보이는 그 결과에 소름이 끼치곤 한다. 이는 때때로 가르치기가 성공한 것처럼 보이지만, 그 결과는 학습자에게 해롭기 때문이다. 이러한 가르치기는 학습자가 자신의 고유한 경험을 불신하고 그것을 통해 얻을 수 있는 중요한

학습을 억제하게 만든다. 따라서 '가르치기'의 결과는 중요하지 않거나 해로울 뿐이라고 생각하게 되었다.

❽ 과거의 교수 경험들을 뒤돌아보면, 결국 결과는 모두 같다. 학습자에게 해를 입히거나 혹은 중요한 일이 전혀 일어나지 않았던 것이다. 이는 돌아보기 괴로운 사실이다.

❾ 결론적으로, 나는 학습자가 되는 것, 되도록이면 나의 행동에 중요한 영향을 미칠 수 있는 것들을 학습하는 것에만 관심을 갖게 되었다.

❿ 집단 속에서, 치료할 때처럼 일대일 관계에서, 혹은 개인적으로 배우는 것은 매우 보람된 일이다.

⓫ 나에게 가장 최선의, 하지만 동시에 가장 어려운 학습 방법은, 일시적으로라도 나의 방어벽을 낮추고 나의 경험이 다른 이에게 어떻게 보이고 느껴지는지를 이해하려고 노력하는 것이다.

⓬ 또 다른 학습 방법은 나의 불확실성을 인정하고 당혹감을 명확히 함으로써 내 경험이 실제로 가지고 있는 의미에 조금 더 가까워지는 것이다.

⓭ 이 모든 경험의 흐름과 그 안에서 찾은 의미들은, 황홀함과 동시에 대때로 조금은 놀라운 과정 속으로 나를 던져 넣었다. 이는 내가 최소한 그 경험이 가지고 있는 현재의 의미라도 이해하려고 노력함에 따라 희미하게나마 정의할 수 있는 목표가 있고, 그 목표를 향해 내 경험이 나를 이끌도록 하라는 것을 의미하는 듯하다. 복잡하게 얽힌 경험의 흐름과 그 끊임없이 변화하는 복잡성을 이해하려는 노력의 매력적인 가능성과 함께 떠오르는 것이 바로 '느낌'인 것이다.

'교수'뿐만 아니라 '학습'에 대한 논의에서도 벗어난 것이 아닐까 우려된다. 나의 경험에 대한 이러한 분석이 그 자체로는 이상하고 비정상적으로 보일지도 모르겠지만, 특별히 충격적인 이야기는 아니라는 점을 다시 한 번 강조하며, 또 다른 실제적인 예를 소개하고 싶다. 이는 모두가 옳다고 생각하는 상식의 세계에서 조금 떨어져 있다는 것이 함축하는 바를 깨달았을 때 나를 전율하게 만들었던 경험의 이야기다. 만약 다른 이들의 경험이 나와 같았다면, 그리고 그 안에서 나와 비슷한 의미를 찾아내었다면 많은 결과가 따랐을 것이라고 표현하는 것이, 이 느낌을 가장 잘 묘사할 수 있는 방법인 것 같다.

❶ 그러한 경험은 가르치는 것에서 벗어났을 때 진행될 수 있다. 사람들은 학습하기를 원한다면 함께 모여들 것이다.
❷ 시험에서 벗어나야 한다. 시험은 중요하지 않은 학습의 결과만을 측정한다.
❸ 같은 이유로, 등수와 성적에서도 벗어나야 한다.
❹ 부분적으로 같은 이유로, 경쟁의 척도로 이용되는 학위에서 벗어나야 한다. 여기서 벗어나야 하는 또 다른 이유를 들자면, 학위는 어떤 단계의 끝이나 성과를 의미하지만 학습자에게 흥미로운 것은 오로지 지속적인 학습의 과정일 뿐이기 때문이다.
❺ 성과를 드러내려는 것에서 벗어나야 한다. 성과를 통해서는 중요한 것을 아무것도 배울 수 없기 때문이다.

지나친 공상가가 되고 싶지는 않기 때문에, 이쯤에서 멈추는 것이 좋을 것 같다. 무엇보다 지금까지 열심히 설명하려고 애썼던 나의 내면적 사고가 당신의 학습 경험에 제대로 호소했는지 알고 싶다. 만약에 그랬다면, 이번에는 '당신의' 그 경험 속에서 얻은 의미가 무엇이었을까 궁금하다.

14

치료와 교육에 있어서 중요한 학습

버몬트 주 플레인필드Plainfield에 있는 고다드Goddard 대학은 작은 실험적인 대학이다. 그 대학의 학생들은 종종 교육자들을 위한 회의와 워크숍을 조직하고 거기서 중요한 문제에 대해 다룬다. 나는 1958년 2월에 '교육에 대한 심리치료의 영향'에 대한 주제로 그러한 워크숍을 진행해 달라는 부탁을 받았다. 미국 동부, 특히 뉴잉글랜드 지역에서 온 교사들과 교육 관리자들은 3일의 빡빡한 일정을 헤쳐 나가야 했다.

나는 이번 회의에서 교육과 학습에 대한 나의 견해를 재형성하기로 결심했다. 앞서 장에서의 진술보다 덜 혼란스럽지만 치료적 접근의 급격한 영향들을 피해 가지 않는 방식이다. 이 연구물은 그 결과다. 이 책의 제2부에 익숙한 그들에게 '심리치료에서의 학습 조건들'과 '치료에서의 학습 과정'에 대한 부분은 중복될 수도 있고 생략될 수도 있다. 왜냐하면 그것들은 일찍이 설명한 대로 치료에 대한 기본적인 조건을 다시 설명한 것에 불과하기 때문이다.

나에게 이것은 내가 교육의 영역에서 내담자-중심 치료 가설의 의미를 추구해 왔던 가운데 가장 만족스런 형식이다.

여기에 제시하고 있는 것은 심리치료가 교육에 미치는 영향을 고려한 시각에서의 논문이다. 그것은 시험적이고 약간의 망설임을 가지고 있는 입장이다. 나는 이 논문에 대해 풀리지 않는 많은 문제를 가지고 있다. 그러나 나는 그것 안에 어느 정도의 명확성이 있다고 생각한다. 그리고 그러한 이유로 그것은 명확한 차이가 나타날 수 있는 곳에서부터 출발점을 제공해 줄 수 있을 것이다.

심리치료에 있어서 중요한 학습

중요한 배움이란 심리치료에서 촉진되고 그 관계 속에서 일어난다는 것을 나의 치료자로서의 긴 경험이 확신시킨다는 것을 말하면서 시작하겠다. 중요한 학습에서 학습이란 사실들의 축적 이상을 의미한다. 그것은 차이를 만들어 내는 교육이다. 그 차이는 개인의 행동에서나, 미래에 그가 선택하는 행동의 동기에서나, 그의 인격과 성향에서의 차이다. 널리 미치는 학습이란 단순한 지식의 축적이 아니라 그의 존재 모든 부분으로 완전히 침투하는 것이다.

지금 그러한 배움이 일어난다는 것은 나만의 주요한 느낌이 아니다. 이러한 느낌은 연구에 의해서 구체화된다. 내가 가장 친숙하고 가장 많이 연구한 방향인 내담자-중심 치료에서 우리는 그러한 치료에 대한 노출은 다음과 같은 종류의 것을, 학습 또는 변화를 만든다는 것을 알게 된다.

사람은 자신을 다르게 보게 된다.

그는 그 자신과 그의 감정을 더욱 풍부하게 받아들인다.

그는 더욱 자신감이 생기고 적극적이게 된다.

그는 더욱 그가 바라는 사람이 되어 간다.

그는 그의 생각에 있어서 더욱 융통성이 많아지고 덜 완고해진다.

그는 더욱 현실적인 목표를 정립한다.

그는 성숙한 방식으로 행동한다.

그는 만성적인 알코올 중독과 같이 오래 길들여져 온 조절하기 힘든 행동들조차 바꾸게 된다.

그는 다른 사람을 더욱 잘 수용하게 된다.

그는 그의 안팎에서 이루어지고 있는 사실에 대해 더욱 개방화된다.

그는 구조적인 방법으로 그의 기본적인 인격의 성격들을 변화시킨다.*

나는 아마도 이것이 차이를 만들어 내는 중요한 배움을 가리키는 데 충분하다고 생각한다.

교육에 있어서 중요한 학습

나는 교육자들이 차이를 만드는 배움에 대해 너무나 많은 흥미를 가지고 있다고 확신한다. 사실에 대한 단순한 지식은 그만한 가치가 있다. 폴타바Poltava 전쟁에서 누가 승리했다는 것을 알거나 모차르트의 어떠한 작품들이 언제 처음 연주되었는지를 아는 것은 이러한 정보의 소유자에게 64,000달러 혹은 다른 얼마의 대가가 주어질지도 모르는 일이다. 그러나 나는 보통 교육자들은 그러한 지식의 습득이 교육을 구성한다는 가정에 약간은 당황하고 있다고 믿는다. 이것을 언급하니 대학 1학년 시절에 농업경제학 교수님의 힘찬 언급이 생각난다. 그의 과목에서 배운 것들은 모두 잊어버렸지만 그의 제1차세계대전의 경험과 함께 그가 어떻게 실제적인 지식을 병기들로 비교하였는지를 기

* 이러한 진술문을 지지할 증거를 위하여 참고문헌 (7)과 (9)를 보라.

억하고 있다. 그는 다음과 같은 권고로 그의 강의를 마쳤다. "저주받은 무기 수레가 되지 마라. 소총이 되라!" 나는 대부분의 교육자들이 지식이란 무엇보다도 사용하기 위해 존재한다는 이러한 감상을 나눌 거라고 믿는다.

그러면 교육자들이 기능적이고, 변화를 만들어 내고, 사람과 그의 행동들을 압도하는 배움에 흥미가 있다는 것까지 범위를 확장시킬 때, 그들은 지도들 혹은 생각들에 대한 심리치료의 영역을 잘 볼지도 모른다. 심리치료 안에서 일어나는 교육에 있어서 배움의 과정에 대한 몇 가지 적용은 약속된 가능성처럼 보이는 듯하다.

심리치료에서의 학습 조건

그러면 치료 과정 속에서 이루어지는 학습들을 가능하게 하는 데 기본적으로 무엇과 관련이 있는지 살펴보자. 나는 내가 할 수 있는 한 분명하게, 이 현상이 일어났을 때 나타날 수 있는 그 조건들을 써 내려갈 것이다.

문제의 직면

무엇보다 먼저, 내담자는 심상치 않거나 의미심장한 문제를 인식하는 상황에 처한다. 그 문제는 그가 조정할 수 없는 방식으로 행동하거나, 혼돈과 충돌(모순)에 압도당하거나, 결혼 생활이 암초에 놓이거나, 일을 할 때 불행한 것일 수 있다. 요컨대, 내담자는 대처하려고 시도하려는 문제에 당면하게 되며 성공할 수 없다는 사실을 알게 된다. 그러므로 자신이 깨달은 것이 동시에 방해가 될지 모른다는 사실에 놀랄지라도 열심히 배운다. 항상 존재하는 조건 중 하나는 실생활의 어려움을 알게 되면서 배우고 변화시키려는 불확실하고 상반된 욕구(욕망)가 자라는 것이다.

심리치료자를 만났을 때 개인이 당면한 상황이 무엇인가? 건설적인 변화 또는 뜻깊은 배움이 일어난다면 나는 최근에 심리치료자가 제공하는 필요하고 충분한 조건을 이론적인 그림으로 공식화하였다.[(8)] 이 이론은 경험적 연구로 여러 면에서 실험되었으나 증명된 사실보다 오히려 여전히 임상 경험이 기초하고 있다고 생각되었다. 치료자가 제공하는 본질적인 조건을 간단히 기술하겠다.

진실성

치료가 이루어지려면 치료자는 인간관계에 있어서 통합 또는 융화되고 진실한 사람이 될 필요가 있다. 내가 말하는 것은 인간관계 안에서 "그 사람이 현재 어떤 사람인가?" 하는 것이다. 그의 외모, 역할 또는 겉치레가 아니다. 나는 알고 있는 정확한 경험에 참고로 '진실성Congruence'이라는 말을 사용해 왔다. 진실성은 치료자와 내담자가 인간관계에서 경험한 것을 충분히, 정확하게 알고 있을 때 이루어진다. 이러한 진실성이 상당한 수준에 이르지 못하면 만족스러운 배움이 될 수 없다.

비록, 진실성이라는 개념이 실제로 복잡한 개념이지만 나는 우리가 다루는 개인에게서 직관적이고 상식적인 방법으로 그 개념을 우리 모두가 인식하리라고 믿는다. 우리가 알고 있는 개인과 더불어, 그는 정확히 그가 말한 그대로를 의미할 뿐만 아니라 그의 가장 깊숙한 감정도 그가 표현하는 것과 맞아떨어진다고 인식한다.

화를 내든지 상냥하든지 부끄러워하든지 열광적이든지 간에 우리는 그가 모든 수준에서 같다고 생각한다. 유기체적 수준과 의식의 수준에서 경험한 것에서 그가 표현하는 말과 의사소통을 알게 된다. 더욱이 우리는 그가 즉흥적인 감정을 받아들이고 있음을 알고 있다. 우리는 서 있는 곳을 알고 있다. 우리는 그런 인간관계에서 안락함과 안전함을 느끼는 경향이 있다.

다른 사람들과 같이 우리는 그가 말하고 있는 것이 사물이나 사건의 정면 또는 외관이 거의 확실하다는 것을 안다. 우리는 그가 실제 느낀 것과 실제 경험한 것이 외관 뒤에 있다는 것을 이상하게 생각한다. 우리는 또한 그가 실제 느끼고 있는 것을 알고 있는지 의아하게 생각할지도 모르고, 그가 실제로 경험한 그 감정을 잘 모르고 있는지를 인식한다.

그런 사람들과 함께 우리는 조심성 있고 신중해지는 경향이 있다. 자기 방어가 부족할 수 있거나 충분한 학습과 어떤 변화가 일어날 수 있는 그런 종류의 인간관계는 아니다.

치료의 두 번째 조건은 인간관계에서 치료자는 상당한 정도의 진실성을 이루어야 한다는 것이다. 치료자는 자유롭고, 깊게 상호 감정과 반응을 받아들여 사람들이 변화함에 따라 감정과 반응을 정확하게 인식해야 한다.

무조건적인 긍정적 수용

세 번째 조건은 치료자가 내담자를 위해 따뜻한 돌봄을 체험하는 것이다. 이 돌봄은 소유욕이 강하지 않고 개인의 만족감을 요구하지 않는다. 내가 돌보아 주고 있음을 암시하는 분위기다. 네가 이와 같이 행동하면 내가 돌보아 준다는 것은 아니다. 스탄달Standal[(11)]은 이러한 태도를 '무조건적인 긍정적 존중'이라고 칭한다. 이것은 그것에 애착을 느낄 상황이 아니기 때문이다. 나는 이 치료 환경 국면을 표현하고자 '수용acceptance'이란 말을 가끔 사용해 왔다. 내담자의 부정적인 표현 '나쁘다, 고통스럽다, 두렵다' 등 비정상적인 감정을 수용할 수 있는 감정과 관련된다.

또한 '좋다, 적극적이다, 성숙하다, 자신 있다' 등 사회적 감정도 수용할 수 있다. 그 상황은 다른 사람과 같이 내담자를 위해 수용과 돌봄이 내포되어 있고 자신의 감정과 경험을 갖도록 허용한다. 치료자는 어느 정도 무조건인 긍정적 수용의 안전한 환경을 제공함으로써 만족스러운 학습이 이루어진다.

감정이입적 이해

치료의 네 번째 조건은 치료자가 내면에서 본 것같이 내담자의 세계를 정확히 감정이입적 이해로 경험하는 것이다. 자신처럼 내담자의 개인 생활을 이해하고 '만약'이란 말을 사용하지 않는다면, 이것은 감정이입이며 치료자에게는 필요한 것같이 보인다. 내담자의 분노, 공포, 혼란이 당신 자신에게 있다면 당신 자신의 노여움, 공포, 혼란이 치료와 밀접한 관계가 있다. 내담자의 세계가 치료자에게 명백히 드러나면 내담자는 이리저리로 자유롭게 자리를 옮긴다. 치료자는 알려진 것을 이해하도록 의사소통시키고 또한 내담자가 알지 못하는 경험에서 목소리의 뜻을 소통시킨다. 그런 예민한 감정이입은 치료에서 중요한데, 경험 있는 치료자에 의해 만들어진 상호 관계의 표현과 같이 피들러 Fiedler의 연구소에서 여러 가지 항목을 암시하고 있다.

> 치료자는 환자의 감정을 잘 이해할 수 있다.
> 치료자는 환자가 의미하는 것에 관해 어떤 의심도 결코 있어서는 안 된다.
> 치료자의 의견(말)은 환자의 기분이나 상황에 잘 맞아야 한다.
> 치료자의 목소리는 환자의 감정을 나누는 완벽한 능력을 전한다.[(3)]

다섯 번째 조건

치료에서 중요한 학습에 대한 다섯 번째 조건은 내담자가 치료자의 진실성, 수용, 공감 등을 경험하거나 인지해야 한다. 치료자가 가지고 있는 여러 조건은 충분하지 않다. 이런 조건들은 어느 정도까지 성공적으로 내담자에게 전달되어야 한다.

치료에서의 학습 과정

다섯 가지의 조건이 존재하면 반드시 변화가 일어난다는 것을 우리는 경험해 왔다. 자신이나 다른 사람들에 대한 내담자의 완고한 인식은 관대해지고 현실에 마음을 열게 된다. 내담자가 자기 경험의 의미를 구성하는 데 경직적으로 보아 온 것을 점검하고 자기 인생의 '사실'이라고 생각했던 것에 의문을 느끼며, 자신이 사실이라고 여겼기 때문에 '사실'로 보았다는 것을 발견하는 것이다. 내담자는 지금까지 알지 못한 감정을 발견하고 치료 관계에서 종종 생생하게 그 감정을 체험하게 된다. 이렇게 해서 모든 경험에 개방적이고, 자신 안에 증거가 있든 없든 간에 그가 두려워하는 것은 물론 받아들일 수 있는 감정도 그는 학습한다. 내담자는 자기 경험에 대해 더 많은 것을 배운다. 즉, 더 많은 것을 수용할 수 있음은 물론 그가 느낀 감정에 대해 놀란다. 그는 더 유동적이며 변화하고 학습하는 사람이 된다.

변화의 주요 동기

이러한 과정에서 치료자는 내담자에게 동기를 부여할 필요가 있고 변화를 가져올 에너지를 공급하는 것 또한 필요하다. 어떤 의미에서 내담자에게 제공된 동기는 적어도 의식적인 방법으로 이루어져야 한다. 학습 동기와 변화는 생활 자체에 자기실현적인 경향이 일어나며 '유기체적' 경향은 다양한 잠재적인 성장의 채널로 흐른다.

나는 계속해서 이것에 대해서 이야기할 수 있지만, 치료 과정이나 학습 또는 이러한 학습의 동기에 초점을 맞추는 것이 나의 목적은 아니고, 학습을 가능하게 하는 조건을 설명하는 데 있다. 그래서 나는 단순히 다섯 가지 조건이 만나게 되면 유의미한 학습 경험이 일어난다는 것을 말하고 싶다.

다섯 가지 조건이란 내담자가 심각하고 의미심장한 문제에 당면한 것으로서 자신을 지각할 때, 치료자가 관계에서 진실성이 있어서 있는 그대로의 자신이 될 수 있을 때, 치료자는 내담자에게 무조건적인 긍정적 존중을 느낄 때, 치료자가 내담자의 사적인 세계에 관한 정확한 공감적 이해를 경험하고 이를 전달할 때, 내담자가 어느 정도 치료자의 진실성, 수용, 그리고 공감을 경험할 때 등이다.

교육에 대한 함의

이런 조건들이 교육에 적용된다면 무엇을 의미하는가? 의심할 것 없이 교사는 자신의 경험에서 더 좋은 답을 줄 수 있을 것이다. 그러나 나는 적어도 몇 가지 함의를 제시할 것이다.

문제와의 만남

우선 문제로 여겨지는 상황과 관련해서 유의미한 학습이 일어날 경향이 매우 높다고 할 수 있다. 나는 이것을 뒷받침해 줄 증거를 관찰했다고 믿는다. 치료의 경험과 일치하는 방법으로 과정과 집단을 운영하려는 나의 다양한 시도를 통해, 정규 과정보다 워크숍에서, 학원 내의 과정보다 더 확장된 과정에서 이러한 접근이 더 효과적임을 밝혀냈다. 워크숍이나 학원 밖의 과정에 오는 개인은 그들이 문제로 여기는 문제들과 만나게 된다. 정규 대학 과정이나 특히 억지로 요구되는 과정을 받고 있는 학생은 그 과정을 종종 자신의 문제와 연관이 있다고 보지 않고, 수동적으로 남거나 화를 내거나 또는 드 가지 경우 모두 일 수 있다.

그러나 정규 대학 과목에서 자신들의 문제와 관련이 있어서 여기에서의 경험을 살려서 문제를 해결하려고 한다면, 안도감과 성장의 동력에 대한 움직임이 생길 것이다. 이는 수학이나 성격심리학 등의 다양한 과곡에 적용된다.

나는 러시아 교육의 현 상황이 이 점에 대한 증거를 제공하고 있다고 믿는다. 전 국민이 긴급한 문제로 그것을 인식할 때—농업에 있어서, 산업 생산에 있어서, 과학의 발전에 있어서, 무기 개발에 있어서— 유의미한 학습이 놀랍도록 많이 이루어진다. 스푸트니크Sputnik(1957년 인류 최초의 인공위성-역자 주)는 주목할 만한 예다.

교육에 대한 첫 함의는 어느 수준에서든 학생에게 자신의 존재성과 관련된 문제와 진실되게 만날 수 있게 할 때, 학생은 자기가 해결하고 싶은 문제와 쟁점을 지각하게 된다는 것이다. 나는 내가 언급한 다른 것들과 같이 이 함의가 우리 문화의 현재 추세와 반대로 가고 있다는 것을 잘 안다. 이는 나중에 언급할 것이다.

나의 치료에 대한 설명에서 보면 알겠지만, 교육에 대한 전반적인 함의는 유의미한 학습이 이루어질 수 있는 촉진적 수업 환경을 교사가 만들어야 한다는 것이다. 이러한 전반적인 함의는 여러 개의 작은 분야로 나누어 볼 수 있다.

교사의 진실성

교사가 진실성이 있으면 학습은 촉진될 것이라고 볼 수 있다. 이 말은 교사가 그 자신이 되고 자신의 태도를 열린 마음으로 자각하는 것이다. 교사는 그 자신의 진실된 감정을 수용하는 방향으로 느끼는 것이다. 이로써 교사는 학생과의 관계에서 진실된 사람이 된다. 교사는 그가 좋아하는 과목에 열정적일 수 있으며 좋아하지 않은 주제에 지루해할 수 있다. 교사는 화를 낼 수도 있고, 감수성이 강하거나 동정적일 수 있다. 교사는 자기 감정대로 감정을 받아들이기 때문에 학생들에게 감정을 떠맡기거나 학생들이 같은 방법으로 느끼도록 강요할 필요가 없다. 교사는 한 인간이지 교육과정의 요구로 생긴 얼굴 없는 화신이 아니고, 지식을 한 세대에서 다음 세대로 전수하는 단조로운 파이프가 아니다.

나는 이와 같은 관점을 뒷받침할 몇 개의 증거를 제시할 수 있다. 나의 학습을 촉진해 준 수많은 교사들을 돌이켜 생각할 때, 이들은 각자 진솔한 사람으로서의 특징을 가졌다. 당신의 경우도 나와 같을지 궁금하다. 만약 그렇다면 아마 교사는 할당된 교육과정을 이행하거나 가장 적합한 시청각 자료를 사용하는 것보다 학생들과 관계에서 일관되고 진솔한 것이 더 중요할 수 있다.

수용과 이해

교사에 대한 또 다른 함의는 만약 교사가 학생을 있는 그대로 수용하고, 그가 가진 감정을 이해할 수 있다면 유의미한 학습이 이루어질 수 있다는 것이다. 앞에서 설명한 대로 치료자에 관한 세 번째 조건과 네 번째 조건을 택하는 것은, 교사가 따뜻한 마음으로 수용하고, 무조건적이고 긍정적인 존중을 제공하고, 새로운 상황에서 느끼게 되는 두려움과 기대, 실망의 감정을 공감해 준다면 학습의 조건을 많이 준비시키는 것이다. 클라크 무스타카스Clark Moustakas의 저서 『교사와 아동』(5)은 교사가 이 목표를 달성하기 위해 유치원에서 고등학교에 이르기까지 개인과 집단 상황에서 노력하는 우수한 사례를 보여 주었다. 교사가 이러한 감정 수용의 태도를 유지할 때, 어떤 이에게는 혼란을 가져올지 모른다. 왜냐하면 학교문제뿐만이 아니라 다양한 전반적인 태도, 예를 들어 부모에 대한 감정, 형제에 대한 증오심, 자아에 관한 감정이 표출될 것이기 때문이다. 이러한 감정이 학교 장면에서 표출되는 것이 적합할까? 내 생각에는 괜찮다고 본다. 이는 한 사람이 성장해 가는 것과 연관이 있고, 효율적인 학습과 효율적인 기능, 그러한 감정이 나눗셈이나 파키스탄 지형을 배우는 것과 관련이 있다는 감정을 이해하고 수용하는 것이다.

자원 공급

이것은 치료가 교육에 대해 가지는 또 다른 함의를 연상시킨다. 치료에서 학습 자원은 사람 자신의 내면 속에 있다. 다루어야 할 자료가 인간의 내면에 존재하기 때문에 치료자가 도움을 주기 위해 제공할 수 있는 자료는 거의 없다. 하지만 교육에서 이것은 사실이 아니다. 사용할 수 있는 생생한 자원을 구성하는 기술이나 이론의 지식에 관한 자원이 많이 있다. 치료에 관해서 내가 말한 것은 이러한 자료와 자원을 학생들이 이용할 수 있도록 해야지 학생들에게 강요해서는 안 된다는 것이다. 여기에서는 광범위한 재능과 감성이 유용한 장점이다.

나는 쉽게 머릿속에 떠오르는 책이나 지도, 워크북, 자료, 기록, 작업 공간, 도구 등과 같은 흔한 자원들을 열거할 필요가 없다. 교사가 자원으로서 자기 자신을, 그리고 그의 지식과 경험을 사용하는 방법에 중점을 두고 설명해 보자. 만약, 교사가 내가 설명한 관점을 갖고 있다면 적어도 다음과 같은 방식으로 자신을 그의 수업에 유용하게 사용할 수 있을 것이다.

교사는 그 분야에서 가지고 있는 특별한 경험과 지식을 학생들이 알기를 바라고 학생들이 이 지식을 요구하게끔 알게 한다. 그러나 교사는 아직 학생들이 자기를 이러한 방식으로 이용하게끔 느끼는 것을 원하지는 않는다.

교사는 학생들이 원한다면 강의 형태로, 그 분야에 관한 자신의 사고 방법과 어떻게 정리를 하고 주어졌는지를 알릴 수 있다. 교사는 이것을 제안으로써 인식토록 하여 학생 스스로 받아들이거나 거절할 수 있게 한다.

교사는 자신이 자원의 발견자로서 알려지길 원한다. 개인이나 집단이 학습을 증진하기 위해 진정으로 원하는 것이 무엇이든 간에, 그러한 자원을 얻는 가능성을 열어 두는 것을 고려해야 한다.

교사는 학생들에게 강요하거나 제한적인 영향을 주려 하지 않으면서 자신의 감정을 학생들이 자유롭게 이용할 수 있는 학생 집단과 그러한 관계를 갖고자 할 것이다. 교사는 학생들이 교사의 발자취를 따르도록 주장하지 않고, 자신이 배움에 얼마나 신나하고 열중하는지를 공유할 수 있다. 또한 당근과 채찍이 되는 것 없이 개인이나 집단 활동에 대해서 느끼는 무관심, 만족감, 좌절감, 즐거움의 감정을 공유할 수 있다. 교사의 희망은 자신이 단순히 "난 그걸 좋아하지 않아."라고 말할 때, 학생들이 똑같이 자유롭게 "하지만 난 좋아해요."라고 말할 수 있는 것이다.

따라서 책, 작업 공간, 새로운 도구, 산업 과정을 관찰할 수 있는 기회, 강의, 그림, 표 또는 지도, 자신의 감정적 반응 등 교사가 제공하는 자원이 무엇이든 간에 학생들이 유용하다고 판단하면 제공하여 사용하기를 바랄 뿐이다. 교사는 그 자원들이 지도나 기대, 명령, 요구, 부과물이 될 거라고 느끼지 않을 것이다. 교사는 사용하기 위해 자기 자신과 자신이 발견할 수 있는 다른 많은 자원을 제공할 것이다.

기본 동기

이로써 교사의 기본적 신뢰는 학생들의 자기실현화 경향성에 있다는 것이 명백해질 것이다. 교사가 만든 가설은 학생이 자기 삶의 문제와 진정으로 만났을 때, 배우고자 하며, 성장하고 싶어 하고, 발견하고자 추구하고, 대가가 되려고 하며, 창조하려는 욕구가 생긴다는 것이다. 교사는 학생들과의 이러한 개인적 관계를 발전시키고 학급에서 그러한 환경을 조성하는 데 자신의 기능을 알고, 이러한 자연스러운 경향성이 성과를 가져올 수 있다고 믿는다.

몇 가지 생략된 것

나는 이러한 것들이 교육과정을 위해서 치료의 관점에서 암시된다는 것을 알고 있다. 그 사항을 좀 더 명확히 하기 위해 암시되지 않은 것 중 몇 가지를 지적하겠다.

나는 강의나 강연 또는 학생들에게 부과된 주제 발표를 포함시키지 않았다. 이 모든 절차는 학생들이 원하면 명시적으로 또는 암시적으로 경험의 일부분이 된다. 그러나 여기에서도 치료에 근거한 가설을 따르는 교사는 그러한 요구에 변화가 생기는 것을 감지할 것이다. 그룹에 강의를 하도록 요청받을 수도 있다. (그룹에 강의를 요청받는 것은 전형적인 학급 경험과는 다르다.) 그러나 만약 교사는 학생의 무관심과 지루함을 발견한다면, 그룹에서 일어난 감정을 이해시키려고 노력하고 그것에 대해 응답한다. 왜냐하면 자신의 자료를 설명하는 것보다 학생들의 감정과 태도에 대해 응답하는 것이 우선시되기 때문이다.

나는 외적 기준에 의해서 학생의 학습 평가 프로그램에 대한 이야기를 포함하지 않았다. 다시 말하면, 나는 시험에 관해 말하지 않았다. 나는 학생이 교사가 세운 기준을 만족시키는지를 보기 위해 학생의 성취를 시험하는 것은 치료에서 말하는 유의미한 학습과 상반된다고 믿는다. 치료에 있어서 시험은 삶에 의해 결정된다. 내담자는 그 안에서 때로는 합격하고 때로는 실패한다. 내담자는 다음 번에는 인생 시험에 좀 더 만족스럽게 대처하기 위해 치료적 관계와 자신의 경험에 대한 자료를 사용하는 것을 발견하게 된다. 나는 이 패러다임이 교육에도 적용될 수 있다고 믿는다. 내가 의미하는 것이 무엇인지 좀 황당하더라도 이야기해 보겠다.

이와 같은 교육에서는 교사가 제공하는 자원의 일부분에는 인생의 다양한 상황에 필요한 것들이 있을 수 있다. 학생은 수학을 잘하지 않으면 기술학교에 들어갈 수 없다는 것, 대학 학위증서가 없으면 어떤 회사에서는 직업을 얻을 수 없다는 것, 독립적인 박사 연구를 하지 않고서는 심리학자가 될 수 없다는 것, 화학 지식 없이는 의사가 될 수 없다는 것, 운전면허시험에 합격하지 않고서는 차를 운전할 수 없다는 것 등의 유용한 지식을 가지고 있어야 한다. 교사는 학생이 다양한 시험을 칠 수 있도록 자원을 제공하는 것이다.

이와 유사한 종류로 학교 내의 평가가 있을 수 있다. 학생들은 표준수학점수를 받고서야 수학클럽에 참가할 수 있다는 것, 적절한 화학 지식과 연구 기술 없이는 필름을 현상할 수 없다는 것, 광범위한 독서와 창조적인 작문의 증거 없이는 특별한 문학클럽에 참가할 수 없다는 것들을 접하게 될 것이다. 인생에서 평가는 입장할 때 필요한 티켓이지 엄격한 회원자격 검증이 아니다. 치료에서 우리의 경험은 학교에서도 같은 방법이어야 한다고 제안한다. 입장을 하기 위해 열심히 노력하기를 원하든 원하지 않든 자존감 있고, 자기 동기화된 학생은 자유롭게 선택하도록 할 수 있을 것이다. 동일성에 강요당하고, 창의성을 희생당하고, 타인이 세운 기준에 맞게 자신의 인생을 사는 것에서 학생들을 멀리 떨어뜨려 놓아야 한다.

나는 내가 말해 왔던 두 가지 요소, 그룹에 교사가 부과하는 강의와 설명, 그리고 교사에 의한 개인의 평가가 현재 교육의 두 가지 주요한 요소를 구성하고 있다는 것을 잘 알고 있다. 그래서 나는 심리학에서 말하는 경험이 두 가지 요소가 생략되는 것을 제안한다고 말한다. 교육에 대한 심리치료의 함축성은 정말로 놀라운 일임에 명백하다.

가능한 성과

내가 설명한 이러한 급격한 변화를 고려한다면, 이러한 것을 정당화시키는 결과는 무엇인가? 비록 이 연구가 결코 적합하지 않을지라도 교수에서 학생 중심의 성과 연구 몇 가지가 있다.[1, 2, 4] 우선 내가 설명한 조건과 딱히 부합되지 않는 연구도 있다. 최근의 한 연구는 저학년을 대상으로 일 년 동안 연구된 것이지만[4], 대부분 몇 개월간에 걸친 연구들이다. 몇몇 연구는 적합한 통제 집단이 있지만 그렇지 않은 연구도 있다.

내가 설명한 환경에 근접한 학급에 관한 연구에 따르면 결과는 다음과 같다. 즉, 실제적 교육과정 학습은 틀에 박힌 교실에서의 학습과 대략 같다. 어떤 연구는 약간 많게 또는 적게 보고하고 있다. 그러나 학생 중심 집단은 전형적인 학급과 비교해 보았을 때, 개인적 적응, 특별활동에 있어서 자기 주도성, 창의성, 자기 책임감에서 유의미하게 높다고 보고되었다.

나는 이러한 연구를 떠올리고 어떻게 연구 설계를 하면 연구가 좀 더 정보제공적이고 결론적일까를 고민할 때, 그것이 무엇이 됐든 우리의 질문에 영원히 답을 주지는 못할 것이라는 것을 깨달았다. 그것은 우리가 세운 교육의 목표에 따라 평가해야 하기 때문이다. 만약 우리가 단순히 지식의 학습 측면만을 높이 평가한다면, 내가 말한 조건들은 지식을 더 많이 축적할 수 있다는 증거가 없기 때문에 집어치워야 한다. 그렇다고 하면 내 생각에 몇몇 국회의원들이 주장하는 육군사관학교를 본떠서 만든 과학자 양성 훈련 학교와 같은 측정을 선호할지도 모른다. 그러나 우리가 창의성을 중요시한다면, 원자물리학이나 심리학, 그리고 다른 과학에서 우리의 모든 근원이 되는 생각이 유럽에서 차용된 것이라는 사실을 개탄해한다면, 정신을 자유롭게 할 가능성이 많은 학습을 촉진시키는 방법을 시험해 볼 필요가 있다. 만약, 우리가 독립심을 중요시한다면 현존하는 시스템이 판에 박힌 지식과 가치, 태도를 강조하는 것에 문제를 느낀다면, 우리는 독특성, 자기 방향성, 그리고 자기 주도적 학습을 위한 조건들을 설정해야 하지 않을까 생각한다.

몇 가지 결론적 쟁점

나는 우리가 심리치료 분야에서 배운 것에 의해서 암시되는 교육의 한 유형을 그려 보려고 노력했다. 나는 자아 동기와 자아실현, 유의미한 학습에 도움이 되는 관계 형성과 환경을 조성하는 교사의 노력에 중점을 두고 이를 설명하려고 노력해 왔다. 하지만 이러한 것은 현재의 교육 실제와 교육 경향과 동떨어진 방향이다. 만약 우리가 이 접근을 건설적으로 생각한다면 어떠한 문제들과 의문이 발생할지를 언급해 보자.

먼저, 우리는 교육 목표를 어떻게 보고 있는가? 내가 설명한 접근은 특정한 목표를 달성하는 장점을 가지고 있지만, 다른 것들을 성취하는 것은 아니다. 우리는 교육 목적을 알고 있는 방법처럼 명백하게 할 필요가 있다.

내가 설명한 교육의 실제 성과는 무엇인가? 우리는 전통적인 교육과 비교해서 이런 종류의 교육의 실제 결과를 알기 위해서 정밀하고 실제적 연구가 많이 필요하다. 그러고 나서 우리는 사실의 기반 위에 선택할 수 있다.

비록 우리가 학습의 촉진을 위해 이러한 접근을 시도하더라도 많은 어려운 문제가 있다. 우리는 학생들이 실제 문제를 다루는 것을 허용할 수 있을까? 우리의 모든 문화, 즉 관습을 통해서, 법률을 통해서, 노동조합과 관리의 노력을 통해서, 학부모와 교사의 태도를 통해서 우리는 젊은이들이 실제 문제에 접근하는 것을 멀리하게 한다. 학생들은 일하지 않고, 책임감을 수행하지 않고, 시민의 문제 또는 정치 문제에 관심이 없고, 국제 관심사에는 관심을 둘 여지가 없고, 개인이든 단체든 실질적인 문제와 직접적으로 대면하지 못하게 한다.

학생들에게 가정에 도움을 주고, 생활비를 벌고, 과학에 기여하고, 도덕적 쟁점을 다루는 것을 기대하지 않는다. 이것이 한 세대보다 더 오랫동안 지속되어 깊게 자리 잡은 경향이다. 이것을 거꾸로 하는 것이 가능할까?

우리가 지식을 개인에 의해서 조직화되도록 할 것인지 지식이 개인을 위해 조직화될 것인지가 또 다른 쟁점이다. 이에 학부모와 국가 지도자들과 함께 교사와 교육자들은 학생을 지도받아야 할 대상이라고 볼 것이다. 학생은 우리가 만들어 놓은 지식으로 지도받아야 한다. 그는 자기 스스로를 위해 지식을 편성할 수 없는 존재라고 본다. 허버트 후버Herbert Hoover가 고등학교 학생들에게 말한 바와 같이 "약간의 지도가 없다면 여러분은 단순히 학생 스스로가 필요한 교육의 종류를 결정 짓는 시대의 학생을 기대할 수 없다."* 이것을 문제삼은 것은 대부분의 사람에게는 다소 어울리지 않아 보일 것이다. 자유가 실로 교육에 필요한지 의문을 가지며 대학의 한 총장도 아마도 우리는 그 가치를 과대 평가하고 있다고 말한다. 그는 러시아 사람들은 자유 없이 과학 분야에서 대단히 발전되었고, 우리가 그들에게서 배워야 한다고 말한다.

또 다른 쟁점은 실제 지식에 근거한 교육을 향한 강력한 현재의 추세에 과연 반대하고 싶은가 하는 것이다. 모든 사람이 모두 같은 방법으로 같은 사실을 배워야 한다. 릭오버Rickover 해군제독은 그의 신념으로서 "어떤 방식으로든 미국 교육에 한결같은 기준을 제시해야 한다. ……처음으로 학부모들은 학교를 비교하도록 실제적인 척도를 가지게 된 것이다. 만약, 지방 학교가 불어와 물리학 대신에 '생활 조정'으로서…… 재미있는 과목을 계속 가르친다면 대학 학위증명서가 보다 열등하더라도" 이것은 우세한 견해의 진술이다. 막스 레너Max Lerner와 같이 교육에 진보적인 시각을 가진 친구조차 한 가지 요점을 말한다. "학교가 하기를 원하는 모든 것은 학생이 교양 있는 사람이 되기 위해 사용할 수 있는 도구를 갖추는 것이다."(5, p. 741) 그는 우리의 학교제도에서 일

* 타임지, 1957년 12월 2일

어나고 있는 학습에 실망하고 있음이 명백하다. 그리고 학습이 밖에서 일어나고 있다고 느낀다. 학교에서 할 수 있는 모든 일은 이러한 도구를 끊임없이 두들기는 것이다.

실제 도구를 사용하는 지식을 되풀이하여 가르치는 가장 쉬운 방법 중에 하나는 스키너B.F. Skinner와 그의 동료가 발명한 '교수 기계'다.(10) 이 그룹은 교사가 산수, 삼각법(수학), 불어, 문학감상, 지리, 다른 과목을 가르치는 데 구식이며 비효율적인 도구라고 논증하고 있다. 이 교수 기계가 '바른' 정답에 즉시 보상해 줌으로써 더욱 발전되고 널리 사용하게 된다는 사실을 나는 의심하지 않는다. 여기에 우리가 합의를 보아야 하는 인간 행동 과학 분야에서 새로운 공헌이 있다. 그것이 내가 설명한 접근에서 일어났는가 아니면 그에 대한 보충물인가? 여기에 우리가 미래에 당면할 때 숙고해야 할 문제 중에 하나가 있다.

나는 이 쟁점들을 제시하며 유의미한 학습을 구성하는 것은 무엇이고 어떻게 그것이 달성될 수 있는가의 모호한 문제가 우리 모두에게 심오하고 심각한 문제를 제공한다는 것을 명확히 하였다. 소심한 대답으로 만족할 시기가 아니다. 나는 심리치료에서 나타나는 유의미한 학습의 정의를 내리고 그러한 학습을 촉진하는 조건을 설명했다. 교육을 위한 이러한 조건들의 함의를 제시하려고 노력했다. 바꿔 말하면, 나는 이 질문에 대한 하나의 답변을 제안했다고 볼 수 있다. 아마도 행동과학에 대한 최근 대중의 의견과 지식의 쌍두마차를 뒤로 하고 우리는 내가 말한 것을 사용하여 우리 자신 안에서 신선한 해답을 찾을 수 있을 것이다.

참고문헌

1. Faw, Volney. A psychotherapeutic method of teaching psychology. *Amer. Psychol. 4*: 104–09, 1949.
2. Faw, Volney. "Evaluation of student-centered teaching." Unpublished manuscript, 1954.
3. Fiedler, F. E. A comparison of therapeutic relationships in psychoanalytic, non-directive and Adlerian therapy. *J. Consult. Psychol.* 1950, *14*, 436–45.
4. Jackson, John H. The relationship between psychological climate and the quality of learning outcomes among lower-status pupils. Unpublished Ph. D. thesis, University of Chicago, 1957.
5. Lerner, Max. *America as a Civilization*. New York: Simon & Schuster, 1957.
6. Moustakas, Clark. *The Teacher and the Child*. New York: McGraw-Hill, 1956.
7. Rogers, C. R. *Client-Centered Therapy*. Boston: Houghton Mifflin Co., 1951.
8. Rogers, C. R. The necessary and sufficient conditions of therapeutic personality change. *J. Consult. Psychol.* 1957, *21*, 95–103.
9. Rogers, C. R., and R. Dymond, (Eds.). *Psychotherapy and Personality Change*. University of Chicago Press, 1954.
10. Skinner, B. F. The science of learning and the art of teaching. *Harvard Educational Review* 1954, *24*, 86–97.
11. Standal, Stanley. The need for positive regard: A contribution to client-centered theory. Unpublished Ph.D. thesis, University of Chicago, 1954.

15

참가자가 경험한 학생-중심 교수법

이 책의 전반부를 보면 심리치료에 대한 나의 견해만을 밝히는 것은 충분히 만족스럽지 않다는 것이 명백할 것이다. 왜냐하면 나는 경험에 대한 내담자의 시각에 대한 부분도 제공하는 것이 매우 필요하다고 느끼는데 이들의 생생한 자료에 근거하여 나의 견해가 만들어진 것이기 때문이다. 같은 방법으로 심리치료에서 배운 것에 근거하여 교육이 무엇인가에 대한 나의 견해만을 명확하게 말하는 데 만족할 수 없음을 알았다. 그러한 교육에 관한 학생의 시각을 제시하기를 원했다.

이런 목적으로 나는 수년 동안 여러 과정에 있는 학생들에게서 수집한 여러 가지 보고서와 '수업 반응 설문지'를 참작하였다. 여기에서 나온 예들은 나의 목적을 충족시켰다. 그러나 결국 나는 새무엘 테넨바움Samuel Tenenbaum 박사가 쓴 두 개의 문서를 사용하려 하는데, 하나는 나의 강좌를 들은 직후 썼던 것이고, 다른 하나는 1년 후에 보내 온 편지다. 개인적인 내용을 사용할 수 있도록 허락해 준 그에게 깊은 사의를 표했다. 나는 독자를 위해 이 진술문을 보여 주고 싶다.

1958년 여름에 나는 브랜다이스Brandeis 대학에 4주 과정을 가르치도록 초청받았다. 내가 회상해 볼 때 그 과목명은 '성격 변화의 과정'이었다. 나는 그 과목에 대해서 큰 기대를 하지 않았다. 학생들이 수강한 여러 과정 중에 하나였고, 내가 좋아하는 집중적인 워크숍이기보다는 매주 2시간 동안 세 번 만나는 것이었기 때문이다. 나는 미리 수강생들이 교사들, 심리학 박사 지원자들, 상담자, 여러 명의 목사, 한 외국인, 개인 치료실을 운영하는 심리치료자, 학교심리학자 등으로 매우 다양한 집단일 것이라는 사실을 알았다. 이 집단은 평균적으로, 보통 대학 과정에 근거하여 볼 때 보다 노련하고 경험이 많은 사람으로 구성되어 있었다. 난 아주 편했다. 나는 우리 모두가 뜻깊은 경험을 할 수 있도록 도울 수 있는 것을 하고자 했으나, 내가 이끌었던 상담 관련 워크숍과 같은 효과를 줄 수 있을까에 대해서는 의문이었다.

강의는 잘 진행되었는데 아마도 내 자신과 그룹에 대해 아주 적당한 기대감을 가졌기 때문이었다. 내가 제공한 교육과정이나 워크숍을 총망라하고 가장 만족할 만한 시도의 강좌였다고 말할 수 있다. 이 생각은 테넨바움 박사의 자료를 읽으며 더 확고해졌다.

좀 벗어난 이야기이지만, 나는 새로운 집단과 직면하는 것보다 치료에서 새로운 내담자와 직면하는 데 훨씬 더 자신이 있다. 나는 치료 상황을 충분히 이해하고 있으므로 어떠한 과정이 일어날 것인지에 대한 확고한 자신감이 있다. 하지만 집단은 다르다. 가끔은 집단이 활기차고, 자발적이고, 자기주도적인 학습이 일어날 것이라고 예상해도 꼭 그렇지만은 않다. 어떤 때는 내가 의심스러워 할 때에도 학습은 아주 잘 되어갔다. 나에게 이것은 교육에 있어서 촉진적인 학습 과정을 공식화한다는 것이 치료과정을 공식화하는 것처럼 정확하거나 완벽하지 않다는 것을 의미한다.

다시 브랜다이스 여름 교육과정으로 되돌아가자. 그 교육과정에 대한 그들의 보고서를 보면 알 수 있듯이 거의 모든 참가자를 위한 수준 높은 중요한 경험이었음이 분명하다. 나는 나를 위해 썼다기보다는 그의 동료를 위해 쓴, 테넨바움 박사의 보고서에 특히 관심이 있었다. 그는 젊지 않은 원숙한 학자다. 그는 이미 교육 철학자인 윌리엄 킬패트릭William H. Kilpatrick의 전기를 출판한 세련된 교육자였다. 그래서 경험에 대한 그의 시각은 특히 귀중하다고 볼 수 있다.

내가 테넨바움 박사의 견해에 모두 동의하지는 않는다는 것을 여러분이 알아 주길 바란다. 내가 지각한 경험은 부분적으로 매우 다르지만 그렇기에 그의 관찰이 더 도움이 되는지도 모른다. 특히 내가 걱정이 되었던 것은 그의 너무나 '로저스'적인 접근이었는데, 이는 단지 나 자신과 경험 그 자체의 특성을 말하는 것이다.

이런 이유로 나는 1년 후에 그로부터 장문의 편지를 받아서 기뻤는데, 이 편지는 그 자신이 가르치면서 경험한 것을 적은 것이었기 때문이다. 이것은 역동적인 학습을 가능하게 하는 것이 어느 한 특정 교수의 성격 때문이 아니고 적합한 태도를 갖고, '촉진자'가 사용하는 어떠한 원칙이 있다는 것을 말해 주는 것이다.

나는 테넨바움 박사의 두 가지 보고서를 통해 이러한 집단학습의 유형을 접한 사람은 진부한 교육의 방법으로 결코 다시 돌아갈 수 없다고 믿는다. 욕구의 좌절과 때대로 겪는 실패에도 불구하고, 사람들은 각각의 새로운 집단과 함께 이러한 활기찬 학습 경험을 가능하게 하는 조건을 찾으려는 시도를 하고 있다.

칼 로저스와 비지시적인 교수법

새무엘 테넨바움

교육에 관심 있는 사람으로서, 나는 학급 방법론에 참여했는데, 그것은 매우 독특하고 특별한 것으로 그 경험을 나누지 않을 수 없다. 내가 보기에, 기술(가르치는 기술)은 근본적으로 관습적인 것이나 일반적으로 인정된 것과는 다르며, 그래서 낡은 것을 제거해야 더 널리 알려진다. 그 과정의 충실하고 훌륭한 설명으로써 나는 강사인 칼 로저스 자신이 사용하려는 '비지시적인non-directive' 교수법이라고 생각한다.

나는 그 용어가 무엇을 의미하는지 약간의 감은 갖고 있었으나 그렇게까지 압도적일지는 몰랐다. 나는 그리 보수적인 사람은 아니다. 윌리엄 허드 킬패트릭William Heard Kilpatrick과 존 듀이John Dewey에게서 나온 나의 가장 강한 교육적 영향의 줄기와 그들의 생각을 조금이라도 알고 있는 사람은 나의 견해가 편협하지 않다는 것을 알 것이다. 그러나 내가 본 이 방법은 로저스 박사가 브랜다이스 대학에서 적용한 과정인데 매우 독특해서 내가 경험을 하지 않았다면 가능하다고 믿을 수 없었다. 그 방법이 제공하는 감정과 따뜻함, 열성을 어렴풋하게라도 기술하고 싶다.

그 과정은 체계적으로 조직되지 않았다. 정말로 그렇다. 아무도, 강사조차도 다음 순간에 학급에서 무슨 일이 생길지, 무슨 과목을 토론할지, 어떤 질문을 할지, 개인의 요구(필요), 감정과 정서가 무엇인지 모른다. 틀에 박히지 않은 자유로운 분위기, 즉 인간이 서로 허용하는 자유로운 분위기는 로저스 박사 자신이 설정한 것이다. 우호적이고, 편안한 방법으로, 그는 학생들과 함께 커다란 테이블에 빙 돌아서 자리에 앉았고(25명 정도) 우리의 목적과 우리 자신을 소개하도록 했다. 침묵은 지속되었다. 아무도 말하지 않았다. 결국 그것을 깨뜨린 것은, 한 학생이 손을 들고 그가 조금이나마 말한 것이었다. 불편한 침묵이 흐르는데, 그때에 다른 학생이 손을 들어 올렸다. 그 후 다른 사람들도 손을 재빨리 들었다. 강사는 학생이 말하도록 재촉할 필요가 없었다.

비구조적인 접근

후에 그는 재발행물, 팸플릿, 논문, 책 등 많은 양의 자료를 가져왔다고 학급에 알렸다. 그는 추천된 독서목록을 내놓았다. 그는 학생들이 책을 읽거나 그 외에 무슨 일이든 하기를 바란다고 지적하지 않았다. 내가 기억하기로 그는 단지 한 가지 요구를 했다. 어떤 학생이 그 교육과정의 학생을 위하여 예약한 특별실에 이 자료를 배치하겠는가였다. 두 학생이 신속히 자원했다. 그는 또한 치료 기간의 기록 테이프와 영화의 필름 1권을 가지고 있다고 말했다. 이것은 굉장한 흥분을 자아냈고 학생들은 그것을 보고 들을 수 있냐고 하니까 로저스 박사는 긍정적으로 대답했다. 학급 학생들은 어떻게 하면 그것을 최대한 활용할 수 있을까를 결정했다. 학생들은 자원해서 기록 테이프 레코드를 연속 상영하며, 영사기를 찾았다. 이것을 위하여 대부분 서로 분담했고, 학생들이 역시 시작하고 조정했다.

그 후 어렵고 힘든 네 번의 회기가 뒤따랐다. 이 기간 동안 학급은 진전이 없는 것 같았다. 학생들은 머릿속에 떠오르는 것들을 마구 말했다. 그것은 모두 혼란스럽고 목적 없는 시간 낭비로 보였다. 어떤 학생이 로저스 철학을 꺼냈다. 다음 학생은 첫 번째 학생을 무시하고 집단을 다른 방향으로 이끌었다. 세 번째 학생은 첫 번째, 두 번째 학생을 다 완전히 무시하고 어떤 다른 것을 시작하였다. 학급은 지속성과 방향성을 잃은 것 같았다. 강사는 주의와 관심을 가지고 하나하나에 반응했다. 강사는 학생의 어떤 기여도 순서에 어긋나거나 순서에 맞는다고 보지 않았다.

그 학급은 그렇게 완전히 비체계적 접근에 준비되지 않았다. 학생들은 어떻게 진행해야 할지 몰랐다. 혼란스럽고 차질을 빚는 가운데 학생들은 교사가 관습과 전통에 의해서 자신들에게 주어진 역할을 다해 주기를 요구했다. 즉, 교사가 무엇이 옳고 무엇이 그른지 확고한 언어로 우리에게 말해 주기를 바랐던 것이다. 그들이 로저스 박사와 같은 현인에게 배우기 위해 멀리에서 온 것은 잘못된 것일까? 그들은 운이 없는 것일까? 운동의 창시자인 위대한 인물에게 올바른 의식과 실행을 배우지 못한 것일까? 현인(로저스)이 대단한 말을 하면 사용할 준비는 되어 있었으나, 대부분은 근접하지도 못했다.

정말 이상하게도 처음부터 분노의 순간조차도 집단 구성원은 함께하고 있다는 느낌을 가졌고, 교실 밖에서도 흥분되고 소란스러웠다. 좌절의 순간조차도 그들은 지금까지 어느 교실에서도 경험하지 못했던 방식으로 의사소통을 하였기 때문이었다. 학급은 평범하고도 독특한 경험으로 함께 묶였다. 로저스 학급에서는 자신의 마음을 이야기했다. 책에서 보고 말한 것도 아니고 강사나 다른 권위자의 생각을 반영한 것도 아니었다. 생각과 정서와 감정은 그들 스스로에게서 나왔다. 그리고 이는 해방되고 신나는 과정이었다.

그들이 타협을 하지도, 준비도 되지 않은 이러한 자유로운 분위기 속에서 좀처럼 말하지 않던 학생까지도 터놓고 이야기했다. 이 기간 동안 강사는 여러 번 타격을 받고, 동요된 것처럼 보였다. 비록 우리를 화나게 만든 근원이지만 우리는 그에게 크나큰 애정을 가지고 있다. 왜냐하면 다른 사람들의 감정이나 생각에 동정적이고 민감한 사람에게 화를 내는 것이 옳지 않게 생각되었기 때문이다. 우리 모두는 약간의 오해라고 느꼈으며, 한 번 이해하고 수정하면 제대로 될 것이라고 믿었다. 그러나 우리의 강사는 외관상으로는 부드럽게 보였으나 '강철과 같은 마음'을 가졌다. 그는 이해하지 못한 것 같았다. 만약에 이해했다면 그는 완고하고 고집이 세었다. 그는 돌아오기를 거절했다. 이리하여 주도권 쟁탈전은 계속되었다. 우리 모두는 로저스에 의지했고 로저스는 우리에 의지했다. 이러한 와중에 한 학생이 이렇게 표현했다. "우리는 학생-중심이 아니라 로저스 중심이다. 우리는 로저스에게 배우게 되었다."

사고하기를 격려하기

한 학생은 로저스가 킬패트릭과 듀이의 영향을 받은 사실을 발견하고 로저스가 말하려고 하는 것을 이해한다고 생각했다. 그는 로저스가 학생들로 하여금 독립적이고 창의적인 사고를 하기를 원한다고 생각했으며, 그는 학생들이 사람들과 깊게 관련되기를 원하고 이것이 사람을 '재구조화'로 이끄는 것임을 바랐다. 듀이의 용어로는 사람의 조망 능력, 태도, 가치, 행동 등이다. 이것은 진실한 경험의 재구성이다. 이것이야말로 진짜 학습하는 것이다. 물론 그는 교과서와 강의에 기반을 둔 시험과 일반적으로 수료와 망각을 의미하는 전통적인 기말 성적으로 그 과정을 끝내길 원하지 않았다.* 로저스는 그 과정의 처음부터 아무도 누구에게 어떤 것을 가르칠 수 없다는 신념을 표현했다. 학생이 주장하고 있는 사고와 행로에서 시작하는, 그 유명한 양도논법(兩刀論法)은 듀이에 의하여 설정되었다. 우리가 길의 분기점에 도달할 때 우리의 목적지에 가려면 어느 길을 택해야 하는지 모른다. 그때 우리는 그 상황을 시험하기 시작한다. 사고는 그 지점에서 시작한다.

킬패트릭 역시 그의 학생들로부터 독창적인 사고를 얻고자 힘썼다. 그리고 역시 학습 교과서를 거부했고 토론을 위해 중대한 문제를 제시했는데, 이 문제들이 큰 관심(흥미)을 일으켰고, 그 문제들이 사람에게 대단한 변화를 야기시켰다. 왜 학생들이 토론을 위해 그런 문제들은 준비할 수 없는가?** 로저스는 공감하여 듣고 말했다. "이것에 대해 강렬한 느낌이 있는 것 같군요." 그것은 사람들에게 영향을 주었다. 내가 정확히 회상한다면, 한 학생은 이미 지시된 것을 완전히 무시하고 다른 주제에 대해 이야기를 시작했는데, 이는 학급이 만들어 놓은 관례를 따르는 것이었다.

간헐적으로 학생들은 그 회기 동안 제시된 제안에 긍정적이었고 로저스에게 전통적인 교사의 역할을 요구하기 시작했다. 이 시점에서 학생들은 로저스 방법을 종종 강하게 반격하고 있었다. 그리고 나는 그가 학생들 앞에 몸을 굽히는 것을 보았다고 생각했다. (개인적으로 그는 그렇게 타격을 받았다는 사실을

---

* 로저스 박사는 이에 동의하거나 동의하지 않았다는 것을 밝히고 싶다. 그에게 직접 말을 하지 않는 이상 그는 학생의 기여에 반응하지 않는 습관을 가지고 있다. 그럼에도 답을 하지 않는 경향이 있다. 내가 보기에 그의 주 목적은 학생들의 기여를 지성적이고 동정적으로 따라가는 것이었다.

** 한 학생이 목록을 작성했고 인쇄를 해서 나누어 주었으며 실질적인 목적으로 그냥 그것이 전부였다. 이와 연계하여 다른 예를 들 수 있겠다. 첫 시간에 로저스는 치료 회기 녹음 테이프를 수업에 가지고 왔다. 그는 교사의 역할이 편하지 않다고 '부담'을 느끼며 녹음 테이프는 단지 그의 보호 장치라고 하였다. 한 학생이 녹음할 것을 계속 주장했고 학급에서 상당한 압박을 느끼자 그는 마지못해 동의했지만 매번 한 시간 이상은 녹음하지 않았다. 분명히 로저스는 학문적으로 호기심을 유발하는 이전의 녹음 테이프를 틀기보다는 학생들 자신이 스스로 생생한 녹음을 하기를 원했다.

부정했다.) 어느 한 회기에 한 학생은 로저스가 한 시간 동안 강의를 했으면 하는 제의를 했고, 우리는 그 다음에 학급 토론을 갖자고 했다. 이 제의는 그의 계획에 적합해 보였다. 그는 아직 발행하지 않은 보고서가 있다고 했다. 그는 그 보고서는 준비되어 있고 학생들이 스스로 읽을 수 있을 거라고 했다. 그러나 학생들은 여전히 그것이 같지 않을 거라고 했다. 저자가 직접 감정을 담아 강조할 것은 강조하며 뉘앙스를 살리는 것이 적합할 거라고 하였다. 로저스는 다시 학생들에게 진정으로 그것을 원하냐고 물었다. 그들은 모두 그렇다고 했다. 그는 한 시간 동안 그것을 읽었다. 선명하고 신랄한 상호 작용에 익숙한 우리에게 이것은 너무나도 심한 실망이었고 단조로웠으며 졸리기까지 했다. 이 경험으로 다시는 강의에 대한 요구가 찍소리도 없었다. 한번은 이 사건에 대해 유감을 표하며 ("그래도 학생이 요구하면 너그러이 받아 줄 수 있지요.") 그가 말했다. "여러분은 나에게 강의를 하라고 했습니다. 나는 자원resource임에 틀림없습니다만, 내가 강의를 하면 이게 무슨 소용이지요? 나는 많은 자료, 강의 재발행물, 논문, 책, 녹음 테이프, 영화 등을 가져왔습니다."

5회기 즈음에는 분명한 일이 발생했는데, 의심할 여지가 없었다. 학생들은 스스로 서로에게 이야기를 했다. 그들은 로저스를 무시했다. 학생들이 자신들의 말을 들어 주기를 요구하고 원했다. 그리고 이전에 앞뒤가 안 맞고 더듬거리며 자의식이 강한 집단이 상호 작용 집단, 새로 탄생한 응집력의 단일체, 독특한 방식으로 진행하는 집단으로 탈바꿈했다. 그곳에서는 다른 어느 집단도 흉내 낼 수 없는 토론과 생각들이 나왔다. 강사 역시 참여했지만 그의 역할은 그 집단에서 누구보다도 중요하지 않았고 자연스럽게 집단에 융화되었다. 강사가 중요한 것이 아니라, 중심이 되고 기능하는 바탕은 집단인 것이다.

무엇이 이렇게 만들었을까? 나는 다음과 같다고 본다. 네 번의 회기 동안 학생들은 강사가 전통적인 역할을 하지 않겠다는 것을 거부했다. 그들은 강사가 과제를 정하고, 무슨 일이 발생하든지 중심 역할을 하고 집단을 조종할 것이라 여겼다. 그들이 잘못됐다는 것을 깨닫는 데는 네 번의 회기가 필요했다. 강사는 그 자신 외의 것은 가져오지 않았고, 만약 그들이 진정으로 변화를 원한다면 비록 불편하고 도전적이지만 그들 스스로가 내용을 제공해야 한다는 것을 깨달았다. 위험을 감수하더라도 그들 스스로가 이야기를 꺼내야 했다. 이 과정에서 그들은 공유하고, 예외를 두고, 동의하고, 동의하지 못했다. 어찌됐든 그들 스스로가 참여했고, 이 상황에서 새로운 집단이 탄생했다.

수용의 중요성

여러분이 아는 바와 같이 로저스는 어떤 사람을 수용한다면 완전하게 수용하며 이 수용에서는 판단이 없고 단지 동정과 공감만이 있는데, 개인은 자신의 통제가 가능하므로 그 자신이 자기 방어를 포기하도록 용기를 북돋아 주면 스스로 진실한 자신을 보게 된다고 믿는다. 나는 이것을 과정 작업으로 보았다. 잠정협정modus vivendi의 방법을 찾으려는 초기의 시도에서도 집단은 감정과 정서, 생각을 교류하기를 원했다. 그러나 4회기 후에 이 집단은 되는 대로 함께하고, 서로 가까워지며, 진실한 자신을 드러내기 시작했다. 그들이 상호 작용하면서 경외로운 통찰과 폭로, 이해의 순간을 경험했다. 로저스는 이것을 '치료의 순간'으로 설명할 텐데, 그 순간에는 숨이 멎는 듯한 경이로움, 당신 바로 앞에 인간의 영혼이 드러나는 것을 보게 된다. 그 다음에는 숭상하는 마음으로 침묵이 흐르고 이는 학급을 압도한다. 학급의 각 구성원은 신비에 경계를 짓는 온화함과 사랑스러움에 휩싸이게 되었다. 나는 물론이고 집단의 그 누구도 이와 같은 경험을 해 본 적이 없었을 것이다. 그것은 학습과 치료이며, 나는 치료를 질병이라 뜻하지 않고 사람의 건강한 변화, 그리고 융통성, 개방성, 경청하고자 하는 의지의 증가를 말한다. 이 과정에서 우리는 모두 유쾌해지고 더 자유로워지며, 우리 자신과 다른 사람을 더 잘 수용하고, 이해하려고 노력하면서 새로운 생각에 더 개방적으로 된다.

이것이 완전한 세계(세상)는 아니다. 구성원이 다르기에 적대감의 증거도 있다. 하지만 이 상황에서 모든 타격은 마치 모서리가 깎인 것처럼 좀 더 부드러워졌다. 부당하다고 느껴지면 학생들은 다른 방향으로 가고, 그러면 타격은 어느 정도 사라졌다. 나의 경우는 처음에 나를 짜증나게 한 학생들조차 알고 지내게 되면서 그들을 수용하고 존중하게 되었다. 그리고 어떠한 일이 벌어지고 있는가 이해하려는 동안 그러한 생각들이 떠올랐다. 일단 당신이 한 사람과 가까워지면 그의 사고, 정서, 감정을 인식하도록 한다. 그러면 그는 이해할 만할 뿐 아니라 좋고 바람직하다고 여길 것이다. 몇몇 좀 더 공격적인 사람들은 자신이 말할 수 있는, 또 권리받은 그 이상으로 말을 했으나 집단 그 자체는 규칙에 의해서도 아니고 궁극적으로는 권위자가 이를 느끼게 하였다. 어떤 사람이 아프거나 민감하지 않는 경우를 제외하고는 정도의 차이가 있겠지만 사람들은 기대하는 바를 충족시키려는 경향이 있었다. 공격성과 지배성, 신경증과 같은 문제는 그리 심각하지 않았고 아마 스톱워치로 정식으로 측정을 했다면 목적 없는 토론, 시간 낭비가 대부분이었다. 그러나 나는 그 과정을 보면서 아마도 시간 낭비가 필요한 것은 아닐까하는 생각을 했다. 어쩌면 그렇게 해서 사람은 잘 배우는 것일지도 모른다. 그 경험을 전체적으로 되돌아 보면, 전통적인 학급 상황에서는 배울 수 없는 것들이었다. 만약에 우리가 경험의 재구성이라는 듀이의 교육 개념을 믿는다면 온전한 자신, 그 사람 자체, 기본 동기와 감정, 태도, 가치관에 몰입하며, 되어 가는 과정에서 학습이 가능한 것이 아닐까 하는 생각이 든다. 그 어떠한 사실이나, 반박, 그것들이 얼마나 논리적으로 또는 뛰어나게 제시되었다 하더라도 앞에서 말한 것과는 비교할 수 없을 것이다.

이 과정에서 나는 절대 냉정하고 완고하며 독단적인 사람이 몇 주가 지나는 동안 단기간에 나의 목전에서 변화하고 동정적이고 이해심 있는 것처럼 변해 가는 것을 보았다. 나는 신경이 과민하고 강박감에 사로잡힌 사람들이 마음을 편히 하고 자기들 자신들과 다른 사람들을 수용하는 것을 보았다. 한 예로 변화에 의해서, 특히 나를 감동시킨 학생은 내가 이 사실을 언급할 때 이렇게 나에게 말했다. "그것은 사실입니다. 나는 완고해서 세상에 더 넓은 마음을 열어야 한다고 느낍니다. 그래서 나는 나 자신을 좋아합니다. 나는 어느 곳에서도 이처럼 많이 배웠다고 믿지 않습니다." 나는 수줍음을 많이 타는 사람이 덜 수줍어하게 되고 공격적인 사람이 온건하고 민감해지는 것을 보았다.

어떤 사람은 이것이 단순한 정서적 과정이라고 볼 수 있다. 그러나 이는 정확한 설명이 아니다. 여기에는 지적 만족감도 많이 있었는데, 지적인 만족은 사람에게 의미가 있고 결정적인 만족감이다. 실제로 한 학생이 이 질문을 꺼냈다. "정서만 다루는 것은 좀 걱정해야 할 일이 아닌가요? 지성은 어떤 역할을 하지요?" 이번에는 내가 질문할 순서였다. "여러분 중에 이 과정에서 보다 다른 과정에서 더 많이 독서를 하고 더 많이 생각을 한 학생이 있습니까?"

대답은 명백했다. 우리는 독서에 많은 시간을 보냈다. 우리가 예약한 방은 밤 10시까지였는데, 많은 학생이 끝까지 남았고 대학 경비가 건물을 닫아야 해서 할 수 없이 학교를 떠났다. 학생들은 녹음을 듣고, 영화를 보았다. 그러나 무엇보다도 학생들은 대화하고 대화하고 또 대화했다. 전통적인 과정에서 강사는 강의하고 읽을 것과 배울 것을 지시한다. 학생들은 의무적으로 모든 것을 노트에 기록하고 시험을 친다. 성과(결과)에 따라서 기쁜 마음과 그렇지 못한 마음을 느낀다. 거의 모든 경우에서 그것은 숙달된 경험이다. 그러나 망각의 규칙은 재빨리, 그리고 엄연히 일어난다. 로저스 과정에서 학생들은 학급 안에서, 또 밖에서 읽고 생각했다. 강사가 아니고 그들 자신이 자신에게 중요한 것을 선택해서 읽고 생각했다.

이러한 비지시적인 교수법이 100% 성공적인 것은 아니다. 몇몇 학생들은 전반적으로 이 아이디어를 싫어했다. 학기 말 무렵에, 모두 열광적이었음에도 한 학생은 자신의 감정에 매우 부정적이고 또 다른 학생은 비판적이었다. 그들은 기억을 해내서 나온, 그리고 시험을 봐서 평가할 수 있는 물건과 같은 완성된 지식 조각을 강사가 제공해 주었으면 했다. 그렇다면 자신들이 알고 있다는 것에 안도할 수 있을 거라 여겼다. 어느 한 학생은 "만약 내가 이 강좌에서 무엇을 배웠는가 보고서를 제출해야 한다면, 내가 뭐라고 쓸 수 있을까요?"라고 말했다. 물론 전통적인 강좌보다는 어려워도 불가능한 것은 아니었다.

로저스의 방법은 자유롭고 열려 있으며 허용되어 있었다. 어떤 한 학생이 흥미로운 토론을 시작한다. 두 번째 학생이 뒤를 잇고, 세 번째 학생이 우리를 다른 방향으로 끌고 가 학급에 상관이 없는 개인적인 문제를 끄집어 내서 우리 모두를 좌절시킨다. 그러나 이것은 우리의 인생과 흡사하다. 강물과 같이 덧없이 흐른다. 하지만 흐르는 강물에서 같은 물은 돌아오지 않는다. 그리고 그 누구도 다음에 무슨 일이 일어날지 모른다. 그러나 여기에는 기대, 경계, 생명력이 있으며, 학급에서 인생을 맛볼 수 있는 것이다. 잘 정돈된 사실만을 믿는 권위적인 사람은 이 방법이 매우 위협적으로 느껴질 것이다. 왜냐하면 여기서는 어떠한 확신도 가질 수 없고, 개방성과 끝이 없는 흐름을 경험해야 하기 때문이다.

새로운 방법론

나는 학급을 특징 짓는 많은 소동과 동요는 종결closure의 부족에 기인한다고 본다. 점심 식당에서 활발한 토론을 하는 사람들을 보고 로저스의 학생이라는 것을 알아볼 수 있다. 그곳엔 큰 테이블이 없다. 학생들은 나란히 앉아 있다. 그리고 학생들은 접시를 사용해서 식사를 한다. 로저스가 지적한 바와 같이 그 과정에서는 결말이 없다. 그 자신은 (전통적인 교수법에 반대해) 개괄하여 말한 적이 없다. 그 문제들이 미해결로 남아 있고 학급에 상정된 문제들은 유동적인 상태에 있다. 알고 싶어 하고 동의를 얻기 위한 그들의 욕구로 학생들은 서로 모이고 이해하고 토론의 결론을 찾으려고 한다. 평가 문제에 있어서도 결론이 나지 않는다. 학점은 끝을 의미한다. 로저스 박사는 학점을 매기지 않는다. 점수를 제안한 것도 바로 학생이다. 그리고 그가 그렇게 하기 때문에 경쟁의 징후는 미해결로 남아 있고 끝도 없으며 결론도 없다. 또한 과정이 비그조적이었기에 이 과정에서 자신은 내기를 걸고, 표준 기준으로 교과서에 대해 이야기하지 않고 그 자신에 대해 이야기한다. 따라서 타인과 그 자아는 의사소통하고 이 때문에 보통 과정에서 일어나는 사적이지 않은 일과는 반대로 친밀하고 따뜻함이 발생한다.

고마움이 넘쳐 나는 행위를 설명하면 친밀한 감정에 대한 생각을 조금이나마 전할지 모른다. 한 학생이 학급생들을 야외 파티를 위해 자기 집에 초대했다. 스페인 출신의 목사인 다른 학생은 학급이 끝나도 뉴스레터를 발행해서 서로 어떻게 지내는지 알고 싶다고 했다. 학생 상담에 관심이 있는 사람들은 또 자신들끼리 만나기로 했다. 한 학생은 어린이, 성인을 위한 정신병원을 방문할 수 있도록 준비했고, 린슬리Lindsley 박사의 정신병 환자를 다룬 경험을 우리가 볼 수 있도록 조정했다. 학급 구성원들은 테이프에 녹음한 것을 가져와서, 우리가 사용할 수 있도록 도서 자료를 덧붙여서 인쇄하였다. 모든 면에서 드물게 일어나는 호의와 친절의 정신이 확산되었다. 내가 거친 많은 과정에서 이와 같은 경험은 처음이었다. 이 유대관계에서 구성원들은 우연히 어쩌다가 함께하게 되었고 구성원들이 다양한 배경의 광범위한 연령대였던 것을 지적하고 싶다.

나는 앞에서 언급한 것이 학급 방법론에 창조적인 보탬이 된다고 믿는다. 그것은 근본적으로 이전 것과는 다르다. 그것의 능력은 사람들을 감동시키고, 그들을 자유롭게 하여, 보다 더 열린 마음과 보다 더 융통성이 있게 함을, 나는 의심하지 않는다. 나 자신이 이 방법의 능력을 입증했다. 나는 비지시적인 교수법이 이 관점을 받아들인 사람들조차도 충분히 헤아릴 수 없을 만큼 심오한 함의가 있음을 믿는다. 그것의 중요성은 교실을 벗어나 사람이 의사소통을 하며 다 함께 살려고 노력하는 모든 곳에 영역을 넓힌다고 나는 믿는다.

보다 특별하게 학급 방법론처럼 그것은 가장 광범위한 토론, 질문과 실험을 정당화한다. 그것은 새로운 차원의 생각을 개발할 가능성이 있다. 접근법과 실행, 철학적인 면에서 그것은 근본적으로 예전 것과 다르다. 이 접근법은 배우고 옛 것을 개선하려고 모인 곳이라면 어디서라도, 학습의 여러 영역인 초등학교, 고등학교, 대학교 등에서 시도되어야 한다. 그것의 한계와 부적당함을 걱정해서는 안 된다. 왜냐하면 이 방법은 세련되지 않았고 우리가 그 방법에 관해 많이 알지 못하고 있기 때문이다. 새로운 기술로서 그것은 불리한 조건에서 시작한다. 우리는 옛 것을 포기하는 것을 싫어한다. 옛 것은 전통, 권위, 체면에 의해서 강화된다. 우리 자신들이 그것의 산물이다. 그렇지만 만약 우리가 경험의 재건으로 교육을 본다면 개인이 자신을 재구조화해야 한다고 생각하지 않는가? 개인은 심오한 자신과 가치, 태도를 재조직을 통해서 스스로 그것을 해야 한다. 개인에게 더 좋은 방법은 개인에게 몰두하는 것이며, 다른 사람들과 의사소통할 수 있는 자신과 생각, 감정을 가져오는 것이다. 고립을 만드는 장애를 부수고, 자신의 정신적 안전과 건강을 위해 사람은 인류의 한 부분이라는 것을 배워야 하는 것은 아닌가?

개인 교수 경험

1년 후 로저스박사에게 보낸 편지

새무엘 테넨바움

나는 당신의 생각과 영향을 접한 후에 교수법에 관한 나의 첫 경험에 대한 글을 쓰고 싶었습니다. 당신이 아는지 모르겠지만 나는 교수에 관한 공포증이 있습니다. 당신과 함께 작업을 한 후 나의 어려움이 어디에서 비롯되었는지 분명히 깨달을 수 있게 되었습니다. 그것은 대부분 교사로서 내가 맡아야 했던 역할의 개념에 있었습니다. 그 역할이란 동기 유발자, 연출가, 공연의 최고 책임자입니다. 나는 항상 교실에서 '방해받는 것'을 두려워하는데—나는 그것이 당신의 표현이라고 믿으며, 그것을 좋아하게 되었다—학급에 무관심하고, 흥미 없고, 응답이 없고, 그리고 나의 계속되는 불평으로, 나는 균형을 잃기도 하고, 완성되지 않는 문장, 부자연스럽게 밖으로 나가며, 그리고 시간은 느릿느릿, 느릿느릿, 완만하게 움직이는 것 등등, 이것은 내가 상상하는 공포입니다. 나는 이것이 모든 교사에게 일어날 수 있다고 생각합니다. 그러나 나는 그 모든 것을 종합해 놓고, 불길한 일의 전조로 긴장하며 학급에 접근합니다. 내 자신에게 진실하지 못하면서 말입니다.

나의 경험에 대해 이야기를 하면, 예시바Yeshiva 대학교 교육대학원에서 두 여름 과정을 강의하도록 요청받았었습니다. 그러나 나는 완벽한 '알리바이'가 있었습니다. 유럽으로 여행을 가려 하였기 때문에 강의를 할 수 없다고 할 생각이었습니다. 6월 한 달 동안 14회기의 집중 과정을 제공하면 여행에 방해가 되지 않을 텐데. …… 그러나 나는 변명 없이 받아들였습니다. 나는 더 이상 그 상황을 피하고 싶지 않았기 때문입니다. 나는 일단 그것에 부딪치기로 결심했습니다. 만약, 내가 가르치기를 좋아하지 않았다면(나는 거의 10년 동안 가르치지 못해 왔다), 나는 무엇이든 배웠을 것입니다. 기간은 짧고 집중 과정이기 때문에 만일 내가 참고 견딜 수 있다면, 그것이 가장 좋은 방법이라고 여겼습니다.

당신도 내가 킬패트릭과 듀이의 교육에 관한 생각에 강한 영향을 받았다는 것을 알고 있을 것입니다. 그러나 나는 지금 다른 강력한 구성 요소 하나를 더 가지고 있습니다. 그것은 바로 당신입니다. 내가 처음 학급에 참여했을 때, 그 전에 하지 않았던 나의 감정에 솔직했습니다. 교사는 알아야 하고 학생들은 가르침을 받아야 한다고 느끼는 대신에 나는 나의 약점, 의심, 딜레마, '모른다는 것'에 대한 인정을 해야 했습니다. 나는 교사라는 권위를 학급에 물려 주면서 자유롭게 본성을 드러내고 내 자신이 쉽고 창조적으로 말하고 있음을 알게 되었습니다. '창조적'이란 말은 내가 말한 대로 생각이 나의 머릿속에 떠오른 것을 의미하고 새로운 아이디어는 나를 정서적으로 기분좋게 만듭니다.

다른 중요한 차이점은, 내가 킬패트릭 방법론에 영향을 받았기 때문에 나는 항상 폭넓은 토론은 환영했지만 여전히 나는 학생들이 그들에게 맞추어 준비된 교과서와 강의 자료를 잘 이해하기를 바라고 기대했습니다. 내가 비록 토론을 환영할지라도 무엇보다도 내가 모든 것을 말하고 난 후 나의 생각에 따라 학급의 결론이 나기를 바랐습니다. 그러므로 토론은 열려 있고 자유로워야 한다는 의미에서 어떤 토론도 진정한 토론이 아니었습니다. 학생들의 생각을 불러일으켜야 한다는 의미에서 어떤 질문도 진정한 질문이 아니었습니다. 어떤 것이 좋고 정답이라는 생각에 명확한 확신이 있다는 의미에서는 그 모든 질문은 위험을 안고 있는 듯 했습니다. 따라서 어떠한 주제를 갖고 학급에 들어섰고, 내가 바람직하다고 여기는 방향으로 학생들을 조종하여 마치 학생들은 도구가 되었습니다.

이 마지막 과정에서 나는 모든 주제를 버릴 용기가 없었습니다. 그러나 이번만은 학생들의 말을 경청하기로 하였습니다. 나는 그들을 이해하고 동정심을 주었습니다. 비록 나는 많은 시간을 보내고 매 학기에 많은 시간 동안 준비하지만, 내가 교실에 들어갈 때 여러 가지 자료에서 노트를 참조하지 않는다는 것을 알았습니다. 나는 학생들에게 어느 과정에서든 자유롭게 허용하고 기분전환을 허용하였습니다. 나는 학생들이 인도하는 곳은 어디든 따라갔습니다.

나는 저명한 교육자와 이것을 토론한 것을 기억합니다. 그 교육자는 내가 생각한 것에 실망하고 마땅치 않은 목소리로 말했습니다. "물론 당신이 주장하는 것은 좋은 생각이다." 나는 윌리엄 제임스William James를 인용했는데, 그는 사실상 사람은 정서의 바다 안에 있는 이성의 조각이라고 말했습니다. 나는 학생들의 감정 부분, 즉 '3차원'이라고 부르는 것에 더 관심이 있다고 그 교육자에게 말했습니다.

나는 로저스 박사, 당신을 줄곧 추종했다고 말할 수 없습니다. 왜냐하면 나는 불행히도 강의식으로 내 의견을 종종 표현하고 나는 이것이 나쁘다고 생각하는 데 이렇게 권위자가 의견을 제시하면 학생들은 생각하기를 멈추고 그 대신 교사가 무슨 생각을 하는지 추측하려 하고 호감을 얻기 위해 노력합니다. 만일 내가 반복해서 그 일을 했었다면 더 많이 이루지 못했을 것입니다. 그러나 나는 시도했고 각 학생에게 위엄, 존경심, 수용을 심어 주는 데 성공했다고 믿습니다. 나는 최대한 학생들을 점검하거나 평가하고 주목하는 것을 멀리하고자 했습니다.

그 결과 나는 일반적인 관점으로 보았을 때 그 어느 것에도 견주어 설명할 수 없는 경험을 하였습니다. 이것이 내가 당신에게 글을 쓰는 이유입니다. 나에게 일어난 일에 감사하다는 것 외에는 그것을 충분히 설명할 수 없습니다. 당신의 과정에서 내가 경험한 바로 그 특징 가운데 몇 가지는 내가 부여한 것에서 찾았습니다. 나는 결코 다른 집단의 사람들을 좋아하지 않았는데, 이 특별한 학생들을 좋아하고 있는 나 자신을 발견했습니다. 그들도 마지막 보고서에서 이것을 표현했습니다. 학생들은 그들 자신이 따뜻하고 친절하게 느끼기 시작했고, 서로서로를 받아들이기 시작했습니다. 말로, 그리고 보고서에서 그들은 얼마나 감명받고 얼마나 많이 배웠는지에 대해 말했습니다. 나에게 이것은 새로운 경험이었고, 나는 어쩔 줄 몰랐습니다. 나는 나를 존경하고 칭찬하는 학생이 있다고 믿습니다. 그러나 나는 그와 같은 따뜻함과 친밀함이 생기는 학급에서의 경험이 없었습니다. 덧붙여 말하면, 나는 당신이 한 것을 따라 학급에서 독서타든가 학급 준비에 대한 어떠한 정해진 요구도 만들어 놓지 않았습니다.

앞서 말한 것은 '편견에 치우친 인식'이 아니라는 것이 학급 밖에서 받은 보고서에서도 증명이 되었습니다. 학생들은 나에 대해 너무나 좋은 말들을 해서, 교수들조차도 내 학급에 오고 싶어 했습니다. 그 무엇보다 그 과정이 끝날 무렵에 학생들은 벤자민 파인Dean Benjamin Fine 학장에게 나에 대한 너무나 좋은 말들로 편지를 썼습니다. 그리고 학장은 차례로 나에게 같은 내용의 편지를 썼습니다.

나는 수년 간 가르쳤으나 이와 비슷한 어떤 것도 경험하지 못했습니다. 전 학생들이 학급에서 제안을 하고, 아주 깊이 열중하고, 깊이 감동하는 것을 그

전에 결코 보지 못했습니다. 더 나아가 주제와 시험, 점수가 강조되는 전통적인 체제 내에서 과연 자신의 여러 가지 깊은 욕구를 갖고 자신을 만족시키기 위해 노력하는 사람이 '되어 가는' 것이 가능할까에 대한 의문이 들었다. 이것은 아직은 먼 이야기일 수 있습니다. 나는 일어난 일에 대해 감사하고, 내가 감사하고, 이 경험을 통해 겸손해졌음을 당신에게 알리고 싶었습니다. 나는 당신이 이 사실을 알기를 바라는데, 당신에 의해 나의 인생과 존재가 더욱더 풍요로워졌기 때문입니다.*

* 이것은 테넨바움 박사의 유일한 경험이 아니었음이 몇 달이 흐른 후 다른 개인적 의사소통에서 나온 인용으로 알 수 있다. 테넨바움 박사는 이렇게 말했다. "내가 다른 집단을 가르칠 때 처음 가르친 집단을 따라 유사한 태도로 개발되도록 유도하고 그들은 더욱 두드러진 경험을 했다. 왜냐하면 나는 더욱더 가르치는 일이 기술적으로 익숙해지고 나아가 더욱더 전문가가 되었다고 믿었기 때문이다. 두 번째 집단에서 역시 자기 자신의 껍질에서 나오며 개인의 해방감, 흥분, 동요, 따뜻함, 똑같은 신비로움이 있었다. 내 집단의 학생들은 다른 수업에 참가하는 동안 자신의 눈이 다른 사람들의 눈과 하나로 만난다고 말했다. 마치 그들이 독특하고 분리되어 있는 것처럼, 마치 특별한 경험에 의해 하나로 묶이는 것처럼 말이다. 또 이 두 번째 집단에서 학생들은 개인적으로 가까워져서 학기가 끝날 때는 정기적인 모임을 가지는 것을 알게 되었다. 학생들은 이 경험들을 얼마간이라도 생생하게 간직하기를 원하며 서로를 잃고 싶지 않다고 말했다. 또 학생들은 자신을 향한, 그리고 타인을 향한 견해와 가치, 감정과 태도에서 개개인에게 일어난 근본적인 변화에 대해서도 이야기를 했다.

16

가족 생활을 위한 내담자-중심 치료의 함의

몇 년 전에, 내가 원하는 어떠한 주제여도 좋으니 지역단체에서 강연를 해 달라는 요청이 왔다. 나는 특별히 내담자와 그들의 가족관계에서 나타나는 행동의 변화를 보기로 결심했다. 이 논문은 그 결과다.

심리치료자의 수가 증가함에 따라 상담자들은 문제가 있는 개인과 집단을 취급해 왔는데, 거기에는 우리의 경험이 그것과 관련하여 일치되며, 개인 간의 관계의 모든 영역과 관련이 있었다. 확실한 영역—교육 분야에서, 예를 들면 그룹 간의 관계 영역에서, 그룹의 지도력 영역에서— 안에 있는 몇몇 사람들의 함의를 자세히 설명하도록 시도했다. 그러나 우리는 가족 생활에서 의미하는 것이 무엇인지를 명백히 하려고는 결코 시도하지 않았다. 이것이 내가 이제부터 다루고 싶은 분야로서, 하나의 그림처럼 선명하게 보여 주려고 노력하므로 나는 내담자-중심의 관점이 어떤 의미가 있는지 모든 개인 집단, 가족

집단을 근접하게 다루고 싶다.

나는 추상적 또는 이론적인 수준으로 이것에 접근하기를 바라지 않는다. 내가 하고 싶은 것은, 우리 내담자가 그들의 치료자와 함께 그들의 더 만족스러운 생활을 향해 열심히 작업함으로써 그들의 가족 관계에서 경험한 변화에 어떤 것을 주는 것이다. 나는 당신이 그들의 실제적인 경험을 맛볼 수 있도록 이 사람들의 축어적인 진술을 이끌어 내고 여러분이 자신만의 결론을 이끌어 내도록 할 것이다.

비록, 가끔은 우리 내담자의 경험이 건설적인 가족 생활에 포함된 개념과 반대로 흐르지만, 나는 특별히 이 차이점을 논의하는 데 흥미가 없다. 그리고 일반적인 가족 생활을 위한 모델을 구성하는 데도 관심이 없다. 또한 여러분이 가족 상황에서 살아야 하는 방법을 제안하는 데도 관심이 없다. 나는 단순하게 매우 사실적이며 가끔 어려움에 처한 가족 상황에서 매우 실제적인 사람들의 경험의 요점을 제공하고 싶다. 아마도 그들이 만족하는 방식으로 살려는 투쟁은 당신을 위해서 어떤 의미를 부여할 수 있을 것이다.

내담자-중심 치료의 결과로 그들 가족 생활에서 내담자가 변화하는 방법 중 몇 가지는 무엇인가?

보다 풍부한 감정의 표현

우선 우리의 경험에 비추어 보면, 우리의 내담자는 다른 사람은 물론 가족 구성원에게 점진적으로 보다 충분하게 진실한 감정을 표현한다. 이것은 원한, 분노, 수치, 질투, 싫음, 괴로움의 부정적인 감정에 적용된다. 물론 친절, 칭찬, 선호함, 사랑의 긍정적인 감정도 있다. 그것은 마치 내담자의 치료에서 발견되는 것처럼 그가 쓰고 있는 가면을 제거함으로써 자신에게 더욱 진실해지는 것이 가능하다. 남편은 부인에게 이전에는 자신의 행동에 고요하고 객관적인 태도를 가지고만 있었던—또는 가지고 있었다고 생각한— 분노를 격렬하게 표출하는 자신을 발견한다. 이것은 비록 감정 표현의 지도이지만 실제 감정 영역에 더욱 근접해서 조화를 이루어 왔다. 부모와 자식, 남편과 아내는 자신들에게 실제 존재하는 감정 표현을 긴밀하게 해야 한다. 상대방에게 진실한 감정을 숨겨서는 안 된다.

아마 한두 개의 사례가 이 점을 더욱 명백하게 할 것이다. 젊은 아내 M여사가 상담을 하러 온다. 그녀의 불평은 남편 빌Bill이 그녀에게 매우 형식적이어서 그녀와 대화를 하거나 생각을 나누거나 하지 않으며, 다른 사람을 배려할 줄 모르며, 또 성적으로 맞지 않아서 급속도로 멀어지게 된 것이었다. 그녀가 자기의 태도를 기탄 없이 이야기할 때 상황이 다소 격렬하게 변한다. 그녀는 결혼 전의 생활에 관해서 깊은 죄책감을 나타낸다. 그녀가 수많은 남성, 대부분 유부남과의 사건이 있었기 때문이다. 그녀는 대부분의 사람이 그녀를 동성연애자이며, 자연스러운 사람일 것으로 이해하고 있으나, 그녀의 남편에게 그녀는 딱딱하고, 조심스러워서 자연스러움이 부족하다는 것을 깨닫는다. 그녀는 남편이 그녀가 원하는 사람이 될 것을 요구하는 자기 자신을 본다. 이 시점에서 상담자가 일이 있어 상담을 잠시 못하게 되자 그녀는 상담자에게 자기의 감정을 나타내는 편지를 계속해서 쓰면서 다음과 같이 덧붙였다. "단약에 내가 그(그녀의 남편)에게만 이 일을 유일하게 말할 수 있다면 나 자신이 될 수 있을 겁니다. 그러나 사람들 속에 있는 무엇으로 그(남편)의 신뢰를 얻을 수 있을까요? 만약 당신이 나의 남편으로서 그 사실을 알았다면 나에게 냉담하시겠습니까? 나는 '철부지'가 아니라 '멋진 여자'이기를 바랍니다. 나는 이렇게 일들을 엉망으로 만들었습니다."

그 다음에는 긴 편지가 있었는데 긴 인용문에는 다음과 같은 내용이 있다. 그녀는 전에 얼마나 짜증이 나 있는지—어느 날 저녁 동료들이 잠깐 들렀을 때 얼마나 불쾌해했는지. 그들이 떠난 후 "나는 너무 나쁜 짓을 해서 기생충 같이 느껴졌습니다. ……나는 여전히 나 자신과 빌에 대해 무뚝뚝하고, 죄책감과 분노를 느끼고 있었습니다."—그리고 바로 마냥 우울했던 것을 말하였다.

"그래서 내가 진실로 원하는 것을 하기로 단호하게 마음을 먹었습니다. 왜냐하면 나는 어떤 사람에게서 내가 기대했던 것 이상으로 느꼈기 때문에—나에게 가혹하게 행동한 것을 빌에게 말하는 것입니다. 그것을 당신에게 말하는 것보다 훨씬 더 어려웠습니다—그것은 아주 어려운 일이었습니다. 나는 그것을 자세하게 말할 수 없었습니다. 그러나 나는 부모님에 대해 비참한 감정을 나타내려고 했으며, 그 넌더리나는 사람들 말입니다. 그로부터 들은 가장 좋은 것은 '글쎄, 내가 너를 도울 수 있을지' 였습니다.—나의 부모님에 대해 말할 때였습니다. 그리고 그는 내가 한 것들을 진실로 받아들였습니다. 나는 그런 여러 상황에서 부적당하게 느꼈던 것을 그에게 말했습니다.—왜냐하면 나는 매우 많은 것을 할 수 있도록 허락받지 못했습니다.—심지어 카드놀이하는 방법을 알기 위해서도. 우리는 말하고, 토론하고, 그리고 우리의 감정 속으로 깊게 들어갔습니다. 나는 남자들—그들의 이름을 남편에게 완전히 말하지는 않았습니다. 그러나 나는 남편에게 매우 많은 것에 대하여 생각하도록 했습니다. 그런데 남편은 아주 잘 이해했으며, 내가 남편을 신뢰할 만큼 매우 많이 그 일을 정리했습니다. 나의 불쑥 떠오르는 어리석고 비논리적인 감정을 남편에게 말하는 것이 두렵지 않습니다. 만약 내가 두려워하지 않는다면 그 어리석은 일들이 불쑥 떠오르는 일은 아마 멈출 것입니다. 내가 당신에게 편지를 쓴 전 날 저녁에 나는 떠날 준비를 거의 했고—나는 심지어 도시를 떠나려고 생각했습니다. (모든 일을 피하고 싶은 마음으로) 그러나 내가 그것을 회피할 수 없다는 것을 깨닫고 그 문제에 직면하였을 때는 즐겁지 않았습니다. 우리는 아이들에 관하여 이야기를 나누었고, 비록 빌이 학교를 마칠 때까지는 기다리기로 결정했지만, 나는 이러한 타협이 기쁩니다. 빌은 우리가 우리 아이들을 위해 하고 싶은 것을 내가 한다고 느끼고 있으며—그리고 더 중요한 것을 우리가 아이들에게 그렇게 하고 싶지 않다는 겁니다. 만약 당신이 절망적인 편지들을 더 이상 받지 않는다면, 당신은 그 일들이 기대한 대로 진행되고 있다는 것을 알게 될 것입니다."

"이제, 내가 망설였는데—나는 궁금한 것이 있는데, 오직 그것이 나와 빌을 더 가깝게 할 수 있다는 것을 당신은 알고 있었나요? 그것은 내가 내 자신에게 한 말을 지키는 일이 반드시 빌에게는 공평한 것이 아닐 것입니다. 나는 그것이(그 일이) 나에게나 모든 사람에게 있어서 그의 신념을 파멸시킨다고 생각했습니다. 빌과 나 사이에는 큰 장애가 있어서 나는 그를 거의 이방인처럼 느꼈습니다. 내 자신을 밀어붙였던 유일한 방식으로 나는, 나를 괴롭히던 그 일에 대하여 조금이나마 그의 반응을 시도해 보지 않았다면, 그것은 그에게는 공평한 것이 아니었다는 것을 깨달았습니다—그의 신뢰를 증명할 수 있는 기회를 주지 않은 채 그를 떠난다는 것 때문입니다. 그는 나에게 보다 더 많은 것을 증명했습니다—지옥에 떨어진 것과 같은 그의 감정을—그의 부모님, 일반적으로 좋은 많은 보통 사람에 대하여"

나는 이 편지에 더 이상의 코멘트는 필요하지 않다고 믿는다. 그것은 나에게 단순한 의미로 그녀가 그녀에게 만족함을 준 치료의 경험처럼, 그녀의 깊은 감정의 울림으로 인해 그녀가 남편을 달리 대하는 것이 불가능하게 되었다. 비록, 그녀의 결혼 생활이 위기에 처한 것처럼 보일지라도 그녀는 그녀 자신이 되고, 그녀 자신의 심오한 감정을 드러내야 함을 알았다.

우리 내담자의 경험에서 또 다른 한 요소는 다소 미묘한 것이다. 이 예와 같이, 이전에는 파괴적이고 비참했던 것이 감정 표현에 의해 만족스러워졌다는 것이다. 차이점은 이 사실에 기인한 것처럼 보인다. 마치 건물의 정면이나 외관 뒤에 사람이 살고 있을 때, 그의 표현되지 않은 감정이 어느 폭발 지점에 이르기까지 쌓이며, 특별한 사건에 의해서 유발되기 쉽다. 그러나 사람의 마음을 휩쓸고 있는 감정이 그런 때에 표현되며—즉, 노여움의 폭풍, 깊은 의기 소침, 자기 연민의 범람—가끔 관련된 모든 것에 불행한 결과를 가져온다. 왜냐하면 그런 것들은 특수한 상황에서 아주 부적당하므로 비현실적으로 보인다. 관계에서 단 한번의 괴로움 때문에 분노의 성남은 수많은 상황에서 마음을 울적하게 하고 감정을 거부하는 결과를 가져온다. 그러나 그런 맥락에서 그렇게 표현되었다면 그것은 비합리적이며, 결국 이해받지 못한다.

여기에서 치료는 악순환을 깨는 데 도움이 된다. 내담자는 그가 느끼는 감정, 즉 그들에게 쌓인 고통, 격분, 실망감을 쏟아 놓을 수 있으며, 내담자가 이러한 감정을 자신의 것으로 받아들이면서 감정들의 폭발성을 잃는다. 그러므로 내담자는 관계에 의하여 야기된 감정을 특수한 가족관계에서 더 많이 표현할 수 있다. 그 감정들은 과거로부터 가져온 과중한 짐(부담)을 이행할 수 없기 때문에 더욱 적절하게, 더 잘 이해될 것 같다. 점진적으로 개인은 자신의 감정을 표현하는 것을 알게 되며, 예전처럼 감정에 의해 그들이 자신을 불태우고 괴롭힐 때까지 기다릴 필요가 없다.

관계는 진실의 기초에서 생존할 수 있다

상담은 내담자들이 그들의 가족관계에서 경험하는 것 같이 생각되는 다른 효과가 있다. 내담자는 가끔 놀랍게도 방어적인 구실에 기초를 두기보다는 진실한 감정의 기초 위에서 관계가 유지된다는 것을 발견한다. 이것에는 깊은 의의가 있다. 우리는 이미 M여사의 경우를 보았다. 수치, 분노, 괴로움의 감정을 표현할 수 있고 관계가 여전히 살아 있다는 것을 발견한다면 안심이 된다. 상냥함, 감성, 두려움을 표현할 수 있는 사람을 찾는 것은 배신하는 것이 아니고—즉, 이것은 더욱 강화하는 일이다. 이것이 건설적으로 가능한 이유는 치료 장면에서 개인을 타인에 대한 사실이 아닌 자기 자신의 것으로 그의 감정을 인식하고 표현하는 것을 배운다. 이와 같이 어떤 사람이 배우자에게 말하기를 "당신이 하고 있는 일은 모두 틀렸어요."라고 한다면 단지 언쟁을 유도하기 쉽다. 그러나 "당신이 하고 있는 것으로 인해 나는 매우 괴롭습니다."라고 말하는 것은 화자의 감정에 대한 사실, 아무도 부인할 수 없는 사실을 말하는 것이다. 그것은 다른 사람에 대한 비난이 아니고 자신의 마음속에 존재하는 감정인 것이다. "당신은 나의 감정을 부적당하다고 비난한다."라고 하는 것은 논쟁 지점이 되나, "나는 당신이 이러저러하면 부적당하다고 느낍니다."라는 말은 관계에 대한 실제 사실에 단순히 기여한다.

그러나 그것은 단지 이것에 작용하는 언어적인 수준에서 끝나지 않는다. 자신의 감정을 받아들이는 사람은 인간관계가 진실한 감정의 기초 위에서 생존한다는 사실을 알게 된다. S여사와의 면담 사례를 들어 설명하겠다.

S여사는 열 살 된 딸과 일흔 살 된 어머니와 같이 살고 있는데, 어머니는 '건강이 좋지 않은데' 도 가사를 돌보았다. 그녀의 어머니는 S여사를 통제해 왔으나, S여사는 그녀의 딸 캐롤Carol을 통제할 수 없었다. 그녀는 어머니에게 분개했으나 분개한 감정을 나타낼 수 없었다. 그 이유는 "나는 이제까지 살아오면서 항상 죄의식이 있었어요. 나는 죄책감을 느끼며 자랐어요. 왜냐하면 내가 한 모든 일 때문에 ……나는 나의 어머니의 건강에 어느 정도 영향을 끼쳤어요. ……사실은 몇 년 전에 ……나의 어머니를 흔들고 있는 꿈을 꾸고 있는 순간 ……나는 어머니를 밀어 내고 싶은 감정을 가졌어요. 그리고 ……나는 캐롤이 어떻게 느끼는지 이해할 수 있었어요. 그녀는 감히 그렇게해서는 안 돼요. ……그리고 나도 그러면 안 돼요."

S여사를 아는 대부분의 사람은 만일 그녀가 어머니 곁을 떠나면 훨씬 형편이 좋아질 것이라고 생각하지만, 그녀는 그렇게 할 수는 없었다. "나는 내가 어머니 곁을 떠난다면 행복해질 수 없다는 것을 압니다. 나는 어머니에 대해 매우 걱정을 합니다. 그리고 불쌍한 늙은 어머니를 홀로 두고 떠난다는 것은 아주 나쁘다고 느낍니다."

그녀는 자기가 지배당하고 조정당하는 범위에 관해 불평함으로써 자기가 맡고 있는 비겁한 부분을 알기 시작한다. "나는 나의 손이 묶여 있다는 것을 느낍니다. 아마도 내가 ……어머니보다 더 잘못된 것입니다. 사실 나는 현재의 나를 압니다. 그러나 어머니가 걱정하는 일종의 겁쟁이입니다. 그런 장면을 피하려고 어떤 작은 일을 할 것입니다."

그녀가 그녀 자신을 스스로 더 잘 이해할 때, 그녀의 어머니가 바라는 조건보다도 삶의 관계 속에서 그녀가 옳다고 믿는 것에 따라 살려고 노력하려는 결론에 이른다. 그녀는 면담 처음부터 이것을 보고하였다. "자, 나는 엄청난 발견을 했는데, 어머니를 과잉 보상한 것은 전적으로 나의 잘못이었습니다. ……바꾸어 말하면, 어머님께 손상을 입힌 것입니다. 나는 매일 아침에 하는 것처럼 마음을 결정했습니다. 그러나 이번에는 내가 생각하는 그것을 시도하려고 했습니다. 나는 노력할 것이고 ……조용하고 조심스럽게, 그리고 ……만약 어머니의 한 가지 마력에라도 빨려 들어가면, 아이가 관심을 받기 위해 짜증을 내는 것을 무시하는 것과 비슷하게 말입니다. 그래서 나는 그것을 시도했습니다. 어머니는 사소한 일에도 화를 냈습니다. 그리고 어머니는 식탁을 박차고 일어나 그녀의 방으로 들어갔습니다. 이것 참, 나는 덤벼들지 않고 말했습니다. "오, 유감입니다. 나는 그녀(어머니)가 다시 돌아오기를 부탁함으로써 그것을 간단히 무시했습니다. 몇 분 후, 어머니는 돌아왔고, 의자에 앉았고, 약간 샐쭉해 있었지만 그녀는 그것을 그냥 넘겼습니다. 그래서 나도 그렇게 소요되는 그 시간을 위하여 노력했습니다……."

S여사는 그녀의 새로운 행동의 조건 때문에 그녀 자신의 감정을 그녀의 어머니가 진정으로 받아들이는 것을 분명하게 깨달았다. 그녀는 말하기를, "오, 왜 그것에 직면하지 않습니까? 아시다시피, 나는 소름이 끼치도록 느끼고 있으며, 나의 어머니를 원망한 것을 무섭게 생각합니다. 자, 방금 말했듯이, 인정합니다. 나는 그녀를 원망했습니다. 그리고 죄송했습니다. 그러나 그 문제에 직면하면서 최선을 다하도록 노력할 것입니다." 그녀 자신이 더 많이 받아들일 때 그녀 어머니의 욕구뿐만 아니라 자신의 욕구를 충족시킬 수 있게 된다.

"내가 수년 동안 원했던 일들이 많습니다. 나는 그 일들을 시작하려고 합니다. 이제 어머니는 밤 10시까지 혼자 그곳에 있을 수 있습니다. 어머니의 침대 옆에 전화가 한 대 있습니다. ……만약, 화재가 발생하거나 무슨 일이 일어나면, 이웃 사람들이 그곳에 있습니다. 만약, 편찮으시더라도 ……그래서 나는 학교에서 다시 야간 과정을 밟으려고 하며, 그리고 나는 내 인생에서 하고 싶은 많은 일을 하려고 하는데, 내가 그것을 원망하면서 집에 머물면 희생자가 되거나 ……하는 것입니다. 나는 해야만 하지만, 생각해 보다가, 오, 잘, 그리고 그것을 하지 못합니다. 자, 나는 이제 하려고 합니다. 내가 첫 번째 시도한 이후, 그녀도 괜찮아질 겁니다."

그녀가 새로 발견한 감정은 어머니와의 관계를 시험해 보는 것이다. "나의 어머니는 전날에 심한 심장마비를 일으켜서 나는 말했습니다. 어머니, 빨리 병원에 가는 것이 좋겠어요. ……확실히 입원이 필요해요. 나는 의사에게 낮은 목소리로 어머니에 대해 말했습니다. 의사는 어머니의 심장은 양호하니 외출해서 조금이라도 재미있는 시간을 보내라고 했습니다. 그래서 어머니에게 일주일 동안 친구를 방문하거나 쇼를 보거나 즐거운 시간을 가져야 한다고 말했습니다. 그러므로 ……실제로 병원에 갈 준비를 하고 있을 때 캐롤 앞에서 어머니를 부인한 것으로 인해 내가 어머니에게 얼마나 잔인했는지, 그리고 그 모든 일을 말하자면 왜, 어머니가 권리를 포기하고, 그리고 어머니가 그 사실에 직면했을 때 ……도와주지 못한 것에 대하여 죄스러움을 느낍니다. ……어머님의 심장은 황소 심장만큼 강합니다. 어머니가 그 강한 심장을 가지고 어떤 즐거움을 갖는 것이 당연하다고 생각했습니다. 그것은 매우 좋습니다. 나가는 일은 즐겁습니다."

이 관점에서 보는 바와 같이 S여사를 위한 관계는 개선되더라도, 어머니에게는 그렇지 않다. 그럼에도 불구하고, 그 사례에는 다른 면이 있다. 다소 늦었지만 S여사는 말했다. "나는 아직도 어머니께 아주, 아주 죄송하게 생각합니다. 그녀가 그런 것처럼 나도 싫어했습니다. 당신이 아는 바와 같이, 또 다른 것은 지금도 내가 어머니를 싫어하는 점입니다. 나는 어머니를 일으켜 세울 수 없으며, 또 ……내가 의미하는 것은 ……어머니와 부딪치거나 마주 대하면 나는 의도하지는 않았지만, 잠시 동안 화를 내거나 아무것도 하지 않습니다. 그러나 ……나 역시 그런 내 자신을 발견하고, 어머니에게 약간의 애정을 느낍니다. 두세 번 아무 생각 없이 "안녕히 주무세요." 하고 어머니 뺨에 키스를 하고, 예전에는 문에다 대고 불평을 하곤 했었는데. 그리고 ……나는 어머니에 대해 더 친절한 감정을 느끼고 있습니다. 내가 지닌 분노는 당신도 알다시피, 어머니가 내게 한 것처럼 계속되고 있었습니다. 그래서 ……그것은, 내가 어제 어머니를 도와주고 할 때 알아차렸습니다. 내가 어머니의 머리를 매만져 주는 데 아주 오랜 시간이 걸렸습니다. 나는 어머니의 머리에 핀을 꽂아 주고 구불거리게 만들어 주고 등등. 나에게 ……갑자기 이러한 일은 나를 조금도 괴롭히지 않으며, 하고 싶은 즐거운 일이 되었습니다."

이 인용문은 우리에게 친근한 가족관계에 있어서 변화의 모형을 묘사한다고 생각한다. S여사는 자신이 그것을 감행하지만 어머니에게 분개하고 있음을 느끼는데, 비록 그녀에게 권한은 없지만 말이다. 어려움은 관계에 있어서 공공연하게 감정을 나타내는 결과로 생긴다. 그러나 그녀는 시험삼아 감정을 그 상황으로 들어가도록 허용할 때, 그녀 스스로가 더 자신감 있고 더 성실하게 행동한다는 것을 알게 된다. 관계를 악화시키기보다는 개선하게 된다. 무엇보다도 가장 놀라운 것은 관계가 실존하는 감정의 기초 위에 있을 때 그녀의 분개와 증오심이 그녀의 어머니에게 갖고 있는 유일한 감정이 아님을 안다. 맹목적인 사랑, 감정, 그리고 즐거움이 관계에 들어 있는 감정이다. 둘 사이에는 불화, 싫음, 분노의 순간이 있다고 분명히 생각한다. 그러나 존경, 이해, 좋아함도 있을 것이다. 사람들은 많은 내담자가 배운 것을 배워야 한다고 생각하는데, 관계가 겉치레의 기초 위에 있는 것이 아니고, 실제로 존재하는 다양한 감정의 기초 위에서 생성된다는 것이다.

그것은 내가 선택한 사례에서는 표현하기 어려운 긍정적인 감정이다. 이것은 사실과는 거리가 멀다. 젊은 전문가인 K씨는 그것에 근거하여 겉치레 밑에 놓여 있는 긍정적인 감정을 충분하게 발견하기 어렵다는 것을 알았다. 간단한 인용문에서 그의 세 살 된 딸과 그와의 변화된 관계의 질을 잘 나타낸다.

그는 다음과 같이 말한다. "그 일은 내가 차를 타고 가면서 생각한 것으로—우리 어린 딸과 내가 얼마나 다양하게—오늘 아침 놀아 주느냐—그리고—우리는 지금, 아, 그러니까—왜 그렇게 말하는 것이 어려울까요? 이것은 정말로 멋진 경험이었습니다—매우 친밀하고, 그리고 즐겁고 유쾌한 일이었음을, 나는 내 가까이 옆에 있는 딸을 보고 느꼈습니다. 여기에서는 내가 생각하고 있는 것이 중요합니다—전에는 주디Judy에 관해 말할 수 있었습니다. 나는 딸에 관하여 긍정적으로 말할 수 있었습니다. 그녀가 하는 재미있는 일들과 그녀에 관한 대화로 나는 정말 행복한 아버지라는 느낌을 가졌습니다. 그러나 비현실적인 특성이 약간 있었습니다. ……비록, 나는 이런 내용을 말하고 있지만 이것이 아버지가 딸에게 말하는 방법이긴 하지만 다소 사실이 아니어서 어쩐지 허튼 소리로 들리기 때문입니다. 왜냐하면 나는 딸에 대해서 부정적이고 혼돈된 감정을 가지고 있기 때문입니다. 이제 나는 나의 딸이 세상에서 가장 멋있는 아이라고 생각합니다."

치료자: 전에는 당신이 '난 행복한 아버지여야 해.' 라고 느꼈으나 오늘 아침엔 당신은 행복한 아버지군요.

내담자: 오늘 아침에 난 확실히 그렇게 느꼈습니다. 딸은 침대에서 뒹굴었습니다. ……그리고 그때 딸은 내게 다시 자고 싶냐고 물었습니다. 그렇다고 하니까, 자신의 담요를 가지러 간다고 말하고 ……그 다음 딸은 나에게 이야기를 해 주고 ……세 가지 이야기를 하느로 ……이야기가 뒤범벅이 되었고 ……이처럼 느끼고 싶은 것이 내가 진실로 바라는 것입니다. ……나는 이런 경험을 갖고 싶습니다. 그런 느낌은 나로 하여금 ……내 추측으로는 내가 성장하는 느낌입니다. 나의 느낌은 내가 남자(어른)라는 것 ……이상하게 들릴지 모르지만, 그것은 내가 아버지란 사랑하는 책임 있는 성인임을 느끼게 하며, 이 아이의 아버지가 될 정도로 충분히 위대하고, 충분히 진지하게, 또한 충분히 행복하다고 느꼈습니다. 예전에는 무력하다고 느끼고 거의 존중받을 가치가 없으며, 아버지가 되는 것이 중요하니까 난 자격이 충분하지 못하다고 느꼈어요.

그는 훌륭한 아버지로서 그 자신에 대한 감정을 긍정적으로 받아들이고 그의 어린 딸을 위하여 따뜻한 사랑을 완전히 받아들이는 것이 가능하다는 것을 알았다. 그는 어떤 다른 감정이 내면에 잠복하고 있을 것 같은 두려움 때문에 딸을 사랑하는 척하지 않았다.

나는 이 일이 있은 후, 곧 그가 어린 딸에게 분노나 괴로움을 말하는 데 얼마만큼은 보다 더 자유롭게 표현할 수 있었다는 것이 그리 놀라운 일은 아닐 것이라고 생각한다. 그는 감정이 존재하는 것은 살아가는 데 아주 적절하다는 것을 배우고 있다. 그것들은 허식으로 가공되어선 안 된다.

상호 작용 의사소통의 개선

치료의 경험은 가족관계로 함께 살고 있는 내담자로 하여금 다른 변화를 야기시킨다고 생각한다. 내담자는 두 가지 의사소통 방법을 시작하고 유지하는 방법에 관한 어떤 것을 배운다. 다른 사람의 생각과 감정을 충분히 이해하기 위해서, 그들이 가지고 있는 뜻을, 이것이 다른 사람 안에 돌아왔을 때 완전히 이해하는 것으로, 즉 이것은 자주 일어나지는 않지만 인간의 경험에서 가치가 있는 것 중 하나다. 치료받기 위해 우리에게 찾아온 개인이 종종 말하기를 그렇게 진실한 대화가 그들의 가족 구성원과도 가능하다는 것을 발견하고는 즐거움을 나타낸다.

부분적으로 이것은 그들이 상담자와 함께한 의사소통의 경험을 통해서 가능하다고 본다. 이것은 자신을 이해하기 위한 하나의 구원이요, 방어가 풀어진 축복이라고 할 만큼, 각 개인은 다른 사람을 위해 이 같은 분위기를 만들고 싶어 한다. 한 사람의 가장 무서운 생각들, 별나고 비정상적인 감정들, 가장 어리석은 꿈과 희망들, 가장 사악한 행위들을 다른 사람이 모두 이해할 수 있다는 것을 치료 관계 안에서 발견한 것은 엄청나게 해방된 경험이다. 이를 다른 사람에게 확대할 수 있는 자원으로서 치료를 보기 시작한다.

그러나 거기에는 왜 이 내담자의 가족 구성원을 이해할 수 있는지에 대하여 보다 더 근본적인 이유가 있다. 우리가 겉모습과 같은 외관의 뒤에 살고 있을 때, 우리의 감정과 일치하지 않은 방법으로 행동하려고 할 때, 우리는 감히 자유롭게 다른 사람의 말을 경청하지 않으려고 한다. 우리는 그가 우리 겉치레의 속임수를 꿰뚫어 보지 않도록, 우리의 경계를 늦추어서는 안 된다. 내담자가 내가 묘사한 방법으로 살 때, 감정을 드러내는 상황에서 자기의 실제 감정을 나타내는 경향이 있을 때, 그의 가족관계가 실제로 존재하는 감정의 기초 위에 있을 때, 내담자는 더 이상 방어적이지 않고 정말로 경청하고, 자기 가족의 다른 구성원을 이해할 수 있다. 그는 이것이 타인에게 인생이 어떻게 보이는지 스스로 허용할 수 있다.

내가 말하고 있는 것을 앞에서 언급한 S여사의 경험으로 어느 정도 설명할 수 있다. 그녀와의 면담이 끝난 후 그녀의 경험에 대한 우리의 반응이 그녀에게 어떤지를 물었다. 그녀는 말한다. "나는 처음에 그것이 상담을 하고 있는 것인지 느끼지 못했습니다. 아세요? 나는 생각하기에, 음, 나는 말하고 있고, 그러나 ……약간의 생각을 하고 ……그것이 상담이며, 가장 좋은 종류라는 것을 깨달았습니다. 왜냐하면 내가 의사와 가족과 친구들에게 들었던 조언은 훌륭한 것이지만 별 도움이 되지 못하더군요. 그리고 내가 생각하기에 사람들에게 접근하기 위해서 어떤 종류의 장벽을 놓을 수 없습니다. 왜냐하면 진실한 반응을 얻을 수 없기 때문입니다. ……그러나 나는 생각을 많이 하며 캐롤과 함께 많은 작업을 함께하고 있습니다. (웃는 듯) 또는 시도하고 있지요. 당신도 아시지 않습니까? 그리고 ……할머니는 캐롤에게 '너는 어떻게 병든 불쌍한 할머니를 비참하게 할 수 있느냐?'라고 합니다. 그리고 나는 캐롤이 어떻게 느끼고 있는지 압니다. 그녀는 할머니가 아주 지독하게 굴어, 때리고 싶을 정도의 마음을 갖고 있어요. 그러나 나는 가급적이면 캐롤에게 너무 많이 말하지 않으려 하고, 할머니를 어떻게 대해라 등의 지시도 하지 않고 있어요. 나는 그녀를 개입시키지 않으려 합니다. 그녀에게 무슨 일이 있든 내가 그녀와 같이 있고, 그녀 배후에도 내가 있다는 것을 느끼게 합니다. 그녀가 어떻게 느끼는지를 나에게 말하게 하고 이런저런 일에 대한 반응도 말하게 하는 데 잘 진행되고 있어요. 그녀는 나에게 "엄마, 할머니는 늙었고 오랫동안 편찮으시잖아."라고 말합니다. 나는 맞다고 말해요. 나는 그녀를 책망도 칭찬도 하지 않았습니다. 이렇게 한 지가 얼마되지 않았는데도 그녀는 사소한 일을 마음속에서 떨쳐 버리고 있습니다. 물어보거나 억지로 노력하거나 그러지 않고 ……일은 다소 잘 진행되고 있습니다. 그것은 어머니에게도 약간의 효력이 있는 것 같습니다."

S여사의 경우 자신의 감정을 받아들이고 감정을 기꺼이 표현하며 감정과 함께 생활할 수 있게 되면서, 자기 딸과 어머니를 이해하는 자기의 역할에 만족감을 느끼고 있다. 그리고 그들의 인생관에도 공감을 표현하면서 말이다. 그녀는 방어적 태도에서 충분히 자유롭게 되어 수용적인 태도로 경청하고 그들에게 인생이 어떤 느낌으로 다가오는지 이해한다. 이 같은 발전은 내담자의 가정 생활에서 일어나는 특징적인 변화로 보인다.

다른 사람이 개별적으로 되는 것을 기꺼이 받아들이기

우리가 알아차린, 또 내가 설명하고 싶은 마지막 경향이 있다. 우리 내담자가 가족 구성원이 각각 자신만의 고유한 감정을 갖을 수 있도록 허용하는 방향으로 나아간다는 것이 놀랍다. 이상하게 들릴지는 모르나 실제로 급진적인 변화다. 우리 가운데 많은 사람은 우리가 알아차리지도 못하는 가운데 우리 부인들, 남편들, 자식들도 우리와 똑같은 감정을 갖도록 압력을 가하는 것을 모르고 있다. "만약 내가 너를 사랑하기를 원한다면 너도 내가 가지고 있는 것과 같은 감정을 가져야 한다. 만약 너의 행동이 나쁘다고 내가 느끼면 너도 그렇게 느껴야 한다. 만약 내가 원하는 어떤 목적이 있다면 너도 그렇게 느껴야 한다." 내담자에게 우리가 보아 온 경향은 이것과는 반대에 있다. 다른 사람이 다른 감정과 다른 가치, 다른 목적을 갖는 것을 기꺼이 받아들인다. 짧게 말하면 그로 하여금 개별적인 사람이 되도록 허용하는 것이다.

자신의 감정과 반응을 신뢰할 수 있게 되면 이러한 경향이 나타난다는 것이

나의 믿음이다. 자신의 깊은 충동은 파괴적이거나 파국적이 아니고, 자신이 경계의 대상이 아니며 인생을 실질적으로 살아가는 것이다. 그가 지닌 독특함과, 그 스스로 자신을 믿을 수 있음을 배울 때, 그의 아내와 자녀를 더욱더 신뢰할 수 있으며, 다른 사람들이 가지고 있는 독특한 감정과 가치를 받아들인다.

내가 의미하는 것이 어느 정도는 한 여성과 그녀 남편의 편지 내용에 있다. 그들은 나의 친구들로서 내가 하고 있는 일에 관심이 있었기 때문에 내가 쓴 책 하나를 가지고 있었다. 그러나 이 책의 효과는 치료와 유사하다고 보았다. 그 부인은 나에게 편지를 썼고, 편지의 문장 속에는 그녀의 반응이 포함되어 있었다. "우리는 처음에 그냥 별 생각 없이 당신의 『내담자-중심 치료Client-Centered Therapy』를 읽고 있었습니다. 나는 그것을 거의 다 읽었습니다. 당신이 책에서 말한 대부분의 평범한 것이 나의 경우에는 적용이 되지 않습니다. 사실 나에게 그 책은 상담 경험과 아주 가깝습니다. 그 책은 나에게 우리 가족의 불만족스러운 관계, 특히 필립Phillip(그녀의 열네 살 된 아들)의 태도에 관하여 생각하도록 했습니다. 나는 오랫동안 아들에게 진실한 사랑을 보여 주지 못했다는 것을 깨달았습니다. 왜냐하면 내가 항상 생각하는 기준의 정도를 따르지 못하는 그의 명백한 무관심 때문에 분개했습니다. 그 후 나는 더 이상 그의 목적을 위해서 내가 책임을 지려 하지 않고 그를 한 인간으로 대했습니다. 내가 항상 낸시Nancy에게 한 것처럼 말입니다. 그의 태도에서 나타난 변화는 정말 놀라웠습니다. 땅이 흔들리는 정도는 아니어도 마음이 따뜻해지기 시작했습니다. 우리는 더 이상 그의 학업에 대해 몰아 붙이지 않았습니다. 엊그제 그는 수학시험에서 S(보통 satisfactory 등급) 점수를 받았다고 자발적으로 우리에게 알렸습니다. 올해 들어와 처음 있는 일이에요."

몇 달 후 나는 그녀의 남편으로부터 소식을 들었다. "당신은 필립을 알아보지 못할 것입니다. ……그가 말이 많은 것은 아니지만 이전처럼 수수께끼의 인물은 더 이상 아닙니다. 우리로서는 그 애가 우등하기를 기대하지 않음에도, 그는 학교생활을 잘하고 있습니다. 당신에게 고마움을 전하고 싶습니다.

왜냐하면 내가 결국 그를 신뢰하기 시작했을 때, 그는 새로 탄생했으며, 내가 만들어 놓은 틀에 그를 맞추려 하는 일은 더 이상 하지 않기로 했습니다. 우리가 과거에 얼마나 많은 실수를 저질렀는지……."

나에게 있어서 개인을 그 자체로 믿는 개념은 대단한 의미가 되었다. 나는 처음부터 이런 방식으로 어린이를 대한다면 그것이 무엇을 의미하는가에 관하여 가끔 공상을 한다. 아이가 자신의 독특한 감정을 갖도록 허용한다고 가정해 보자. 즉, 그가 사랑을 받기 위해 자신의 감정을 자기 것이 아니라고 말하지 못한다고 상상해 보자. 그의 부모 역시 그들 자신의 독특한 감정을 표현하는 데 자유롭게 내버려 둔다고 상상해 보면, 그 감정은 아이의 것과 다르고 그들 사이에서도 다르다. 나는 그와 같은 경험을 갖는 것은 모두 의미가 있는 것이라고 생각하고 싶다. 그것은 어린이가 하나의 독특한 개인으로 성장하고 있음을 의미한다. 그의 행동이 방해를 받을 때조차도 그는 그가 감정의 '주인'임을 개방하며, 유지할 수 있음을 뜻한다. 그의 행동이 그 자신의 감정과 다른 사람의 공개된 감정을 고려하여, 현실주의와 균형을 이루고 있음을 의미한다. 내가 믿기에, 그는 책임 있고 자발적인 개인으로서, 그는 절대로 그 자신의 감정을 숨길 필요가 없으며 겉치레로 생활할 필요가 없다. 그는 우리가 흔히 겪는 부적응에서 벗어나게 되는 것이다.

전반적인 그림

만약 내가 우리 내담자가 경험한 경향을 정확하게 인식하였다면, 내담자-중심 치료는 가족 생활에 관해 많은 함의를 갖고 있다. 다소 일반적인 형태로 이것들을 다시 진술하기를 시도하고자 한다.

결국 개인은 상황이 발생하면 그들이 걱정하고 있는 사람에게 강한 또는 지속적인 감정적 태도를 그 감정 깊이의 정도에 따라 표현하는 것이 더 만족스럽다는 것을 발견하게 된다. 이것은 그런 감정이 존재하는 것을 거부하거나 폭발할 정도로 감정을 쌓아 두도록 허용하는 것이 아니다. 그들에게 일어나는 상황이 아닌 다른 것으로 지시하는 것이다.

겉치레의 바탕 위에서 살아가는 인위적인 관계보다는 실존하는 진실한 인간 상호 간 감정의 토대 위에 있는 가족관계가 더욱 만족스럽다는 것을 발견하게 되는 것 같다. 만약 진실된 감정을 인정하면 관계가 깨질 것이라는 두려움은 발견되지 않는데, 이는 특히 감정이 자신의 소유로 표현될 때와 다른 사람들의 감정을 언급하지 않을 때다.

우리의 내담자는 그들 스스로가 자유롭게 표현할 수 있을 때, 관계의 표면적인 특징이 관계가 내포되어 있는 유동적인 태도와 좀 더 맞아떨어질 때, 그들은 그들의 방어적인 태도를 중단하고 다른 사람의 말을 진심으로 경청한다. 흔히 처음에 그들은 다른 사람들이 어떻게 느끼고, 다른 사람이 왜 그렇게 느끼는지를 이해하기 시작한다. 이와 같이 서로를 이해할 때에 개인 간의 상호작용이 충만해지기 시작한다.

마침내 기꺼이 그 자신은 자신이 되고자 한다. 내가 기꺼이 나 자신이 되고자 할 때, 모든 의미가 내포된 당신이 될 수 있도록 허용할 수 있다. 이는 가족이라는 집단이 개인 목적과 가치를 갖고 있는 각각 독특한 개인이 성장하는 방향으로 가는 경향이 있으나 이런 방식으로 치료를 통해 개인이 충분히 깊게 자기 자신이 될 수 있으면 같은 목표를 추구하는 가족 내에서 현실적인 가족관계에서 큰 만족감을 얻는 것을 발견할 것이다. 가족에서의 목표는 각 구성이 자기 자신으로 발견되고 성장하는 과정을 촉진하는 것이다.

17

개인 간, 그리고 집단 간 의사소통의 부재 다루기

시기적으로 보면 이 논문은 가장 초기에 작성되었다. 이것은 1951년 노스웨스턴Northwestern 대학 커뮤니케이션 학회 10주년 회의에서 '의사소통: 장애와 촉진'이라는 제목으로 발표했었다. 이 내용은 다른 집단과 『하버드 비즈니스 리뷰Harvard Business Review』와 일반 의미론 학회Society for General Semantics 저널인 『ETC』 등을 포함해 다른 그룹과 저널 등에 6차례 발표되었다.

비록, 몇몇 예들은 구식일지 모르지만 국내 외 집단 간 긴장에 관해 중요한 점이 있다고 믿기에 그냥 포함시키기로 했다. 그 당시로서 미국-러시아 긴장에 관한 제안은 너무 이상적인 것 같이 보일지 모른다. 이제는 좋은 뜻으로 받아들일 것으로 믿는다.

심리치료를 전문으로 하는 사람이 의사소통에 관심을 갖고 있다는 것에 의문이 드는 사람들이 있을 것이다. 정서적인 부적응 문제를 가진 개인에게 치료적 도움을 제공하는 것과 의사소통에서 장애를 중심으로 이러한 논의에 대한 관심 사이에는 어떤 관계가 있을까? 사실 관계는 상당히 밀접하다. 심리치료 작업은 의사소통의 부재라고 볼 수 있다. 정서적인 부적응 문제를 가진 사람을 '신경증적'이라고 하는데, 그들이 가지고 있는 어려움 중 첫째는 자기 스스로 의사소통이 안 되는 경우고, 둘째는 이러한 의사소통의 부재로 인해 다른 사람과의 의사소통이 손상을 받아 온 경우다. 이 말이 다소 이상하게 들린다면 다른 맥락에서 보자. 신경증적인 사람에게 무의식적이라고 규정되었던, 또는 의식하지 못하게 억압이 되었거나 부인해 왔던 자신의 일부분은 단절되고 더 이상 자신의 일부를 통제하지 못하며, 의식적으로 자신과의 의사소통도 어렵게 된다. 이것이 사실이면 그는 다른 사람과 의사소통하는 방법에 왜곡이 있을 수 있고, 그래서 그는 내적으로 그리고 개인 간의 관계에서 고통을 받을 것이다. 심리치료의 역할은 사람들이 치료자와의 특별한 관계를 통해서 자신과의 좋은 의사소통 관계를 가지도록 돕는 것이다. 일단 이것이 이루어지면 그 사람은 더 자유롭고 효율적으로 다른 사람과 의사소통을 할 수 있다. 이때 우리는 심리치료란 사람의 내면과 사람들 사이에서의 좋은 의사소통이라고 말할 수 있다. 내면에서 이루어지든지 다른 사람과의 관계에서 일어나든지 좋은 의사소통, 다시 말해 자유로운 의사소통은 항상 치료적이다.

상담과 심리치료에서 의사소통의 경험을 바탕으로 하는 두 가지 생각을 제시하고자 한다. 나는 의사소통을 방해하는 중요한 요인 중 하나라고 믿는 것과 경험상으로 보아 의사소통을 향상시키고 촉진시키는 중요한 방법으로 증명된 것을 진술하고자 한다.

이러한 생각에 대한 가정으로서 나는 개인 간의 상호 의사소통을 방해하는 중요한 장애물은 다른 사람이나 다른 집단의 진술, 판단, 평가, 동의나 거절하는 자연스러운 경향성 때문이라는 것을 제안하고 싶다. 아주 간단한 예를 들어서 내가 말하고 있는 것을 진술해 보자. 오늘 밤 회의를 마치고 나갈 때 당신이 쉽게 듣게 될 말은 '나는 그 사람이 말한 것이 맘에 들지 않는다.'는 것이다. 이제 당신은 그 말에 대해서 무엇이라고 대답을 할 것인가? 거의 당신의 답은 '표현된 태도에 동의하거나 동의하지 않는다.' 중 하나를 선택하게 될 것이라는 것이 자명하다. 당신의 반응은 '나도 맘에 들지 않아. 나는 그 사람이 한 말이 참 끔찍한 것이라고 생각해' 또는 '어, 난 그의 생각이 좋다고 생각하는데……' 일 것이다. 다시 말해서, 당신의 일차적인 반응은 당신이 들은 물음에 대해서 당신 나름대로의 내적 참조의 틀을 가지고 당신의 관점에서 평가하는 것이다.

아니면 다른 예를 들어 보자. 내가 '요즘 공화당 의원들은 상당히 좋은 모습을 보이려고 하는 방식으로 행동하고 있다고 생각한다.' 라는 느낌을 가지고 말을 했다고 가정해 본다면 그 말을 들었을 때 당신의 마음속에서 어떤 반응이 떠오르는가? 그 말에 대해서 평가를 할 것이라는 가능성이 가장 클 것이다. 당신은 그 말에 동의하거나 또는 동의하지 않는다거나, '그는 보수적임에 틀림없다.' 혹은 '그는 다소 사고가 경직되어 있는 것 같다.'는 식으로 나를 평가하는 자신을 발견하게 될 것이다. 국제적인 장면에서 설명을 해보자. 러시아인은 "일본과의 조약은 미국의 전쟁음모다."라고 말한다. 우리는 한 인간으로서 "그것은 거짓이다."라고 말하기 위해서 일어설 수도 있다.

마지막 진술은 내 가설과 관련된 다른 요소에서 가져온 것이다. 평가를 하게 하는 경향성이 거의 모든 언어 교류에서 일반적이라고 하더라도 감정과 정서가 깊게 관여하게 되는 상황에서는 더 고조된다. 그래서 우리의 감정이 격해질수록 의사소통에서 상호 교류를 위한 요소가 존재하지 않을 것이라는 가능성은 커지게 된다. 심리학적인 관점에서는 서로 간에 파악하지 못할 수 있는 두 개의 생각과 두 개의 감정, 그리고 두 가지 판단이 있을 수 있다. 자신의 경험을 통해서 이것을 알게 될 것이라는 것은 분명하다. 당신이 감정적으로 관여되지 않았을 때와 열띤 토론을 듣고 있을 때는 대개 '그래, 그들은 같은 것에 대해서 말하고 있지 않군.' 이라는 생각을 할 것이다. 그리고 그들은 사실 그랬다. 그들은 자신의 견해에서 서로를 판단하고 평가하게 된다. 그 어떤 진정한 의미에서의 의사소통이라는 것은 없었다. 자신의 입장에서 볼 때 평가에 의해서 정서적으로 의미 있는 진술에 반응하는 경향성은 개인 간 의사소통을 방해하는 중요한 요인이다.

그러나 이 방해 요인을 회피하거나 문제를 해결하는 방법은 있는가? 이러한 목적 달성을 위해 우리는 흥미 있는 과정을 만들어 가고 있다고 생각한다. 그리고 할 수 있는 한 간단하게 이것을 제시하고 싶다. 이해를 바탕으로 해서 듣고 있을 때에 진정한 의사소통이 일어나고 평가하는 경향성을 피할 수 있게 된다. 무슨 의미인가? 이것은 다른 사람의 관점에서 표현된 사고와 태도를 보고, 그가 어떻게 느끼고 있는지 느껴 보고, 그가 말하고 있는 것을 고려해서 그 사람의 관점을 갖는 것을 의미한다.

간단하게 말해서 이것이 아주 쉽게 들릴 수도 있지만 사실은 그렇지 않다. 심리치료 분야에서 우리가 발견할 수 있는 설득력 있는 접근이다. 이것은 한 개인의 기본 성격 구조를 변화시킬 수 있고, 다른 사람과의 관계와 의사소통을 증진시킬 수 있는 효과적인 방법이다. 만약 그가 나에게 할 수 있는 말을 경청할 수 있다면, 그에게 어떤 의미인지, 정서적으로 어떻게 느끼는지, 그렇다면 나는 그의 변화를 도모할 수 있는 강력한 힘을 끌어내는 것이다. 만약 내가 그가 얼마나 자신의 아버지, 대학, 공동체를 증오하고 있는지를 이해할 수 있다면—정신이상에 대한 두려움, 원자폭탄에 대한 두려움 또는 러시아에 대한 두려움의 정도를 알 수 있다면—그가 증오하거나 두려워하는 사람 또는 상황과 현실적이고 조화로운 관계를 형성하고, 바로 그 증오나 두려움을 바꾸도록 그 사람을 돕는 데 상당한 도움이 될 것이다. 우리의 연구에서 그에 '대한' 것이 아니라 그와 함께하는 공감적 이해는 성격을 변화시키는 데 중요한 역할을 하는 효율적인 접근법이다.

어떤 사람은 그런 결과를 본 적이 없을 수도 있고, 어떤 이는 사람들에게서 잘 들어 왔다고 느낄 수도 있다. 그런 연구 결과를 접할 수 있는 기회는 좋은 것인데 사실 당신이 말하는 경청이라는 것이 내가 기술했던 그런 종류의 것이 아닐 수도 있다. 운 좋게 나는 당신의 이해 정도를 시험할 수 있는 많은 실험을 제시할 수 있다. 다음에 당신이 부인이나 친구 또는 소그룹에서 친구들과 논쟁이 시작된다면 잠시 논쟁을 멈추고 실험 삼아서 이런 법칙을 실시해 보자. "개개인은 바로 앞서 말한 사람의 감정과 생각, 그리고 화자의 만족감에 대해서 우선 정확하게 진술을 한 후에만 자기 자신에 대해 이야기할 수 있다." 이것이 무엇을 의미하는지 알 것이다. 자신의 견해를 제시하기 전에 다른 화자의 내적 참조의 틀을 이해하는 것이 필요하다는 것을 의미한다—화자의 생각과 감정을 이해해야 당신이 이해한 화자의 감정과 생각을 잘 요약할 수 있다. 아주 간단하다. 그렇지 않은가? 그러나 당신이 이것을 한번 시도해 본다면 당신이 이전에 했던 어떤 것보다도 가장 어려운 것 중 하나라는 것을 발견하게 될 것이다. 그러나 일단 당신이 다른 사람의 견해를 이해하면 당신의 견해는 과감하게 재검토되어야만 한다. 당신은 논의에서 감정이 개입되고 있다는 것, 서로 간의 차이점이 감소하고 있다는 것, 그런 견해 차이가 합리적이고 이해할 수 있는 부류로 남겨질 것이라는 사실을 발견하게 될 것이다.

다른 광범위한 분야에서도 적용된다면 어떤 종류의 접근이 의미 있는 것인지를 상상할 수 있겠는가? 근로자의 동의를 필요로 하지 않은 상태에서 근로자가 경영자가 수용할 수 있는 방식으로 경영자의 견해를 진술하는 방식으로, 또는 근로자의 동의 없이 수행이 된다면, 그리고 경영자가 노동자가 동의한 방식으로 근로자의 입장을 정확하게 진술할 수 있다면 근로자-경영자 간의 논쟁 과정에서 어떤 일이 일어나겠는가? 그것은 실제로 의사소통이 이루어진다는 것을 의미하는 것이고, 실제적으로 사람들은 어떤 합리적인 해결에 도달할 것이라는 보장을 할 수 있다.

내가 말했던 그 실험을 해 보겠다고 동의할 것이라는 것을 내가 확신했던 것처럼 이런 접근방식이 좋은 의사소통과 좋은 관계에 효과적인 다리가 된다면 그것이 더 넓게 시도되고, 사용되지 않는 이유는 무엇인가? 나는 그것이 유용하게 사용되는 것을 방해하는 어려움을 제시할 것이다.

우선, 용기가 필요하다. 나는 이런 방식으로 심리치토를 수행하는 것은 위험이 따르고 용기가 필요하다는 것을 지적해 준 의미론 학자이신 하야카와S. I. Hayakawa 박사에게 큰 은혜를 입었다. 당신이 정말로 이런 방식으로 다른 사람을 이해하고자 한다면, 어떤 평가적인 판단을 하지 않고, 삶이 그 사람에게 나타나는 방식을 이해하는 사적 세계로 들어간다면, 당신은 자신을 변화시켜야 하는 위험에 빠지게 된다. 당신은 그의 방식으로 이해하고 당신의 태도나 성격에 영향을 받고 있다는 것을 발견할 수도 있다. 변화되는 것에 대한 위험은 우리가 직면하게 될 가장 두려운 점 중 하나다. 내가 될 수 있는 한 완전하게 신경증적이고 정신병적인 개인의 사적 세계에 들어간다면, 나는 그 세계에서 길을 잃을 수도 있는 위험이 있지 않겠는가? 우리는 대부분 그런 위험을 감수하기를 두려워한다. 또는 우리가 여기서 오늘 밤 화자로 러시아의 공산주의자를 만나게 되면, 또는 조셉 맥카시 의원Senator Joseph McCarthy을 만난다면 우리 중 이들과 같은 관점으로 세상을 보고자 하는 시점이 과연 몇 명이나 될까? 우리의 대다수는 잘 듣지 않을 수도 있다. 우리는 평가를 강요당하고 있는 자신을 발견한다. 듣는 것은 상당히 위험스러운 것으로 보이기 때문이다. 그래서 우선 용기가 필요한 것이고, 우리가 항상 용기를 가지고 있는 것은 아니다.

그러나 여기에 두 번째 장애물이 있다. 다른 사람이나 집단의 참조 체제를 획득하기에 가장 어려운 때는 감정이 강렬할 때다. 의사소통을 하기 위해서는 이때에 태도가 가장 필요해지는 때다. 우리는 심리치료의 경험으로 보아 이것을 극복할 수 있다는 것을 알았다. 제3자가 그 자신의 감정과 평가를 배제한 채 서로 간을 이해하면서 경청함으로써, 그리고 개개인이 지니고 있는 관점과 태도를 분명히 해 줌으로써 상당히 도울 수 있다. 모순적이고 대립적인 태도가 보이는 작은 집단에서는 이것이 아주 효과적이라는 것을 발견해 왔다. 논쟁의 대상이 되는 사람에게 그들이 이해받고 있다는 것을 알게 되거나, 누군가가 그들에게 상황이 어떤지를 보여 주었을 때 진술의 과장은 줄어들고 방어적인 태도도 감소한다. 그리고 더 이상 '내가 100% 옳아. 네가 100% 틀렸어.'라는 태도를 유지할 필요가 줄어든다. 집단에서 그런 이해 촉진자의 영향은 집단원들이 관계에 관련된 객관적인 진실에 더 가까워지도록 만든다. 상호 간의 의사소통이 이런 방식으로 이루어지고 어떤 형태의 동의를 얻어 낼 가능성이 커진다. 그래서 우리는 감정이 고조되어서 상대편을 이해하는 것이 어렵게 되더라도 경험을 통해 볼 때 중립적이고 이해심이 있는 촉진적 유형의 리더나 치료자는 작은 집단에서 이러한 장애물을 극복할 수 있다.

그러나 마지막 단계로 내가 기술했던 접근을 유용하게 사용하는 것을 방해하는 장애물을 제시한다. 지금까지 우리의 경험은 구조적 긴장, 종교적 긴장, 인종적 긴장이 존재하는 집단, 그리고 많은 개인적 긴장이 존재하는 치료집단인 면대면 집단에서 이루어졌다. 제한된 연구 결과에 따르면 이러한 작은 집단에서 경험은 듣는 것, 공감적 접근은 향상된 의사소통을 유도한다는 것을 보여 준다. 다른 사람을 더 잘 수용하고, 또한 수용되며 자연적으로 긍정적이고 문제 해결적으로 된다. 방어, 과장된 진술, 평가적이고 비판적인 행동이 감소한다. 그러나 이러한 연구는 작은 집단에서 기인한 것이다. 지리적으로 멀리 떨어져 있는 더 큰 집단 간의 이해를 얻어 내기 위해서는 어떠한가? 또는 미국의 대의원들 같이 자발적으로 대화를 시작하지 않고 다른 사람의 제안에 의해서만 말을 하는 면대면 집단 사이에서는 어떠한가? 솔직히 우리는 이러한 질문에 대한 답을 모른다. 나는 상황이 그 방법을 제시해 줄 수도 있다고 믿는다. 사회과학자처럼 우리는 의사소통 부재 문제의 실험적인 해결책을 가지고 있다. 그러나 실험을 통해 얻은 해결책의 유용성을 확신하기 위해서, 그리고 그것을 계층 간, 집단 간, 그리고 국가 간의 의사소통 부재라는 큰 문제에 적용하기 위해서 더 많은 연구지원금이 필요하고, 더 많은 연구가 선행되어야 하며, 창조적인 사고가 필요하다.

우리의 제한된 지식만으로도 우리는 큰 집단에서도 경청을 증가시키고 평가를 줄일 수 있는 단계를 알 수 있다. 잠시 상상을 해 보자. 치료적인 태도를 가진 국제 집단이 러시아의 지도자에게 가서 다음과 같이 말했다고 가정하자. “우리는 미국에 대한 당신의 태도와 감정, 그리고 더 중요한 당신의 견해를 순수하게 이해하고 싶습니다. 우리는 필요하다면 그것이 당신에게 일어난 것처럼 우리의 설명이 그 상황을 잘 이야기하고 있다고 인정할 때까지 이러한 견해와 감정을 요약하고 재요약할 것입니다." 그리고 그들이 우리나라의 지도자들에게 똑같이 했다고 가정하자. 그들이 욕을 하지 않은 감정을 동반하여 이와 같은 두 가지 견해에 대해 폭넓은 가능성을 가지고 설명한다면 더 효과적이지 않겠는가? 내가 설명한 대로의 이해라는 보장은 없지만 그것이 더 가능성이 있을지도 모른다. 우리는 미워하는 감정을 가진 사람에게도 주먹을 휘두르는 경우보다 중립적인 제3자가 그의 태도를 정확하게 설명하면 그의 감정을 이해할 수 있다.

그러나 그런 첫 단계를 설명하는 것은 이해를 위한 이러한 접근을 방해하는 다른 장애물을 제안하는 것이다. 우리의 문명은 사회과학에서의 연구를 이용하는 데 아직 충분히 믿지 못하고 있다. 반대로 물리과학의 연구는 신뢰를 얻고 있다. 합성고무 문제의 해결이 실험실 내에서 이루어졌던 전쟁 중에 수백만 달러와 많은 군대가 그 연구를 이용해서 그 문제에서 자유롭게 되었다. 만일 합성고무가 밀리그램 단위로 만들 수 있다면 그것은 수천 개의 도구로 만들 수도 있다. 그리고 그것은 실제로 가능했다. 그러나 사회과학의 실제에서 소집단 내에서 상호 이해와 의사소통을 촉진하는 그런 방법이 발견되어도, 그 연구가 유용성이 있을 것이라는 보장이 없다. 그것은 연구비 이전의 일반적인 것이고, 그 연구를 탐구하기 위해서는 이해력이 자유로워져야 한다.

결론을 내리면 나는 의사소통의 장애 문제를 위한 작은 범위에서의 해결을 요약하고, 그런 특징 몇 가지를 지적하고 싶다.

나는 우리의 연구와 경험이 의사소통의 부재, 그리고 의사소통의 중요한 장애인 평가적 경향성을 피할 수도 있다는 것을 분명히 했다고 말했다. 문제 해결은 개개의 다른 집단이 다른 사람의 견해로 그 사람을 이해하게 되는 상황에 도달함으로써 이루어진다. 실제 이것은 공감적으로 개개의 관점을 이해하게 되는 사람과 이해를 더 촉진시키는 촉진자로서 행동하는 사람의 영향으로 감정이 고조될 때조차도 이루어질 수 있다.

이러한 과정은 중요한 특성을 가진다. 그것은 다른 집단이 준비되기를 기다리지 않고도 한 집단에 의해서 시작될 수 있다. 그것은 심지어 중립적인 입장을 가진 사람에 의해서 그가 한 집단에서 최소의 협동을 얻을 수 있다는 것을 알면서 시작될 수도 있다.

이러한 절차는 의사소통에서 거의 모든 실패를 특성으로 하는 '거짓된 겉치레', 거짓말, 방어적인 과장, 불성실을 다룰 수 있다. 사람들의 유일한 목적은 판단을 하는 것이 아니라 이해를 하는 것이라는 것을 발견했을 때에 이러한 방어적인 왜곡은 놀랄 만한 속도로 사라지게 된다.

이러한 접근은 꾸준하고도 빠르게 진실을 발견하는 쪽으로, 그리고 의사소통의 장애물을 현실적으로 가치평가하는 쪽으로 이끈다. 한 집단에서 방어가 줄어들면 이는 다른 집단의 방어를 줄게 하고, 드디어 진실에 접근할 수 있게 된다.

이러한 절차를 거쳐 점차적으로 의사소통은 이루어진다. 상호 간의 의사소통은 개인이나 집단을 공격하기보다 문제를 해결하는 방향으로 가는 경향이 있다. 나의 경우처럼 당신에게 문제가 어떻게 나타나는지를 알고 당신의 경우처럼 나에게 문제가 어떻게 나타나는지를 당신이 알게 되는 상황에서 이르어진다. 그러므로 정확하고 현실적으로 정의하자면 문제는 거의 지적인 반격에 굴복하고, 또는 해결할 수 없는 상황에 있다면 그렇게 기분 좋게 수용될 수도 있다.

이것은 소집단에서 일어날 수 있는 의사소통 실패에 대한 인공적 해결과 같이 보인다. 현대 사회에서 존재를 심각하게 위협하는 의사소통의 비극적이고 거의 치명적인 실패에 그것을 더 연구하고 정의하고 개발하고, 그리고 적용하도록 이 작은 규모의 해답을 받아들일 수 있겠는가? 내가 보기에 이것은 우리가 탐구할 가능성이 있고 도전해 볼 만한 것이다.

18

대인관계에 대한 일반적인 법칙의 시험적 공식

최근 여름 동안 나는 나를 애타게 하며 괴롭히던 이론적인 문제에 대한 어떤 생각을 했다. 성장을 촉진하거나 그 반대의 경우 중 어떤 관계를 가지게 하는 요소를 하나의 가설로 일반화하는 것이 가능한가? 나는 혼자서 짧은 글을 작성했다. 그리고 그것을 내가 협의하고 있는 어떤 산업 경영자와 워크숍에 참여한 사람들에게 사용할 기회가 있었다. 그것은 모두에게 흥미 있는 것으로 보였는데, 그런 문제에 대한 찬반양론에서 그것을 논의한 산업 지도자들을 가장 자극한 것은 슈퍼바이저-슈퍼바이지 관계, 노동자-관리자 관계, 경영자 훈련, 최고 경영자들 간의 대인관계다.

나는 이 글이 매우 시험적이라고 여기며, 따라서 이것의 타당성을 확신하지는 못했다. 나는 그것을 읽은 많은 사람이 그것이 도발적인 것을 발견하였기 때문에, 그리고 그것의 출판이 유용성을 검사해 보고자 하는 조사 연구들을 고무시킬 수도 있다고 보기 때문에 이 책에 포함시켰다.

나는 우리의 연구를 심리치료 분야에서 어떻게 일반적으로 인간관계에 적용할 수 있는지를 혼자서 여러 차례 질문했다. 최근 나는 이 문제에 대해서 많은 생각을 했고, 내담자-중심 치료에서 이론적 배경의 확대로 대인관계 이론을 말하기 위해서 노력했다[1, 제4부].

이 글은 그 이론의 여러 방면 중 하나에 대해 설명한다. 관계가 성장, 강화, 개방, 그리고 두 사람 간의 발전에 도움이 될 것인지, 또는 관계가 두 집단에게 있어 심리적인 성장의 금지, 방어, 그리고 장애를 가져올 것인지를 결정하는 규칙, 즉 모든 인간관계에서 인식된 기본적인 규칙을 보도록 노력하고 있다.

일관성의 개념

내가 말하고 싶었던 많은 것의 기본은 '일관성'이다. 이 구조는 대인관계와 치료에서 중요하게 보이는 일련의 현상을 다루기 위해서 개발되었다. 나는 그것을 정의하려는 노력을 하고 싶다.

일관성은 우리가 경험과 인지 간의 정확한 조화를 지적하기 위해서 사용하였던 단어다. 그것은 경험, 인지, 그리고 의사소통의 조화를 다루기 위해서 더 넓게 확대될 수 있다. 아마 가장 간단한 예로 유아를 들 수 있다. 유아가 신체적이고 본능적인 수준에서 배고픔을 경험한다면 유아의 인지는 경험과 조화되어 나타난다. 그리고 유아의 의사소통은 경험과 일치된다. 유아가 배가 고프고 불만족스럽다. 모든 단계에서 이런 현상은 사실이다. 유아는 그 순간 배고픈 자신과 통합되고 일체화된다. 다시 말해서, 유아가 만족스럽고 배가 채워지면 이것은 또한 본능적 수준, 인식의 수준, 그리고 의사소통의 수준과 유사하게 일체화된 일관성이다. 만일 유아가 감정이나 화, 만족, 두려움을 어떤 방식으로든 표현한다면 우리 마음속에서는 유아가 그것을 경험하고 있다는 것을 결코 의심하지 않는다. 유아는 두렵고 사랑하고 배고픈 것 등 무엇이든 간에 솔직히 표현한다.

일관성의 예로 우리는 유아 단계를 지난 어떤 사람을 생각해 보아야 한다.

쉽게 이해할 수 있는 예를 들기 위해서 집단 토의에서 화가 나 있는 사람을 보자. 그는 얼굴이 상기되었고, 화가 나는 어조로 말을 하고 있다. 그는 상대편 사람에게 손가락질을 하고 있다. 한 친구가 "이봐, 이것에 대해 화내지 말자." 라고 말했을 때 그는 아주 분명히 솔직하게 놀라서 답을 했다. "화 안 났어. 나는 이것에 대해 어떤 감정도 가지고 있지 않아. 나는 단지 논리적인 사실만을 지적하고 있는 거야." 집단에 있는 다른 사람이 갑자기 그 말을 듣고 웃음을 터뜨렸다.

여기서 무슨 일이 일어난 것인가? 분명 생리적 수준에서 그는 화를 내고 있다. 이것은 그의 인식과 일치하지 않고 있다. 의식적으로 그는 화를 경험하고 있지 않으며, 그가 의식적으로 알고 있어도 이것에 대해서 말하고 있지 않다. 경험과 인지 간에, 그리고 경험과 의사소통 간의 불일치가 있다.

여기에서 언급되어야 할 또 다른 것은 그의 의사소통은 사실 모호하고 불분명하다는 것이다. 단어로는 논리와 사실을 말하고 있지만 어조와 수반되는 몸짓으로는 전혀 다른 메시지 '나는 화가 나 있다.'를 전하고 있다. 나는 의사소통의 모호성과 모순은 그 순간에 불일치를 경험하고 있는 사람이 의사소통을 하려고 노력하고 있을 때에 늘 일어나는 것이라고 믿는다.

불일치의 개념에 대한 또 다른 양상은 다음 예로 설명된다. 개인은 스스로 일치의 수준을 판단하지 못한다. 그래서 집단에서 웃음을 터뜨린 사람은 그가 그렇게 생각하고 있는지와 상관없이 분명하게 그 사람이 화를 내고 있다고 판단을 했다. 여전히 그의 의식 수준에서는 화가 났다는 것은 사실이 아니다. 다시 말해서, 일관성의 정도는 그 순간에 자기 스스로 평가할 수 없는 것이다. 우리는 외적인 참조 체제에서 그것을 측정하기 위한 연구를 해 왔다. 우리는 또한 과거에 내부에서 불일치를 인식하는 개인의 능력으로부터 불일치에 대해 연구를 했다. 앞의 예에 나오는 그 사람이 치료를 받게 되면 그는 치료 시간에 수용적인 안전한 상황에서 이 사건을 다시 보게 된다. "이제 나는 그 당시에는 내가 화가 났다고 생각하지 못했지만 이제는 그에게 화가 나 있었다는 것을 알았어요." 이제 우리는 그가 분노를 인지하지 못하도록 했던 그 순간의 방어 체계를 깨닫게 되었다고 말할 수 있다.

또 다른 사례는 불일치의 다른 면을 보여 줄 것이다. 브라운Brown 여사는 하품을 하면서 시계를 쳐다보고 있으면서 떠날 시간에 여주인에게 "정말 즐거운 저녁이었어요. 환상적인 파티예요."라고 말했다. 여기서 불일치는 경험과 인지 사이에서 일어나는 것이 아니다. 브라운 여사는 지루하다는 것을 알고 있었다. 불일치는 인지와 의사소통 간에 나타난다. 경험과 인지 간의 불일치가 있을 때에는 방어나 인식의 부인을 통해 말한다는 것을 앞서 언급하였다. 인지와 의사소통 간의 불일치가 일어났을 때는 대개 거짓말이나 사기를 생각해 볼 수 있다.

여기에는 명백하지 않은 일관성의 구조에 대한 중요한 필연적인 결과가 있다. 그것은 이런 방식으로 설명할 수 있다. 개인이 그 순간 완전히 일치하고 있다면 그의 실제적인 생리적 경험은 정확하게 인식될 수 있고, 그의 의사소통이 인지한 것과 일치하게 된다면 그의 의사소통은 외적 사실에 대한 표현을 억제하지는 못할 것이다. 일관성이 있다면 그는 "그 바위는 단단해." "그는 어리석어." "너는 나빠." 또는 "그녀는 지적이야."라고 말할 수는 없다. 이것에 대한 이유는 우리가 결코 그런 사실을 경험하지는 못했다는 것이다. 경험에 대한 정확한 인식은 항상 감정, 인지, 내적 참조 체제에서의 의미로 표현될 수 있다. 그가 어리석다거나 당신이 나쁘다는 것을 나는 결코 모른다. 단지 나에게 당신은 그런 방식으로 여겨진다는 것이다. 게다가 엄격하게 말해서 내가 바위 위에 넘어져서 그것이 단단하다는 것을 경험하여 확신을 가지더라도 바위가 단단하다는 것도 모른다. (그리고 나는 물리학자가 초고속 원자나 분자가 통과할 수 있는 양으로 그것을 인지하는 것을 받아들일 수 있을 때조차도) 그 사람이 철저하게 일관성이 있다면 그의 모든 의사소통은 물론 개인적인 인지의 맥락 속에 놓이게 된다. 이것은 매우 중요한 함의를 갖는다.

별도로 항상 개인적인 맥락에서 말을 하는 사람도 일관성이 암시되어 있다고 볼 수 없다. 왜냐하면 그것이 방어의 한 유형으로 표현된 것일 수 도 있기 때문이다. 따라서 일관성 순간에 있는 사람은 타인이나 외부 세계의 사실에 근거하지 않고 이에 대한 자신의 인식과 감정을 소통할 필요가 없다. 그러나 그 반대의 경우는 해당이 안 된다.

일관성에 대한 이러한 개념은 많은 특성과 암시를 지니고 있는 다소 복잡한 개념이라는 것을 충분히 말했을지 모른다. 비록, 어떤 연구는 완성이 되었고, 과정 중이어서 무엇이 경험되고, 그 경험의 인식과 멀어져 그대로의 조작적 척도는 가능할지 모르지만 조작적 용어로 정의한다는 것은 쉽지 않다.

이러한 구조의 정의에 대해 더 일반적인 방식으로 결론을 내리기 위해서 나는 우리 모두가 다루고 있는 개개인에게 일관성을 가지고 있거나 일관되지 않게 반응하고 있다는 것을 인지하는 경향이 있다고 믿는다. 어떤 사람은 대부분 영역에서 의식적으로 정확하게 자신이 말하고 있는 것을 이해하고 있고, 그의 깊은 감정 역시 그가 표현하고 있는 것에 일치하고 있다. 경험하고 있는 것이 분노든 경쟁심이든 애정이든 협동심이든 간에 말이다. 우리는 '정확하게 그가 어떤 입장인지를 안다.'고 느낀다. 다른 사람과는 그가 말하고 있는 것이 겉모습, 외관이라는 것도 안다. 정말로 그가 무엇을 느끼고 있는지 궁금하다. 우리는 그가 자신이 느끼고 있는 것을 알고 있는지 궁금하다. 우리는 그런 사람에게는 신중하고 조심하는 경향이 있다.

분명히 개인에 따라서 일관성의 정도가 다르고, 같은 사람이라도 상황에 따라서 달라진다. 그런 차이는 그가 경험하고 있는 것에 달려 있고 그가 인지적으로 그런 경험을 받아들일 수 있는지의 여부, 또는 그것에 저항하여 자신을 방어해야 하는지의 여부에 따라 달라진다.

대인관계에서 의사소통의 일관성

대인관계에서 이 개념에 대한 중요성은 우리가 스미스Smith와 존스Jones를 가정하여 몇 가지 설명을 한다면 이해하기 쉬울 것이다.

❶ 존스에 대한 스미스의 어떤 의사소통은 스미스에게 있어 어느 정도는 일치하는 것으로 나타난다. 이것은 앞에서 말한 것으로 보건대 분명하다.

❷ 스미스의 경험, 인지, 그리고 의사소통의 일치 정도가 커질수록 존스는 의사소통이 분명하게 이루어지고 있다는 것을 경험할 수 있게 된다. 이것은 적절하게 설명될 것으로 믿는다. 스미스에게 일치와 통합이 일어나기 때문에 말의 속도나 어조, 그리고 제스처에서 얻을 수 있는 모든 단서가 통합된다면 이러한 단서들이 존스에게 있어 모호하고 불분명한 의미를 가질 가능성은 줄어들게 된다.

❸ 결과적으로 스미스가 하는 말들이 분명할수록 존스는 진실하게 반응한다. 이것은 존스가 토의 중인 주제를 다룸에 있어서 완전히 불일치하고 있다고 하더라도 존스가 경험한 스미스의 말이 모호한 것으로 경험이 된다면 그때보다도 그의 반응이 더 분명하고 일관성이 있다는 것을 말하는 것이다.

❹ 스미스가 토론에서 말하고 있는 것에 대한 주제에 일치하는 정도가 클수록 스미스는 이 부분에서 자신을 방어하려는 태도가 감소할 것이고, 존스의 반응을 더 정확하게 들을 수 있을 것이다. 다른 말로 표현하자면 스미스는 자신이 느끼고 있는 것을 솔직하게 표현했다. 그러므로 그는 듣는데 자유로웠다. 그가 방어하기 위해서 속임수를 적게 사용하면 그는 정확하게 존스가 말하고 있는 것을 더 잘 들을 수 있다.

❺ 그러나 그때 존스는 어느 정도는 공감적으로 이해받고 있다고 느낀다. 존스는 자신이 방어적으로든지, 또는 일관성이 있든지 간에 자신을 표현하고 있다고 느끼고 있는 한 스미스는 존스가 자신을 보고 있는 것처럼, 그리고 생각을 하면서 그 주제를 다루고 있는 것처럼 존스를 이해하게 된다.

❻ 존스의 입장에서는 자신이 이해받고 있다고 느끼는 것은 그가 스미스에 대한 긍정적인 존중을 경험하는 것이다. 이해받고 있다고 느끼는 것은

그 사람이 스미스의 사례와 같이 다른 경험 속에서 일종의 긍정적인 변화를 가지고 있다고 느끼는 것이다.

❼ 그러나 존스는 어느 정도 ① 이 관계에서 스미스가 일관성이 있고 통합되어 있다고 경험한다. ② 존스는 스미스가 자신을 긍정적으로 생각하고 있다고 경험한다. ③ 스미스가 공감적으로 이해하고 있다고 경험한다. 다시 말해, 치료적인 관계의 조건이 어느 정도 성립이 되었다. 나는 우리의 경험에서 나온 조건들이 치료에서 필요충분조건이라는 설명을 다룬 논문(2)에서 설명하였기에 여기에서 다시 설명하지는 않겠다.

❽ 존스가 치료적 관계의 이러한 특성을 경험한 것의 범위를 넓혀 보면 그는 의사소통에서 어려움을 적게 경험했을 것이다. 그러므로 그는 더 일관성 있게 자신과의 대화를 할 경향이 있다. 조금씩 그의 방어는 감소한다.

❾ 더 자유롭게, 그리고 방어를 하지 않고 의사소통을 한다면 존스는 방어적인 왜곡을 하지 않고도 이제 더 정확하게 들을 수 있다. 이것은 네 번째 단계가 반복되는 것이고, 존스의 입장에서 일어나고 있다.

❿ 존스가 들을 수 있는 정도에서 스미스는 이제 공감적으로 이해한다. (존스의 5단계) 존스는 긍정적인 생각을 경험한다(6단계와 병행). 그리고 스스로 그 관계가 치료적이라는 것을 알게 된다(7단계와 병행). 그러므로 스미스와 존스는 어느 정도 상호 간에 치료적인 관계를 가졌다.

⓫ 이것은 치료의 과정이 서로에게 일어나고 치료의 결과는 그 수준에서 서로에게 일어난다는 것을 의미한다. 통합과 합일의 정도가 커지는 방향으로 성격의 변화가 일어나고, 갈등이 감소하며, 효율적인 삶을 위해서 에너지를 이용할 수 있으며, 성숙한 형태로 행동상의 변화가 생긴다.

⓬ 이런 일련의 사건에서 제한된 요소는 위협적인 요소로 나타난다. 그러므로 3단계에서 존스가 그의 더 일관적인 반응에서 스미스의 일관성의 실제 밖에 존재하는, 스미스의 비일관성에 속하는 분야를 다루는 새로운 요소를 포함하고 있다면 스미스는 정확하게 듣지 못할 수도 있다. 스미스

는 존스가 말하고 있는 것을 듣지 않으려고 방어할 것이고, 모호한 의사소통으로 반응할 것이다. 그리고 각 단계에서 기술한 전체 과정이 반대로 일어나기 시작한다.

일반적인 법칙에 대한 가설적 진술

앞의 모든 것을 고려해 볼 때 그것을 일반화된 법칙으로 더 간략하게 설명할 수 있을 것 같다. 여기에서 그런 시도를 해 본다.

① 두 사람이 접촉한 상태로 존재할 수 있는 최소의 자발성, ② 다른 사람이 말하는 것을 받아들일 수 있는 최소의 자발성과 능력을 가정해 보자. 그리고 ③ 일정 시간을 지나도 서로 접촉을 유지하는 상황을 가정해 보자. 그러면 다음의 관계는 진실을 포함해서 가설로 세워진다.

> 개인에게 있어서 경험, 인지, 그리고 의사소통이 일관될수록 그 다음에 이어지는 관계는 다음과 더 많이 관련될 것이다. 즉, 일관성의 정도가 높은 일시적인 의사소통을 할 경향성, 의사소통을 서로 정확하게 이해할 수 있을 경향성, 서로 간에 향상된 심리적인 판단과 기능, 관계에 있어서의 상호 만족감이 커진다.
>
> 반대로 경험과 인식 간의 불일치된 의사소통이 증가하면 이어지는 관계는 같은 정도의 의사소통이 있고, 두 편 간의 적절하지 않은 심리적인 조정과 기능에 의해 정확한 이해가 통합되지 않을 것이고, 관계에서 서로 간의 불만족은 커질 것이라는 사실을 포함한다.

아마 더 확실한 정확성이 있으면 이런 일반적인 법칙은 의사소통에서 듣는 사람의 인식이 중요하다는 것을 인식하는 방식으로 진술될 수 있다. 그러므로 가설로 진술된 법칙은 접촉한 상태로 있을 가능성에 앞서 같은 선행조건을 가정한다면 이러한 말로 설명할 수 있을 것이다.

Y가 X의 의사소통을 경험, 인식 그리고 의사소통의 일치성으로서 경험할수록 그 다음에 이어지는 관계는 앞에서 진술한 것과 관련될 가능성이 커진다.

이런 식으로 진술된다면 Y의 X의 의사소통에 대한 인식이 너무 어려워서 측정이 불가능한 상태는 아니기 때문에 이 법칙은 검사해 볼 만한 가능성이 있는 것으로 생각되는 가설이 된다.

실존적 선택

사실 매우 조심스럽게 이 모든 문제에 대한 하나의 측면에서 이야기를 시작하고 싶다. 그 측면은 비록 세련되게 진술되지는 못하지만 치료적인 관계와 또 다른 관계에서 아주 진솔하다.

실제적인 관계에서 내담자와 치료자는 종종 실존적인 선택의 문제에 직면하게 된다. "내가 느끼는 정도의 수준에서 일관되게 의사소통을 해도 되나요? 의사소통에서 내 경험과 그 경험의 인식을 조화시켜도 되나요? 지금의 상태대로 말을 하거나, 아니면 조금은 나의 현재 상태와 다르게 혹은 완전히 다르게 말을 해야 하나요?" 이 문제의 강렬함은 종종 위협이나 거부의 예상할 수 있는 가능성에 놓여 있다. 관계된 경험을 완전히 인식해서 의사소통하기 위해서는 대인관계에 위험이 존재한다. 그것은 이 위험을 감수하느냐 마느냐에 따라 주어진 관계가 더 상호 치료적으로 되느냐 아니면 비통합적인 방향으로 가느냐를 결정하게 된다.

달리 표현한다면, 나는 나의 경험이 나의 인식과 일치할 것인지를 선택할 수 없다. 이것은 내가 인식하고 있지 못하는 나의 방어의 필요성으로 대답할 수 있다. 그러나 여기에는 나의 의사소통이 내가 경험하고 있는 것에 대한 인식과 일치하는지로에 관한 지속적인 실존적 선택이 있다. 관계에서 매 순간의 선택은 그 순간이 이러한 가설로 정의된 법칙의 어느 방향에 있느냐에 따라서 달라진다.

참고문헌

1. Rogers, Carl R. A theory of therapy, personality and interpersonal relationships. In Koch, S. (Ed.). *Psychology: A Study of a Science*, vol. Ⅲ. New York: McGraw-Hill, 1959, 184−256.
2. Rogers, Carl R. The necessary and sufficient condition of therapeutic personality change, *J. Consult. Psychol.*, *21*, 95−103.

19

창조성에 대한 이론

나는 1952년 12월 오하이오 주립대학교 후원 그룹의 초대로 창조성에 대한 회의에 참석하게 되었다. 그곳은 예술가, 작가, 무용가, 음악가뿐 아니라 다양한 분야의 교육자들이 대표로 초대되었다. 게다가 창조적인 과정에 흥미를 가지고 있는 철학자, 정신과의사, 심리학자 등이 있었다. 그것은 중요하고 영향력 있는 회의였고, 나로 하여금 창조성과 그것을 조장할 수도 있는 요소에 대한 개략적인 책을 출판하게 만들었다. 이러한 것들은 후에 다음의 논문에서 부연 설명되었다.

창조적인 사람에 대한 창조적인 행동은 사회의 절대적인 필요에 의한 것이라는 입장이다. 창조성에 대한 시험적인 이론의 시작이 정당화된 것이 바로 이것이다. 그 이론에는 창조적인 행동의 성질, 창조성이 생겨나는 조건, 그리고 건설적으로 조장될 수 있는 방식이 포함된다. 그런 이론은 이 분야에서 연구를 하게 하는 지침서와 자극제로 작용한다.

사회적 요구

우리의 문화와 그것의 주류에 대한 심각한 비평 중 많은 것은 창조성의 결여라는 의미에서 생각해 볼 수 있다. 이러한 것들의 일부를 간단하게 진술해 보자.

교육에 있어 우리는 자유로운 창조적이고 기본적인 사고자가 되기보다는 완성된 교육을 받는 순응자나 인습자가 되는 경향이 있다. 우리의 여가시간 활동에는 수동적인 오락, 그리고 엄격히 관리된 집단 활동은 많으나 창조적 활동은 별로 없다. 과학 분야에서는 기술자가 충분히 있으나 창조적으로 풍부한 가설이나 이론을 일반화할 수 있는 사람은 사실 적다. 산업 분야에서 경영자, 디자이너, 연구학과의 장이라는 소수의 사람이 창조성을 보유하고 있다. 반면에 많은 사람의 삶은 기본적이고 창조적인 노력이 없다.

개인과 가족의 삶에서도 마찬가지다. 우리는 옷을 입고 음식을 먹으며 책을 읽고 생각을 하는데, 여기에는 인습과 순응의 경향이 크다. 독창적이거나 다르다는 것은 '위험하다' 는 느낌을 갖게 한다.

왜 그러한가? 일반인들처럼 우리가 창조성보다는 순응을 즐긴다면 이 선택을 받아들여서는 안 되는 것인가? 나의 생각으로는 그런 선택이 우리 모두에게 드리워진 커다란 그림자가 아니라면 전적으로 합리적이다. 발전적이고 파괴적인 지식이 가장 믿을 수 없는 도약에 의해서 진보하고 있거나 환상적인 원자시대에 연결되어 있을 때에 실제로 창조적인 적응은 단지 사람들이 그가 살아가고 있는 세계에서 끊임없이 이어지는 변화에 뒤지지 않을 수 있는 유일한 가능성을 나타내는 것 같다. 계속되는 과학적 발견과 개발로 우리는 지리적인 발전의 비율로 볼 때 일반적으로 수동적이고 문화에 매인 사람들이 다양한 사건과 문제에 대처할 수 없다고 말한다. 개인, 집단 그리고 국가가 이러한 복잡한 변화와 관계된 새로운 방법을 창조적으로 바꾸고 상상하고 건설할 수 없다면 빛은 사라질 것이다. 과학이 환경을 변화시키는 만큼의 속도에 맞추어서 사람들이 그 환경에 새롭고 기본적인 적응을 할 수 없다면 우리 문화는 멸

망할 것이다. 개인의 부적응과 집단의 긴장뿐 아니라 국가의 붕괴는 창조성의 부족으로 치루어야 하는 대가가 될 것이다.

결과적으로 창조 과정의 연구, 창조 과정이 일어나는 조건과 그것이 유용하게 되는 방식은 상당히 중요한 것 같다. 제안된 것에 대한 기대로 그런 개발이 진행되고 있는 개념적인 구조는 다음에 이어지는 부분에서 다룰 것이다.

창조의 과정

창조성을 정의하는 방식은 다양하다. 다음에 이어지는 것에 대한 의미를 더 명확하게 하기 위해서 창조적인 과정의 일부인 요소를 제시하고 정의를 시도하고자 한다.

우선 과학자로서 나에게 창조의 어떤 산물들은 주목할 만한 것임에 틀림없다. 나의 환상이 상당히 색다른 것임에도 불구하고 그들이 주목할 만한 상품으로 되지 않는다면, 다시 말해서 단어로 상징화되지 않거나 시로 쓰이지 않고, 또는 예술 작품으로 변화되거나 발명의 양상이 없으면 창조적인 것으로 정의될 수 없다.

이러한 상품은 새로운 구조임에 틀림없다. 이 새로운 것은 경험되는 물질과의 상호 작용에서 개인의 독특한 특성을 지닌다. 창조성이란 항상 그 상품에 그것을 창조해 낸 사람의 특성을 가지고 있다. 그러나 그 상품은 개인이나 그의 물질이 아니라 그 두 가지 사이의 관계의 산물이다.

나의 판단으로 창조성은 어떤 특정한 내용에만 제한되는 것이 아니다. 그림을 그리는 것, 교향곡을 작곡하는 것, 살인을 위한 신무기를 개발하는 것, 과학적인 이론을 만드는 것, 인간관계에 대한 새로운 과정을 발견하는 것, 심리학 분야처럼 자신의 새로운 성격 형성을 창조해 내는 것 등의 창조적 과정에는 기본적인 차이가 없다고 가정하고 있다. (사실 이것은 예술의 한 분야가 아니라 목록의 마지막인 새로운 성격 형성 분야에서의 내 경험이다. 이 마지막 분야는 나에게 창조성과 그것의 유용성에 특별한 흥미를 주었다. 치료적인 관계에서 개인이 그 자신을 개조하는 방식인 심오한 지식은 기본적이지만 효과적인 기술을 가지고 있으며, 개인의 창조적인 잠재성에 자신감을 준다.)

이제 창조적인 과정에 대한 나의 정의는 새로운 관계의 산물이 행동으로 표출되는 것, 한편으로는 개인의 독특함을 드러내는 것이고, 다른 한편으로는 그 사람의 생활 환경이나 사람, 사건, 물질을 드러내는 것이다.

이러한 정의에 부정적인 각주를 달아 보자. '좋은' 창조와 '나쁜' 창조는 구별이 없다. 한 사람은 고통을 감소시키는 방법을 발견할 수 있고, 다른 사람은 정치범을 고문하기 위한 새롭고 더 교활한 방식을 개발할 수 있다. 이 두 사람의 행동은 그들의 사회적인 가치가 상당히 다르다고 하더라도 나에게는 창조적인 것으로 보인다. 나중에 나는 이런 사회적인 가치를 설명하겠지만 그들은 변동이 심하기 때문에 창조성이라는 정의 속에 그것을 포함시키지는 않는다. 갈릴레이와 코페르니쿠스는 창조적인 발견을 했으나 그 당시에는 모독적이고 나쁜 것으로 평가되었고, 우리 시대에는 기본적이고 발전적인 것으로 평가되고 있다. 우리는 주관성에 기초를 두고 있는 용어로 우리의 정의를 혼돈시키고 싶지는 않다.

이와 같은 문제를 보는 다른 방법은 역사적으로 창조성을 대표한다고 생각되는 산물이 같은 시대의 어떤 집단에 수용되어야 한다는 것을 말하는 것이다. 이 사실은 이미 언급되었던 변동이 심한 가치와 많은 창조적인 산물이 사회적으로 주목받지 못하고 평가조차 되지 않고 사라졌기 때문에 창조성의 정의에 도움이 되지 않는다. 그래서 이러한 집단의 수용에 대한 개념은 창조성에 대한 정의에서 빼기로 한다.

게다가 우리가 내린 창조성에 대한 정의는 창조성의 정도를 고려하지 않는다는 것을 지적하고 싶다. 이것은 또한 가치 판단이 상당히 다양하기 때문이다. 놀이친구와 새로운 놀이를 개발하는 아이의 행동, 아인슈타인의 상대성 이론, 새로운 고기 소스를 개발하는 가정주부, 첫 번째 소설을 쓰고 있는 젊은 작가 등 이들 모두가 우리가 말하는 창조성이라는 정의로 볼 때 창조적이다.

그리고 많은, 또는 덜 창조적인 범주에 넣는 시도는 하지 않는다.

창조성의 동기

창조성의 원동력은 우리가 심리치료에 대한 치료적인 힘으로써 발견하는 양상과 비슷하게 나타난다. 이것은 사람의 자아실현 경향성이고 자신의 가능성을 계발하고자 하는 경향성이다. 이것으로 볼 때 모든 개체와 인간의 삶에 있어서 명백한 방향성이 있는 경향성—팽창, 확장, 개발, 성숙에 대한 촉구—은 표현하려는 특성과 자기와 개체의 능력을 표현하고 실현하고자 하는 것이다. 이러한 경향성은 외피로 덮여 있는 심리적인 방어의 층에 깊게 묻히게 될 수도 있다. 그의 존재를 부인하는 복잡하고 정교한 겉모습 뒤에 숨어 있을 수 있다. 그러나 나의 경험에 따르면 그것은 모든 개인에게 존재하고, 단지 적절한 조건에서만 드러나고 표현되는 것이라고 할 수 있다. 이러한 경향성은 유기체가 존재하기 위해서 가장 완전한 노력을 통해 환경에 새로운 관계를 형성하기 때문에 창조성의 기본적인 동기다.

이제 창조적인 행동의 사회적인 가치에 대해 해결해야 할 문제를 직접 다루어 보자. 생각컨대, 우리 중에 사회에서 파괴적으로 이용되는 창조성에 관심이 있는 사람은 적을 것이다. 우리는 우리의 노력이 도둑질, 착취, 고문 살인을 위한 새로운 방법을 개발하는 데 자신의 창조성을 사용하는 사람에게 사용되기를 원하지 않는다. 또는 인간을 육체적으로나 심리적으로 자기 파괴적인 길로 가게 하는 예술작품이나 정치적인 조직의 형태를 개발하는 데 이용되기를 바라지 않는다. 건설적인 창조성과 파괴적이지 않은 창조성을 고무하기 위해 필요한 구별은 어떻게 가능한가?

그 구별은 결과물만을 조사해서는 알아 낼 수 없다. 창조물의 본질은 새로움이고, 그래서 우리는 그것을 판단하는 기준이 없다. 사실 역사는 그 산물이 독창적일수록 더 넓은 부분에 영향을 미치고 일시적으로 나쁜 것으로 판단될 가능성이 높다라는 것을 보여 주었다. 사고든 예술작품이든 또는 과학적인 발견이든 진실로 중요한 창조는 처음에 오류가 많고 나쁘며 어리석은 것으로 간주될 가능성이 많다. 나중에 그것은 명확하고 모두에게 자명한 것으로 보일 수도 있다. 단지 후에 그것이 창조적인 기여를 한 것으로 최종 판단을 하게 된다. 현재 어떠한 사람도 그 당시에 만들어진 창조적 산물을 만족스럽게 평가할 수 없다. 그리고 이러한 진술은 창조성의 혁신 정도가 클수록 해당된다.

창조적인 과정에 개인이 참여하는 목적을 조사하는 것 또한 아무런 도움이 되지 않는다. 아마도 사회적인 가치가 상당히 크다고 판단된 발견이나 창조의 대부분은 사회적인 가치에 의해서보다 개인적인 관심으로 동기가 부여된 것이 많다. 반면 역사는 사회적 가치의 성취 목적을 가지고 있는 창조물들(유토피아 종류, 금지령 등)에 대해 다소 아쉬운 결과를 보여 주고 있다. 그러나 개인은 자기 스스로에게 만족스럽기 때문에 창조하고, 그러한 행동이 자신의 자아실현에 부합되기 때문에 창조한다는 사실에 직면해야 한다. 따라서 창조적인 과정에서 '선'과 '악'의 목적을 구별하는 노력은 의미가 없다.

그렇다면 잠재적으로 발전적인 창조성과 파괴적인 창조성 사이의 구별을 위한 어떤 시도도 하지 말아야 하는 것인가? 이 비관적인 결론이 정당성이 있다고는 믿지 않는다. 최근 심리치료 분야에서의 임상적인 연구물이 우리에게 희망을 준다. 개인이 자신의 모든 경험에 개방되어 있을 때에 그의 행동은 창조적이 될 것이고, 그의 창조성은 본질적으로 발전적일 것이라고 생각할 수 있다.

그 차이는 다음과 같이 간단하게 말할 수 있다. 개인이 경험이 많은 분야에서 자각을 부인하고 있다는 것에 더해서 그의 창조적인 행동은 정신병적이고, 또는 사회적으로 바람직하지 않거나 또는 그 두 가지를 모두 포함하고 있을 수 있다. 개인이 자신의 모든 분야의 경험에서 개방적이고 유기체 내에서 지속되고 있는 다양한 감각과 인식의 지각을 어느 정도 이용하느냐에 따라 그의 환경에서 상호 작용의 새로운 산물은 그 자신과 다른 사람들에게 건설적일 수 있을 것이다. 한 예를 들면 편집증을 가지고 있는 사람은 자신과 환경 사이에서 새로운 이론을 만들어 내어 모든 미세한 단서도 이 이론에 맞추어 보게 된다. 그의 이론은 개인이 그의 인식을 받아들일 수 없는 폭넓은 경험 내에 존재하기 때문에 거의 사회적인 가치가 없다. 다시 말해서, 소크라테스는 사회적으로 발전적이라고 증명된 새로운 이론을 개발했는데, 그 당시에는 '미친 것'으로 간주되었다. 소크라테스는 방어적이지 않고 자신의 경험에 개방적이었기 때문에 이런 일이 가능했다.

이러한 것에 대한 합리화는 아마 이 논문의 나머지 부분에서 명확해질 것이다. 그러나 그것은 심리치료에서의 발견에 기초를 둔 것으로 개인이 자신이 경험하는 모든 부분에서 개방적일 때에 그는 사회화되는 방식으로 행동할 가능성이 증가한다. 그가 그의 적대적인 충동을 알지만 수용과 우정에 대한 욕구를 인식하고 있다면, 또한 자신의 문화에 대한 기대를 알지만 동시에 자신의 독적을 알고 있다면, 자신의 이기적인 바람을 알고 있지만 다른 사람에 대한 브드럽고 민감한 관심을 인식하고 있다면, 그때 그는 조화롭고 통합된 발전적인 형태로 행동한다. 그가 자신의 경험에 개방적일수록 그의 행동은 인간이 가지고 있는 사회적으로 바람직한 생활의 특성 방향으로 이어질 경향성이 커진다.

발전적인 창조성의 내적 조건

잠재적으로 발전적인 창조적 행동과 가장 밀접하게 관계 있는 개인이 가지고 있는 내적 조건은 무엇인가? 이 물음에 대한 가능성을 보자.

A. 경험에의 개방성　확장성Extensionality. 이는 자아를 구성하는 데 보호하기 위해서 왜곡적인 형태로 자각하는 것을 막는, 심리적 방어의 반대 개념이다. 경험에 개방된 사람에게 각 자극은 자유롭게 신경체계를 통해서 중계된다. 이것은 방어의 과정에 의한 왜곡 없이 일어난다. 자극이 환경 내에서 시작되든지, 감각신경에 대한 형태, 색 또는 소리의 충격 내에서 시작되든지, 또는 중심 신경체제의 기억 흔적처럼 내장viscera에서 시작되든지 간에 그것은 자각할 수 있다. 이것은 이미 결정된 목록('나무는 초록이다.' '대학 교육은 좋

다.' '현대 예술은 어리석다.')에서 인식되는 대신에 개인은 그 자체로 존재하는 순간을 인식한다. 그러므로 일반적인 목록 밖에 존재하는 많은 경험 속에 살아 있게 된다('이 나무는 라벤더다.' '이 대학 교육은 좋지 않다.' '이 현대 조각은 나에게 강한 충격을 준다.').

이제 마지막으로 경험의 개방성을 기술하는 다른 방법을 제안한다. 이것은 개념, 신념, 인식 그리고 가설에서의 장애에 대한 융통성의 부족을 의미한다. 이것은 불확실성이 존재하는 불확실성에 대한 인내를 의미한다. 그것은 상황을 폐쇄하도록 하지 않고 상충하는 정보를 받아들이는 능력을 의미한다. 그것은 일반 의미론 학자들이 말하는 '확장된 방향성'이라고 부르는 것이다.

이 순간에 무엇이 존재하는지 깨달음에 완전히 개방되는 것은 건설적인 창조성의 중요한 조건이다. 같은 강도로 그러나 좀 좁게 보면 이는 모든 창조성에 해당이 된다. 자신 내부의 불행의 원천을 모르거나 깨닫지 못하는 상당히 부적응적인 예술가는 감각적인 경험의 형태와 색을 인식한다. (그 크기가 작은 것이든 큰 것이든 간에) 전제 군주는 자기 내부의 나약함에 직면할 수 없지만 살아남게 되고, 그가 다루고 있는 심리적인 갑옷의 갈라진 틈을 인식할 수 있다. 여기에는 경험의 한 면에 대한 개방성이 있기 때문에 창조성이 가능하다. 개방은 단지 경험의 한 양상이므로 이 창조성의 산물은 잠재적으로 사회적인 가치를 파괴할 수도 있다. 개인이 그의 개방의 모든 면에 대해 감각적으로 인식을 이용할수록 우리는 그의 창조성이 개인적으로나 사회적으로 발전적일 것이라고 확신할 수 있다.

B. 평가에 대한 내적 위치 창조의 가장 기본적인 조건은 평가적인 판단의 위치나 원천이 내부에 있다는 것이다. 창조적인 사람의 경우 그의 산물의 가치는 다른 사람의 평가나 칭찬에 의해서 이루어지는 것이 아니라 자신에 의해서 일어난다. 나는 나에게 만족스러운 어떤 것을 창조하였는가? 그것은 나의 감정이나 생각, 고통이나 기쁨을 표현하는가? 이러한 것들은 창조적인

상태에 있는 사람들에게 해당되는 질문들이다.

이것은 그가 다른 사람들의 판단을 인식하지 못하거나 알아채지 못한다는 것을 의미하지는 않는다. 단지 평가의 기본은 개인 내부에, 그의 산물에 대한 평가나 자신의 체제적인 반응 내에 존재하는 것이다. 만약에 한 사람이 이전에 없었던 자신의 잠재성을 실천하는 '행동하는 존재'로 '느낀다'면 비로소 존재로 등장할 수 있고, 이는 만족스러우며 창의적이고, 그런 근본적인 사실은 외부 평가가 변화시킬 수 없다.

C. 요소와 개념을 요리조리 다루어 보기 이것이 A나 B보다 덜 중요한 것이라 해도 이것은 창조성의 조건이 될 것이다. A에서 설명한 개방성과 정직성과 관련한 것은 아이디어와 색채, 모양 관계 등을 즉흥적으로 다룰 수 있는 능력을 말한다—요소들은 불가능한 병렬로 배치하고 터무니없는 가설을 구체화하며, 주어진 문제를 다루고, 말도 안 되는 것을 표현하며, 한 형태를 다른 형태로 바꾸고 사실같지 않은 대응물을 변화시키는 작업들을 의미한다. 이러한 즉흥적인 놀이와 같은 작업과 직감이 드러나는 탐색, 의미 있게 세상을 창의적으로 보는 것을 말한다. 이것은 마치 수천 개의 쓸데없어 보이는 가능성 중에 불변의 가치가 있는 한두 개의 혁신적인 가치가 있는 것이 나타나는 것과 비슷하다.

창조적인 행동과 그것의 부수물

이러한 세 가지 조건이 획득되었을 때, 발전적인 창조성은 일어날 것이다. 그러나 우리는 그 특성으로 보아 그것이 설명할 수 있는 성향의 것이 아니기 때문에 창조적인 활동에 대한 정확한 설명을 기대할 수는 없다. 이것은 나타나기 전까지는 알려지지 않은 것으로 인식해야만 한다. 단지, 우리는 창조적 행동이란 유기체가 내·외적 경험에 모두 개방적이고, 관계에서 유연성 있는 방식으로 시도하고자 하는 자연스러운 행동이라고 말할 수 있다. 다수의 형태가 완성되지 않은 가능성을 배제하고 유기체는 계산하는 기계처럼 가장 효과적으로 내적인 요구를 들어 주는 것을 택한다. 또는 더 효과적으로 환경과 관계를 맺는 것이나 삶에서 인식될 수 있는 더 간단하고 만족스러운 질서를 발견하는 것을 택한다.

그러나 여기에서 우리가 설명할 수 있는 창조적인 행동의 한 가지 특성이 있다. 거의 모든 창조의 산물 속에서 선택성, 강조, 규칙성의 증거, 핵심을 끌어내려는 노력이 있음을 발견했다. 예술가는 현실적으로 존재하는 매 순간의 다양성을 무시하고 간단한 형태로 구조나 표면을 칠한다. 과학자는 그 자연스러운 아름다움을 무시할 수도 있는 특정한 사건이나 환경을 털어 버리고 관계의 기본 법칙을 일반화시킨다. 작가는 자신이 하는 표현을 통일하는 그러한 단어나 구절을 선택한다. 이것은 '나' 라고 하는 특정한 사람의 영향이라고 말할 수 있다. 현실은 혼란스러운 사실의 다양성 속에 존재한다. 그러나 '나' 는 현실에 대한 나의 관계에 구조를 가져온다. 나는 현실을 인식하는 '나만의' 방법을 가지며, 이것은 그들의 특성을 가진 창조적인 산물에 무의식적으로 주어지는 개인적인 선택과 축약으로 규정된다.

이것이 우리가 할 수 있는 창조적 행동의 어떤 면을 설명하고 있다고 하더라도 언급되었던 개인 내에 존재하는 그것에 수반되는 것이 있다는 것이 분명하다. 그 첫째 예로는 우리가 유레카 느낌, 즉 '이것이다', '발견했다', '이것이 내가 말하고 싶었던 것이다' 등을 들 수 있다.

수반되는 것 중 또 하나는 분리의 열망이다. 중요한 창조물 중 많은 것은 '나는 외롭다. 어느 누구도 전에 이것을 하지 않았다. 나는 누구도 가 보지 못한 영역을 탐험했다. 아마도 나는 바보이거나 잘못되었거나 길을 잃었고 정상이 아니다.' 의 느낌이 없이 형성된다는 것을 믿지 않는다.

보통 창조성에 수반되는 또 다른 경험은 의사소통의 욕구다. 인간은 자신의 창조를 공유하고자 하는 바람 없이 창조적일 수 없다. 그것은 분리 욕망을 만족시키고 집단에 속해 있다는 것을 확실히 할 수 있는 유일한 방법이다. 그는 단지 자기 개인의 일기에서만 이론을 신뢰할 수도 있다. 그는 발견을 비밀스러운 코드로 간직할 수도 있다. 그는 자신의 시를 잠겨져 있는 서랍 속에 숨길 수도 있다. 그는 그림을 서랍 속에 던져 놓을 수도 있다. 그는 자신을 이해해 줄 집단과 의사소통하기를 바란다. 비록, 그런 집단을 상상만 해야 할지라도 말이다. 그는 의사소통을 위해서 창조하는 것은 아니다. 단지 일단 창조가 되면 그는 다른 사람과 자신과 그 환경과의 관계에서 이 새로운 면을 공유하고 싶어 한다.

건설적인 창조성을 조장하는 조건

이제까지 나는 창조성의 본질을 설명하고 창조성이 건설적이 될 수 있도록 하는 개인 경험의 질을 제시하며, 창조적 행동의 필수적 조건을 내세우고, 그것들의 부수물을 설명하였다. 그러나 우리가 처음부터 존재하는 사회적인 요구에 맞는 진보를 원한다면 우리는 발전적인 창조성이 조장될 수 있는지의 여부, 그리고 어떻게 가능한지를 알아야 한다.

창조성의 내적 조건의 특성에서 그들이 강요될 수 없으나 드러나도록 해야 한다는 것은 분명하다. 농부가 씨앗에서 배아를 발생시키고 싹트게 할 수는 없다. 다시 말해서, 농부는 단지 씨앗의 잠재성을 개발하기 위해서 씨앗이 허용하는 영양 조건을 제공할 수 있다. 그래서 씨앗은 창조성을 가진다. 앞에서 기술한 내적 조건을 조장하고 영향을 줄 외적 조건을 어떻게 만들 수 있는가? 심리치료의 경험으로 보면 심리적인 안정과 자유의 조건을 만들어 줌으로써 우리는 발전적인 창조성의 출현 가능성을 최대화할 수 있다는 믿음을 가지게 되었다. 이러한 조건을 X나 Y라고 명명하고 자세하게 말해 보자.

X. 심리적인 안정성　이것은 세 개의 관련된 과정에 의해서 성립될 수 있다.

❶ 개인을 무조건적인 가치로 수용하기　기능을 촉진하는 교사, 부모, 치료자 또는 다른 사람은 기본적으로 자신의 조건이나 행동이 어떠하든지 간에

자신의 권리와 자신이 표현한 것이 가치 있는 것이라고 느낄 때에 그는 창조성을 표출할 수 있다. 이 태도는 아마 교사, 부모 등이 개인의 가능성을 감지했을 때에만 사실이고, 이로써 그가 어떤 상태인지에 무관하게 그에 대한 무조건적인 신념을 가질 수 있다.

그가 이런 태도를 이해할 때에 개인에 대한 효과는 안정성의 분위기를 감지하는 것이다. 그는 그가 했던 일이 무엇이든지 간에 그 가치에 관계되어 있는 것처럼 속임수나 겉치레 없이 점진적으로 그가 무엇이든 될 수 있다는 것을 알게 된다. 그래서 그는 엄격함에 대한 요구가 적어지고, 그 자신이 되기 위해서 그것이 무엇을 의미하는지를 발견하게 된다. 그리고 새롭고 자연스러운 방식으로 자아실현을 하기 위해서 노력할 수 있다. 다시 말해서 그는 창조성을 향해서 다가가고 있다.

❷ 외적인 평가가 없는 분위기를 제공하기 우리는 자신의 평가 틀로 다른 개인을 판단하지 않을 때에 창조성을 조장할 수 있다. 사람은 평가받고 있지 않는 분위기 속에 있다는 것을 알고, 외적인 기준에 의해서 측정되고 있지 않다는 인식을 하게 되면 상당히 자유로워진다. 평가는 항상 위협적이고 방어의 욕구를 만든다. 그리고 경험의 어떤 일면을 자각하기를 부인하도록 한다. 이 산물이 외적 기준에 의해서 평가된다면 나는 그것을 싫어한다는 것을 받아들이지 말아야 한다. 내가 하고 있는 일에 대한 외적 평가가 나쁘다면 그것은 내 자신의 일부일 수도 있다라고 하는 사실을 인식해서는 안 된다. 그러나 외적 기준에 기초한 판단이 이루어지지 않으면 나는 나의 경험에 더 개방될 것이고 내가 좋아하고 싫어하는 것, 물질의 특성과 그것에 대한 나의 반응을 더 세밀하고 민감하게 인식할 수 있다. 나는 내부에서의 평가의 위치를 알게 될 것이다. 그러므로 나는 창조성을 향해서 움직이고 있다.

독자들 내부에서 일어날 수 있는 의심과 두려움을 진정시키기 위해서 다른 것을 평가하는 것을 그만두는 것은, 반응하기를 그만두는 것이 아니라는 것을 지적해야겠다. 사실 그것은 반응에 자유로운 것일 수도 있다. “내 의견(또는 그림 그리기, 발명, 글쓰기)은 달라.”라는 것은 평가가 아니고 반응이다. “네가 하고 있는 것은 나쁘다(또는 좋다). 그리고 이 특성은 어떤 외적인 자원으로부터 너에게 할당된 것이다.”라고 말하는 평가와는 상당히 다르다. 첫 번째 진술은 개인이 자신의 평가의 틀을 유지하도록 한다. 그것은 내가 실제로 매우 좋은 것을 존중하지 못할 가능성을 갖고 있다. 그것이 칭찬을 할 일인지 아니면 비난을 받을 일인지 간에 두 번째 진술은 외적인 힘에 따라 그 사람을 말하는 경향이 있다. 그는 단순히 이 산물이 자신에게 유용한 표현인지를 스스로 물을 수 없다는 말을 들었고, 그는 다른 사람들이 생각하는 것을 가지고 알아봐야 한다는 것이다. 그는 창조성과는 멀어지는 존재가 된다.

❸ 공감적으로 이해하기 이것은 두 가지 다른 조건과 더불어 심리적인 안정성에서 극치감을 주는 것이다. 나는 당신에 대해 전혀 모르지만 당신을 ‘수용한다.’고 말을 한다면 이것은 사실 피상적인 수용이다. 그리고 당신은 실제 내가 당신을 알아 가게 된다면 변화가 있을 수 있음을 깨닫게 된다. 그러나 내가 당신을 보고 당신이 느끼는 것과 당신의 관점에서 하고 있는 일을 공감적으로 이해한다면, 당신의 사생활에 들어가서 당신에게 그것이 드러났을 때, 그리고 당신이 수용하면 그때 이것이 사실 안전한 것이다. 이러한 분위기에서 당신은 실제적인 자아를 잘 드러낼 수 있고, 다양한 그리고 그것이 세상과 관계되었을 때 신기한 형태로 표현할 수도 있다. 이것이 창조성을 조장하는 기본이다.

Y. 심리적인 자유 교사, 부모, 치료자, 다른 조장하는 사람들이 상징적인 표현의 자유를 인정할 때 창조성은 조장된다. 이런 수용은 개인으로 하여금 생각하고 느끼고 존재하는, 가장 내적인 것이 무엇이든 간에 자유를 준다. 그것은 창조성의 일부인 지각된 대상, 개념, 의미에 대한 개방성과 놀이하듯

자유스러움, 즉흥성을 촉진한다.

설명된 상징적 표현의 자유는 완전하다는 것을 명심하라. 감정과 충동, 그리고 형태의 모든 것을 행동으로 표현하는 것이 모든 순간에 자유로운 것은 아니다. 행동은 어떤 순간에는 사회에 의해서 제한되는데, 이것은 그렇게 되어야만 하는 때가 있다. 그러나 상징적인 표현은 제한될 필요가 없다. 증오하는 대상을 그것의 상징물, 즉 그것이 엄마든 로코코 양식의 건축물이든 파괴하는 것은 자유롭다. 현실에서 그것을 공격하는 것은 죄를 짓는 것이고, 심리적인 자유의 경험 범위가 좁아지는 것이다. (나는 이 문단을 불확실하게 느낀다. 그러나 내 경험과 일치하는 순간에 주어질 수 있는 최고의 공식이다.)

설명한 허용성은 부드러움이나 너그럽게 봐 주는 것, 또는 용기를 주는 것이 아니다. 그것은 자유를 허용하는 것이고, 사람이 책임을 가지는 것을 의미한다. 개인은 그것에 대한 열망이 있을 때에 새로운 모험에 대한 두려움에서 자유로울 수 있다. 다시 말해서, 그의 업적뿐만 아니라 실수에 대한 결과에서도 자유로울 수 있다. 이것은 개인 내부의 안전한 평가의 틀을 개발할 자신이 있을 때에 책임을 수반하는 형태의 자유다. 그리고 발전적인 창조성의 내적 조건을 일으키는 경향이 있다.

결 론

나는 엄격하고 객관적인 검사를 하기 위해서 창조적인 과정을 생각하는 순차적인 방법을 제시하려고 노력했다. 이 이론을 일반화하기 위한 나의 정당성과 그런 연구가 수행되기를 바라는 이유는 다음과 같다. 현대 물리과학의 발전은 우리로 하여금 개인과 문화로서 생존하기 위해서는 창조적인 행동으로 적응하도록 피할 수 없이 요구하기 때문이다.

제 7 부

행동과학과 인간

나는 성장하고 있는 행동과학이 개인을 통제하그, 인간의 권리를 빼앗는 데 사용되고 있다는 것에 깊은 우려를 가지고 있다. 그러나 나는 이런 과학이 인간을 더욱더 향상시킬 수 있다는 것을 믿고 있다.

20

행동과학의 성장하는 힘

1955년에 하버드 대학교 스키너B. F. Skinner 교수는 1956년 가을에 있을 미국심리학회 회의에서 나와 우호적인 토론을 하기 위해 초대되었다. 그는 우리가 인간 행동을 주조하거나 통제하는 과학적 지식의 사용에 대해 반대 입장을 가지고 있음을 잘 알고 있었다. 그리고 이 쟁점을 명확히 할 유용한 목적으로 논쟁할 것을 제시했다. 자신의 기본적인 관점을 가지고 그는 심리학자가 그의 능력을 이용하지 않으려는 것에 대해 애통함을 표현했다. "그 순간 심리학자는 이용 가능한 지식을 통제하여 가정해 보거나, 혹은 이를 개발시키지 못하고 이상하게 자신감을 잃고 있다. 대부분 상담소에서 강조하는 것은 여전히 정신병리이며, 이들에게 일부분 통제할 책임이 있음을 가정해 보았을 때, 이를 내켜 하지 않기 때문이다. ……이런 것을 볼 때, 우리는 이기적인 목적으로 인간 행동을 추적하는 사람들이 인간 행동을 적극적으로 통제하는 것에서 멀리 떠나 있어야 하는 압박을 느끼고 있다."*

나는 이와 같은 토론이 유용한 목적으로 이루어질 것이라는 그의 의견에 동의한다.

* Skinner, B. F. Current Trends in Psychology, edited by Wayne Dennis (University of Pittsburgh Press, 1947), pp. 24–25.

우리는 1956년 9월 논쟁을 시작했다. 이것은 청중의 주의를 끌었고, 이런 관점이 확고하다는 느낌을 가지고 있는 대부분의 구성원은 그들이 직접 참여하기도 했다. 토론에 대한 원문은 1956년 11월 30일자 『과학Science』지 1057~1066쪽에 실려 있다.

내가 후에 이런 체험을 다시 곰곰이 생각해 보았을 때, 나의 불만족스러움은 이것이 논쟁이었다는 사실에 있다. 스키너와 나 둘 다 논쟁의 동기를 생각하며 논쟁을 피할려고 노력했었지만, 그럼에도 불구하고 양자택일을 하라는 어조일 수밖에 없었다. 나는 질문이 두 사람들 혹은 흑인 대 백인 사이의 논쟁의 한 방편으로써 사고할 수 있도록 도와주는 가장 중요한 것이라는 사실을 새삼 깨달았다. 그래서 다음 해 동안은 장문의 글을 썼고, 논쟁거리가 되지 않도록 썼으며, 이 문제에 대한 기본 요소를 내가 인지하고 있는 가운데, 어느 날에는 명확하게 사회가 중대한 결정을 내릴 수 있도록 돕게 될 것이다. 해석은 자연스럽게 두 가지 부분으로 나뉘어 설명될 것이고, 이것은 두 장에 걸쳐 설명할 것이다.

내가 이것을 쓸 때, 어떤 문서로 남길 마음은 없었다. 그러나 나는 위스콘신 대학교에서 '현재의 동향' 과정을 강의하는 데 이들을 기반으로 하기 위해 작성하게 되었다. 그리고 과거에도 이것은 캘리포니아 기술 대학California Institute of Technology 교수진과 학생들을 위해 사용하였다.

행동을 다루는 과학은 아직 유아적 수준이다. 과학적 원칙을 세우는 이 집단은 항상 심리학, 정신병리학, 사회학, 사회심리학과 관련 있다고 생각하고 있고, 경제학과 정치과학과도 연관이 있으며, 수학과 통계학은 시행착오를 통해 올바른 조건을 부여하는 것을 원칙으로 하고 있다. 그들이 인간과 동물의 행동을 이해하려고 노력한다고 할지라도, 그리고 이 분야의 연구가 도약과 약진을 하면서 성장하고 있다고 할지라도, 이것은 확고하게 서 있는 지식이라기보다는 여전히 혼돈스러운 지식에 속한다. 이 분야를 연구하는 생각이 깊은 연구자들은 행동에 관련된 과학적 무지함과 일반적인 법칙을 발견해 내는 것에 대한 부족함을 중대한 범죄로 여기는 경향이 있다. 그들은 현재 이 분야에서의 과학적인 시도를 물리학과 비교하는 경향이 있고, 측정에 대한 상대적인 정밀도와 예측에 대한 정확성을 보며, 단정하고 단순하게 발견하게 되는 합법성을 경험하게 되는데, 이로써 행동과학 분야가 분명히 새롭고, 초기 단계며, 미성숙하다는 것을 깨달을 수 있다.

이러한 그림의 진실성을 부인하지 않고, 나는 일반 대중의 동전의 다른 면을 보지 못했다는 것을 강조하고 싶다. 이런 초기 단계적 면을 가지고 있다고 할지라도, 행동과학은 '만약, ~그렇다면'의 과학 쪽으로 성큼성큼 나아가게 될 것이다. 이런 면에서 나는 만약 어떤 조건이 존재한다면, 그렇다면 어떤 행동은 예측 가능하다는 합법적인 관계를 분명히 인식하고 발견해 나가는 큰 진보를 이룰 것을 알고 있다. 나는 행동과학에 있어서 그 진보에 대한 깊이와 폭, 확장됨을 인지하고 있는 사람이 거의 없다고 믿는다. 여전히 사회적, 교육적, 정치적, 경제적, 윤리적, 철학적 문제에 대해 앞장서서 깊이 있게 인식하고 있는 사람들이 거의 없는 것 같다.

나는 이 안에서 이런 인식들이 이루어지길 바라고, 여러 가지 목적을 성취하기 위해 충분한 강의를 하길 원한다. 첫 번째로, 나는 행동과학이 성장할 수 있는 능력을 인상적인 태도로 훑어보길 원하는데, 이는 예측 가능하고 조절 가능한 행동을 이해하기 위해서다. 그러고 나서 나는 개인과 사회를 위해 이 난제를 해결할 수 있는 심각한 질문들과 문제들을 지적하기를 원한다. 또한 나는 나 스스로에게 매우 의미가 있는 이런 문제들에 대해 일시적인 해결책을 제시하기를 원한다.

행동과학의 '이해하는 방법'

행동과학에 대한 지식의 중요성에 대한 특정한 연구들과 그들의 의미들을 짚어 보면서 얻어 보도록 하자. 수행되었던 연구들을 제시하면서 실례를 들도록 하겠다. 나는 내 자신의 지식으로 그 한계를 두었고, 이 실례가 행동과학의 진실된 무선 표집을 대표하고 있다고 주장하지는 않는다. 나는 내가 심리학자라는 사실과 그 분야에서 나오는 예를 같이 나누는 데 불균형을 이룰 경향이 있음도 확실히 알고 있다. 나는 또한 행동에 대한 우리의 이해가 점점 증가하고 있다는 실례보다는 행동에 대한 예측과 잠재되어 있는 통제성이 강조되는 실례를 선택하는 경향이 있다. 나는 아주 오래도록 이런 후자 연구가 예측 가능하고 통제 가능한 쪽으로 더욱 깊숙이 양도되었다는 것을 크게 인식하게 되었지만, 그와 같은 문제들이 사회문제로 대두되는 즉각적인 증거는 없다.

우리의 과학적 지식을 위해 이런 표집을 하면서, 나는 그들을 단순한 용어로 진술할 예정인데, 엄밀한 정확성을 요하는 여러 다양한 적격의 요소를 포함하지 않고 말이다. 내가 쓸 일반적인 진술은 합리적으로 적절한 연구를 통해 지지되며, 모든 과학적인 발견을 원할지라도 각각의 진술은 확률을 표현한 것이며, 약간은 절대적인 진실을 내포하고 있지 않을 수도 있다. 게다가 이 각각의 진술은 미래의 보다 정확하고 창조적인 연구를 통해 논박될 수 있도록 하기 위해 변화와 수정에 열려 있음도 밝혀 둔다.

행동에 대한 예측

우리 마음속에서 이런 요소들을 선택하고 입증해 가면서 맨 처음 행동과학에서 눈에 띄게 예측 가능한 요소부터 살펴보도록 하자. 이 각각의 방식은 다음과 같이 일반화될 수 있다. '만약 개인이 측정 가능한 특징 a, b, c를 소유하고 있다면, 우리는 그가 x, y, z의 행동을 나타낼 가능성이 높다고 예측할 수 있다.'

그러므로 우리는 상당히 정확하게 어떻게 예측해야 하는지를 알 수 있게 되는데, 개인은 성공한 대학생, 사업가, 세일즈맨 등등이 될 수 있다. 나는 이 진술을 입증하려 하지는 않을 것인데, 이에 대한 단순한 이유는 이를 입증하는 것이 너무나 광범위하기 때문이다. 직업 검사와 같은 적성 검사의 전 분야는 인간적인 선택과 관련이 있다. 이 분야에 아주 특별한 권위자가 올바르게 예측의 부정확성의 정도를 고려한다 할지라도, 여전히 이 사실은 행동과학의 더 넓은 영역의 다양한 실리적인 기업, 대학 그리고 다른 기관에서 받아들이고 있다는 사실은 변함없다. 우리는 행동과학자가 선택한 알 수 없는 집단, 즉 성공한 타이피스트, 현장의 교사, 서류 정리하는 사무원, 의사들이 속해 있는 집단을 통해서 이 사실을 받아들일 수밖에 없게 된다.

이 분야는 계속해서 확장되고 있다. 예를 들어, 단지 성공적인 화학자보다는 창의적인 화학자의 특징을 밝혀내는 데 노력했고, 눈에 띄게 현저한 성공은 거두지 못했을지라도 노력의 성과는 나타났고, 이는 잠정적으로 성공한 정신과 의사와 임상심리학자의 특징을 밝혀내는 데 성공했다. 과학은 당신이 어떤 일어날 수 있는 일들과 관련해 이를 측정 가능한 특징으로 소유하고 있든 그렇지 않든 간에 그 능력은 끊임없이 앞으로 전진해 가고 있다.

우리는 학교장면에서 군인 지휘관 후보자의 성공적인 전투 능력을 예측할 수 있는 방법을 알고 있다. 이 분야에서의 한 연구를 선택해서 보면, 윌리엄스Williams와 레빗Leavitt[31]은 그들이 해군 예비후보학교OCS에서의 성공에 관해 만족할 만한 예측을 해낼 수 있고 후에 전투 수행능력도 '동료buddies'의 평가를 통해 예측할 수 있다고 하였다. 그들은 또한 이 예를 통해서 동료 군인이 그들이 사용하는, 그 어떤 객관적인 도구보다 더 훌륭한 심리학적 도구임을 발견하게 되었다. 여기에서는 어떤 예측 가능한 행동을 측정하는 것뿐 아니라 이렇게 측정한 것을 사용하고자 하는 사람의 의욕을 입증하고자 하는데, 이것이 전통적이든 그렇지 않든 간에 말이다. 그리고 예측할 수 있는 힘을 입증하게 된다.

우리는 잠재적인 경영 임원이 얼마나 급진적이고 보수적일 수 있는지를 예측할 수 있다. 화이트Whyte[30]는 그의 최근 책에서 산업 단체를 이용하여 규칙적으로 많은 양의 검사 표집을 한 것을 통해 이를 인용했다. 그러므로 추진력을 가지고 수행능력을 자랑하는 젊은 집단 중에서, 가장 최고의 관리자는 회사에 따라 어느 정도의 급진적 또는 보수적 기질을 요하는가에 따라 선발해야 할 것이다(어느 정도의 실수를 감안하고서도). 그들은 또한 각각의 사람이 사회에 대한 숨기고 있는 적대감, 잠재된 동성 성욕 혹은 정신병적 경향성의 정도에 대한 지식도 가지고 있는 사람을 기반으로 선택할 수 있다. 이를 측정하기 위한 (혹은 잘 알려진) 검사는 새로운 인간적인 경영자를 선택할 목적으로, 그리고 이미 관리자의 위치에서 사람을 평가할 목적으로, 그리고 굉장한 책임 분량을 맡을 사람을 선택하기 위해서 많은 단체에 의해 사용되고 있다.

우리는 기관 내의 구성원 중에 어떤 사람이 말썽을 일으키거나, 근무를 태만하게 할 것이라는 것을 예측해 볼 수 있다. 미래가 유망한 한 젊은 심리학자[10]가 백화점에서 고용한 직원이 얼마나 신뢰할 수 없고, 비정직하며, 또는 다른 어려움을 갖고 있는가를 높은 정확성을 가지고 예측해 볼 수 있는 필기검사를 고안해 냈다. 그는 이것이 상당한 정확성을 가지고 어떤 조직 집단에서 잠재된 문제아를 추려 내는 것이 가능하다는 것이다. 이런 것을 확인할 수 있는 능력은 지금까지 기술적인 주제에 관심을 가져왔듯이, 우리가 다른 분야에서 예측해 볼 수 있는 지식의 확장과 관련된다. 이런 과학적 관점에 의해 이것은 훌륭한 식자공typesetter이 될 사람을 예측하는 것과 별반 다르지 않다.

우리는 유능한 사무원의 검사 점수와 보험 통계표를 결합한 것을 이용하여 인간의 성격과 행동에 더 좋은 예측 가능한 장면을 보여 줄 수 있으며, 이는 경험론적 임상장면에서보다 더욱 예측 가능한 것이라고 할 수 있다. 폴 밀Paul Meehl[18]은 우리가 효과적으로 성격 검사의 진보를 앞당길 수 있고, 이런 검사를 통해 정보를 축적할 수 있으며, 직관적인 기술과 보다 넓은 지식, 체험, 그리고 훈련이 아주 정확한 성격 묘사를 제공하는 데 아주 불필요한 것이라고 하였다. 그는 정신위생클리닉, 퇴역군인병원, 정신병원 등등 많은 상황 속에서 성격 진단을 하는데, 검사와 면담 등을 통해 성격 진단을 내릴 때 아주 잘 훈련된 인간적인 전문가는 쓸모가 없다고 보았다. 그는 일반 사원이 그것을 더 잘 수행할 수 있다고 보았는데, 이것은 단지 환자와 최소한의 비인간적인 접촉을 하면서 이루어진다. 먼저 검사가 실시되고 점수화된다. 그리고 점수 프로파일은 수백 개의 사례로 만들어진 통계표를 보면서 알 수 있게 되는데, 사원은 단순히 통계적으로 이런 겉으로 보이는 점수들과의 상관을 통해 발견되는 특징을 그대로 보면 된다.

밀Meehl은 여기에서 측정할 수 있는 심리학적 도구에 대해 현재 발달되어 가고 있는 단계에서 그 다음의 필연적인 단계를 앞서 보여 주고 있는데, 인간 성격을 평가하고, 어떤 행동에 대한 예측을 하는 것도 그와 같은 측정을 기반으로 하는 패턴을 가진다. 그 정도로, 밀의 사원은 또한 무시될 수밖에 없다. 이는 적절히 코드화된 지시 사항을 가지고 전자 컴퓨터가 검사 점수를 매길 수 있는데, 프로파일을 분석하고, 이것을 통해서 사람인 사원보다도 사람과 그의 예언된 행동을 더욱 정확하게 잡아 낼 수 있기 때문이다.

우리는 다른 사람을 설득할 수 있고, 집단의 압박을 잘 다루고, 금방 포기하지 않을 사람을 선택할 수 있다. 두 가지가 분리되어 있지만 비교가 가능한 연구[15, 16]는 TAT검사 장면에서 어떤 의존적인 주제에 반응을 보인 사람 혹은 또 다른 검사에서 그런 반응을 보인 사람은 사회적으로 부적절감, 공격성 억제, 그리고 우울한 경향의 느낌을 가지고 있다는 증거가 되기도 하는데, 이런 경우는 쉽게 설득을 당하고, 집단의 압박에 쉽게 무릎을 꿇게 될 것이다. 이런 작은 연구는 조작적인 의미를 가지지는 않지만, 그들의 기본적인 가설은 옳으며, 이런 혹은 또 다른 측정을 통해서 한 집단의 구성원이 쉽게 설득당하고, 강한 집단의 압박에 쉽게 굴복하지 않을 것을 정확하게 예측해 줄 것이다.

우리는 개인이 어두운 방에서 빛의 장소로 이동하고 있음을 인지하는 방법을 가지고 이들이 편견을 가지고 있는가 그렇지 않은가를 예측해 볼 수 있다. 특히 자민족중심주의의 연구가 많이 이루어졌는데, 민족주의적 사람은 국내 집단과 국외 집단 사이를 지나치게 엄격하게 구별하는 경향이 있는데, 국외 집단에 대해서는 적대감을 가지고, 국내 집단에 대해서는 복종적인 태도를 취하면서 옳다고 믿는 것이다. 이런 이론 중 하나는 더 민족중심주의인 개인이 어떤 상황에 처했을 때 모호함과 불확실함을 잘 참지 못한다는 것이다. 이런 이론을 처리하면서 블럭Block과 블럭Block[5]은 내담자들이 어두운 방에서 빛의 장소로 완전하게 나왔다고 인지한 정도를 보고했다(실제로 움직임이 일어나지 않았지만 거의 모든 개인은 이런 상황에서 움직임이 일어났다고 인지한다). 그들은 또한 같은 피험자들에게 자민족 중심주의 검사도 실시해 보았다. 예측하듯이 연속적인 시도에서 인지하고 있는 변화의 양에 규칙을 만든 사람들은 변화가 다양하다고 인지한 사람보다 더 민족중심주의로 가는 경향이 있었다.

이런 연구는 약간의 변화와 함께 호주[28]에서도 되풀이되었는데, 발견은 확고했고 더 확장되었다. 민족중심주의가 강한 개인은 모호함을 잘 참지 못했고, 비편견적인 개인보다 변화가 거의 없었다는 것을 발견하였다. 그들은 또한 다른 사람들에게 더욱 의존적인 경향이 있었으며, 또 회사 안에 있는 또 다른 사람들에 의해 그들을 평가해 보았을 때, 그 사람의 판단에 그대로 따르는 경향을 보였다.

그러므로 개인이 어두운 방에서 빛의 장소로 이동하고 있음을 인지하는 방법에 대한 연구는 두말할 필요도 없으며, 우리는 그가 엄격하고, 편견이 있으며, 민족중심주의적인 사람이라는 것에 대해 많은 것을 말할 수 있다.

행동을 예언할 수 있는 행동과학의 능력을 입증하는 데 대한 혼돈스러움과 어떤 행동을 보일 개인을 선택하는 것에 대한 문제가 성장하고 있는 과학의 빠른 적용 앞에서는 매우 단순한 문제처럼 보일지도 모른다. 그러나 이런 실례를 제시하면서 으스스한 우려를 느끼지 않을 수 없다. 사려가 깊은 사람은 내가 기술한 발달이 단지 시작이 아니라는 사실을 깨달을 것이다. 그는 만약 고도로 발달된 도구가 개인이나 혹은 집단의 손 안에 있다면 함께 그들의 권력으로 그것을 사용하면서 이로 인한 사회적이고 철학적인 함의는 두려움을 일으키는 것이 될 것이다. 본 베르탈란피von Bertalanffy라는 과학자가 경고하였듯이 '물리학적 기술의 위협은 물론이고, 심리학적 기술에 대한 위험은 종종 과도해지고 있다.'[3]고 했다.

집단 안에서 세분화된 행동을 이끌어 내는 조건

그러나 우리가 이런 사회문제로 들어가기에 앞서, 행동과학의 또 다른 영역으로 이동해 보자. 그리고 앞서 실례를 들었던 연구의 표집을 다시 한 번 이용해 보자. 이 시간에 통제집단에 대한 잠재성을 살펴볼 수 있는 연구들 몇 가지를 보게 될 것이다. 이 영역에서 우리는 이런 발견이 어떠한 패턴으로 이루어지는지 조사 연구에 관심을 두고 있다. '만약 우리가 조건 a, b, 그리고 c를 이 집단에서 세운다면, 이 조건이 x, y, z의 행동을 이끌 수 있는 높은 잠재성이 있는 것이다.'

우리는 일하는 집단에서, 산업현장에서 혹은 교육현장에서 제시하는 조건들이 어떤 것인지를 알고 있는데, 그것은 생산력, 독창성 그리고 도덕성이 증가되는 것과 관련 있다. 코크Coch와 프렌치French,[7] 내글Nagle,[19] 카츠Katz, 매코비Macoby, 그리고 모스Morse[17]의 연구는 일반적으로 감독자가 일하는 사람의 태도에 민감할 때, 그리고 감독하는 것 자체에 의심이 없고 권위주의적이지 않을 때, 생산성과 도덕성은 증가됨을 보았다. 격의 없이 이야기하면서 우리는 낮은 생산력과 낮은 도덕성을 이끌게 되는 조건이 어떤 것인지도 알 수 있게 되는데, 이는 그 반대의 조건이 반대의 결과를 이끈다는 사실을 보면 알 수 있다.

우리는 어떠한 집단에서도 리더십의 조건은 집단 구성원의 성격 발달을 가져오고 생산성 증가와 독창성, 집단 충성심을 향상시키지는 않는다. 단기 대학 워크숍과 공장에서 사람을 고용하는 것과 같은 여러 다른 집단 안에서, 고든Gorden[9]과 리처드Richard[22]는 리더와 리더들이 치료자와 같은 관례적 사고를 가진 태도를 취하는 곳에는 그 결과가 아주 좋다는 것을 발견했다. 다시 말해서 만약 리더가 집단 구성원과 그 자신의 감정 양쪽에 순응적이라면, 만약 그가 민감하고 공감적인 방법으로 다른 사람을 이해한다면, 만약 그가 자유롭게 토론하는 자리에서 인정해 주고 용기를 준다면, 만약 그가 집단에 대한 책임감을 느끼고 있다면, 집단 구성원 안에서 성격 발달을 확인하게 되고 집단의 기능도 더 효율적이고 더 창조적이며, 더 활기차게 된다.

우리는 집단 구성원 안에서 심리학적인 경직성이 증가되는 결과를 초래하게 될 조건이 어떤 것인지도 알고 있다. 바이어Beier[2]는 신중한 연구에서, 두 학생 집단에 대해 그들의 능력을 여러 관점에서 측정했는데, 특히 추상적인 추론능력에 대해서 측정하였다. 즉, 한 집단의 학생들 각각을 로르샤흐 검사Rorschach test에 기초해 성격 분석을 했다. 이어 양쪽 집단 모두 그들의 능력에 대해 재검사를 받았다. 성격 평가를 받았던 집단은 융통성에 있어 감소를 보였으며, 추상적 추론능력에 있어서도 유의미한 감소가 나타났다. 그들은 더욱 엄격하고 불안해했으며, 그들의 사고가 조직화되어 있지 않았다(통제집단에 비해서).

그것은 이 평가—집단이 위협을 체험한—가 교육 현장에서 우리의 학교들과 대학들이 행하는 수많은 평가와 매우 유사했다는 것에 주목하게 한다. 이 순간에 우리가 관심을 가질 수 있는 모든 것은 우리가 복잡한 지적 과제에서 효과적인 기능을 수행하지 못하게 하는 조건을 형성하는 방법을 아는 것이다.

우리는 소비자 반응과 대중의 견해에 영향을 미칠 조건을 어떻게 형성하는지에 대해서도 많은 것을 알고 있다. 나는 이것의 경우, 꼭 조사 연구를 통해서 이런 자료를 얻을 필요는 없다고 생각한다. 당신은 어떤 잡지에서의 광고나 TV 프로그램에서의 광고와 그들의 경향 평가Trendex ratings, 회사의 홍보전문가들과 어느 회사든지 세일을 증가시킬 수 있도록 잘 계획된 광고 시리즈만 보더라도 알 수 있다고 말하고 싶다.

우리는 개인의 무의식적인 욕구를 충족시키면서 물건을 사는 행위에 영향을 끼칠 수 있는 방법을 알고 있는데, 우리가 이렇게 하려고 맘만 먹으면 할 수 있다. 이것은 '그 맛이 싫다.' 라는 이유로 인스턴트 커피를 사지 않는 몇몇 여성은 실제로 불쌍한 주부—게으르고 돈 씀씀이가 헤픈 사람[11]과 관련이 있기 때문에 전의식 수준에서 이것을 싫어한다. 이런 연구 유형에서, 투사기법과 '깊이 있는' 면담을 이용하는 것은 개인의 무의식적인 동기—공격적 혹은 의존적인 바람들, 혹은 즉각적으로 승인된 바람—에 호소하도록 만들어진 세일 캠페인을 이끈다.

이런 실례적 연구는 집단의 행동에 영향을 끼치거나 혹은 통제할 수 있는 우리의 잠재적 능력을 지적하고 있다. 만약 우리가 필요조건을 세울 수 있는 힘과 권력이 있다면, 예언과 행동이 그 뒤를 이을 것이다. 연구들과 방법론들 양쪽 모두 현재 시기에서 존재하고 있지만, 더 앞으로 발전해 나가기 위해 정리되어야 하는 것은 의심할 여지가 없다.

개인에게 각별한 효과를 이끌어 낼 수 있는 조건

아마도 집단에 대해 우리가 가지고 있는 지식보다 더 인상적인 것은 행등과학에서 조건과 관련된 축적된 지식이 개인의 행동을 상세한 유형으로 나누었다는 데 있을 것이다. 그것은 이런 개인의 행동을 예측하고 통제할 수 있다는 가능성 때문인데, 이보다 더한 것은 이것이 우리 각각의 관심에 더 근접해 있다는 것이다. 다시 우리는 이런 지식의 유형을 살펴보게 될 것이다.

우리는 개인이 자신의 느낌과는 반대로 판단한 것을 진실이라고 보고하는 조건을 제시할 수 있다. 예를 들어, 그들이 보기에 그렇지 않아도 A그림이 B그림보다 더 큰 영역을 포함하고 있을 것이면 그렇게 믿는다는 것이다. 애시Asch[(1)]의 실험은 후에 크러치필드Crutchfield[(8)]에 의해 정리되고 발달되었는데, 집단 구성원 누구나가 B보다는 A가 더 크다고 볼 때, 한 사람은 이 의견대로 따라가게 된다는 것이다. 그러고 나서 그는 이런 판단을 따르게 될 더 강한 경향성을 가지게 되며, 많은 경우 실제 신념을 가지고도 잘못된 보고를 하게 될 수 있는 것이다.

우리는 개인이 어느 정도 그들 자신이 감정을 불신하고 양도할 수 있는지를 몇 퍼센트로 예측할 수 있을 뿐 아니라, 크러치필드는 그렇게 행하는 사람들의 성격을 예측할 수 있었으며, 이에 대한 절차를 선택하면서 이에 대해 압박하는 집단을 균등하게 선택할 수 있었다.

우리는 자극에 의해 견해가 달라졌다는 의식 없이, 개인이 선택한 방향에 대한 견해를 바꿀 수 있는 방법을 알고 있다. 스미스Smith, 스펜스Spence 그리고 클라인Klein[27]은 스크린에 정지된 무표정의 초상화를 보여 주었다. 그들은 피험자들에게 그림의 표현이 어떻게 달라졌는지를 주목하여 질문했다. 그리고 피험자가 의식적으로는 그 단어를 인식할 수 없도록 '분노'라는 단어를 짧게 비추게 했다. 그러자 그들은 더욱 화난 표정을 짓는 경향이 있었다. 그리고 같은 방식으로 '행복'이란 단어를 짧게 스크린에 보여 주었을 때 그들은 더욱 행복한 표정을 지었다. 그러므로 그들은 명확히 의식되지 않는 수준에서 나타나는 자극에 의해 영향을 받았다고 볼 수 있다.

우리는 약물이 심리적 기분, 태도, 행동에 어떤 영향을 주는지에 대해서도 잘 알고 있다. 이를 입증하기 위해 우리는 화학과 심리학 사이의 경계선적인 영역으로 들어가 보자. 드라이브나 공부를 하는 동안 깨어 있을 수 있게 도와주는 약물에서, 이른바 '진짜 혈청truth serum'이라 부르는 것은 개인의 심리학적 방어를 감소시킨다고 하며, 현재 정신병동에서 널리 사용되고 있는 화학요법을 보면, 이 분야의 성장이 얼마나 급속도로 일어났는지 알 수 있다—점점 더 특별한 효과를 가지고 있는 약물이 발견되고 있다. 즉, 우울한 개인에게 힘을 주는 약물, 또는 그 반대로 흥분된 상태를 잠잠하게 만드는 약물 등등. 약물은 군인들에게 많이 사용되었는데, 이는 전쟁에 대한 두려움을 제거하기 위해서였다. 진정제인 밀타운Miltown은 상표명으로, 이미 우리의 일상 언어로, 만화로 우리 생활 속에 들어오고 있다. 많은 부분이 여전히 이 분야에서 잘 알려져 있지 않지만, 하버드의 스키너 박사는 다음과 같이 진술했다. "그리 멀지 않은 미래에, 정상적 삶을 동기화하고 정서적인 조건을 채워 주는 것은 아마도 약물의 사용을 통해 어떤 바람직한 상태를 유지하는 것에 있을 것이다."[26] 이런 경향이 점점 확장되어 가는 동안, 그의 예측은 부분적으로 정당화될 수 있다.

우리는 정상적인 개인도 분명히 깨어 있는 상태에서 생생한 환각과 비정상적인 반응이 나타나게 되는 심리학적 조건을 제공할 수 있다. 이런 지식은 뜻밖에도 맥길McGill 대학의 연구에서 나왔다. 만약, 감각 자극의 모든 채널을 제거하거나 억압시키면, 비이상적인 반응들이 그 뒤를 잇는다는 것을 발견하게 된 것이다. 만약 건강한 피험자에게 키나제 자극kinaesthetic stimuli을 감소시켜 움직이지 못하게 한다면, 눈이 반 정도가 감기면서 제대로 인식하지 못하게 되고, 베개에 거품을 물고 질식하여 크게 듣지 못하며, 손으로 쳐도 촉각을 느낄 수 없게 되는데, 대부분의 피험자는 48시간 안에 정신병과 유사한 환각과 황폐한 사고를 보이게 된다. 이런 감각 질식이 더 오래 계속될 때 나타나는 결과를 잘 알지 못하는 이유는 잠재적으로 체험에 대한 위험 때문에 연구자가 이것을 계속하는 것을 꺼려 하기 때문이다.

우리는 그 자신의 경험에서 어려운 점을 개방하게 하기 위하여 그 자신만의 언어로 어떻게 사용해야 하는지를 알고 있다. 캐머런Cameron[(6)]과 그의 동료들은 한 환자와의 치료적 면담을 기록함으로써 알게 되었는데, 이 환자의 짧은 진술은 유의미하게 사례의 역동성이 근간이 되었다. 그와 같은 짧은 진술을 연속적으로 테이프에 녹음을 해서 되풀이하여 들어 볼 수 있었다. 환자가 되풀이해서 그 자신이 말한 것을 들었을 때, 그 효과는 대단한 것이었다. 20~30번 정도 이것을 되풀이해서 듣고 난 이후 환자는 이것을 멈추어 달라고 애원했다. 이것은 개인의 방어가 분명히 파악되는 순간이었고, 진술과 관련된 전체 정신병적 영역이 그 얼굴을 드러내는 순간이었다. 예를 들어, 부부문제를 가지고 있으며, 적응을 잘하지 못하는 한 여성은 한 면담에서 다른 이야기를 하다가 어머니에 대한 이야기를 하게 되었는데, "나는 이해할 수 없는 일이었어요. 어떻게 그런 작은 어린아이를 때릴 수 있었는지……." 이렇게 기록된 문장을 그녀에게 계속해서 들려 주었다. 그녀는 불쾌해하며 당황스러워 했다. 그것은 또한 어머니를 향한 그녀의 모든 감정을 드러내 보여 주는 것이었다. 그것이 그녀를 다음과 같이 보게 했다. "나 자신이 상처 입지 않기 위해 어머니를 신뢰하지 않았고, 그 다른 누구도 신뢰하지 않았어요." 이것은 이런 방법에 대한 잠재성을 소개한 일부분이었고, 이것이 많은 도움이 되긴 하지만 만약 방어를 너무 깊게, 너무 빠르게 파악하려 한다면 오히려 위험스러운 혼란에 빠질 수도 있다.

우리는 만약 상담자 혹은 치료자가 이런 치료적 관계를 제공한다면, 내담자의 어떤 구조적 성격이나 변화된 행동을 예측해 볼 수 있다. 우리가 심리치료 분야에서 수행한 최근 연구(23, 24, 25, 29)에서도 이 진술이 입증되고 있다. 이 연구에서 발견한 것을 다음에서 짧게 요약해 볼 수 있다.

만약 치료자가 ① 있는 그대로, 그리고 내적으로 일관된 관계를 제공한다면, ② 내담자를 한 인간으로 가치 있게 받아들인다면, ③ 내담자의 태도와 감정에 관련된 사적인 세계를 공감적으로 이해한다면, 그러면 내담자에게 어떤 변화가 일어난다. 이런 변화와 관련된 것은 다음과 같다. 내담자는 ① 그 자신을 더욱 실제적으로 인식하고 있다. ② 더욱 자신감이 있고 자기 지향적이다. ③ 자기 자신에 의해 긍정적인 가치를 부여한다. ④ 자기 경험의 요소를 억압하는 것이 줄어든다. ⑤ 자신의 행동이 더욱 성숙되고, 사회화되며, 적응적이다. ⑥ 스트레스에도 당황하는 것이 줄어들고, 이어서 회복되는 것이 빨라진다. ⑦ 자신의 성격 구조에서 건강하고, 통합적이며, 잘 기능하는 사람이 되어 간다. 이런 변화는 통제집단에서는 일어나지 않았으며, 이는 명확히 치료적 관계와 결합해서 나타난다.

우리는 인간의 성격 구조가 어떻게 하면 통합되지 못하는지, 자기 확신이 어떻게 사라지는지, 자아 개념이 어떻게 파괴되는지, 그리고 다른 사람에게 어떻게 의존하게 되는지를 알고 있다. 힌클Hinkle과 울프Wolff(13)는 공산주의, 특히 중국에서 죄인을 심문하는 방법에 대한 매우 조심스런 연구를 했는데, 이것은 우리에게 '세뇌'와 같이 일반적으로 알려진 과정을 정확하게 포착할 수 있게 하였다. 이 연구는 불가사의하다거나 필수적으로 새로운 방법을 선보인다거나 하지 않지만, 대부분 어림잡아 개발된 실질적인 결합체들이다. 이는 대부분 앞에서 짧게 살펴보았던 심리치료의 조건들과 상반되는 소름끼치는 것들이다. 만약,

개인이 의심을 받는 상황에서 긴 시간 동안 거부되고 고립되었다면, 인간관계에 대한 그의 욕구는 굉장히 강해진다. 심문자는 감옥에 갇힌 사람을 비순응적이라고 보고, 그로 하여금 죄책감, 갈등, 그리고 불안을 불러일으키는 방향으로 관계를 세워 나간다. 그는 단지 감옥에 갇힌 사람이 심문자가 보는 방식대로 볼 의지를 가지고 있을 때, 이 사람을 받아들인다. 그는 감옥에 갇힌 사람의 내적 체제, 즉 사건에 대한 언급이나 개인적인 인식을 완전히 거부한다. 점점 자신의 욕구에서 벗어나 순응적으로 되어 가면서, 감옥에 갇힌 사람은 심문자의 관점이 진실인 것처럼 반쪽의 진실로 받아들이게 되는데, 이는 약간씩 그가 그 자신의 관점과 그의 행동을 포기할 때, 그리고 그의 심문자의 관점을 받아들이게 될 때 생긴다. 그는 한 인간으로서 매우 비도덕적으로 되어 가며, 통합적이지 못한 모습을 보이고, 강도를 더해 심문자의 인형puppet이 될 것이다. 그러고 나서 그는 자신이 민족의 적이라는 고백을 할 것이며, 그는 행하지도 않았던 모든 종류의 반역적 행동을 행한 것으로 되거나, 혹은 실제로 매우 다른 유의미한 일들을 행한 것으로 되어 버린다.

이런 점에서 이런 방법이 행동과학의 산물이라고 잘못 오인되고 있다. 이 방법은 러시아나 중국 경찰에 의해 개발된 것이지 과학자들에 의해 개발된 것이 아니다. 그러나 나는 이런 가공되지 않은 방법이 우리가 지금 소유하고 있는 과학적 지식의 수단으로 결정적으로 더욱 효과가 있다는 것이 명확하기 때문에 여기서 이것을 포함시키고 있다. 짧게 말해서 어떻게 성격과 행동이 변화할 수 있는지에 대한 우리의 지식은 건설적으로, 혹은 파괴적으로 인간을 만들거나 혹은 파괴시키는 데 사용될 수 있다.

동물들에게서 특정한 효과를 불러일으키는 조건

아마도 과학의 이런 젊은 분야에 대한 유의미한 증거들과 이것이 그 놀라운 힘을 발휘하고 있음을 충분히 전달했다고 본다. 그러나 우리가 이 모든 것을 암시하고 있는 것에 눈을 돌리기 전에, 나는 한 단계 더 나아가서 동물의 행동에 관해 축적되어 온 방대한 지식의 양을 약간 언급해야 할 것 같다. 여기에서 나 자신의 지식은 너무 한정되어 있지만, 세 가지 제시된 연구와 그들의 발견을 언급하고자 한다.

우리는 어린 새끼 오리가, 예를 들어 낡은 구두에 지속적으로 전념하도록 하는 조건을 어떻게 세우는지 잘 알고 있다. 헤스Hess[(12)]는 '각인imprinting' 현상에 대한 연구를 수행했는데, 이는 유럽에서 처음 연구되었다. 그는 새끼 수컷 오리들에게는 부화한 이후 13~17시간이란 매우 결정적인 시간들이 있다는 것을 보여 주었다. 오리가 어떤 보이는 대상에 애착을 가지기 시작할 때, 이 대상을 따르려고 노력하면 할수록, 애착의 정도도 강렬하게 될 것이다. 보통 이런 과정은 어미 오리에게 애착을 가지는 결과를 초래하지만, 오리는 단지 어떤 대상 목표—쇠약해진 오리, 사람 혹은 내가 언급했었던 낡은 신발—에 믿을 수 없을 정도로 집착을 보이기 쉬울 수 있다는 것을 보여 주었다. 이런 비슷한 경향이 유아(인간)에게도 나타날 것인가? 이것을 탐구해 보지 않을 수 없다.

우리는 전기 경련 쇼크를 받고 튼튼한 쥐가 가지게 된 공포를 어떻게 제거해 줄 수 있는지를 알고 있다. 헌트Hunt와 브래디Brady[(14)]는 처음으로 목마른 쥐에게 지렛대를 눌러 물을 먹을 수 있는 훈련을 시켰다. 그들은 실험실 박스에 있는 동안 자유롭게 그리고 빈번히 이를 행했다. 이 습관이 잘 이루어졌을 때, 조건화된 공포는 약간의 딸각거리는 소리를 한 시간 동안 들은 이후에 아주 경미하게 고통스러운 전기 쇼크를 주는 것이었다. 한 시간 이후 쥐는 강하게 두려운 반응을 보였고, 딸각거리는 소리가 날 때마다 지렛대를 누르는 것이 정지되었다(아무리 딸각거리는 소리가 난 이후 고통스런 자극이 주어지지 않는다고 할지라도). 이 조건화된 공포 반응은 그러나 동물에게 전기 경련 쇼크를 계속해서 주었을 때 거의 완전히 제거되었다. 쇼크 치료를 계속 받아도 동물은 더 이상 공포를 보이지 않았고, 딸각거리는 소리가 계속 들리는 동안에도 자유롭게 지렛대를 눌렀다. 연구자는 그들의 결과를 조심스럽게 해석했지만, 인간에게 실시되는 쇼크 치료와 비슷한 점이 있다는 것은 분명한 사실이다.

우리는 비둘기를 훈련시켜서 사전 지정된 목표물에 폭발성의 미사일이 가는 방향을 가리키도록 할 수 있는 방법을 알고 있다. 스키너의 이런 전시 개발의 재미난 발상[26a]은 단지 이른바 조작적 조건화가 가지는 가능성의 매우 인상 깊은 사례 중 하나일 것이다. 그는 비둘기를 훈련시켰고, 비둘기가 그 방향에 근접할 때마다 혹은 그가 미리 지정한 장소에 근접할 때마다 그 행동에 대한 보상을 하는 '조성'의 방법을 이용했다. 그러므로 그는 외국 도시의 지도를 만들 수 있었고, 점점 비행기 제조소와 같은 생사가 걸린 산업을 하는 지점에 가도록 훈련을 시켰다. 또한 그는 그들을 어떤 바다 위에 떠 있는 배의 위치를 확인하도록 훈련시킬 수 있었다. 이것은 단지 기술적인 문제였는데, 확실히 복잡한 것이라도, 그들의 행로를 변경시켜 미사일을 유도할 수 있었다. 두세 마리 비둘기를 미사일과 유사한 것으로 훈련을 시켰는데, 코스의 이탈이 있었음에도 비둘기들은 정확하게 '목표물'을 쪼았다.

이런 반응을 통해 당신이 궁금한 것이 있겠지만, 이것은 전쟁 상황에서 결코 사용된 적은 없다. 그 이유는 예상치 못하게 빠른 속도로 전자 고안 장치가 개발되고 있기 때문이다. 그러나 이것은 사용이 되었다면 의문의 여지가 없이 진행될 수 있었을 것이다.

스키너는, 예를 들어 비둘기를 탁구를 칠 수 있도록 훈련시킬 수 있었고, 그와 그의 동료 연구자들은 동물들의 많은 복잡한 행동을 개발시킬 수 있었는데, 이것은 '지능이 있는'과 '목적이 있는' 것과 관련이 있는 것 같다. 동물은 약간의 작은 보상과 같은 긍정적 강화를 받는다. 이 때문에 모든 행동은 연구자가 선택한 목적대로 되어 가는 것이다. 아마도 처음으로 이것은 전체 행동으로 이루어진 것이며, 일반적인 방법을 통해 긍정적인 방향으로 나아갈 수 있었던 일이다. 그러나 점점 행동이 조성되면 될수록 미리 선택한 행위대로 정교하고, 정확하며, 특정한 형태로 자리를 잡아 갔다. 유기체의 광범위한 행동 목록으로부터, 그와 같은 행동은 점점 더 정밀해지면서 강화되고, 연구자의 정확한 목적에 부합되게 되었다.

인간과 관련된 실험은 정확하게 딱 떨어지지는 않지만, 그와 같은 (연구자에 의해 머리가 끄덕이는 것과 같은) 조작적 조건화가 이루어짐을 보게 되었다. 어떤 사람은 복수명사 혹은 피험자가 표현하고 싶은 인간적인 견해를 진술하는 것이 증가되는 것을 볼 수 있는데, 그들의 행동이 변한 이유가 무엇인지 깨닫지 못한 채 말이다. 스키너의 관점에서 우리의 행동 대부분은 그와 같은 조작적 조건화에 의해 이루어진다고 보는 것이며, 종종 양쪽 참여자 중 일부분은 무의식적으로 이루어진다. 그는 의식적으로, 그리고 의도적으로 그것을 만들기를 원했고, 결국 그렇게 함으로 행동을 통제할 수 있었다.

우리는 동물이 전적으로 전기 자극을 통해 가장 만족스러운 체험을 할 수 있는 방법을 알고 있다. 올즈Olds[20]는 실험용 쥐의 뇌 격막 영역에 경미한 전기 자극을 줄 수 있음을 발견했다. 동물들 중 하나가 지렛대를 누를 경우, 1분 동안 전기 자극을 흘려 보냈다. 이렇게 했을 경우, 이 동물이 계속해서 지렛대를 정신없이 누르는 보상 체험과 같은 행동이 나타난다. (종종 지칠 때까지 이런 행동을 반복함.) 이런 체험의 주관적인 특징이 무엇이든지 간에, 이와 같은 행동을 하는 것은 동물이 너무 만족스러워 하며, 또 다른 활동을 하기를 원하게 되는 것과 관련이 있는 것 같다. 나는 이런 절차가 인간에게도 적용되는지 그렇지 않은지를 깊이 있게 탐구하지는 않을 것이며, 그렇지 않더라고 이런 사례는 그 결과 자체가 의미 있는 것이다.

일반적인 진술과 그것의 함의

나는 이런 수많은 특정 사례가 행동과학이 행동의 이해, 예측 그리고 통제를 빨리 이끌어 낼 수 있다는 진술을 하기 위해 구체적인 의미를 제공하였기를 희망한다. 우리는 개인이 어떤 행동을 보일지를 중요한 방법을 통해서 알아볼 수 있다. 집단 안에서 여러 가지 예측 가능한 행동을 이끌어 낼 수 있는 조건을 세우는 것, 한 개인에게 특정한 행동 결과를 이끌어 낼 수 있는 조건을 세우는 것, 그리고 동물을 이해할 수 있는 우리의 능력, 즉 예측하고 통제할 수 있는 것으로, 아마도 인간과 관련된 미래의 단계를 암시한다.

만약 당신의 반응이 나의 반응과 똑같다면 당신은 내가 이에 더해 아주 깜짝 놀랄 만한 관점을 가지게 된 장면을 발견하게 될 것이다. 이런 젊은 과학의 모든 미성숙함과 그것의 막대한 무지함은 어떻게 할 수 없다. 그것에 대한 지식이 현재 무한한 가능성을 가지고 있다고 해도 말이다. 몇몇 개인이나 집단이 양쪽에 유용한 지식을 가지고 있고, 약간의 목적으로 이 지식을 활용할 힘을 가지고 있다고 가정해 보자. 개인은 리더가 될 사람을 선택할 수 있고, 나머지 사람은 그를 따르게 될 것이다. 사람들은 더욱 성장하고, 향상되며, 촉진될 수 있으나, 그 반대로 약해지고 통합되지 못하는 모습을 보일 수도 있다. 분란을 일으키는 사람들이 나타날 수 있지만, 그들이 그와 같은 일을 하기 전에 미리 대처할 수 있다. 사기는 높아질 수도 있고, 낮아질 수도 있다. 행동은 개인의 무의식적인 동기에 영향을 받을 수 있다. 그것은 악몽의 조작으로 일어날 수도 있다. 더불어 이것은 황량한 꿈일 수도 있지만, 환상이 아닐 수도 있다. 아마도 이것은 그 자신의 전공 분야인 물리학을 넘어서서, 경험을 통해서 이 분야에 경고의 메시지를 던졌던 자연과학의 가장 큰 선물 중 하나인 로버트 오펜하이머Robert Oppenheimer를 이해하는 것이 가장 명확하다. 그는 물리학과 심리학이 약간의 공통점이 있다고 말했는데, 이 공통점 중 하나는 '우리의 진보는 공적 분야에서 결정의 문제를 확고하게 이끌 수 있는 폭을 넓혀 준다는 것이다. 물리학자는 가장 최근에 그들이 이룩한 업적을 아주 시끄럽게 이야기하고 있다. 이런 시기가 아마도 올 것이다. 아마도 심리학자를 말하는, 이용 가능한 통제의 힘을 갖고 있는 힘 있는 자가 중대한 문제로 난처해할 때(어떤 물리학자들이 아주 중대한 문제에 난처해 할 때보다), 심리학이 인간 행동과 정서에 대한 지식의 건전하고 객관적인 총체를 손에 넣게 될 것이다.(21)

당신들 중 몇몇은 내가 어떻해서든 이보다 더욱 심각한 문제를 만들어 낼지도 모른다고 느낄지 모른다. 당신은 단지 내가 언급한 과학이 실제로 유의미하게 사회에 영향을 미칠 수 있는지를 지적할지도 모른다. 그리고 이런 연구의 대부분이 행동과학에 중요하지만 우리 문화에 실제적인 충격을 가할 정도는 아닐지도 모른다고 지적할지도 모른다.

나는 이 마지막 부분에 매우 동의한다. 어떻든 현 시점에서 행동과학은 여러 세대 전에 물리과학과 똑같은 단계에 있다. 게다가 최근 사례는 1900년대의 논쟁거리였는데, 공기보다 무거운 비행기가 날 수 있느냐 하는 것이었다. 비행과학은 잘 발달되었거나 완전하지 않아서, 이에 대한 발견에 대해 긍정적인 대답을 준다고 해도, 또 다른 연구에서는 부정적인 노선에 서 있을 수밖에 없었다. 이 모든 것에 가장 중요한 것은, 대중은 이런 과학이 어떤 타당성을 가지고 있는지 혹은 문화에 유의미하게 영향을 줄 수 있는지에 대해 믿지 않았다는 것이다. 그들은 상식을 이용하기로 했고, 인간은 공기보다 더 무거운 새로운 고안 장치에 아마도 탈 수 없다고 말하는 것이 고작이었다.

그 당시 비행술에 대한 대중적 입장이 오늘날에는 그와 반대의 입장을 취하고 있다. 우리는 몇 년 전에 과학이 인공위성을 우주에 쏘아 올릴 수 있는 완벽하고 환상적인 계획이 가능하다고 말했었다. 그러나 이제 대중은 자연과학에 대해 너무 깊이 신뢰해 왔다고 하며 불신임을 제기했었던 목소리를 없애고 있다. 단지 대중의 입장에선 "우리가 언제 그렇게 했었나?" 라고 질문할지도 모르겠다.

사건의 똑같은 연속이 행동과학과 연결선상에서 일어날 것이라고 믿는 데에는 이와 같은 이유가 있다. 첫째, 대중이 무시하는 것 혹은 불신임하는 관점이며, 과학의 발견이 상식보다 더 의존하고 있음을 발견함으로써 그것을 사용하기 시작하고 있고, 과학의 지식을 넓게 사용하는 것이 엄청난 요구를 이끌어 내서 인간과 돈, 노력이 과학에 쏟아부어지고 있으며, 마침내 과학의 발전이 점점 증가되는 비율로 상향 조정되고 있기 때문이다. 이것은 이런 연속적 과정이 행동과학에서 관찰될 때 가능한 일인 것 같다. 결과적으로 이런 과학의 발견이 오늘날 널리 사용되지 않는다 할지라도, 그들이 미래에는 넓게 사용될 모든 가능성을 가지고 있는 것이다.

질 문

우리는 사회의 힘이 미세한 것에서 거대한 힘을 발휘할 수 있도록 하는 방편으로 과학의 잠재적 중요성을 부각시키는 것을 알고 있다. 그리고 이런 발달에서 제기되는 의문점이 이 세대와 다가올 세대를 위해 지극히 중대한 질문이 될 것이다. 이런 몇몇 질문에 대해 알아보자.

> 우리는 어떻게 이런 새로운 과학의 힘을 이용할 수 있는가?
>
> 이 용감무쌍한 새로운 세계에서 한 개인에게 무슨 일이 닥칠 것인가?
>
> 누가 이 새로운 지식을 이용하여 권력을 잡을 것인가?
>
> 이런 새로운 유형의 지식이 이용될 때, 목표 혹은 목적이나 가치는 어느 방향으로 흘러갈 것인가?

나는 다음 강의에서 이런 질문을 고려한 작은 시초를 제시할 생각이다.

참고문헌

1. Asch, Solomon E. *Social Psychology*. New York: Prentice-Hall, 1952, 450-483.
2. Beier, Ernst G. The effect of induced anxiety on some aspects of intellectual functioning. Ph.D. thesis, Columbia University, 1949.
3. Bertalanffy, L. von. A biologist looks at human nature. *Science Monthly*, 1956, *82*, 33-41.
4. Beston, W. H., Woodburn Heron, and T. H. Scott. Effects of decreased variation in the sensory environment. *Canadian J. Psychol.*, 1954, *8*, 70-76.
5. Block, Jack, and Jeanne Block. An investigation of the relationship between intolerance of ambiguity and ethnocentrism. *J. Personality*, 1951, *19*, 303-311.
6. Cameron, D. E. Psychic driving. *Am. J. Psychiat.*, 1956, *112*, 502-509.

7. Coch, Lester, and J. R. P. French, Jr. Overcoming resistance to change, *Human Relations*, 1948, *1*, 512–532.

8. Crutchfield, Richard S. Conformity and character. *Amer. Psychol.*, 1955, *10*, 191–198.

9. Gordon, Thomas. *Group-Centered Leadership*. Chapters 6 to 11. Boston: Houghton Mifflin Co., 1955.

10. Gough, H. E., and D. R. Peterson. The identification and measurement of predispositional factors in crime and delinquency. *J. Consult. Psychol.*, 1952, *16*, 207–212.

11. Haire, M. Projective techniques in marketing research. *J. Marketing*, April 1950, *14*, 649–656.

12. Hess, E. H. An experimental analysis of imprinting–a form of learning. Unpublished manuscript, 1955.

13. Hinkle, L. E., and H. G. Wolff. Communist interrogation and indoctrination of "Enemies of the State." Analysis of methods used by the Communist State Police. *Arch. Neurol. Psychiat.*, 1956, *20*, 115–174.

14. Hunt, H. F., and J. V. Brady. Some effects of electro-convulsive shock on a conditioned emotional response ("anxiety"). *J. Compar. & Physiol. Psychol.*, 1951, *44*, 88–98.

15. Janis, I. Personality correlates of susceptibility to persuasion. *J. Personality*, 1954, *22*, 504–518.

16. Kagan, J., and P. H. Mussen. Dependency themes on the TAT and group conformity. *J. Consult. Psychol.*, 1956, *20*, 29–32.

17. Katz, D., N. Maccoby, and N. C. Morse. *Productivity, supervision, and morale in an office situation*. Part I. Ann Arbor: Survey Research Center, University of Michigan, 1950.

18. Meehl, P. E. Wanted-a good cookbook. *Amer. Psychol.*, 1956, *11*, 263–272.

19. Nagle, B. F. Productivity, employee attitudes, and supervisory sensitivity. *Personnel Psychol.*, 1954, *7*, 219–234.

20. Olds, J. A physiological study of reward. In McClelland, D. C. (Ed.). *Studies in Motivation*. New York: Appleton-Century-Crofts, 1955, 134–143.

21. Oppenheimer, R. Analogy in science. *Amer. Psychol.*, 1956, *11*, 127–135.

22. Richard, James, in *Group-Centered Leadership*, by Thomas Gordon, Chapters 12 and 13. Boston: Houghton Mifflin Co., 1955.

23. Rogers, Carl R. *Client-Centered Therapy*. Boston: Houghton Mifflin Co., 1951.

24. Rogers, Carl R. and Rosalind F. Dymond (Eds.). *Psychotherapy and personality change*. University of Chicago Press, 1954.

25. Seeman, Julius, and Nathaniel J. Raskin. Research perspectives in client-centered therapy, in O. H. Mowrer (Ed.). *Phychothrapy: Theory and Research*, Chapter 9. New York: Ronald Press, 1953.

26. Skinner, B. F. The control of human behavior. *Transactions New York Acad. Science*, Series II, Vol. 17, No. 7, May 1955, 547–551.

26a. _______ Pigeons in a Pelican, *Amer. Psychol.*, 1960, *15*, 28–37.

27. Smith, G. J. W., Spence, D. P., and Klein, G. S., Subliminal effects of verbal stimuli, *Jour. Abn. & Soc. Psychol.*, 1959, *59*, 167–176.

28. Taft, R. Intolerance of ambiguity and ethnocentrism. *J. Consult. Psychol.*, 1956, *20*, 153–154.

29. Thetford, William N. An objective measure of frustration tolerance in evaluating psychotherapy, in W. Wolff (Ed.). *Success in psychotherapy*, Chapter 2. New York: Grune and Stratton, 1952.

30. Whyte, W. H. *The Organization Man*. New York: Simon & Schuster, 1956.

31. Williams, S. B., and H. J. Leavitt. Group opinion as a predictor of military leadership. *J. Consult. Psychol.*, 1947, *11*, 283–291.

21

행동과학의 새로운 세계에서 개인의 역할

앞선 장에서 나는 행동을 예측하고 통제할 수 있는 그들의 능력에 관한 진보된 행동과학에 대해 밑그림을 그려 보았다. 나는 우리가 빠른 행보를 보일 새로운 세상을 제시해 보았다. 오늘날 이와 같이 용감무쌍한 새로운 세상에서 우리가 어떻게 개인, 집단, 문화 속에서 살아갈 것인지, 어떻게 반응할 것인지, 또 적응해 나갈 것인지에 대한 질문을 고려해 보길 원한다. 우리는 이런 새로운 발전 상황에 직면하여 어떤 자세를 취해야 할 것인가?

나는 이 질문에 대해 두 가지 정도로 설명하고자 하며, 세 번째 대답을 이끌 수 있는 몇 가지 고려 사항을 제시하기를 원한다.

부정과 무시

우리가 취할 수 있는 태도는 이런 과학적 진보에 동참하는 것을 거절하는 것이고, 단순히 사실상 과학적으로 인간 행동을 연구할 수는 없다는 견해를 가지는 것이다. 우리는 인류와 동물이 그 자신을 향해 객관적인 태도를 유지할 수 없다는 것과, 그러므로 행동과학은 실제 존재하지 않는다는 생각을 견지할 수 있다. 우리는 인간이 항상 한 사람의 자유로운 대리인agent이라고 말할 수 있는데, 이는 그의 행동을 과학적으로 연구하는 것이 불가능하다는 점 때문이다. 흥미롭게도 최근에 한 사회과학 관련 학회에서 잘 알려진 경제학자도 이런 관점을 가지고 있다는 것을 듣게 되었다. 또한 유명한 한 신학자도 '어떤 경우에도 과거 행동의 과학적 발명품이 미래 행동 예측의 기초가 될 수 없다.' 고 기술하였다.(3, p. 4)

일반적인 대중의 태도도 거의 비슷하다. 행동과학의 가능성을 무조건 부인하지 않아도, 금융 중심가에 있는 사람은 행동과학의 발전에 동참하는 것을 무시한다. 더 확실하게 말하면, 그는 공산주의자가 '세뇌'의 방법으로 그들이 잡은 군인들을 변화시키려고 한다는 것을 들을 때 그 시기에만 흥미를 보인다. 그는 화이트Whyte의 책(13) 속에 수반되는 곤혹스러움에 경미한 반응을 보일지도 모르는데, 즉 어떤 조작적 경향을 가지고, 얼마나 행동과학의 발견이 현대 기업에 의해 심하게 다량으로 사용되고 있는지에 대해 말이다. 그러나 전반적으로 그는 원자atom가 분열될 수 있다는 맨 처음의 이론적 진술을 했었던 것 이상으로 이 모든 것에 집중하지는 못할 것이다.

만약 우리가 원한다면 문제를 무시하고 있는 그를 참여시킬 수 있을지도 모른다. 우리는 더 나아가 내가 인용했었던 오랜 지식인처럼 바라보게 되고, 행동과학에서 보는 것과 같이 '동물과 다를 바가 없다.'고 하며 바라보게 될지도 모른다. 그러나 이런 반응은 특별히 지적인 방법은 아닌 것 같기에, 나는 더욱더 복잡하고, 더욱더 널리 알려져 있는 관점을 중심으로 이들을 설명하고자 한다.

인간의 삶을 과학이라는 용어로 형성하는 과정

행동과학자들 사이에는 과학과 같은 발견이 인간 행동을 예측하고 통제하는데 사용될 것을 당연시 여기고 있는 것 같다. 그러나 대부분의 심리학자와 또 다른 과학자들은 이것이 무엇을 의미하고 있는지 깊게 생각하지 않고 받아들인다. 이런 일반적인 경향을 따르지 않았던 사람은 하버드 대학교의 스키너 박사인데, 이 사람은 그들이 더 좋은 세계를 창조하는 데 관심을 두고 통제의 힘을 이용했었던 심리학자들에게 노골적으로 몰아대어 온 사람이다. 몇 년 전에 『월든 투Walden Two』[12]라는 제목의 책에서 스키너는 행동과학의 학습이 철저하게 인생의 모든 면—결혼, 자녀양육, 윤리적 행위, 일, 여가 그리고 예술적 노력—에 이용되고 있는 유토피적 공동체를 소설의 형식을 통해 보여 주려고 시도했다. 나는 그의 글을 여러 차례 인용할 것이다.

또한 행동과학의 다가올 영향력에 대한 유의미성을 소설의 형식으로 보여 준 몇몇 작가들이 있다. 알도스 헉슬리Aldous Huxley는 그의 『용감한 새로운 세상Brave New World』[1]에서 과학이 지배하는 세상에서 달콤한 행복을 누리는 무서운 장면을 보여 주면서 인간이 결과적으로 반감을 가지게 되는 것을 표현하고 있다. 1984년에 조지 오웰George Orwell[5]은 독재적 권력에 의해 지배되는 세상의 장면을 보여 주었는데, 이런 점에서 행동과학은 단지 행동이 아닌 사고가 통제되는 절대적인 통제를 하는 도구로 사용된다.

과학 픽션 작가들은 행동과 성격이 화학적 요소나 전기 충격과 같은 과학의 주제로 여겨지는 세상에서 가능한 모든 발전된 부분을 시각화하는 데 역할을 하였다.

나는 만약 우리가 행동과학을 이용해서 인간 삶의 면모를 살피려고 노력한다면 문화적 방식을 통해 최대한 단순화할 수 있는 장면을 나타내 보여 주고 싶다.

맨 처음에는 거의 가설로 되어 있는 것을 모두 재인식해야 하는데, 과학적 지식은 조작하는 데 힘을 가지고 있기 때문이다. 스키너 박사는 다음과 같이 말한다. "우리는 인간의 중심사를 통제하고 있는 어떤 것을 피할 수 없다는 것이 사실임을 인정해야 한다. 우리는 만약 누군가가 인간의 행동에 영향력을 끼치는 환경 조건을 설계하고 구상하고 있지 않다면 인간사에 좋은 느낌을 이용할 수 없다. 환경적 변화는 항상 문화적 방식의 향상을 통해 조건화되어 있으며, 우리가 더욱더 중대한 척도로 바꿀 자세가 되어 있지 않으면 과학적 방법을 더 효과적으로 이용할 수 없게 된다. 과학은 이전에는 위험한 과정과 재료를 가져왔다. 어떤 큰 실수를 하지 않고 인간의 과학적 사실들과 기술을 최대한으로 이용한다는 것은 어려움이 있을 것이고, 명확히 위험할 수 있다. 지금은 자기 기만, 감정적인 것에 몰두하는 것 혹은 더 이상 이용 가치가 없는 가설을 세울 때가 아니다." (10, p. 56–57).

다음 가정은 통제하고자 하는 힘이 이용된다는 것이다. 스키너는 이것이 오용되는 위험을 재인식했다 할지라도, 이것이 호의적으로 사용되고 있다는 사실을 알았다. 헉슬리는 호의적인 의도로 사용된 것을 알았지만, 실제로 이것은 악몽으로 창조시킨 것과 같다고 보았다. 더구나 만약 독재 정부에서 그들의 규칙의 정도를 강화하는 것과 같이 그 힘을 유해하게 사용하고 있다면, 이에 대한 결과를 설명해야 한다.

과정의 단계

행동과학에서 인간의 행동을 통제하는 개념과 관련된 기본 요소에 대해 몇 가지 살펴보도록 하자. 인간의 삶을 공식화하는 데 인간 과학의 용어로 사회에서 조직화할 수 있는 과정의 단계는 무엇일까?

첫 번째로 목표를 선택하는 것이다. 최근 논문에서 스키너 박사의 행동 기술에 배정된 가능한 목적은 다음과 같다. "인간을 행복하게 만들어 주고, 훈련을 시키고, 능숙하게 만들고, 잘 행동할 수 있고, 생산적인 일을 하도록 하라." (10, p. 47). 그의 『월든 투』에서, 자신의 관점을 소설 형식을 통해 표현했는데, 그의 관점은 더 확장되었다. 그의 영웅은 말한다. "글쎄, 당신은 성격을 예정할 수 있다고 어떻게 말할 수 있는가? 당신이 관심 있는 것이 그것인가? 기질을 통제할 수 있는가? 나에게 명확히 말해 보라고 한다면, 나는 당신에게 그런 사람을 보여 줄 것이다. 당신이 인간을 가장 생산적이고 가장 성공적으로 만드는 데 관심을 가지고 있다면, 동기를 통제하는 것에 대해 무슨 말을 할 수 있는가? 당신은 꿈을 꾸고 있는 것은 아닌가? 그러나 이런 기술은 이용되고 있고, 더욱더 실험적으로 연구될 것이다. 그 가능성을 생각해 보라. ……우리 아이들의 삶을 우리가 통제할 수 있고, 우리가 그들을 이끌 수 있음을 보라." (12, p. 243).

스키너가 필수적으로 여기에서 말하고 있는 것은 행동과학의 현재 지식이 오늘날 우리에게 믿을 수 없을 정도로 우리가 바라는 행동적, 그리고 성격적 결과를 미래에 가져올 수 있음을 덧붙이고 있다. 이것은 명확히 기회이기도 하고, 또 그 반대로 무거운 짐이기도 하다.

두 번째 이 과정의 기본 요소는 응용과학에서 일하는 모든 과학자에게 친숙한 것일 것이다. 목적과 목표가 주어진다면, 우리는 통제된 실험실에서 과학의 방법을 진행시켜 그 목적과 목표의 의미를 밝힐 것이다. 예를 들어, 만약 우리의 조건화에 대한 지식이 인간의 생산성을 제한시킨다면, 더 나아가 우리의 연구와 실험은 이 분야의 새로운 지식을 확실히 얻을 수 있을 것이다. 그리고 여전히 이런 연구는 더 효과적인 수단을 통해 지식을 얻을 수 있도록 할 것이다. 그러므로 과학의 방법은 우리가 선택한 목적을 성취하기 위해 더 점점 효과적인 방법을 늘려 가면서 그 목적에 도달하게 되는 자기 수정이라고 할 수 있다.

세 번째 기본 요소는 권력에 대한 의문과 관련된다. 조건화 혹은 방법이 우리의 목적을 성취하기 위해 발견되듯이, 몇몇 사람 혹은 집단이 그와 같은 조건화를 세우고 혹은 방법을 사용하여 권력을 얻는다. 이와 같은 문제를 재인식하는 경우는 드물다. 행동과학을 이용해 권력을 얻고자 희망하는 것은 과학자에 의해 혹은 호의적인 집단에 의해서도 이루어지는데, 나로서는 근래에 혹은 가까운 역사가 지지하는 희망은 아닌 것 같다. 행동과학이 현재의 태도를 더욱더 유지하려고 할 것 같은데, 아마도 영국의 로켓 과학자들이 가이드 미사일을 전담하는 위치에 있게 될 것이다. 처음 그들은 러시아와 미국을 파괴하기 위해 히틀러에 속하여 연구에 전념했던 사람들이었다. 현재 그들은 자신들을 포섭하고 있는 사람들에게 의존하여, 미국을 파괴하는 데 관심이 있는 러시아를 위해 열심히 일할 것이며, 혹은 러시아를 파괴하기 위해 미국을 위해 열심히 일할 것이다. 만약 행동과학자들이 단독으로 그들의 과학을 진보시키는 데 관심이 있었다면, 그것은 대부분 그들이 개인 혹은 집단의 권력이 무엇이든지 단순히 목적을 위해 이바지하였을 것이다.

그러나 이것은 본론을 벗어난 느낌이다. 이 관점의 요지는 몇몇 사람 혹은 집단이 바라던 목적을 성취하기 위해 발견했었던 방법을 권력을 세우는 데 더 효과적으로 사용할 것이라는 것이다.

이 과정의 네 번째 단계는 언급된 방법이나 조건화에 개인이 노출되는 것이다. 개인은 높은 가능성을 가지고 바람직한 행동으로 이끌 수 있는 규정화된 조건화에 노출되었다. 만약 목적을 가지고 있고, 순종적이며, 무슨 일이든 그들에게 맡길 것을 결정했었다면 인간은 더욱 생산적으로 된다.

앞서 이야기했던 것 중 하나의 과정을 보여 줌으로써 이 관점을 더 맛깔스럽게 설명하기 위해 『월든 투』의 주인공을 다시 인용하고자 한다. "현재 우리는 얼마나 긍정적인 강화물이 있는지, 그리고 왜 부정적인 강화물이 없는지를 알고 있다." 그는 그가 옹호하고 있는 방법을 논하면서 말한다. "우리는 더욱더 심사숙고할 수 있고, 우리의 문화적 설계를 더욱 성공적으로 만들 수 있다. 우리는 통제된 사람들하에서 통제의 종류를 알아볼 수 있는데, 그들이 오래된 체계가 아니라 더욱더 용의주도한 형태를 따른다고 해도 말이다. 그럼에도 그들은 자유롭게 느낀다. 그들은 원하는 일은 무엇이든 할 수 있지만, 압박을 받지는 않는다. 이것이 바로 긍정적인 강화의 엄청난 힘의 원천이다—제한을 받지 않고, 반감을 사지도 않는 것이다. 이런 조심스러운 설계를 통해 우리는 최종적인 행동을 통제할 수는 없지만, —동기, 욕구, 희망—행동하고자 하는 경향을 통제할 수는 있다. 신기한 것은 그 경우에 자유에 대한 의문은 결코 일어나지 않는다는 것이다." (12, p. 218)

총체적 그림과 그것의 함의

나는 개인이나 사회에 행동과학이 영향을 주었던 장면을 매우 짧게 종합할 수 있는지 알아보려고 한다. 이런 영향은 마치 스키너가 뚜렷하게 보았으며, 그리고 아마도 대부분의 행동과학자의 많은 일과 태도에 적용되었을 것이다. 행동과학은 명확히 앞으로 나아가고 있다. 통제의 힘을 증가시키면서, 누군가에게 혹은 몇몇 집단에 의해 사용되고 있을 것이다. 그와 같은 개인이나 집단은 확실히 성취하고자 하는 목적이나 목표를 선택하였을 것이다. 그리고 우리 중 대부분은 너무 적절히 통제되어서 그것들을 깨닫지 못할 정도로 더욱 통제받을 것이다. 그러므로 현명한 심리학자 협회(만약 이런 용어에 반대하지 않는다면), 혹은 스탈린Stalin, 혹은 독재자Big Brother가 큰 권력을 가지고 있든지, 그리고 그 목표가 행복하게 하거나, 생산적이거나, 오이디푸스 콤플렉스를 해결해 주거나, 복종적이거나, 독재자를 사랑하거나 간에, 우리는 선택한 목표대로 우리 자신이 움직이는 것을 발견하게 되고, 아마도 우리가 그것을 바라고 있다고 생각하게 된다. 그러므로 만약 이렇게 하는 것이 합리적이라면, 완전히 통제된 사회의 형태—『월든 투』 혹은 『1984』—로 되돌아가게 되는 것이다. 이것이 어느 날 갑작스럽게 이루어지는 것이라기보다는 점차적으로 그렇게 된다는 사실은 기본적인 문제가 크게 변화되지 않았다는 것이다. 인간과 그의 행동은 과학적 사회의 계획된 산물이 될 것이다.

당신은 이렇게 물을지도 모른다. "그러나 개인의 자유는 어떻게 합니까? 개인의 권리를 주장하는 민주주의의 개념은 어떻게 된 것입니까?" 여기에 대해서도 스키너는 아주 명확하다. 그는 아주 담담하게 말한다. "인간이 자유롭지 않다는 가설은 인간 행동을 연구하는 데 있어서 과학적 방법을 적용할 때 필수적이다. 외적 생물 유기체로서 행동에 책임을 지는 자유인은 단지 과학적 분석의 과정을 발견할 수 있도록 원인을 제공하는 종을 위해 과학적 방법 이전의 대리인일 뿐이다. 이 모든 대치 가능한 원인은 개인의 외부에 존재한다."(11. p. 447).

그는 또 다른 요인으로 이를 더욱 길게 설명하고 있다. "과학을 사용하는 것이 증가하고 있듯이, 우리는 과학이 그 사실을 대표하고 있다고 생각하게 하는 이론적 구조를 받아들이도록 압력을 받고 있다. 이에 대한 어려움은 이 구조물이 명확히 전통적인 인간의 민주주의 개념과는 다르게 이상하게 느껴지기 때문이다. 인간의 행동을 조성하는 데 일부 사건에서 발견된 것들은 모두 인간이 그 자체에 의한 것으로 보인다. 그리고 그와 같은 설명은 점점 더 개인 그 자신이 0점으로 접근하고 있다고 주장되는 것을 이해하게 만든다. 인간이 과시적인 창조적 권력, 그가 원래 예술, 과학 그리고 도덕성을 성취하고자 한 것, 선택할 수 있는 능력 그리고 선택한 것의 결과에 책임을 질 수 있는 우리의 권리—이 모든 것은 그 어떤 것 하나도 이런 새로운 자기 자화상을 돋보이게 하는 것은 없다. 우리가 믿고 있는 대로 인간은 예술, 음악 그리고 문학을 표현하는 데 자유롭고, 본성대로 묻고, 그 자신의 방법대로 구제할 수 있다. 그는 행동을 시작할 수 있고, 자발성을 가지며, 과정의 변화를 꾀할 수 있다. 비록 그것이 그의 삶을 허비하게 만들어도 그는 그를 통제하려고 하는 어떤 노력에도 저항할 수 있다. 그러나 과학은 행동이 개인에게 영향을 미칠 수 있는 힘을 가지기 시작하고 있고, 그 변덕스러운 성질은 단지 우리가 아직 그 원인을 발견하지 못한 행동에 대한 또 다른 이름이라고 주장한다."(10, p. 52–53)

인간 본성에 대한, 그리고 정부의 민주주의적 철학은 스키너에게는 한 시대에 유용한 목적을 이끌었던 것일 뿐이다. "횡포에 저항하며 결속시키고자 하는 인간에 있어, 개인이 힘이 있어야 함은 필수적인 것이며, 그는 그가 옳다는 것과 그 자신을 잘 다스리는 것을 배워야 한다. 보통의 사람이 그의 가치, 그의 정직함, 그리고 그 자신을 구할 수 있는 힘에 대한 새로운 개념을 얻는 것은 지금, 그리고 이 이후에도 종종 혁명론자가 갖추어야 할 요소였다."(10, p. 54) 그는 이런 철학을 현재 매일의 일상에서 벗어난 그리고 '만약 그것이 인간의 과학을 인간사에 적용하는 것을 막고 있다면' 장애물로 간주하였다.

개인적 소견

이 점을 살펴보면서 나는 행동과학이 발전했다는 객관적인 장면을 보여 주려고 애를 썼다. 그리고 이런 발달에서 나타나는 사회의 여러 객관적인 장면들도 제공했다. 그러나 나는 스키너가 외현적(많은 다른 과학자들이 내현적으로 표현함) 기대와 희망으로 바라본 미래를 나는 강한 인간적인 반응으로 바라보려 한다. 내가 볼 때 이러한 세계는 인간을 파괴하고 있다고 생각하는데, 이는 내가 심리치료의 깊은 순간에서 경험하는 것을 알게 되었기 때문이다. 그 순간에 나는 자발적인 한 인간과의 관계 속에 있고, 내담자는 자유롭게 반응하게 되는데, 즉 선택함으로써 그의 자유를 깨닫게 되며, 또한 그의 선택의 결과를 깨닫게 된다. 이에 대한 믿음이 있으나, 스키너가 주장했듯이, 이 모든 것은 한 사례며 자발성, 자유, 책임성, 선택이 실제 존재하지 않기 때문에, 나에게는 이를 입증하는 것이 불가능하다.

나는 나의 능력의 한계를 느끼며 행동과학의 진보를 나의 일부분으로 시연해 보지만, 만약 나의 노력과 또 다른 것들의 결과에 있어 인간이 로봇이 되고, 그 자신이 만들어 놓은 과학에 의해 통제받게 된다면, 나는 매우 불행하게 느낄 것이다. 만약, 미래를 향한 훌륭한 삶이 너무 조건화된 개인들로 넘쳐나서 그들의 환경을 통제받고, 그들이 받은 보상들도 통제를 받으며, 그들이 너무 냉혹하게 생산적이 되고, 훌륭히 행동하며, 행복함을 느낀다고 할지라도, 나는 그렇게 되기를 원치 않는다. 나에게 있어 이런 식으로 모든 것이 좋게 되어 구제를 받는 것은 거짓된 형태의 삶이라고 생각된다.

그래서 나는 나 자신에게 묻는다. 이것을 발전시킬 만한 어떤 논리적인 흐름이 있는가? 행동과학이 개인과 사회에 어떤 변화된 관점으로 의미를 가질 수 있을 것인가? 이것에 대한 답을 얻기 위해 내가 할 수 있는 것은 그와 같은 한 흐름을 인지하고, 선택한 관점을 마음에 그려 보는 것일 것이다. 이제 나는 당신 앞에서 펼쳐 보일 것이다.

과학과 관련된 목적과 가치

나는 과학의 진취성을 반영하는 목표와 가치의 관계를 불안정하게 인지하고 있는 관점을 스스로 가지고 있는 것 같다. 과학이 수반하고 있는 목적의 유의미성은 심하게 평가절하되고 있다. 나는 내가 평가하는 데 필요한 고려 사항을 두 가지의 논제로 나누어 진술하고 싶다. 나는 이 두 가지의 의미를 진술할 것이다.

❶ 개인의 주관적 선택의 목적이나 가치가 어떤 과학적인 노력—'순수한' 혹은 응용과학—에서 과학적 작업이 공헌하고 있는 것 이전에 존재한다.
❷ 이런 주관적인 가치는 과학적 노력이 항상 그 노력 밖에 놓이고 있다는 점에서 나온 선택이지, 결코 과학의 일부분이 노력을 끌어들이게 된다는 것을 의미하는 것은 아니다.

나는 스키너 박사의 글을 통해 첫 번째 관점을 입증하려고 한다. 그가 행동과학의 과업이 인간으로 하여금 '생산적인', '잘 행동하는' 등으로 이끌고 있다고 제시할 때, 그는 하나의 선택을 한 것임에 틀림이 없다. 예를 들어, 그는 인간을 복종적이고, 의존적이며, 군집적으로 만드는 것을 선택했을지도 모른다. 그러나 또 다른 문맥에서 그의 진술을 보면, 인간의 '선택할 능력', 즉 그의 과정과 행동의 시작을 선택할 수 있는 자유—이런 힘은 인간의 과학적 장면에서는 존재하지 않는 것이다. 내가 믿기로는, 여기 이것은 더 깊은 모순 혹은 역설에 해당한다. 나는 가능한 한 더욱 명확히 이를 밝혀낼 것이다.

확실히 과학은 행동의 원인이 되는 가설에 의존한다. 특정한 사건은 그 결과에 영향을 받는다는 것이다. 그러므로 모든 것은 자유롭지 않게 결정되고, 선택은 불가능하다는 것이다. 그러나 우리는 과학 그 자체와 각각의 특정한 과학적 노력, 과학적 연구에서 과정을 통해 이끌어지는 각각의 변화, 과학적 발견의 의미에 대한 각각의 해석, 그리고 어떻게 그 발견을 적용할 것인지에 대한 각각의 결정은 인간의 주관적인 선택에 의존하고 있음을 떠올려야 한다. 그러므로 과학에는 일반적으로 스키너 박사가 겪었던 것과 같이 역설적 상황이 존재한다. 인간적이고 주관적인 선택은 과학의 조작적 움직임 속에 놓여 있고, 그것은 결국 인간적이고 주관적인 선택과 같은 것은 없다고 볼 수 있다. 나는 후에 이런 계속되는 역설에 대한 몇 가지 논평을 할 것이다.

나는 과학적 모험을 시작할 수 있는 선택이나 추진력은 가치 있는 선택이라는 사실을 강조했다. 과학자는 그가 처음으로 연구한 것이 더욱 그에게 가치가 있다고 느끼기 때문에 더욱더 열심히 연구한다. 그는 더욱 고도로 가치가 있다고 보기 때문에 여러 다른 방법을 선택하지 않고 한 가지 방법을 선택한다. 그는 그가 첫 번째 했던 방법이 진실에 가깝고, 더욱 타당하다고 믿기 때문에 또 다른 방법보다는 한 가지 방법을 통해서 그의 발견을 해석한다—다시 말해서 이것은 그가 가치가 있다고 여기는 준거에 가깝다. 지금 이 가치 있는 선택은 결코 그 자체가 과학적 모험의 일부분은 아닌 것이다. 이 가치 있는 선택은 한 특정한 과학적 진취성과 항상 연결되어 있으나, 필연적으로 이는 그 진취성의 바깥부분에 위치해 있다.

나는 그 가치가 과학의 주관성과 관련이 있다고 명확히 말할 수 있기를 희망한다. 과학이 단지 어떤 '사실'과 관련된 항목만 다루고, 가치와 관련된 항목을 포함하고 있지 않다는 것은 진실이 아니다. 이것은 단순한 입증 혹은 두 가지를 명확히 해야 하는 것보다는 약간 더 복잡한 것이다.

만약 내가 교육의 목표로 '세 가지 R'에 관한 지식을 가치 있게 여긴다면, 과학의 방법은 나에게 더욱더 이런 목표를 성취할 수 있는 정보를 정확하게 줄 수 있다. 만약 내가 교육의 목표로서 문제 해결 능력을 가치 있게 여긴다면, 과학적 방법은 나에게 이것과 똑같은 종류의 도움을 줄 수 있다.

지금 만약 내가 문제 해결 능력이 세 가지 R에 관한 지식보다 더 좋은 것인지를 결정하기를 원한다면, 과학적 방법은 또한 이 두 가지 가치를 연구할 수 있고, 이것은 매우 중요하다. 나는 주관적으로 또 약간의 다른 가치를 선택할 수도 있다. 나는 대학 과정을 가치 있게 여길지도 모른다. 그렇다면 나는 문제 해결 능력 혹은 세 가지 R의 지식 중 그 가치와 가장 관련된 것이 어떤 것인지를 결정할 수 있다. 나는 인간적인 통합 혹은 직업적 성공 혹은 시민 책임 능력을 가치 있게 여길지 모른다. 나는 세 가지 R의 문제 해결 능력이나 지식이 이러한 가치의 어느 것도 이루어 내는 데 '낫다'고 결정할 수 있다. 그러나 이런 가치 혹은 목적은 하나의 특별한 과학적 노력으로 의미가 있지만, 항상 그 노력의 바깥부분에 있다.

이 장에서 우리의 관심이 크게는 과학을 적용하는 데 있다고 하더라도, 나는 동시에 이른바 순수과학의 진실성을 밝히고 싶다. 순수과학에서 보통의 보다 중요한 주관적인 선택은 진실에 대한 발견이다. 그러나 이것은 주관적인 선택이며, 과학은 결코 이것이 최선의 선택인지 말해 줄 수 없다(또 다른 가치를 비추어볼 때). 예를 들어, 러시아의 유전학자는 진실을 추구하는 것이 더 좋은지 혹은 정부의 독단적 견해를 유지해 줄 수 있는 사실을 발견해 내는 것이 좋은지를 선택을 해야 한다. 어떤 선택이 더 좋은가? 우리는 이와 같은 대안을 두고 과학적 연구를 할 수 있다(단지 또 다른 주관적으로 선택된 가치를 비추어 볼 때). 예를 들어, 만약 우리가 문화적 생존에 가치를 두고 있다면, 우리는 이 의문을 과학적 방법으로 연구하기 시작할 것인데, 진실을 추구하든지 혹은 정부의 독단적 견해를 지지하든지 가장 문화적 생존과 관계가 있는 것을 얻기 위해서 말이다.

나의 관점에선 순수하든 응용되었든 관계없이 어떤 과학적 노력은 주관적으로 인간에 의해 선택된 목적이나 가치의 추구를 동반하게 된다. 내가 말하고자 하는 것은 순수하든 또는 응용된 어떠한 과학적 노력도 주관적으로 인간에 의해 선택된 목적이나 가치관을 추구하게 된다. 이러한 선택은 명료하게 만들어져야 하는데, 왜냐하면 추구하던 특정한 가치는 그것을 탄생시키고 의미를 부여한 과학적 노력에 의해 검증받거나 평가, 확인 또는 부정받을 수 없다. 초기의 목적이나 가치는 항상 그리고 반드시 실행되고 있는 과학적 노력의 범위 밖에 놓이게 된다.

만약, 다른 것과 함께 이것은 어떤 의미인가 하면, 만약 인간을 위해 어떠한 특정 목표를 선택하고 이런 목표를 성취하기 위해 인간 행동을 통제하는 척도를 만들기 시작한다면 우리는 우리의 내면 선택의 경직성 속에 갇히게 되는데, 이는 과학적 노력은 새로운 목표를 선택할 만큼 초월적이지 못하기 때문이다. 이는 오직 주관적인 인간만이 할 수 있는 것이다. 그러므로 우리의 목표를 인간의 행복으로 선택한다면(용감한 새로운 세상의 알도스 헉슬리에게는 그 목표가 우습겠지만), 그리고 만약 사회 전반으로 사람들이 행복해질 수 있다는 성공적인 과학적 프로그램을 만든다면 어느 누구도 이 목적에 의문을 품지 않는 거대한 경직성에 갇힐 것이다. 이는 왜냐하면 과학적 작업은 이를 인도하는 목적에 의문을 가지며 스스로를 초월하지 못하기 때문이다. 이점을 설명하지 않아도 나는 공룡이든 독재든 거대한 경직성은 진화적 생존력을 갖고 있지 못한다고 생각한다.

그러나 만약 우리의 스키마의 한 부분이 반드시 행복할 필요가 없고, 통제받지 않는 '계획하는 자들'을 자유롭게 한다면, 이로써 자신들의 가치를 자유롭게 선택할 수 있고 이는 많은 의미를 갖게 된다. 이는 우리가 목적으로 세운 목표가 인간에게 충분하거나 만족스럽지 않다면 보충되어야 할 것이다. 또한 이는 만약 자유로운 엘리트 집단을 만드는 것이 필요하다면—아무리 우리가 멋있게 이름을 붙여도—그 목표를 선택한 사람들, 즉 많은 대중은 노예일 뿐이라는 것이 분명하다는 것을 보여 준다.

그러나 아마도 과학적 노력을 계속하겠다는 생각은 그 자체의 목적을 발전시킬 것이다. 초기 발견은 방향을 변경시킬 것이고, 그 이후의 발견은 그들을 여전히 더 나은 모습으로 변경시킬 것이며, 과학은 결국 그 자신의 목적을 이루어나갈 것이다. 이것은 많은 과학자에 의해 내재적으로 유지되어 온 관점인 듯 하다. 확실히 이 기술은 합리적이지만 한 가지 요소를 간과하고 있는데, 이 요소는 인간이 방향 변화를 이끄는 모든 관점에서 주관적이고 인간적인 선택을 한다는 것이다. 실험적 결과로서 과학의 발견은 추구할 그 다음의 과학적 목적이 무엇인지를 우리에게 결코 말해 주지는 않는다. 순수과학이라 할지라도 과학자는 발견이 무슨 의미가 있는지를 결정해야만 하고, 그 목적에 부합되는 가장 적합한 다음 단계가 무엇인지를 주관적으로 결정해야 한다. 그리고 만약 우리가 과학적 지식을 응용한다고 말하고 싶다면, 원자의 구조에 대한 증가된 과학적 지식에 대해서 이 지식이 목적에 꼭 필수적으로 선택되지 않을 수 있다는 것을 고통스럽지만 명확히 해야 한다. 이것이 많은 개인이 행하는 주관적이고 개인적인 선택인 것이다.

그러므로 나는 내가 이 장에서 언급하려 했던 주제로 다시 돌아가려 한다. 그리고 나는 지금 또 다른 말로 이를 되풀이하려 한다. 과학, 그것의 의미는 인간 혹은 인간들에 의해 주관적으로 선택된 목적을 객관적으로 연구하는 것을 말한다. 이 목적 혹은 가치는 결코 특별한 과학적 실험이나 연구에 의해 발생하거나 의미를 가질 수 없다. 결과적으로 행동과학에 의해 인간이 통제되는 것에 대한 토의가 처음으로 시도되었고, 도구를 쓰는 과학의 응용을 통해 주관적으로 선택된 목적 그 자체에 가장 깊은 관심을 기울인 것이었다.

가치의 다른 대안

만약 내가 제시하려고 했던 것이 근거가 타당하다면, 이것은 우리에게 새로운 문을 열 수 있게 한다. 만약 과학이 가치의 주관적 선택을 배제하고 있음에 우리가 솔직히 직면한다면, 우리는 우리가 추구하기를 희망하는 가치를 선택할 자유를 얻게 된다. 우리는 통제된 상태에서 행복, 생산성과 같은 것을 제공하는 어리석은 목표에 제한받지 않게 된다. 나는 주요한 다른 대안을 제시하고 싶다.

우리가 고려했었던 결과, 가치, 목적, 서로 다른 유형의 목표를 설정하기 시작했다고 가정해 보자. 우리가 이를 개방적으로 하고 수용하든 거부하든 가능한 가치를 선택할 수 있게 한다고 하자. 또 우리가 변하지 않는 속성이라기보다는 그 과정의 유동적 요소에 초점을 맞추어 이 가치들을 선택했다고 가정해 보자. 우리는 이렇게 가치를 세울 수 있다.

> 되어 가는 과정에 있는 인간
>
> 그의 잠재성을 계발시킴으로써 가치와 존엄성을 성취해 나가는 과정에 있는 인간
>
> 더욱 도전적이고 진취적으로 움직이면서 자아실현화 과정 속에 있는 인간
>
> 새롭고 변해 가는 세상에서 개인이 창조적으로 적응해 나가는 과정

지식, 그 자체를 뛰어넘는 과정, 예를 들어 뉴턴의 물리학을 상대적으로 뛰어넘는 이론과 같은 것 자체가 새로운 자각과 더불어 더 좋은 미래를 만들어 갈 수 있다.

만약 우리가 이와 같은 가치를 선택한다면 우리는 행동에 대한 우리의 과학과 기술이 매우 다르다는 것에 의문을 가지게 된다. 우리는 이와 같은 것들을 알기를 원할 것이다.

과학이 우리에게 더욱더 풍요롭게 보상하는 삶의 방식을 발견할 수 있도록 도와줄 것인가? 더구나 인간관계에서 더욱 의미 있고, 만족스러운 양식을 줄 것인가?

과학의 물리학적, 심리학적, 사회적 진보 속에서 어떻게 인간이 더욱 지적인 참여자가 될 수 있는지에 대해 과학이 정보를 줄 것인가?

과학이 개인의 창조적인 능력을 발휘할 수 있도록 정보를 줄 수 있는지, 만약 우리가 더욱더 환상적으로 확장되는 원자 시대에서 생존할 수 있게 되면 어느 것이 꼭 필요한 것으로 남을 것인가? 오펜하이머 박사(4)는 수 세기 동안 갑절로 사용되어 온 지식은 한 세기 또는 10년을 거친 지금도 갑절로 사용되고 있다고 지적했다. 이것은 우리가 만약 효과적으로 적용할 수 있다면 창조성을 가장 극도로 표출해 낼 필요가 있음을 나타낸다.

짧게 말해, 인간의 행동, 사고, 지식을 끊임없이 개발시키고, 자기를 능가할 수 있는 과정을 더욱더 쉽게 할 수 있는 방법을 과학이 발견해 줄 것인가? 과학이 '예측 불가능한' 자유를 표출하고 예측해 줄 수 있을 것인가?

그것은 앞선 목적과 그 이후의 목적과 목표를 가능하게 하는 하나의 방법을 세워 주는 것이 과학의 미덕이라고 볼 수 있는데, 이렇게 되면 쉽게 변동되지 않는 가치들, 즉 좋은 정보를 주는 것, 행복한 것, 순종하게 되는 것과 같은 상태에 이바지할 수 있게 되는 것이다.

작은 사례

나는 내가 가장 잘 아는 분야인 심리치료의 입장에서 이런 가능성을 검토하는 것에 대해 용서받기를 원한다.

심리치료에 대해 미얼루Meerloo[(2)]와 다른 동료들은 한 인간을 통제할 수 있는 가장 적절한 도구 중 하나가 있다면, 다른 사람에게도 똑같이 적용될 것이라는 것을 지적했다. 치료자는 자신의 모습과 같은 모형으로 개인을 적절하게 조형할 수 있다. 그는 개인으로 하여금 순종적이고 순응적인 사람으로 만들 수 있다. 어떤 치료의 원칙이 극단적인 방법으로 이용될 때, 우리는 그것을 세뇌라고 하고, 즉시 그것은 성격이 통합되지 않은 인간의 행동을 통제하고자 하는 바람에 따라 인간의 성격을 재형성하고자 하는 것과 같다. 그래서 치료의 원칙은 인간의 성격과 행동을 외적으로 통제하는 가장 효과적인 수단이라고 할 수 있다. 심리치료에 어떤 다른 것이 있을 수 있는가?

나는 행동과학이 내가 진술하였던 가치들을 성취할 수 있도록 해 준다는 흥미로운 힌트를 여기에서 주고 싶은데, 그것은 내담자-중심 치료[(8)]가 지속적으로 성장하고 있다는 것이다. 심리치료의 새로운 방향을 제외하고라도, 이런 발전은 행동과학이 인간 행동을 통제하는 것과 관련된 것을 내포하고 있다는 점에서 중요하다. 현재 토론되고 있는 이론들과 관련해서 우리의 경험을 설명해 보자.

내담자-중심 치료에서 우리는 행동을 예측하고 그 행동에 영향을 주는 것에 관심이 많다. 치료자로서 우리는 어떤 태도적 조건을 마련하는데, 이때 내담자의 의견은 상대적으로 고려되지 않는다. 매우 짧게 우리는 치료자가 다음과 같이 한다면 매우 효과적일 것이다. ① 있는 그대로, 통합적인, 투명한 진실된 관계를 맺는 것, ② 개별적이고, 서로 다르다는 것, 한 인간으로 내담자의 각각의 표현 변화를 받아들이는 것, ③ 내담자의 눈을 통해 그 세계를 바라보면서 그를 민감하면서도 공감적으로 이해하려고 노력하는 것. 우리의 연구는, 만약 이런 일시적인 태도 변화 조건이 마련되거나 세워지면, 어떤 행동적 결과가 일어날 것이라는 것을 예측 가능하게 한다. 이것을 추구하면서 이런 방법은 마치 우리가 다시 행동을 예측하고, 이것을 통제할 수 있는 것처럼 보인다. 그러나 여기에는 명확히 큰 차이점이 있다.

우리가 행동적 결과를 예측하기 위해 선택한 조건은 이와 같다. 내담자는 더욱더 자발적이 되고, 엄격하지 않으며, 자신의 감각을 확인하는 데 더욱 마음을 열게 되며, 통합적이고, 자신이 선택했던 이상적인 모습과도 비슷하게 된다. 다시 말해서 우리가 외적 통제 조건을 세움으로써 예측할 수 있는 것은 개인에 의한 내적 통제도 가능하다는 것이다(스스로 목표를 선택해 나가면서). 우리는 조건을 세울 수 있는데, 이것으로 여러 가지 행동—자발적 행동, 실제에 속해 있는지 그렇지 않은지를 알 수 있는 민감성, 융통성 있는 적응력—의 유형을 예측할 수 있다. 이것은 그들의 특수함에 따라 예측 불가능한 매우 기질적인 부분이다. 우리가 예측해 볼 수 있는 행동을 확립할 수 있는 조건을 세우는 것은 필수적으로 '자유롭다'. 우리의 최근 연구(9)는 우리의 예측이 유의미한 정도로 이를 확립할 수 있는 것인지, 과학적 방법으로 이를 입증하여 우리로 하여금 이 목표가 실제로 성취할 수 있는 효율적인 수단인지를 믿게끔 도와준다고 지적하고 있다.

연구는 산업, 교육, 집단 역동 등과 같은 또 다른 분야에서도 존재한다. 이것은 우리의 결과를 지지해 주는 것 같다. 나는 과학적 진보가 대인관계 안에서의 이런 조건을 확인시켜 주어서 만약 그들이 B안에 있다면, 행동의 굉장한 성숙 정도를 보여 주는 A가 뒤따라 주는 것으로 되어 다른 타인에게 의존하지 않고, 한 인간으로서 표현력이 증가되며, 다양성, 융통성과 적응의 효율성, 자기 책임감의 증가, 자발적 능력이 증가되었다고 믿고 있다. 그리고 누군가에 의해 표현되었던 관심과는 대조적으로 우리는 표현에 대한 자발성의 타당성을 초래할 수 있는 창조적인 적응 행동을 발견해 내지 못했는데, 그 이유는 이것이 너무 혼란스럽고 너무 유동적이기 때문이다. 더구나, 경험에 마음을 열고 자발적인 개인은 조화롭고, 혼란스러워 하지 않으며, 어림짐작을 하기보다는 솔직하면서 자신의 목적을 성취하기 위해 가식적으로 자신의 반응을 이끌지 않는다. 그의 창조적인 행동은 상대성 이론의 아인슈타인보다 더 혼란스럽지 않다.

그러므로 우리는 스스로 존 듀이의 진술에 기본적인 동의를 하게 된다. "과학은 자신을 속박하지 않고 그 자신의 방법대로 자신을 해제시키면서 개인의 변화, 발명, 혁신, 새로운 창조의 요소들을 만들어 나갔다."[(7, p. 359)] 우리는 개인의 삶과 집단의 생활 속에서 이루어지고 있는 진보가 변화, 자유, 창조성을 발휘해 나가는 똑같은 방식으로 이루어지고 있다고 믿고 있다.

인간 행동 통제에 대한 가능한 개념

내가 표현하고자 하는 관점은 앞서 언급했듯이 인간의 행동을 통제하는 행동과학의 관계에 대한 보통 개념과는 대조적이라는 것은 명확하다. 그 대조되는 점이 더욱 무뎌지는 것을 피하기 위해, 나는 내가 이전에 설명했었던 단계와 나란히 비교하며 이 가능성을 진술할 것이다.

❶ 우리는 인간을 되고자 하는 자아실현적 과정으로 가치 있게 여길 수 있다. 이 과정은 창조성을 높이 사고, 자기 초월을 할 수 있는 지식에 의한 것이다.

❷ 우리는 과학적 방법을 통해서 필수적으로 이런 과정을 계속해 나갈 수 있는 조건을 발견해 나갈 수 있다. 그리고 실험을 계속해 나감으로써 이런 목적을 성취하는 좋은 수단을 발견할 수 있게 된다.

❸ 개인이나 집단을 위해 이런 조건을 세우는 것이 가능하며, 이는 최소한의 힘이나 통제를 가지게 된다. 현재 지식에 의하면, 유일하게 꼭 필요한 권위는 인간관계의 어떤 질적 향상을 위해 세워져야 할 권위다.

❹ 이런 조건들에 노출되면, 현재 지식은 개인이 더욱 자기 책임적으로 되고, 자아실현화 속에서 진보하고, 더욱 융통성 있게 되며, 더 독특하고 다양해지며, 더 창조적으로 적응할 수 있다는 것을 제시하고 있다.

❺ 그러므로 그와 같은 초기 선택은 가치, 지식, 적응 기술을 가지고 사회적 체계 혹은 하위체계를 세워 나갈 수 있으며, 과학의 개념조차도 계속적으로 변화되고 자기 초월을 이루어 나갈 수 있다. 이에 대한 강조점은 인간이 되어 가는 과정 중에 있다는 것이다.

나는 내가 기술했었던 관점이 어떤 천국과 같은 곳으로 이끌어 가지는 못할 것임을 알고 있다. 그것의 마지막 결과를 예측하는 것은 불가능하다. 이것은 목적을 향한 개인의 계속되는 주관적인 선택을 기반으로 단계를 거쳐 천천히 발달될 것이며, 행동과학이 이를 보충해 줄 것이다. 그것은 포퍼Popper[(6)]에 의해 정의된 '열린 사회open society'의 방향으로 나아갈 수 있을 때 가능하며, 이곳에서 개인은 각자의 결정에 대한 책임을 스스로 지게 된다. 이것은 폐쇄적 사회의 개념과는 정반대의 극을 이루는 것으로서, 『월든 투』가 바로 그 예다.

또한 전체적으로 강조하고 싶은 것은 이 모든 것이 과정 중에 있다는 것이고, 존재의 종말은 아니라는 것이다. 나는 과정을 이루어 가는 데 필요한 어떤 질적 요소를 가치 있게 선택함에 따라 열린 사회의 방향으로 나아갈 수 있는 길을 발견할 수 있다는 것을 제시한다.

선 택

나는 행동과학과 관련해 우리와 우리 아이들 앞에 놓여 있는 선택의 범위를 명확히 하는 데 도움이 되기를 바란다. 우리는 사람을 예속시키는 사람들, 즉 인간성을 손상시키는지도 깨닫지 못하고 사람을 인간 이하로 여기고 통제하는지도 깨닫지 못하는 사람들에게, 그 전에는 꿈꿔 보지 못했던 방식으로 우리의 성장하고 있는 지식을 이용해 선택하게 할 수 있다. 우리는 필수적으로 스키너 박사가 제시한 것, 즉 인간을 필수적으로 행복하게, 잘 행동할 수 있게, 생산적으로 만들어 줄 수 있도록 과학적 지식을 선택할 수 있다. 만약 우리가 희망하기만 하면, 우리는 인간을 복종적이고, 순응적이며, 다루기 쉽게 만들도록 선택할 수 있다. 또는 다른 편에 선택의 범주에서 더욱 자유롭고, 통제받지 않도록 선택할 수도 있다. 그것은 복종적이라기보다는 건설적인 가변성을 이끌 수 있다. 그것은 거기에서 만족하지 않고 창조성을 발달시킨다. 그것은 각각의 사람들에게 자발적인 과정을 촉진시킨다. 선택은 우리에게 달려 있고 인간이기 때문에 우리는 실수를 할 수 있고 파괴적인 선택을 하거나 또는 굉장히 건설적인 선택을 할 수 있다.

만약 우리가 자유로운 인간으로서 우리의 과학적 지식을 선택한다면, 이것은 행동과학의 거대한 역설과 함께 더 마음을 열고 솔직하게 삶을 살도록 요구하게 될 것이다. 우리는 과학적으로 행동을 검증할 때, 확실히 미리 조심스럽게 결정된 대로 가장 잘 이해된다고 인식할 것이다. 이것은 과학의 엄청난 현실이다. 그러나 인간이 자신의 선택을 책임진다는 것은 한 인간으로서 가장 필수적인 요소며, 심리치료의 가장 핵심이 되는 체험이고, 어떤 과학적 노력에 앞서 존재하는 것인 동시에 우리의 삶에 현저하게 나타나는 사실이기도 하다. 우리가 인간의 선택을 책임질 수 있는 체험의 실제를 부인하게 되면, 행동과학에 대해 무효화하게 되고, 마음이 닫히며, 그 가능성을 부인하면서 현실을 살아가야만 할 것이다. 우리의 체험에 대해 이런 중요한 두 가지 요소는 아마도 똑같이 유의미성을 가지고 있는 상반된 것들, 즉 흔들리는 이론과 미립자와 같은 빛을 가지고 있는 이론 사이에 상반된 것이 나타난다. 비록, 이것이 비교 불가능한 것이라도 이 양쪽은 진실을 보여 줄 수 있다. 우리가 객관적인 삶을 기술하는 것을 부인할 수 있는 것 이상으로 우리의 주관적인 삶을 부인할 수 없다.

결론적으로, 과학은 우리가 성취하기를 희망하는 가치는 인간이 선택하는 것 없이는 달성될 수 없다는 것이 나의 논점이다. 그리고 우리가 이행하려고 선택하는 가치는 영원히 그들을 이행할 수 있는 과학의 바깥부분에 놓이게 될 것이다. 우리가 선택한 목표, 우리가 따르고자 하는 목적은 항상 그들을 성취할 수 있도록 도와주는 과학의 바깥부분에 있어야 한다. 나에게 이것은 인간이 주관적인 선택을 할 수 있는 능력이 있고, 항상 존재하기 때문에 어떤 앞선 과학적 의무와 분리할 수 있음을 의미한다. 만약 개인과 집단에서 주관적인 선택을 할 수 있는 우리의 능력을 포기하지 않는다면, 단순히 자기 창조적인 행동과학에 저당 잡히지 않고도 우리는 항상 자유로운 인간으로 남게 될 것이다.

참고문헌

1. Huxley, A. *Brave New World.* New York and London: Harper and Bros., 1946.
2. Meerloo, J. A. M. Medication into submission: the danger of therapeutic coercion. *J. Nerv. Ment. Dis.*, 1955, *122*, 353–360.
3. Niebuhr, R. *The Self and the Dramas of History.* New York: Scribner, 1955.
4. Oppenheiner, R. Science and our times. *Roosevelt University Occasional Papers.*

1956, *2*, Chicago, Illinois.

5. Orwell, G. *1984*. New York: Harcourt, Brace, 1949; New American Library, 1953.
6. Popper, K. R. *The Open Society and Its Enemies*. London: Routledge and Kegan Paul, 1945.
7. Ratner, J. (Ed.). *Intelligence in the Modern World: John Dewey's Philosophy*. New York: Modern Library, 1939.
8. Rogers, C. R. *Client-Centered Therapy*. Boston: Houghton Mifflin, 1951.
9. Rogers, C. R. and Rosalind Dymond (Eds.). *Psychotherapy and Personaility Change*. University of Chicago Press, 1954.
10. Skinner, B. F. Freedom and the control of men. *Amer. Scholar*, Winter, 1955–56, *25*, 47–65.
11. Skinner, B. F. *Science and Human Behavior*. New York: Macmillan, 1953. Quotation by permission of The Macmillan Co.
12. Skinner, B. F. *Walden Two*. New York: Macmillan 1948. Quotations by permission of The Macmillan Co.
13. Whyte, W. H. *The Organization Man*. New York: Simon & Schuster, 1956.

부 록

칼 로저스의 문헌목록(연도별, 1930~1960년)

• 1930 •

With C. W. Carson. Intelligence as a factor in camping activities. *Camping Magazine*, 1930, *3* (3), 8–11.

• 1931 •

Measuring Personality Adjustment in Children Nine to Thirteen. New York: Teachers College, Columbia University, Bureau of Publication, 1931, 107 pp.

A Test of Personality Adjustment. New York: Association Press, 1931.

With M. E. Rappaport. We pay for the Smiths. *Survey Graphic*, 1931, *19*, 508 ff.

• 1933 •

A good foster home: Its achievements and limitations. *Mental Hygiene*, 1933, *17*, 21–40. Also published in F. Lowry (Ed.), *Readings in Social Case Work*. Columbia University Press, 1939, 417–436.

• 1936 •

Social workers and legislation. *Quarterly Bulletin New York State Conference on*

Social Work, 7(3), 1936, 3–9.

• 1937 •

Three surveys of treatment measures used with children. *Amer. J. Orthopsychiat.*, 1937, *7*, 48–57.

The clinical psychologist's approach to personality problems. *The Family*, 1947, *18*, 233–243.

• 1938 •

A diagnostic study of Rochester youth. *N. Y. State Conference on Social Work.* Syracuse: 1938, 48–54.

• 1939 •

The Clinical Treatment of the Problem Child. Boston: Houghton Mifflin, 1939, 393 pp.

Needed emphases in the training of clinical psychologists. *J. Consult. Psychol.*, 1939, *3*, 141–143.

Authority and case work—are they compatible? *Quarterly Bulletin, N. Y. State Conference on Social Work.* Albany: 1939, 16–24.

• 1940 •

The processes of therapy. *J. Consult, Psychol.*, 1940, *4*, 161–164.

• 1941 •

Psychology in clinical practice. In J. S. Gray (Ed.), *Psychology in Use.* New York: American Book Company, 1941, 114–167.

With C. C. Bennett. Predicting the outcomes of treatment. *Amer. J. Orthopsychiat.*, 1941, *11*, 210–221.

With C. C. Bennett. The clinical significance of problem syndromes. *Amer. J. Orthopsychiat.*, 1941, *11*, 222–229.

• 1942 •

The psychologist's contributions to parent, child, and community problems. *J. Consult. Psychol.*, 1942, *6*, 8–18.

A study of the mental health problems in three representative elementary schools. In T. C. Holy *et al.*, *A Study of Health and Physical Education in Columbus Public Schools*. Ohio State Univer., Bur. of Educ. Res. Monogr., No. 25, 1942, 130–161.

Mental health problems in three elementary schools. *Educ. Research Bulletin*, 1942, *21*, 69–79.

The use of electrically recorded interviews in improving psychotherapeutic techniques. *Amer J. Orthopsychiat.*, 1942, *12*, 429–434.

Counseling and Psychotherapy. Boston: Houghton Mifflin, 1942, 450 pp. Translated into Japanese and published by Sogensha Press, Tokyo, 1951.

• 1943 •

Therapy in guidance clinics. *J. Abnorm. Soc. Psychol.*, 1943, *38*, 284–289. Also published in R. Watson (Ed.), *Readings in Clinical Psychology*. New York: Harper and Bros., 1949, 519–527.

• 1944 •

Adjustment after Combat. Army Air Forces Flexible Gunnery School, Fort Myers,

Florida. Restricted Publication, 1944, 90 pp.

The development of insight in a counseling relationship. *J. Consult. Psychol.*, 1944, *8*, 331–341. Also published in A. H. Brayfield (Ed.), *Reading on Modern Methods of Counseling*. New York: Appleton-Century-Crofts, 1950, 119–132.

The psychological adjustments of discharged service personnel. *Psych. Bulletin*, 1944, *41*, 689–696.

• 1945 •

The nondirective method as a technique for social research. *Amer. J. Sociology*, 1945, *50*, 279–283.

Counseling. *Review of Educ. Research*, 1945, *15*, 155–163.

Dealing with individuals in USO. *USO Program Services Bulletin*, 1945.

A counseling viewpoint for the USO worker. *USO Program Services Bulletin*, 1945.

With V. M. Axline. A teacher-therapist deals with a handicapped child. *J. Abnorm. Soc. Psychol.*, 1945, *40*, 119–142.

With R. Dicks and S. B. Wortis. Current trends in counseling, a symposium. *Marriage and Family Living, 7* (4), 1945.

• 1946 •

Psychometric tests and client-centered counseling. *Educ. Psychol. Measmt.*, 1946, *6*, 139–144.

Significant aspects of client-centered therapy. *Amer. Psychologist*, 1946, *1*, 415–422. Translated into Spanish and published in *Rev. Psicol. Gen. Apl.*, Madrid, 1949, 4, 215–237.

Recent research in nondirective therapy and its implications. *Amer. J. Orthopsychiat*, 1946, *16*, 581–588.

With G. A. Muench. Counseling of emotional blocking in an aviator. *J. Abnorm. Soc. Psychol.*, 1946, *41*, 207–216.

With J. L. Wallen. *Counseling with Returned Servicemen*. New York: McGraw-Hill, 1946, 159 pp.

• 1947 •

Current trends in psychotherapy. In W. Dennis (Ed.), *Current Trends in Psychology*, University of Pittsburgh Press, 1947, 109–137.

Some observations on the organization of personality. *Amer. Psychologist*, 1947, *2*, 358–368. Also published in A. Kuenzli (Ed.), *The Phenomenological Problem*. New York: Harper and Bros., 1959, 49–75.

The case of Mary Jane Tilden. In W. U. Snyder (Ed.), *Casebook of Nondirective Counseling*. Boston: Houghton Mifflin, 1947, 129–203.

• 1948 •

Research in psychotherapy: Round Table, 1947. *Amer. J. Orthopsychiat.*, 1948, *18*, 96–100.

Dealing with social tensions: A presentation of client-centered counseling as a means of handling interpersonal conflict. New York: Hinds, Hayden and Eldredge, Inc., 1948, 30 pp. Also published in *Pastoral Psychology*, 1952, *3* (28), 14–20; *3* (29), 37–44.

Divergent trends in methods of improving adjustment. *Harvard Educational Review*, 1948, *18*, 209–219. Also in *Pastoral Psychology*, 1950, *1* (8), 11–18.

Some implications of client-centered counseling for college personnel work. *Educ. Psychol. Measmt.*, 1948, *8*, 540–549. Also published in *College and University*, 1948, and in *Registrar's Journal*, 1948.

With B. L. Kell and Helen McNeil. The role of self-understanding in the prediction of behavior. *J. Consult. Psychol.*, 1948, *12*, 174–186.

• 1949 •

The attitude and orientation of the counselor in client-centered therapy. *J. Consult. Psychol.*, 1949, *13*, 82–94.

A coordinated research in psychotherapy: A non-objective introduction. *J. Consult. Psychol.*, 1949, *13*, 149–153.

• 1950 •

Significance of the self-regarding attitudes and perceptions. In M. L. Reymert (Ed.), *Feelings and Emotions.* New York: McGraw-Hill, 1950, 374–382. Also published in Gorlow, L., and W. Katkovsky (Eds.), *Readings in the Psychology of Adjustment.* New York: McGraw-Hill, 1959.

A current formulation of client-centered therapy. *Social Service ReView*, 1950, *24*, 442–450.

What is to be our basic professional relationship? *Annals of Allergy*, 1950, *8*, 234–239. Also published in M. H. Krout (Ed.), *Psychology, Psychiatry, and the Public Interest.* University of Minnesota Press, 1956, 135–145.

With R. Becker. A basic orientation for counseling. *Pastoral Psychology*, 1950, *1* (1), 26–34.

With D. G. Marquis and E. R. Hilgard. ABEPP policies and procedures. *Amer. Psychologist*, *5*, 1950, 407–408.

• 1951 •

Where are we going in clinical psychology? *J. Consult. Psychol.*, 1951, *15*, 171–177.

Client-Centered Therapy: Its Current Practice, Implications, and Theory. Boston: Houghton Mifflin, 1951, 560 pp. Also translated into Japanese and published by Iwasaki Shoten Press, 1955.

Perceptual reorganization in client-centered therapy. In R. R. Blake and G. V. Ramsey (Eds.), *Perception: An Approach to Personality*. New York: Ronald Press, 1951, 307–327.

Client-centered therapy: A helping process. *The University of Chicago Round Table*, 1951, *698*, 12–21.

Studies in client-centered psychotherapy III: The case of Mrs. Oak—a research analysis. *Psychol. Serv. Center J.*, 1951, *3*, 47–165. Also published in C. R. Rogers and Rosalind F. Dymond (Eds.), *Psychotherapy and Personality Change*. University of Chicago Press, 1954, 259–348.

Through the eyes of a client. *Pastoral Psychology*, 2 (16), 32–40; (17) 45–50; (18) 26–32. 1951.

With T. Gordon, D. L. Grummon and J. Seeman. Studies in client-centered psychotherapy I: Developing a Program of research in psychotherapy. *Psychol. Serv. Center J.*, 1951, *3*, 3–28. Also published in C. R. Rogers and Rosalind F. Dymond (Eds.), *Psychotherapy and Personality Change*. University of Chicago Press, 1954, 12–34.

• 1952 •

Communication: Its blocking and facilitation. *Northwestern University Information*, 1952, *20*, 9–15. Reprinted in *ETC*, 1952, *9*, 83–88; in Harvard Bus. Rev., 1952, *30*, 46–50; in *Human Relations for Management*, E. C Bursk (Ed.). New York: Harper and Bros., 1956, 150–158. French translation in *Hommes et Techniques*, 1959.

A personal formulation of client-centered therapy. *Marriage and Family Living*, 1952, *14*, 341–361. Also published in C. E. Vincent (Ed.), *Readings in Marriage Counseling*. New York: T. Y. Crowell Co., 1957, 392–423.

Client-centered psychotherapy. *Scientific American*, 1952, *187*, 66–74.

With R. H. Segel. *Client-Centered Therapy: Parts I and II*. 16 mm. motion picture with sound. State College, Pa.: Psychological Cinema Register, 1952.

· 1953 ·

Some directions and end points in therapy. In O. H. Mowrer (Ed.), *Psychotherapy: Theory and Research*. New York: Ronald Press, 1953, 44–68.

A research program in client-centered therapy. *Res. Publ. Ass. Nerv. Ment. Dis.*, 1953, *31*, 106–113.

The interest in the practice of psychotherapy. *Amer. Psychologist*, 153, *8*, 48–50.

With G. W. Brooks, R. S. Driver, W. V. Merrihue, P. Pigors, and A. J. Rinella. Removing the obstacles to good employee communications. *Management Record, 15* (1), 1953, 9–11, 32–40.

· 1954 ·

Becoming a person. Oberlin College Nellie Heldt Lecture Series. Oberlin: Oberlin Printing Co., 1954. 46 pp. Reprinted by the Hogg Foundation for Mental Hygiene, University of Texas, 1956, also in *Pastoral Psychology*, 1956, 7 (61), 9–13, and 1956, 7 (63), 16–26. Also published in S. Doniger (Ed.), *Healing, Human and Divine*. New York: Association Press, 1957, 57–67.

Towards a theory of creativity. *ETC: A Review of General Semantics*, 1954, *11*, 249–260. Also published in H. Anderson (Ed.), *Creativity and Its Cultivation*. New York: Harper and Bros., 69–82.

The case of Mr. Bebb: The analysis of a failure case. In C. R. Rogers, and Rosalind F. Dymond (Eds.), *Psychotherapy and Personality Change*. University of Chicago Press, 1954, 349–409.

Changes in the maturity of behavior as related to therapy. In C. R Rogers, and Rosalind F. Dymond (Eds.), *Psychotherapy and Personality Change*. University of Chicago Press, 1954, 215–237.

An overview of the research and some questions for the future. In C. R. Rogers, and Rosalind F. Dymond (Eds.), *Psychotherapy and Personality Change*. University of Chicago Press, 1954, 413–434.

With Rosalind F. Dymond (Eds.). *Psychotherapy and Personality Change*. University of Chicago Press, 1954, 447 pp.

• 1955 •

A personal view of some issues facing psychologists. *Amer. Psychologist*, 1955, *10*, 247–249.

Personality change in psychotherapy. *The International Journal of Social Psychiatry*, 1955, *1*, 31–41.

Persons or science? A Philosophical question. *Amer. Psychologist*, 1955, *10*, 267–278. Also published in *Pastoral Psychology*, 1959, *10* (Nos. 92, 93).

With R. H. Segel. *Psychotherapy Begins: The Case of Mr. Lin*. 16 mm. motion picture with sound. State College, Pa.: Psychological Cinema Register, 1955.

With R. H. Segel. *Psychotherapy in Process: The Case of Miss Mun*. 16 mm. motion picture with sound. State College, Pa.: Psychological Cinema Register, 1955.

• 1956 •

Implications of recent advances in the prediction and control of behavior. *Teachers*

College Record, 1956, *57*, 316–322. Also published in E. L. Hartley, and R. E. Hartley (Eds.), *Outside Readings in Psychology*. New York: T. Y. Crowell Co., 1957, 3–10. Also published in R. S. Daniel (Ed.), *Contemporary Readings in General Psychology*. Boston: Houghton Mifflin, 1960.

Client-centered therapy: A current view. In F. Fromm-Reichmann, and J. L. Moreno (Eds.), *Progress in Psychotherapy*. New York: Grune & Stratton, 1956, 199–209.

Review of Reinhold Niebuhr's *The Self and the Dramas of History, Chicago Theological Seminary Register*, 1956, *46*, 13–14. Also published in *Pastoral Psychology*, 1958, *9*, No. 85, 15–17.

A counseling approach to human problems. *Amer. J. of Nursing*, 1956, *56*, 994–997.

What it means to become a person. In C. E. Moustakas (Ed.), *The Self*. New York: Harper and Bros., 1956, 195–211.

Intellectualized psychotherapy. Review of George Kelly's *The Psychology of Personal Constructs, Contemporary Psychology, 1*, 1956, 357–358.

Some issues concerning the control of human behavior. (Symposium with B. F. Skinner) *Science*, November 1956, *124*, No. 3231, 1057–1066. Also published in L. Gorlow, and W. Katkovsky (Eds.), *Readings in the Psychology of Adjustment*. New York: McGraw-Hill, 1959, 500–522.

With E. J. Shoben, O. H. Mowrer, G. A. Kimble, and J. G. Miller. Behavior theories and a counseling case. *J. Counseling Psychol.*, 1956, *3*, 107–124.

• 1957 •

The necessary and sufficient conditions of therapeutic personality change. *J. Consult. Psychol., 21*, 1957, 95–103. French translation in *Hommes et Techniques*, 1959.

Personal thoughts on teaching and learning. *Merrill-Palmer Quarterly*, Summer, 1957, *3*, 241–243. Also published in *Improving College and University Teaching*, *6*, 1958, 4–5.

A note on the nature of man. *J. Counseling Psychol.*, 1957, *4*, 199–203. Also published in *Pastoral Psychology*, 1960, *11*, No. 104, 23–26.

Training individuals to engage in the therapeutic process. In C. R. Strother (Ed.), *Psychology and Mental Health*. Washington, D. C.: Amer. Psychological Assn., 1957, 76–92.

A therapist's view of the good life. *The Humanist*, *17*, 1957, 291–300.

• 1958 •

A process conception of psychotherapy. *American Psychologist*, 1958, *13*, 142–149.

The characteristics of a helping relationship. *Personnel and Guidance Journal*, 1958, *37*, 6–16.

• 1959 •

A theory of therapy, personality, and interpersonal relationships as developed in the client-centered framework. In S. Koch (Ed.), *Psychology: A Study of a Science*, Vol. III. *Formulations of the Person and the Social Context*. New York: McGraw-Hill, 1959, 184–256.

Significant learning: In therapy and in education. *Educational Leadership*, 1959, *16*, 232–242.

A tentative scale for the measurement of process in psychotherapy. In E. Rubinstein (Ed.), *Research in Psychotherapy*. Washington, D. C.: Amer. Psychological Assn., 1959, 96–107.

The essence of psychotherapy: A client-centered view. *Annals of Psychotherapy*,

1959, *1*, 51–57.

The way to do is to be. Review of Rollo May, *et al.*, *Existence: A New Dimension in Psychiatry and Psychology, in Contemporary Psychology*, 1959, *4*, 196–198.

Comments on cases in S. Standal and R. Corsini (Eds.), *Critical Incidents in Psychotherapy*. New York: Prentice-Hall, 1959.

Lessons I have learned in counseling with individuals. In W. E. Dugan (Ed.), *Modern School Practices Series 3, Counseling Points of View*. University of Minnesota Press, 1959, 14–26.

With G. Marian Kinget. *Psychotherapie en Menselyke Verhoudingen*. Utrecht: Uitgeverij Het Specrtum, 1959, 302 pp.

With M. Lewis and J. Shlien. Two cases of time-limited client-centered psychotherapy. In A. Burton (Ed.), *Case Studies of Counseling and Psychotherapy*. Prentice-Hall, 1959, 309–352.

• 1960 •

Psychotherapy: The Counselor, and Psychotherapy: The Client. 16 mm. motion pictures with sound. Distributed by Bureau of Audio-Visual Aids, University of Wisconsin, 1960.

Significant trends in the client-centered orientation. In D. Brower, and L. E. Abt (Eds.), *Progress in Clinical Psychology*, Vol. IV. New York: Grune & Stratton, 1960, 85–99.

With A. Walker, and R. Rablen. Development of a scale to measure process changes in psychotherapy. *J. Clinical Psychol.*, 1960, *16*, 79–85.

• 1961 (to May 1) •

Two divergent trends. In Rollo May (Ed.), *Existential Psychology*. New York:

Random House, 1961, 85–93.

The process equation of psychotherapy. *Amer. J. Psychotherapy*, 1961, *15*, 27–45.

A theory of psychotherapy with schizophrenics and a proposal for its empirical investigation. In J. G. Dawson, H. K. Stone, and N. P. Dellis (Eds.), *Psychotherapy with Schizophrenics*. Baton Rouge: Louisiana State University Press, 1961, 3–19.

• In press •

Toward becoming a fully functioning person. In A. W. Combs (Ed.), *1962 Yearbook*, Amer. Soc. for Curriculum Development. (In press)

출처

Chapter 1, "This is Me," copyright © 1961 by Carl R. Rogers.

Chapter 2, "Some Hypotheses Regarding the Facilitation of Personal Growth," copyright 1954 by Board of Trustees of Oberlin College. Published in pamphlet, "Becoming a person."

Chapter 3, "The Characteristics of a Helping Relationship," copyright 1958 by *Personnel and Guidance Journal*. Published as "Characteristics of a helping relationship," 1958, *37*, 6–16.

Chapter 4, "What We Know About Psychotherapy—Objectively and Subjectively," copyright © 1961 by Carl R. Rogers.

Chapter 5, "Some of the Directions Evident in Therapy," copyright 1953 by Ronald Press. Published as chapter 2, "Some directions and end points in therapy," in O. H. Mowrer (Ed.), *Psychotherapy: Theory and Research*, pp. 44–68.

Chapter 6, "What It Means to Become a Person," copyright 1954 by Board of Trustees of Oberlin College. Published in pamphlet, "Becoming a person."

Chapter 7, "A Process Conception of Psychotherapy," copyright 1958 by American Psychological Association, Inc. Published under the same title in the *American Psychologist*, volume *13*, 142–149.

Chapter 8, "To Be That Self Which One Truly Is: A Therapist's View of Personal Goals," copyright 1960 by Pendle Hill Publications. Published as "A therapist' s view of personal goals," Pendle Hill Pamphlet #108.

Chapter 9, "A Therapist's View of the Good Life: The Fully Functioning Person," copyright 1957 by *The Humanist*, Humanist House, Yellow Springs, Ohio. Published as "A therapist's of the good life," volume *17*, 291–300.

Chapter 10, "Persons or Science? A Philosophical Question," copyright 1955 by the American Psychological Association, Inc. Published under same title in the *American Psychologist*, volume *10*, 267–278.

Chapter 11, "Personality Change in Psychotherapy," copyright 1955 by *The International Journal of Social Psychiatry*. Published under same title in volume *1*, 31–41.

Chapter 12, "Client-Centered Therapy in Its Context of Research," copyright 1959 by Uitgeverij Het Spectrum, Utrecht, The Netherlands. Published as chapter 10 in *Psychotherapie en Menselyke Verhoudingen*, by C. R. Rogers and G. M. Kinget.

Chapter 13, "Personal Thoughts on Teaching and Learning," copyright 1957 by *Merrill-Palmer Quarterly*. Published under same title in volume *3*, 241–243.

Chapter 14, "Significant Learning: In Therapy and in Education," copyright 1959 by *Educational Leadership*. Published under same title in volume *16*, 232–242.

Chapter 15, "Student-Centered Teaching as Experienced by a Participant," copyright 1959 by *Educational Leadership*. Published under title "Carl R. Rogers and nondirective teaching," volume *16*, February, 1959.

Chapter 16, "The Implications of Client-Centered Therapy for Family Life," copyright © 1961 by Carl R. Rogers.

Chapter 17, "Dealing with Breakdowns in Communication—Interpersonal and Intergroup," copyright 1952 by *ETC: A Review of General Semantics*. Published under title "Communication: its blocking and facilitation" in volume

9, 83–88.

Chapter 18, "A Tentative Formulation of a General Law of Interpersonal Relationships," copyright © 1961 by Carl R. Rogers.

Chapter 19, "Toward a Theory of Creativity," copyright 1954 by *ETC: A Review of General Semantics*. Published under same title in volume *11*, 249–260.

Chapter 20, "The Growing Power of the Behavioral Sciences," copyright © 1961 by Carl R. Rogers.

Chapter 21, "The Place of the Individual in the New World of the Behavioral Sciences," copyright © 1961 by Carl R. Rogers.

저자 · 역자 소개

저자 **칼 로저스**(Carl Rogers, 1902~1987)는 인본주의 심리학을 바탕으로 한 인간(사람)-중심 상담의 창시자로, 심리학자 중에서는 가장 널리 영향력을 끼친 상담자이며 연구자이고 교육자다. 그는 대학에서 농업과 역사학을 전공하고 신학공부를 했으며, 나중에는 심리학으로 전공을 바꿔 컬럼비아 대학교에서 석사 · 박사학위를 취득했다. 그 후에 오하이오 주립대학교, 시카고 대학교, 위스콘신 대학교에서 교수로 재직하며 사람-중심 상담에 관한 왕성한 연구와 상담 활동을 하였다. 특히, 시카고 대학교에 재직하면서 설립했던 학생 가디언스센터는 현재 시카고 상담 및 심리치료센터로 명맥을 유지하여 사람-중심 상담의 전통을 이어가고 있다. 말년에는 적극적으로 참만남 집단 활동을 하고, 인종 간, 집단 간, 국가 간의 분쟁 및 갈등에도 깊은 관심을 갖고 활동하여 노벨평화상 후보에 오르기도 했다.

이 책은 1961년 쓰인 로저스의 저서 중 가장 인기가 있고, 그의 인간관과 상담, 내담자, 교육은 물론 사회문제까지 다루는 로저스 상담의 기본 저서라 할 수 있다.

역자 **주은선**(Email: esjoo@duksung.ac.kr) 교수는 현재 덕성여자대학교 심리학과 교수로 재직하고 있다. 미국 시카고 대학교에서 정신건강 프로그램(상담과 임상심리학을 통합한 심리치료 프로그램)으로 심리학 석사와 박사학위를 취득하였다. 시카고 대학 병원, 노스웨스턴 재향군인 병원에서 심리검사 경력을, 시카고 상담 및 심리치료센터에서 인간-중심 상담과 심리치료로 치료 훈련을 쌓고, 심리치료자로서 활동하였다. 로저스의 동료였던 젠들린Gendlin 교수의 포커싱Focusing 기법 훈련을 마치고 미국 공인 포커싱 트레이너 자격증을 취득하였다.

심리치료 연구에 많은 관심을 갖고 있으며, 특히 연구 주제로 심리치료자들의 성장과 발달, 심리치료의 문화적 이슈 등에 관심을 갖고 Orlinsky & Ronnestead (2005) 『How Psychotherapists Develop (American Psychological Association)』의 일부를 공저하였다. 『Psychotherapy: Theory, Research, Practice & Training』, 『Journal of Counseling & Development』, 『The Korean Journal of Counseling & Psychotherapy』, 『The Korean Journal of Psychology』, 『Asian Women』 등에 다수의 논문을 게재하였으며, 저서 및 역서로는 『상담의 기술』(역), 『꿈치료』(공역), 『포커싱 체험심리치료』 등이 있다. 다수의 상담과 심리치료 학회 멤버이며, 꾸준히 상담과 슈퍼비전을 실시하고 있다.

칼 로저스 상담의 원리와 실제
진정한 사람되기
On Becoming a Person

2009년 5월 15일 1판 1쇄 발행
2026년 1월 20일 1판 15쇄 발행

지은이 • Carl Rogers
옮긴이 • 주은선
펴낸이 • 김진환
펴낸곳 • (주) 학지사
121-837 서울특별시 마포구 서교동 352-29 마인드윌드빌딩 5층
대표전화 • 02) 330-5114/팩스 02) 324-2345
홈페이지 • http://www.hakjisa.co.kr
등록 • 제313-2006-000265호

ISBN 978-89-6330-068-9 93180

정가 19,000원

역자와의 협약으로 인지는 생략합니다.
파본은 구입처에서 교환하여 드립니다.